조선총독부의 재정정책

조선총독부의 재정정책

일제침탈사연구총서

경제

16

동북아역사재단 일제침탈사 편찬위원회 기획
정태헌 · 박우현 · 주동빈 지음

동북아역사재단
NORTHEAST ASIAN HISTORY FOUNDATION

| 발간사 |

일본이 한국을 침탈한 지 100년이 지나고 한국이 일본의 지배로부터 벗어난 지 70년이 넘었건만, 식민 지배에 대한 청산은 이루어지지 못하고 있다. 일본의 독도영유권 주장은 도를 넘어섰다. 일본은 일본군'위안부', 강제동원 등 인적 수탈의 강제성도 인정하지 않고 있다. 일본군'위안부'와 강제동원의 피해를 해결하는 방안을 놓고 한·일 간의 갈등은 최고조에 이르고 있다. 역사문제를 벗어나 무역분쟁, 안보위기 등 현실문제가 위기 국면을 맞고 있다.

한·일 간의 갈등은 식민 지배의 역사를 어떻게 볼 것인가 하는 역사인식에서 기인한다. 역사는 현재와 과거의 대화이며 이를 기반으로 미래로 나아갈 수 있다. 과거 침략의 역사를 미화하면서 평화로운 미래를 말하는 것은 불가능하다. 식민 지배와 전쟁발발의 책임을 인정하지 않고 반성하지 않으면 다시 군국주의가 부활할 수 있고 전쟁이 일어날 위험성도 배제할 수 없다. 미래지향적 한일관계를 형성하고 나아가 동아시아의 평화와 번영의 기틀을 조성하기 위해 일본은 식민 지배의 책임을 인정하고 그 청산을 위해 노력해야 할 것이다.

식민 지배의 역사를 청산하기 위해서는 식민 지배는 어떻게 이루어졌는지 그 실상을 명확하게 규명하는 일이 긴요하다. 그동안 일본제국주의에 맞서 조국의 독립을 위해 헌신한 독립운동가들의 활동을 찾아내고 역사적으로 평가하는 일에는 상당한 성과를 거두었다. 반면 일제 식민침탈의 구체적인 실상을 규명하는 일에는 충분한 노력을 기울이지 못했다. 제국주의가 식민지를 침탈했다는 것은 너무나 당연한 사실로 여겨졌기 때문에, 굳이 식민 지배에서 비롯된 수탈과 억압, 인권유린을 낱낱이 확인할 필요가 없었는지도 모른다. 그러는 사이 일본은 식민 지배가 오히려 한국에 은혜를 베푼 것이라고 미화하고, 참혹한 인권유린을 부인하는 역사부정의 인식을 보이는 데까지 이르고 있다. 일제의 통치와 침탈 그리고 그 피해를 종합적으로 조사하고 편찬할 필요성이 여기에 있다.

일제침탈사를 체계적으로 정리하는 일은 개인이 감당하기 어렵다. 이에 우리 재단은 한국학계의 힘을 모아 일제침탈사 편찬위원회를 꾸렸다. 편찬위원회가 중심이 되어 일제의 식민지 침탈사를 정치·경제·사회·문화 모든 방면에 걸쳐 체계적으로 집대성하기로 했다. 일제 식민침탈의 실체를 파악하기 위해 2020년부터 세 가지 방면으로 사업을 추진하고 있다. 하나는 일제침탈의 실상을 구체적이고 생생한 자료를 통해서 제공하는 일로서 '일제침탈사 자료총서'로 편찬한다. 다른 하나는 이들 자료들을 바탕으로 연구한 결과물을 '일제침탈사 연구총서'로 간행한다. 그리고 연구의 결과를 대중들이 이해하기 쉽게 '일제침탈사 교양총서'를 바로알기 시리즈로 간행한다. 자료총서 100권, 연구총서 50권, 교양총서 70권을 기본 목표로 삼아 진행하고 있다.

'일제침탈사 연구총서'는 일제침탈의 실태를 정치·경제·사회·문화 분야로 대별한 뒤 50여 개 세부 주제로 구성했다. 국내외 학계 전문가들이 현재까지 축적된 연구 성과를 반영하면서 풍부한 자료를 활용하여 집필했다. 연구자뿐만 아니라 교육 현장에서도 활용되고 일반 독자들도 이해할 수 있도록 집필하기 위해 노력했다. 연구총서 시리즈가 일제침탈의 역사적 실상을 규명하고 은폐된 역사적 사실을 기억하고 왜곡된 과거사에 대한 인식을 바로 잡음으로써 역사인식의 차이로 인한 논란과 갈등을 극복하는데 기여하는 디딤돌이 되기를 바란다.

2023년

동북아역사재단 이사장

| 편찬사 |

1945년 한국이 일제 지배로부터 해방된 지 78년의 세월이 지났다. 그럼에도 불구하고 일본 사회 일각에서는 여전히 일제의 한국 지배를 합리화하고 미화하는 주장이 나오고 있으며, 최근에는 한국 사회 일각에서도 일제 지배를 왜곡하고 옹호하는 주장이 나오고 있다. 이는 한국과 일본 사회, 한일관계와 동아시아 국제관계의 미래를 위해서도 결코 바람직하지 않은 일이다.

이에 동북아역사재단은 일제의 한국 침략과 식민 지배에 대한 학계의 연구 성과를 총정리한 '일제침탈사 연구총서'를 발간하기로 하였다. 이에 따라 2019년 9월 학계의 전문가를 중심으로 편찬위원회를 구성하였으며, 편찬위원회는 학계의 연구 성과를 토대로 정치·경제·사회·문화 부문에서 일제의 침탈이 어떻게 이루어졌는지 정리하여 연구총서 50권을 발간하기로 하였다.

주지하듯이 1905년 일제는 러일전쟁에서 승리한 뒤, 한국에 군대를 주둔시키면서 한국의 외교권을 빼앗고 통감부를 두어 내정에 간섭하였다. 1910년 일제는 군사력으로 한국 정부를 강압하여 마침내 한국을 강제 병합하였다. 이후 35년간 한국은 일제의 식민통치를 받았다.

일제는 한국의 영토와 주권을 침탈하였을 뿐만 아니라, 군사력과 경찰력으로 한국을 지배하면서, 정치·경제·사회·문화의 모든 부문에서 한국인의 권리와 자유, 기회와 이익을 박탈하거나 제한하였다. 정치적으로는 군사력과 경찰력, 각종 악법을 동원하여 독립운동을 탄압하고, 한국인의 정치활동을 억압하고 참정권을 박탈하였으며, 집회와 결사의 자유를 억압하였다. 경제적으로는 일본 자본이 경제의 주도권을 장악하고, 일본인 위주의 경제정책을 수행했으며, 식량과 공업원료, 지하자원 등을 헐값으로 빼앗아 갔고, 농민과 노동자 등 대다수 한국인의 경제생활을 어렵게 하였다. 사회적으로는 한국인들을 차별적으로 대우하고, 한국인의 교육의 기회를 제한하고, 한국인으로서의 정체성을 박탈하여 결국은 일본의 2등 국민으로 만들고자 하였다. 문화적으로는 표현과 창작의 자유, 종교와 사상의 자유를 억압하고, 한글 대신 일본어를 주로 가르치고, 언론과 대중문화를 통제하였다. 중일전쟁, 아시아태평양전쟁을 도발한 뒤에는 인적·물적 자원을 전쟁에 강제동원하고, 많은 이들을 전장에 징집하여 생명까지 희생시켰다.

'일제침탈사 연구총서'는 침탈, 억압, 차별, 동화, 수탈, 통제, 동원 등의 단어로 요약되는 일제의 침략과 식민 지배의 실상과 그 기제를 명확히 밝히고자 하였다. 이를 통해 일제의 강제 병합을 정당화하거나 식민 지배를 미화하는 논리들을 비판 극복하고, 더 나아가 일제 식민 지배의 특성이 무엇이었는지, 식민통치의 부정적 유산이 해방 이후에 어떤 영향을 미쳤는지를 밝히고자 하였다.

편찬위원회는 연구총서와 함께 침탈사와 관련된 중요한 주제들에 관하여 각종 법령과 신문·잡지 기사 등 자료들을 정리하여 '일제침탈사 자료총서'도 발간하기로 하였다. 아울러 일반인과 학생들이 보다 쉽게 읽을 수 있는 '일제침탈사 교양총서'를 바로알기 시리즈로 발간하기로 하였다.

일제의 한국 침략과 식민 지배의 역사는 광복 후 서둘러 정리해 냈어야 했지만, 학계의 연구가 미흡하여 엄두를 내기 어려웠다. 이제 학계의 연구가 어느 정도 축적되어 광복 80주년을 맞기 전에 이와 같은 작업을 할 수 있게 된 것을 다행으로 생각한다. 한일 양국 국민이 과거사에 대한 올바른 역사인식을 갖고 성찰을 통해 미래를 향해 함께 나아갈 수 있기를 기대하면서 삼가 이 책들을 펴낸다.

2023년

동북아역사재단 일제침탈사 편찬위원회

차례

발간사 4

편찬사 7

서론 15

제1부 조선왕조~대한제국의 재정개혁 시도와 통감부의 재정 장악

제1장 조선왕조~대한제국의 근대적 재정 개편 시도와 한계

1. 차관 도입 시도와 재정개혁 지체 32
2. 갑오정권 이후 재정의 중앙집중화와 미흡한 재원 확보 37
3. 대한제국 시기 황실 중심의 재정 운영과 외압에 취약한 대응 44

제2장 통감부 시기 식민지 재정 기반의 구축

1. '고문정치'하 재정고문부의 화폐 주권 및 국고 장악 52
2. 통감부의 징세기구 장악과 세원 창출 54
3. 대한제국 황실재정 해체, 조선총독부 소유로 귀결 58

제2부 조선총독부특별회계 세출·세입 구조와 식민지적 운영

제3장 **조선총독부특별회계의 일본 일반회계로의 제도적 종속**

1. 일본 대장성이 장악한 조선총독부특별회계 예산결정권 **64**
2. 조선총독부 탁지부-재무국의 조직 변천과 탁지부장관-재무국장 **76**

제4장 **조선총독부특별회계 세출 운영의 식민지성**

1. 취약한 지배 능력, 빈약한 재정 투자 **86**
2. 통치비용의 증가와 군사적 성격의 재정 운영 **93**
3. 조세수입 전액에 이른 임시군사비특별회계 전출금의 약탈적 폭증 **107**
4. 일본의 중국 침략 전쟁에 따라 폭증한 공채비 지출 **111**

제5장 **식민지자본주의 단계에 따른 조세 구조의 변화**

1. 지세 중심 구조(1910~1918) **121**
2. 소비세 중심 구조(1919~1933) **137**
3. 전시 재정을 뒷받침한 소득세 중심 구조(1934~1945) **156**

제6장 **명목상 최대 세입원, 관업수입의 식민지성**

1. 관업수입의 구성 **170**
2. 전매사업의 재정 기여도를 높인 연초전매제 **173**
3. 조선철도회계의 식민지적 운영 **184**

제7장 **보충금 및 전년도 잉여금 운영의 식민지성**

1. '정치적'으로 지속된 보충금 유입과 군사비 유출의 상관관계 **206**
2. 일본 경제 상황과 연동된 전년도 잉여금 운영의 종속성 **216**

제8장 **조선사업공채 발행, 중국 침략을 위한 인프라 구축**

1. 대륙침략용 인프라 구축에 집중된 공채 발행 **226**
2. 일본 경제에 종속된 공채 사업 선정과 증세로의 귀결 **234**
3. 병참수송 침략선 철도 부설을 위한 공채 발행의 급증 **241**
4. 군수용 공채 팽창, 재정 파탄으로의 귀결 **249**

제3부 부역과 '기부'를 동반한 지방재정의 중앙종속성과 식민지적 운영

제9장 **지방재정(도·부·읍·면-학교비·학교조합)의 중앙종속성**

1. 제도: 자체 재원 부족과 의결권 제한 **262**
2. 규모: 전체 규모 폭증에 대비되는 부 재정 증대 억제 **277**
3. 세출: 높은 교육비·토목비, 낮은 공채비 **284**
4. 세입: 세수입에서 보조금·기채 중심으로 **288**

제10장 **도(道) 재정의 지방재정 중추로의 전환과 자의적 과세 폭증**

1. 「지방비법」 제정(1909)과 부과금 세원(稅源) 조사 미완(1909~1919) **297**
2. 「조선도지방비령」 시행(1920)과 세목의 제한적 다변화(1920~1930) **309**
3. 도의 법인화 및 도채(道債)의 일시적 폭증(1931~1935) **320**
4. 도 재정의 수직계통화와 유산층 부담 심화(1936~1945) **333**

제11장 **'식민도시' 부(府) 재정의 차별적 사회개발**

1. 일본인 거류민단을 계승한 부의 법인화(1910~1919) **353**
2. 수도·전기 부영(府營) 논의와 수요자의 계층적 특징(1920~1936) **363**
3. 전시체제기 대중과세 확대와 군사비 성격의 '사회개발'(1937~1945) **380**

제12장 **말단 지방단체 읍면의 사무비 증대와 읍면세·부역 증가**

1. 세출: 사무비 중심 경직성과 전시동원에 따른 증액 **394**
2. 세입: 자체재원 부족과 읍면세 및 부역 증가 **401**

제13장 **조선인 '교육열'에 반한 학교재정의 민족별 분리**

1. 1910~1920년대 교육재정의 민족별 분리와 교육 격차 **432**
2. 1930년대 이후 조선인 교육 확대에 반한 국고보조금의 민족별 격차 확대 **446**

제4부 한국 재정의 식민지 유산과 냉전적 재편

제14장 **중앙재정: 군사비 집중과 조세구조의 퇴행**

1. 세출: 치안비·군사비 집중의 연속성 **460**

2. 세입: 담세력 한계에 따른 낮은 조세 비중 **472**

제15장 **지방재정: 운영 파행과 제한된 지방자치**

1. 미군정기: 중앙종속성과 대중과세의 연속성 **487**

2. 정부 수립 후 지방자치 제한과 5·16군사정변 이후 형해화 **496**

결론 **501**

참고문헌 513

찾아보기 536

서론

1. 문제 제기

제국주의 침략은 근대 자본주의가 전 지구적으로 확장하는 방식이었다. 제국주의 국가는 이를 실현하는 과정에서 식민지를 활용했다. 특히 19세기 이후의 제국주의는 자국 자본의 운동과 수탈의 효율성 극대화를 위해 근대 자본주의 체제를 식민지에 이식했다.[1]

이전까지의 제국주의 침략은 원주민에게 폭력을 가해 귀금속 등 자원을 약탈하는 일에 몰두하거나, 영토적 지배보다 교역망을 장악하여 상업적 이익을 독점하는 데만 집중했다. 하지만 18~19세기 산업혁명의 붐을 탄 영국의 자본주의가 확대되는 과정에서 식민지는 식량과 원료, 노동력을 공급하고, 산업생산물을 소비하는 등 제국주의 국가의 늘어나는 요구에 부응해야 했고, 이는 근대 자본주의 시스템의 이식으로 이어졌다. 제국주의 국가는 이제까지와 달리 영토 지배에 본격적으로 나섰고, 식민지 산업을 지배하고 종속시키는 데 필요한 수준에서 식민지를 개발하는 방식을 취했다.

제국주의 국가가 식민지에서 진행한 개발은 당연히 식민지배를 통해 얻고자 했던 정치·경제적 이득의 내용과 형태, 수준 등에 한정되어 이루어졌다. 식민지배와 제국주의 경제 발전에 방해가 된다면, 식민지의 토착산업은 폭력적으로 붕괴시켜야 하는 대상이 되었다. 대표적 사례로 산업혁명 초기 영국은 대중 소비품인 면직물 산업의 발전을 위해 인도의 면직

---

1 정태헌, 1996, 『일제의 경제정책과 조선 사회 - 조세정책을 중심으로 -』, 역사비평사, 19쪽.

물 산업을 붕괴시키고 원료 공급지로 재편했다. 영국의 산업혁명은 영국이 주도한 인도 면직물 산업의 붕괴와 따로 떼어놓고 이해할 수 없다.

일제가 조선을 개발했는가, 수탈했는가를 둘러싸고 논쟁이 벌어지기도 했으나, 이는 사실 무의미한 논쟁이다. 이 둘 사이의 상관관계를 대립적으로 바라본 편견이 만든, 초점이 어그러진 논쟁이기 때문이다. 제국주의 국가들은 근대 이전의 지배·복속 관계에 따른 원시적 수탈 수준을 뛰어넘어 수탈 방식을 바꾸어 갔다. 식민지 수탈의 효율성을 높이려면 당연히 자신들에게 익숙한 제도인 자본주의를 이식해 식민지를 개발하고 성장시켜야 했다.[2] 그것이 제국주의 국가들이 서로 경쟁하며 터득한 자본주의의 성장 방식이었다.

일제강점기 식민정책, 특히 경제정책을 이해할 때 조선총독부는 조선경제나 기업인을 위한 국가의 역할을 한 것이 아니라 일본 정부의 하부기관 기능을 한 것에 불과했다는 점을 간과해서는 안 된다. 이러한 본질적 특징을 고려하지 않은 채 양적 성장에 집중하는 근대화론은 식민지 사회의 실상과 동떨어진 허상을 좇는 것이지만, 식민지 자본주의 개발이나 성장이라는 사실을 부정한 채 원시적인 수탈이나 약탈로만 일관했던 시기로 이해하는 것도 시대상을 총체적으로 이해하는 관점이 될 수 없다.

식민지기를 분석하기 위해서는 '개발(근대화)-수탈(식민지성)'의 통일적 인식 틀, 다시 말해 식민지를 개발과 수탈이 동시에 진행되는 사회로 인식하고 출발할 필요가 있다. 전자에 대한 객관적 사실 인정이 곧바로 후자의 부인으로, 또는 후자에 대한 분석이 전자의 부인으로 이어지는 양

2 정대헌, 2019, 『평화를 향한 근대주의 해체 - 3·1운동 100주년에 식민지 '경제성장'을 다시 묻다』, 동북아역사재단, 90쪽.

자택일적 문제가 결코 아니다.[3]

이러한 문제 설정이 새로운 것은 아니다. 그럼에도 다시 강조하는 이유가 있다. 최근 일제강점기 경제사 연구가 오랫동안 새로운 방법론을 모색하지 못한 채 정체기를 겪고 있다고 생각하기 때문이다. 한 예로 식민지근대화론자들은 이전 연구들을 무지성적으로 수탈론이라 단순화시켜 비판하고, 그에 대응하는 연구 역시 이를 비판한다고 하지만, 무작정 수탈론에 갇혀 있는 모습을 반복하고 있다. 그런 점에서 조선인과 조선 경제를 위한 국가의 역할이 부재했던 식민지 자본주의를 분석할 때 '개발-수탈'의 통일적 인식 틀이라는 문제의식을 되짚어 볼 필요가 있다.

이러한 문제의식에서 일제강점기 경제정책을 이해하고자 할 때 출발점이 되는 소재가 재정정책이다. 재정정책은 세입·세출 부문에 따라 식민정책의 목적이나 근본적 성격을 이해하는 관건이기 때문이다. 예를 들어 세입 부문의 핵심이었던 조세정책을 살펴보면 일제가 지배정책의 변화에 조응하여 어떻게 과세대상을 늘려가고, 왜 근대적 과세체제인 소득세 중심 구조를 갖춰 나갔는지 확인할 수 있다. 식민지에서 이러한 재정정책의 정비 과정은 일제가 원시적 수탈 수준을 넘어서 식민지배를 지속하기 위한 개발-수탈의 체계적 지배구조를 구축하는 과정이었다. 또 과세체제의 근대적 정비 과정은 조세수입을 기반으로 조선총독부가 의도했던 세출 정책의 방향성과도 연결된다.

또 일제강점기 전 기간에 걸쳐 만성적인 세수 부족에 시달렸던 조선총독부의 재정적 특징은 일본으로부터 지속적인 자금 조달, 지방재정에 세출 부담 전가 등으로 표출되었다. 상환 의무가 없던 보충금과 원리금

---

3 정태헌, 1996, 앞의 책, 24쪽.

상환 의무가 수반된 조선사업공채가 전 기간에 걸쳐 일본에서 유입된 것은 타이완총독부 재정과 구분되는 차이였다. 보충금은 대부분 일본인 관리의 조선 근무수당으로 지출되었고, 조선사업공채는 발행부터 인수, 상환까지 정책 전반을 식민본국인 일본 정부가 장악하고 있었기 때문에 일제가 필요하다고 인정한 부문에만 사업공채 형태로 자금이 조달되었다. 이는 공채 발행을 통한 재정 운영의 탄력성 확보 등 재정이론 일반론에서 거론되는 논리와 전혀 상관이 없었다.

조선총독부 재정의 허약함은 지방재정의 세출 부담 증가로도 자연스럽게 이어졌다. 궁민구제토목사업비 전액 지방채 발행, 부실한 교육비 보조, 부(府) 재정으로 전가된 사회개발 비용 부담 등은 일제강점기 조선 지방재정의 성격을 특징짓는 사례들이었다.

이 책은 개발-수탈의 통일적 인식 틀을 기반으로 일제강점기 재정정책의 양상을 조선총독부특별회계와 지방재정을 망라해 정리하고자 한다. 재정정책의 주체는 당연히 국가이다. 그러나 식민지 지배기구였던 조선총독부는 부여된 권한이나 정책 실행의 책임을 누가 지느냐 하는 측면에서 자본주의 체제 구축 과정에 필수적인 국가의 역할을 하는 존재가 아니었거니와 그럴 수도 없었다. 이 때문에 식민지에서 진행된 '근대화 정책'은 내용과 목표에서 제국주의 국가와 다른 양상을 보일 수밖에 없었다. 게다가 자본주의 확대 과정에서 국가가 행했던 역할의 총체라고 할 수 있는 재정정책에서 식민지의 특수성은 더욱 확연해진다. 본문에서 이를 확인할 수 있을 것으로 기대한다.

2. 기존 연구 성과 검토

일제강점기 경제사 연구 중에서도 조선총독부 재정에 관한 연구는 많은 진척을 이루지 못했다. 학계가 전반적으로 제국주의 식민지배 과정에서 정부-국가 역할에 관심을 보이지 않으면서 발생한 공백이었다. 그러나 자본주의 체제 확대 과정에서 제국주의 국가가 식민지에서 구현했던 식민정책의 근간인 식민지 재정을 분석하는 것은 중요하다. 제국주의 국가의 필요에 따라 불균형적으로 진행되었던 식민지 개발의 실상, 재정 구조상 명확하게 드러났던 일본 정부에 대한 조선총독부의 종속성, 그리고 식민지적 근대가 드러냈던 갈등 및 욕망 표출 등에 이르기까지 모두 식민지 자본주의라는 토대 속에서 전개되었다는 점에 주목할 때 식민 권력기구의 재정 문제를 분석하는 것은 필수적인 선행과제이다.

일제강점기 중앙재정에 해당하는 조선총독부특별회계를 분석한 연구는 드물다. 개괄적 통계와 간략한 개설 차원[4]을 넘어 세입과 세출에 대한 총괄적 분석은 禹明東에 의해 이루어졌다.[5] 그는 세입과 세출 통계 분석을 통해 조선총독부 재정이 일본 자본의 이해에 종속되어 조선인의 이해는 소외되었다는 점을 제시하면서 조선총독부 재정의 수탈성을 강조했다. 이 연구는 초기 연구로서 의미가 크다.[6] 다만, 통계 자료에 한정되어

---

4 이창세, 1965, 『韓國財政의 近代化過程』, 박영사; 김명윤, 1964, 「일제하의 조세구조」, 『경영논총』 10; 1968, 『韓國財政의 構造』, 고려대 아세아문제연구소.

5 禹明東, 1987, 「日帝下 朝鮮財政의 構造와 性格」, 고려대학교 경제학과 박사학위논문.

6 비슷한 시기 제출된 개설적 연구로 박노보, 1991, 「「조선총독부특별회계」 분석을 통한 일본의 조선통치정책 연구 - 재정의 변천과정과 세입구조 분석을 중심으로 -」, 『일

그 수치에 나타난 결과를 식민정책 전반, 재정 운영에 직간접적으로 관여했던 다양한 세력의 관계 속에서 분석하지는 못했다. 조선총독부 재정을 구성하는 각 부문에 대한 구체적 분석이 더욱 면밀하게 이뤄져야 하는 과제를 남겼다.

이에 앞서 호리 가즈오(堀和生)는 일본의 다카하시(高橋) 재정 이전 시기인 1910~1920년대 조선총독부 재정이 철도·도로·항만 건설 및 개수에 집중되어 1930년대 일본 독점자본의 조선 진출의 전제가 되었다는 점, 일본 정부의 정책이 조선총독부 재정 운용에 영향을 끼치는 구조였다는 점 등을 밝혔다.[7] 이 연구는 조선총독부의 재정 운용 과정에서 일본의 재정정책과 경제 상황이 끼쳤던 영향을 강조했다는 의미가 있다.[8] 다만, 식민지 개발의 구체성을 밝히려면 철도·도로·항만의 대분류에서 한 걸음 더 나아가 세부적인 자금 조달 양상을 분석하는 것이 필수적이다. 실제로 일본의 제국주의 정책상 필요와 조선 내 요구 사이에는 현격한 괴리가 있었기 때문이다.

이후 조선총독부특별회계 세입을 구성하는 조세, 보충금, 조선사업공

본학연보』 3; 1992, 「「조선총독부특별회계」 분석을 통한 일본의 조선통치정책 연구 - 세출 구조 분석을 중심으로 -」, 『일본학연보』 4; 金玉根, 1994, 『日帝下朝鮮財政史論攷』, 일조각을 거론할 수 있다.

7 堀和生, 1982, 「朝鮮における植民地財政の展開 - 1910 - 30年代初頭にかけて -」, 『植民地期朝鮮の社會と抵抗』, 未來社.

8 일본 정치사 영역에서도 이른바 총독정치의 성격과 구체상을 밝히는 작업의 일환으로 조선총독부특별회계 예산 편성 문제가 주요 소재로 등장하기도 했다. 이에 관해서는 이형식, 2010, 「중간내각 시대(1922.6 ~ 1924.7) 조선총독부」, 『동양사학연구』 113; 2011, 「무단통치 초기(1910.10 ~ 1014.4)의 조선총독부 - 인사·관제개혁·예산을 중심으로 -」, 『일본역사연구』 33; 2014, 「1910년대 일본 제국의회 중의원과 조선 통치」, 『사총』 82; 2019, 「조슈파 데라우치 마사타케(寺內正毅)와 조선 통치」, 『역사와 담론』 91 참조.

채, 관업수입 중 조세정책에 관한 종합적 분석이 먼저 이루어졌다.[9] 일제강점기 사회의 총체상을 논쟁하던 과정에서 제출된 정태헌의 연구는 일제강점기를 식민지 자본주의화 과정으로 파악하고, 조선총독부의 조세정책을 자본제적 조세제도의 식민지적 구축 과정으로 그려냈다.[10] 특히 1934년 제2차 세제정리를 개인소득세제가 실시된 분기점으로 설정해 분석했다. 이는 일제강점기 조선 사회의 성격을 식민지 자본주의로 이해하는 재정정책사의 기반이 되었다.[11]

조선사업공채 발행정책에 관한 종합적 분석은 최근에 이뤄졌다.[12] 조선사업공채 발행정책은 일본 정부가 결정권을 가지고 있었기 때문에 일본의 정치·경제적 상황에 좌우되면서 조선 내 요구와 큰 괴리를 보였다. 이로 인해 조선사업공채 발행을 통해 자금을 조달했던 사업은 일본의 제국주의 정책에 따라 설정되어 조선에 부여된 역할에 맞춰 진행되었다. 그 결과 1920년대를 제외한 대부분 시기, 특히 1930년대 이후에는 일본의 만주 침략, 만주국 수립, 전쟁 수행과 직간접적으로 연결되는 인프라 구축에 집중적으로 자금이 조달되었고, 그 외 재해 예방사업이나 일본의 제국주의 정책에서 중요하게 다뤄지지 않았던 지역 인프라 구축에는 자금 조

9 세입 연구도 부족하지만, 세출 부문에 대한 연구 가운데 세출 항목을 성격별로 분류해 시기별 추이와 성격을 분석한 연구는 한 편에 불과하다. 향후 이 분야에 대한 연구의 심화가 필요하다. 정태헌, 1996, 「식민지 재정기구를 통한 세출의 용도와 성격」, 『일본의 본질을 다시 묻는다』, 한길사 참조.

10 정태헌, 1996, 앞의 책.

11 정태헌, 2007, 『한국의 식민지적 근대 성찰 – 근대주의 비판과 평화공존의 역사학 모색 –』, 선인, 22쪽.

12 박우현, 2023, 「일제시기 조선사업공채 발행정책과 식민지 인프라 개발」, 고려대학교 한국사학과 박사학위논문.

달이 이뤄지지 못했음을 밝혔다.

이 외에 보충금과 관업수입 부문에 대한 종합적 분석도 부족한 상황이다. 관업수입에 속하는 철도[13] 및 전매[14]사업 분석이 개별적으로 진행된 정도에 불과하다. 연구마다 차이는 있으나 개별사업에 착안한 해당 연구들은 수익성 확보를 중시했던 일제강점기 관영사업의 특성에 따라 사업별 수지 구조 분석과 시기별 특성에 집중했다는 특징이 있다. 그러다 보니 조선총독부 재정정책 전반에서 해당 수입이 차지했던 시기별 역할이나 식민지성 등을 구체적으로 분석하지는 못했다. 재정 수입의 일환으로 분석을 시도했다기보다 개별사업으로 접근해 식민정책을 이해하려는 목적이 컸기 때문이다.

지방재정의 경우 조선총독부 재정보다 개별 연구가 많이 이뤄졌지만 도(道), 부(府), 면, 교육재정 등 각 행정단위로 산발적 진행된 탓에 아직 유의미한 종합적 분석에 이르지는 못했다.

도 재정(지방비)은 전체 시기를 다룬 연구,[15] 1909년 「지방비법」 시행

13 平井廣一, 1997, 『日本植民地財政史研究』, ミネルヴァ書房; 임채성, 2010, 「근대 철도 인프라스트럭처의 운영과 그 특징 – 한일비교의 시점에서 –」, 『경영사학』 25 – 1; 정태헌 · 박우현, 2020, 「일제시기 철도 재정의 식민지성 – 회계과목 분석과 순익 추산을 중심으로 –」, 『한국사학보』 78.

14 田中正敬, 2000, 『近代朝鮮における塩需給と塩業政策』, 一橋大學 社會學研究科 地域社會研究專攻 博士學位論文; 이영학, 2013, 『한국 근대 연초산업 연구』, 신서원; 문명기, 2015, 「대만 · 조선총독부의 전매정책 비교연구 – 사회경제적 유산과 '국가'능력의 차이 –」, 『사림』 52; 林采成, 2017, 「植民地期朝鮮における煙草專売業の展開とその経済効果」, 『立教經濟學研究』 70 – 3.

15 車輧權, 1984, 『韓國地方財政研究』, 서울大學校出版部; 曺京準, 1990, 『韓國地方財政史論』, 裕豊出版社; 金玉根, 1994, 『日帝下朝鮮財政史論攷』, 一潮閣; 鄭泰憲, 2003a, 「道歲入 – 道稅의 구성 추이를 통해 본 植民地 道財政의 성격」, 『韓國史學報』 15, 高麗史學會.

과 1910년대 시장세 반대투쟁 등 지방자치 없는 증세에 대한 연구,[16] 1930년대 초반에 폭증한 도채 명목인 궁민구제토목사업에 대한 연구,[17] 전시체제기에 관한 연구로서 1936년에 단행된 지방세제정리를 통한 도세 증징과 지방재정의 중앙종속성 심화에 대한 연구[18] 등이 있다. 즉 도재정(지방비)은 지방재정에서 5개 단체(도, 부, 면, 학교비, 학교조합 등) 중 나머지 4개 단체와 조선총독부를 매개하는 역할을 했다. 특히 1930년대 이후 조선총독부 토목사업(하천·도시계획·도로·수도·항만)에서 하부 지방단체에 대한 보조 역할을 하였다. 아직 도 재정과 개별 도의 위상에 대한 연구는 걸음마 단계라고 할 수 있다.

부 재정은 일본의 시 재정에 해당하며, 부 고유의 사무로 토목비 지출과 법적 세원으로 사용료·수수료 수입 확보가 주요 쟁점이다. 기존 연구는 일제강점기 전 시기에 대한 연구,[19] 전체 지방제도의 변화 속에서

16 김대길, 1990, 「1910년 平安道 順川地方의 市場稅反對運動」, 『사학연구』 42; 김대길, 1991, 「1910년 평안도지방의 市場稅 반대 운동」, 『중앙사론』 7; 김태웅, 1991, 「1894~1910년 지방세제의 시행과 일제의 조세 수탈」, 『한국사론』 26; 김태웅, 2012, 『한국 근대 지방재정 연구: 지방재정의 개편과 지방행정의 변경』, 아카넷, 5~6장.

17 지면상 궁민구제토목사업에 대한 모든 연구를 다룰 여유는 없다. 최근 연구로는 서일수, 2010, 「1930년대 전반 窮民救濟土木事業의 대도시 사례와 성격: 京城·釜山·平壤을 중심으로」, 중앙대 사학과 석사학위논문; 金澤史男, 2010, 「預金部地方資金形態における対植民地金融の展開」, 『近代日本地方財政史研究』, 東京: 日本經濟評論社; 고태우, 2012, 「1930년대 조선총독부의 궁민구제토목사업과 지역개발」, 『역사와 현실』 86 등 참조.

18 鄭泰憲, 2003b, 「일제 말기 道歲入의 構成 변화와 植民地性(1936~1945)」, 『韓國史硏究』 123, 韓國史硏究會; 정준수, 2021, 「전시체제기 조선총독부의 〈朝鮮罹災救助基金令〉 제정과 기금의 제한적 적립·운용」, 고려대 한국사학과 석사학위논문.

19 車轕權, 1984, 『韓國地方財政硏究』, 서울大學校出版部; 曺京準, 1990, 『韓國地方財政史論』, 裕豊出版社; 金玉根, 1994, 『日帝下朝鮮財政史論攷』, 一潮閣; 鄭泰憲, 2006, 「京城府 財政의 歲入構成과 시기별 特徵」, 『韓國史學報』 24, 高麗史學會.

1910년대 「부제」 시행(1914) 전후로 거류민단 해소에 따른 법인격 부여와 민족차별적 성격을 다룬 연구,[20] 1920~1930년대 지방제도 개정으로 제한적인 지방'자치' 문제가 불거지면서 나타난 부(협의)회 및 법적 세원인 수도·전기사업의 부영 문제를 연동시킨 연구,[21] 전시체제기 특히 아시아태평양전쟁 시기 부세 확대와 민족·계급 차별적 사회개발을 다룬 연구[22] 등이 행해졌다. 특히 부 세출 연구는 아시아·태평양전쟁 시기에 관한 연

---

20 김대래·김호범, 2006, 「부산일본거류민단 재정 연구(1907~1914) - 부산부 재정의 성립과 관련하여」, 『지방정부연구』 10-2; 김태웅, 2012, 『한국 근대 지방재정 연구: 지방재정의 개편과 지방행정의 변경』, 아카넷.

21 김경림, 2000, 「1920년대 電氣事業 府營化運動 - 平壤電氣 府營化를 중심으로 -」, 『백산학보』 46, 1996; 金濟正, 「1930년대 초반 京城지역 전기사업 府營化 운동」, 『韓國史論』 43, 서울대 국사학과; 오진석, 2006, 「한국 근대 電力産業의 발전과 京城電氣」, 연세대 경제학과 박사학위논문; 김제정, 2007, 「일제 식민지기 경성부 교외 지역의 전차 문제와 지역 운동: 1932~1933년 전차 교외선 폐지 반대 운동을 중심으로」, 『서울학연구』 29; 오진석, 2009, 「1930년대 초 전력산업 公營化運動과 京城電氣」, 『사학연구』 94; 전성현, 2012, 「일제시기 지역 철도 연구」, 『역사와 경계』 84; 김승, 2013, 「1920년대 부산의 電氣府營운동과 그 의미」, 『지역과 역사』 32; 전성현, 2016, 「일제시기 부산의 전차 운영을 둘러싼 지역 운동과 힘의 역학관계」, 『석당논총』 65; 주동빈, 2016, 「1920년대 경성부 상수도 생활용수 계량제 시행과정과 식민지 '공공성'」, 『한국사연구』 173; 이다솜, 2017, 「1926년 평양전기주식회사 전기요금 인하 운동」, 성균관대 사학과 석사학위논문; 주동빈, 2017, 「수돗물 분배의 정치경제학 - 1920년대 경성의 계층별 수돗물 사용량 변화와 수돗물 필수재 담론의 정치성 -」, 『역사문제연구』 38; 유다영, 2018, 「1930년대 중반 平壤府營電氣 요금 인하 시도와 총독부의 電力 統制 政策」, 명지대 사학과 석사학위논문; 이형식, 2018, 「'조선의 전기왕' 오구라 다케노스케(小倉武之助)와 조선 사회」, 『동양사학연구』 145; 조명근, 2019a, 「1920~1930년대 대구·함흥 지역의 전기 공영화 운동」, 『사총』 97; 조명근, 2019b, 「일제시기 대구부 도시 개발과 부(협의)회의 활동」, 『민족문화논총』 71-1; 주동빈, 2020, 「평양부(협의)회의 동상이몽과 부영전기 '재사영화'」, 『역사학보』 248.

22 이명학, 2012a, 「총동원체제기(1940~1945) 경성부 歲入構造의 변화와 府稅 확대」, 『역사문제연구』 28; 이명학, 2012b, 「총동원체제기(1940~1945) 경성부의 세출 운영과 특성」, 『韓國史研究』 159.

구뿐이어서 차후 더 많은 연구가 진행되어야 한다.

한편, (읍)면 재정은 만성적인 세입 부족과 고유사무인 사무비 부족분을 채우는 것, 그리고 전시체제기 전시동원의 말단기구화하는 (읍)면 단위의 사무비 증폭에 따른 (읍)면 재정 세입의 증폭 문제가 공통 쟁점이 된다. 우선 세출 구조상 강한 중앙집권성, 자주성이 결핍된 세입구조와 위임사무비 과다라는 경직성이 공통으로 지적되었다.[23]

지방재정 세입구조의 특징은 다음과 같다. 첫째, 지역유력자와 지역사회 사이 지세·호세 계통 증징에 의한 '부재지주' 증대에 따른 면 재정 세입의 부족이다.[24] 둘째, 「(읍)면제」와 「도로규칙」 등에 의한 면민의 전근대적 부역 부담이다.[25] 셋째, 「읍·면제」 제정(1931)을 통해 법인격이 인정되고 읍·면채(債)가 제한적으로 발행되는 등 재정 주체의 성격이 강화되었지만, 실질적으로 빈면(貧面)의 부담을 부면(富面)에 전가했다.[26]

마지막으로 학교재정은 우선 조선의 초등교육 재정이 민족별로 분리 운영된 것이 가장 큰 특징이었다.[27] 반면 3·1운동 전후 식민지 조선에서

---

23 朴魯保, 1991, 「日本統治時代の朝鮮地方財政に関する考察」, 『明治大学大学院紀要(政治経済学篇)』 28; 朴魯保, 1992, 「日本統治時代の邑面行財政に関する研究」, 『明治大学大学院紀要(政治経済学篇)』 29, 73쪽; 金玉根, 1994, 『日帝下朝鮮財政史論攷』, 一潮閣 참조. 다만 이 연구들은 법령 분석상 몇 가지 오류들이 있다.
최근의 지방제도와 면 재정 변화 과정에 대한 연구는 姜再鎬, 2001, 『植民地朝鮮の地方制度』, 東京大學出版會; 정미성, 2005, 「1920년대 후반~1930년대 전반기 조선총독부의 면 재정 정비 과정과 그 의미」, 『역사와 현실』 56; 윤해동, 2006, 『지배와 자치』, 역사비평사; 김태웅, 2012, 『한국 근대 지방재정 연구: 지방재정의 개편과 지방행정의 변경』, 아카넷 제6장이 상세하다.

24 松本武祝, 1998, 『植民地権力と朝鮮農民』, 東京: 社会評論社 2장 참조.

25 박이택, 2002, 「植民地期 赴役의 推移와 그 制度的 特質」, 『경제사학』 33.

26 정미성, 2005. 앞의 글, 면제 관련 기존 연구는 본 논문의 서문을 참조.

27 조미은, 2010, 「일제강점기 재조선 일본인 학교와 학교조합 연구」, 성균관대학교 사

는 높아진 교육열을 어떻게 반영하는지가 쟁점이었다.[28] 1910년대와 달리, 1920년대 '3면 1교제'에서 1930년대 '1면 1교제'로 나아가면서 학교 시설은 조금씩 확충되었다. 그러나 학교재정은 계속 민족별로 분리 운영된 가운데 학교 시설의 도농 격차가 컸으며, 조선총독부의 직접 보조보다 지방유력자에 대한 누진세 부과가 큰 역할을 했다.[29]

학과 박사학위논문; 조미은, 2012, 「일제시기 재조선 일본인 학교조합제도의 변천과 성격」, 『사림』 41.

28 오성철, 2000, 『식민지 초등교육의 형성』, 교육과학사; 정병욱, 「3·1운동과 학력주의의 제도화」, 박헌호·류준필 편, 2009, 『1919년 3월 1일에 묻다』, 성균관대학교출판부; 정병욱, 2014, 「1922년 '제2차 조선교육령'과 현행 한국사 교과서」, 『역사비평』 109 등을 참조.

29 최병택, 2013, 「일제하 학교비 재정 운영의 성격」, 『역사와현실』 90, 한국역사연구회; 최병택, 2017, 「1920년대 부 학교평의회의 구성과 학교비 논란」, 『한국문화』 77, 서울대학교 규장각 한국학연구원). 윤현상은 교육재정에 초점을 맞추고 있다. 윤현상, 2015, 「일제시기 공립보통학교 재정 운영」, 『한국사론』 61, 서울대학교 국사학과; 윤현상, 2016, 「1920년대 총독부 교육재정 정책의 변화와 공립보통학교 설립열의 확산」, 『역사문제연구』 35, 역사문제연구소; 윤현상, 2018, 「일제하 교육재정 국고보조금의 지급과 '국민교육'」, 『역사와 담론』 86, 호서사학회; 윤현상, 2022, 「일제하 초등교육재정의 구조와 변동」, 서울대 국사학과 박사학위논문.

제1부
조선왕조 ~ 대한제국의 재정개혁 시도와 통감부의 재정 장악

제1장
조선왕조 ~ 대한제국의 근대적 재정 개편 시도와 한계

1. 차관 도입 시도와 재정개혁 지체

식민주의를 동반한 제국주의의 영토 침략은 자본주의 체제를 유지하기 위한 필수 요소였다. 노동력과 자원의 원활한 공급처나 상품 소비지로서 실효적 지배가 동반된 식민지 획득이 제국주의 국가의 국내 정치와 경제에 필요했기 때문이다. 조선도 뒤늦게 제국주의 경쟁에 뛰어든 일본과 「조일수호조규」(1876)를 체결하면서 개항하였고, 이를 통해 세계 자본주의 체제와 연결되었다.

재정 문제는 「조일수호조규」 체결 이후 어느 정치세력이든 개화정책 추진에서 가장 중점을 둔 분야였다. 임오군란(1882)도 고질적 재정 문제에 개화사업 추진비용 증가가 겹치면서 나타난 사건이었다. 임오군란 직후 고종이 '신정(新政)'을 기대하는 '구언교(求言教)'를 내린 것도 재정 문제 해결이 가장 중요했기 때문이다. 그러나 이때 올라온 상소들은 대부분 '숭절검 절재용(崇節儉節財用)'에 입각한 전통적 방안이었다. 금·은 등 새로운 재원 확보를 통한 근대적 본위화폐 도입과 재정개혁을 요구하는 상소는 소수였다.[1] 임오군란 처리를 위해 일본 정부에 대한 전보금 50만 원조차 마련하기 어려운 형편이었는데도 대부분의 재정개혁안은 여전히 18세기 영·정조대 이후 관행화된 절약 관념에 갇혀 있었다.

19세기 조선 위기의 원인을 두고 왕실 재정의 방만한 지출이나, 국가 재정의 상당 부분이 왕실 부양에 쓰이는 구조 때문이라고 지적하기도

---

1 유바다, 2010, 「1883년 김옥균 차관교섭의 의미와 한계」, 『한국근현대사연구』 54, 43쪽.

한다. 그러나 이는 일면만 본 것이거나, 대한제국의 재정 운영을 이 시기까지 소급해서 투영한 결과였다. 영·정조대부터 왕실은 도덕적 권위 확보를 위해 왕실의 경제 기반을 축소하는 정책을 단행했다. 이는 임진왜란과 병자호란 이후에도 정권이나 왕조가 바뀐 일본이나 중국과 달리 조선 왕조가 3세기나 더 유지된 배경의 하나였다.[2]

문제는 이러한 긴축 위주의 재정정책이 대동법 시행으로 인해 필연적으로 수반되었던 재정 규모의 확대와 조응하기 어려웠다는 점이다. 19세기 재정 위기는 시장의 통화량 증대를 통한 물가 조정이나, 추가적 세원 확보책이 병행되지 못한 채 중세적 관념에 따라 절약적 재정 운영에만 몰두한 결과였다. 결국 그때마다 해결책은 지방으로 부담을 전가하는 것이었다.

당시 지방재정에는 상납 재원의 징수와 수송을 위한 인건비, 서류처리비 등 중간비용뿐 아니라 생산력 유지를 위한 재원 근거의 관리, 상납 및 분배 재원의 보관을 위한 수요까지 포함되어 있었다. 또 지방 관청 상하의 행·재정 업무 수행을 위한 기구 설치에 따라 건물 관리비, 향리 및 관속에 대한 인건비도 포함되어 있었다. 재정의 중앙집권화 경향이 재원 총량의 고정화, 재정 운영의 고착화로 나타난 반면, 지방재정은 추가적·부차적 비정규 재정 부문을 확대한 것이다.[3] 이것이 지방재정 운영의 자율성인지, 중앙권력의 자의성인지 논쟁이 있지만 어느 경우든 긴축 위주의 중앙재정 정책이 만들어낸 결과였다는 점에서는 일치한다.

이러한 상황에서 '숭절검 절재용'에 입각한 재정 운영은 결코 해결책

2 최주희, 2019, 「조선 후기 王室 관련 연구 동향과 과제」, 『한국문화』 87, 144쪽

3 손병규, 2018, 『19세기 지방재정 운영』, 경인문화사, 94~95쪽.

이 될 수 없었다. 게다가 새로운 방식의 개혁과 변화가 다수의 동의와 힘을 얻기 위해서는 많은 시간이 필요하다. 그러나 청과 일본, 서구열강까지 밀려와 제국주의 각축의 장이 될 조선에 남은 시간은 많지 않았다. 물론 조선 정부가 다른 방식을 고려하지 않은 채 손을 놓고 있었던 것은 아니다. 어윤중을 중심으로 청과 「조청상민수륙무역장정」(1882) 체결 과정에서 이룬 재정수입 증대 도모[4]와 감생청(減省廳)을 통한 재정지출 절감 시도[5] 등 대내외적 어려움 속에서 재정개혁 시도가 있었다. 그런데 재정개혁을 하려면 재정 근대화의 핵심인 본위화폐 도입, 조세제도 개혁, 안정적 관영수입 확보를 위한 대규모 재원 확보가 필수적이었다. 현실적으로 빠르게 효과를 거둘 수 있는 방식은 외국 차관 도입이었다.

그러나 이 시기 청과 일본을 통해 도입되었던 차관은 「제물포조약」(1882)에 따른 배상금과 일본 유학생 지원비 명목으로 도입된 요코하마쇼킨(橫濱正金)은행 차관을 시작으로 이미 도입한 차관을 상환하기 위한 차관 도입만 반복되는 상황이었다.[6] 결국 재정개혁에 도움이 되기 위해서는 차관을 도입하여 본위화폐 도입으로 이어질 수 있는 구조적 계기를 마련해야만 했다. 그렇지 않다면 차관 도입은 해관세 수입이나 광산 등 이권

4 문명기, 2008, 「財政史의 각도에서 다시 보는 〈朝淸商民水陸貿易章程〉(1882)」, 『역사문화연구』 30; 김태웅, 2018, 『근대 재정개혁의 설계자 어윤중과 그의 시대』, 아카넷, 133~146쪽.

5 김태웅, 2018, 위의 책, 146~152쪽; 한보람, 2019, 「고종대 전반기 시무개혁 세력 연구」, 서울대학교 국사학과 박사학위논문, 303~312쪽.

6 金正起, 1976, 「朝鮮政府의 淸借款導入」, 『한국사론』 3, 435~436쪽; 金順德, 1986, 「1876~1905년 關稅政策과 關稅의 운용」, 『한국사론』 15, 321~328쪽; 吳斗煥, 1993, 「韓末 借款問題의 展開過程」, 『한국민족운동사연구』 8, 26쪽; 유바다, 2010, 앞의 글, 45~48쪽.

만 넘겨주는 경제적 종속으로 귀결될 위험성이 컸다. 즉 차관 도입을 통한 '부국강병책'은 재원이 부족한 조선에 필수적이었지만, 고도의 국제정치적 전략이 필요한 정책이었다.

어윤중은 조사시찰단으로 일본을 다녀온 직후 1880년대 초부터 각국의 자금 대출 시 공정이자율을 조사했다.[7] 그리고 열강에 경제 종속을 피하면서 본위화폐 도입과 철도 등 관영사업을 추진하기 위한 차관 도입 문제를 고려했다. 그러면서도 차관 도입이 조선의 화폐 주권을 침해하지 않아야 한다는 점을 중요하게 생각했다.[8] 이는 이후 갑오개혁기 차관 도입을 시도할 때 주요한 원칙으로 작동했다.

김옥균도 어윤중과 함께 개혁정책 추진에 앞장서다가 임오군란 이후 청·일과의 관계 설정, 개혁 방향 등에서 이견을 드러내며 관계가 끊어졌다. 그러나 그도 차관을 도입하여 시급히 금광을 개발하고 본위화폐제를 확립해야 한다고 주장했다.[9] 그는 정부의 재정정책이 결과적으로 절용론의 반복, 본위화폐 도입 없는 고액권 주전으로만 진행되고 재정 일원화와 지세 개정 등 선행되어야 할 개혁이 배제된 것에 문제의식을 느끼고 있었다. 다시 말해 현재 정부의 재정정책은 각사와 각 아문에 분산되어 있던 징세권을 박탈하여 중앙재정을 강화해 개화정책의 재원을 확보하고, 지세개정을 통해 농민층의 지세부담을 덜어주는 방향으로 나아가지

7 許東賢, 1996, 「1881年 朝士 魚允中의 日本 經濟政策 認識 -『財政見聞』 등을 중심으로 -」, 『한국사연구』 93, 141쪽.

8 김태웅, 2018, 앞의 책, 236~239쪽.

9 박은숙, 2005, 『갑신정변 연구』, 역사비평사, 56~64쪽; 김태웅, 2022, 『대한제국과 3·1운동 - 주권국가건설운동을 중심으로』, 휴머니스트, 226~227쪽.

못한다는 문제제기였다.[10]

그런데 김옥균 등 급진개화파가 제기한 개혁 역시 재원이 마련되어야 실현할 수 있었다. 갑신정변은 그들이 추진했던 차관 도입이 실패로 돌아간 뒤 택했던 권력 장악 수단이었다. 일찍부터 차관 도입을 통한 재정개혁을 주장했던 김옥균은 갑신정변 직전까지 일본에서 300만 원 차관 도입에 주력했다. 그는 기채를 통해 지폐를 발행하는 화폐개혁과 서구적 군대 양성을 구상했던 것으로 보인다. 차관을 얻어 광산에 투자해 본위화 주조를 위한 금·은 확보가 필요하다고 보았다.

이와 달리 일본의 명확한 목표는 차관 제공을 매개로 한 제국주의적 침략이었다. 둘의 생각은 동상이몽이었다. 여기에다 김옥균의 영향력에 대한 일본의 불신 등이 겹쳐 일본 차관 도입 시도는 실패로 끝났다. 김옥균은 차선책으로 미국 차관 도입을 시도했으나, 애초에 미국은 조선에 비용을 들일 정도의 관심은 없었고, 상환을 감당해야 할 조선의 신용 역시 낮게 평가했다. 연이은 차관 도입 실패는 그를 갑신정변의 강행으로 내몰았다.[11] 그러나 정변 실패는 개항 직후 진행되고 있던 제한적 수준의 개화정책마저 후퇴시키는 반동적 결과를 불러왔다. 개항과 함께 자본주의 세계체제에 끌려 들어간 조선이 제국주의 국가들 틈바구니에서 살아남기 위해 반드시 필요했던 재정개혁 시도는 또다시 늦춰졌다.

---

10 강만길 편, 1999, 『한국 자본주의의 역사: 빼앗긴 들에 서다』, 역사비평사, 48~49쪽.

11 유바다, 2010, 앞의 글, 55~64쪽.

2. 갑오정권 이후 재정의 중앙집중화와 미흡한 재원 확보

재정개혁은 10년 뒤 갑오정권에 의해 다시 추진되었다. 갑신정변을 이끈 급진개화파가 주장했던 재정일원화가 다시 강조되었다. 개혁 담당 기구인 군국기무처(軍國機務處)는 발족 직후 「각아문관제」를 제정(1894. 6.28)하여 탁지아문이 회계·출납과 조세, 국채, 화폐 등 모든 재정 사무를 총괄하고, 각 지방의 재무도 감독하도록 규정하였다. 선혜청과 선혜청에 합설했던 균역청, 상평청, 진휼청 그리고 호조, 군자감(軍資監), 양현고(養賢庫), 장흥고(長興庫), 제용감(濟用監), 전운서(轉運署) 등 여러 관아는 폐지되거나 탁지아문으로 흡수되었고, 그 수입도 탁지아문에 귀속되었다. 같은 날 「궁내부관제」를 제정하여 왕실 재정도 탁지아문의 감독을 받게 하였다. 1895년 3월에는 탁지아문을 탁지부로 개편하고 「탁지부관제」를 제정하여 탁지부로 재정기구 일원화가 진전되었다.[12]

지방재정에서도 이와 관련된 정책이 추진되었다. 징세제도 개정과 관련해 수령·이서 기능을 약화하고, '국왕-수령' 체계가 아닌 '국왕-관찰사-수령' 체제를 확립하여 이제까지 '자치기구'로 존재했던 향회를 징세기구로 제도화하려고 시도했다. 갑오개혁 시기에는 조세조사·세액조정·부과임무를 징세서·관세사가, 징수 업무는 부세사가 담당하는 '이원화'를 통해 조세 부과에서 지방 관리의 부정을 막고자 했다. 갑오·을미 개혁

12 이윤상, 1996, 「1894~1910년 재정 제도와 운영의 변화」, 서울대학교 국사학과 박사학위논문, 27~28쪽.

시기에 내부대신 유길준은 이서층을 배제하고 세원조사·관리기능을 향회에 위임하며, 나아가 재산권을 스스로 지키게 하여 과세 기반을 안정시킨다는 구상을 했다.[13]

그런데 대동법 시행 후 정규적 재정부문을 보조하는 지방의 비정규적 재정부문이 중앙의 집권적 재정 운영과 병행하며 유지되는 상황에 저항하거나 기존처럼 자율적 조달 유지를 호소하는 경우도 있었다.[14] 이 무렵 재정개혁 과정에서도 이에 대한 논쟁이 벌어졌다.

첫 번째 주장은 기존의 읍 재정 위주의 지방재정을 해체하고, 중앙정부에 이속시키자는 것이었다. 이는 조선 후기 이래 지방 재원을 결호에 설정하고 정액화함으로써 지방 재정의 다양한 구조와 분립적 운영 방식을 불식시켜 재정의 중앙집중을 지향한 것과 궤를 같이한다. 이러한 지방재정 개혁안은 갑오개혁 시기에 어윤중, 박정양 등 온건개혁론자들이 추진했고 황제권을 강화하는 광무개혁 시기에 지방재정 개혁방안으로 정착했다.[15]

두 번째 주장은 서구의 지방세 제도를 도입해 지방재정을 개혁하자는 것이었다. 중앙정부와 지방 관청의 재원을 세목별로 구분하여 지방재정에 대한 부담을 중앙과 지방이 분담하는 방안이었다. 이 방안은 조사시찰단 파견(1881)을 계기로 소개되었는데, 박영효 등 급진 개화론자들의 개혁안이기도 했다.[16] 이는 집권적 재정 운영 기조 아래 지방재정 일부를 자율적이고 비정규 부문으로 유지하던 조선 후기 재정시스템의 이중 구조

---

13 양진아, 2017, 「갑오·을미개혁기 유길준의 향회개설론」, 『韓國史學報』 68, 137~147쪽.

14 손병규, 2018, 앞의 책, 246쪽; 278~279쪽.

15 김태웅, 2012, 『한국 근대 지방재정 연구–지방재정의 개편과 지방행정의 변경』, 아카넷, 515~516쪽.

16 김태웅, 2012, 위의 책, 516쪽.

와 궤를 같이한다.

두 주장은 모두 조선왕조 재정시스템의 특징을 반영한 것이어서 실제 개혁정책 진행 과정에서 당시 정치적 여건에 따라 다르게 발현되었다. 크게 세 단계로 구분된다. 1단계는 1894년 6월 일본군의 경복궁 점령 및 군국기무처 설치 후 제2차 김홍집 내각 초기(1894.11~1895.2)에 어윤중 등 온건 개혁론자들이 첫 번째 주장에 따라 지방재정 개혁을 추진한 시기이다. 골자는 국가가 지방관청의 봉급과 경비를 배정하는 것이었다. 또 정부 주도하에 새로운 향회를 두어 향촌민의 성장을 보장하고 이향(吏鄕)의 수탈을 방지하려 하였다.

2단계는 이노우에 가오루(井上馨)가 일본 전권공사로 부임(1894.10)하여 조선의 '보호국'화를 획책하면서 조선 내정에 본격 간섭하다가 '삼국간섭'(1895.4)을 거쳐 박영효가 일본에 망명(1895.7)하기 전까지로 내부대신 박영효가 일본의 지방제도를 따라 23부제를 시행하면서 지방세제 방안을 구상한 시기이다. 두 번째 주장에 따라 군현 통폐합 및 이속 도태를 통해 지방경비를 절감하면서 자산가 위주의 지방자치제 시행을 염두에 둔 방안이었다. 이 방안은 삼국간섭 이후 반일 움직임이 커지고 징세기구도 정비되지 않아 바로 실행되지 못했다.

3단계는 일본이 을미사변을 일으켜 제4차 김홍집 내각을 구성한 1895년 9월부터 1896년 1월 아관파천까지의 시기이다. 일본이 조선 내정에 적극적으로 관여하지 못하는 상황에서 다시 탁지부대신이 된 어윤중이 각군 경비 배정제도를 시행했다. 「각 군 경비 배정」(1895.9)은 읍 경비 배정론을 계승한 것이다. 첫 번째 주장으로 회귀한 셈이다. 즉 전결 수에 따라 각 군의 등급을 나누고 이에 따라 각 군의 봉급과 경비를 차등 배정하였으며, 군의 관속 조직을 규정함으로써 수입과 지출을 통제하면서

군 이하 지방 조직을 장악하는 여건을 조성하였다.[17]

부세 금납화 조치는 근대적 재정개혁을 언급할 때 중요한 기준이 된다. 갑오개혁에서 부세, 군보 등 남아있던 모든 상납 물품을 화폐로 환산(代錢)하도록 했는데 수세 대상을 토지와 호에 집중시켜 각각 결전과 호포전으로 징수하는 방법과 병행되었다. 부세 금납화는 각 기관이 분산적으로 행하던 물품 상납을 탁지아문-중앙재무기관으로 일원화하여 재정 중앙집권화의 최종 단계에 접근하는 방안이었다.

물론 화폐 납부가 민의 부담을 경감시킨 것만은 아니었다. 본래대로 현물, 즉 본색(本色)으로 상납하기를 원하기도 했다. 황해도의 경우 결전이 1결당 30냥으로 책정되었는데, 상납 시 1석당 6~7냥을 하며, 추수 후 더 떨어질 때는 화폐 납부가 어렵다고 탁지아문에 호소했다. 현물가가 화폐 납부 책정가보다 낮은 경우나 당오전이 아니라 엽전으로 납부하는 것이 부담된다고 호소하기도 했다. 이에 대해 정부는 화폐로 환산한 가격은 부가 징수를 포함한 것으로 실제 정세를 그대로 반영한 것이 아님을 이해시키고, 화폐로 환산해 납부하는 정책이 휼민의 뜻으로 시행하는 것이니 민이 원하는 대로 하도록 융통성을 보이기도 했다.[18]

개화파 정권이 시도한 재정개혁의 초점은 재정일원화와 부세 금납화 등 제도 정비에 있었다. 이를 위해서는 세입 증대가 중요했다. 대동법 시행 후 300여 년간 늘어나는 지출에 비해 수입을 늘리지 못했던 점을 생각하면 재정의 전면적 일원화를 지향했던 갑오정권이 세입 증대를 추진하는 것은 당연했다. 핵심은 세입에서 절대적 비중을 차지하는 지세의 확대

17 김태웅, 2012, 앞의 책, 517~518쪽.

18 손병규, 2018, 앞의 책, 247~248쪽.

였다. 개화파 정권은 이를 위해 면세지를 출세결로 전환하는 면세지승총을 단행했다. 이는 면세지를 결총에 올려 세금을 부과한다는 뜻으로 궁방전, 관둔전, 역둔전 등에 대한 면세 규정을 폐지하여 세금을 납부케 한 조치였다.[19] 그리고 사역원(司譯院)이 관할하던 홍삼전매 사업과 수입, 왕실이 관할하던 광산 수입을 탁지부로 귀속시켰다. 광산의 경우는 농상공부가 관리하되 광세만 탁지부로 귀속시켰다.[20]

그러나 세입 증대는 단기간에 성과를 거두기 힘들었다. 차관 도입을 통해 단기에 자금을 조달하는 것이 효과적이라는 인식이 당연히 커졌다. 그런데 차관은 개인 간의 금융거래와 같을 수 없었다. 제공자의 침략 의도와 수요자의 주권 수호라는 국제정치가 교차하는 현장이기 때문이다. 청일전쟁으로 일본과 청 사이의 균형이 깨진 갑오개혁 시기에 일본은 차관을 통해 조선의 재정과 화폐 주권을 장악하고자 했다. 실제로 당시 일본 정부는 300만 원 차관 제공 조건으로 전액 태환지폐로 대여, 일본 태환지폐를 조선 법화에 준해 통용하고 상환까지 조선 정부가 지폐를 발행하지 않을 것 등을 요구했다.[21] 이는 일본 지폐를 조선 법화로 통용시키고자 하는 것으로 차관 제공을 빌미로 조선을 일본 지폐의 통용권으로 만들어 조선의 재정과 금융을 장악하려는 침략정책의 일환이었다.[22]

이 때문에 어윤중은 일본의 경제침략을 우려하며 영국 차관을 도입하고자 했다.[23] 실제로 1894년 3월 정부는 영국 정부의 소개로 영국 로스차

---

19 강만길 편, 1999, 앞의 책, 54쪽.

20 이윤상, 1996, 앞의 책, 31쪽; 33~34쪽.

21 吳斗煥, 1993, 앞의 글, 36쪽.

22 김태웅, 2022, 앞의 책, 248~249쪽.

23 김태웅, 2018, 앞의 책, 238~239쪽.

일드사와 6개월 동안(3월 30일부터) 돈을 빌리는 대신 철도 부설과 광산 개발·채굴의 권리를 타국인에게 허락하지 않으며, 타국인에게서 은화 5만 원 이상의 차입을 허용하지 않는다는 내용을 담은 차관 계약을 맺었다.[24] '6개월 조건'이 시간을 끄는 동안 청일전쟁에서 승리한 일본이 본격적으로 조선 내정에 간섭하려 하자 고종은 해당 계약을 빨리 이행하라고 로스차일드사에 촉구한 것으로 보인다. 하지만 영국은 일본의 반발, 다른 유럽 제국주의 국가들의 반대를 예상해 차관을 제공하지 않았고, 결국 계약은 무효가 되었다.[25] 이는 갑오경장 전후 차관을 도입해 일본의 조선 재정 장악 시도를 막고자 조선 정부가 추진했던 경제외교의 첫 번째 실패였다.

우회로가 막혔지만, 앞서 살펴본 일본의 제안에 대해서는 어윤중뿐 아니라 박영효도 완강하게 반대했다. 조선 정부는 1880년대부터 독자적 본위화폐 제도에 입각한 지폐 발행을 구상하고 있었다. 화폐 주권의 중요성을 인식하게 된 것이다. 역시 일본은행 태환권 유통이 중요한 계기로 작용했다. 일본은행 태환권이 조선의 법화로 인정되어 조세 상납에 사용되는 것은 독립의 체면을 손상하는 것은 물론 통용 자체가 어렵고, 은화가 부족한 조선에서 이 이상 유출이 있으면 조선은 본위화폐제도 시행이 어렵다고 판단한 것이다. 1880년대부터 조선은 재정 문제로 실현하지 못하고 있었지만, 독자적 본위화폐제도에 입각한 지폐 발행을 계속 구상하고 있었다. 그러나 일본의 차관 제공 조건은 이를 부정하는 것이었다.

이러한 논란을 거친 후 1895년 3월 체결된 300만 원의 차입계약서에

---

24 한승훈, 2022, 「청일전쟁기 조선 정부의 대영(對英) 외교교섭 연구: 고종과 흥선대원군 세력을 중심으로」, 『한국사학보』 86, 285~286쪽.

25 한승훈, 2022, 위의 글, 286~290쪽.

의하면 150만 원은 은화로, 나머지 150만 원은 일본은행 태환권으로 제공하기로 되어 있었다. 이율은 연 6%, 1897년까지 거치 후 2년 상환, 담보는 조세로 하되 만약 개항장 해관세를 저당으로 차입하여 다른 차입금을 청산했을 때는 각 개항장 해관세로 담보를 바꿀 수 있도록 했다.[26] 정부가 이러한 일본 차관 도입을 승인한 이유는 차관 담보로 설정된 해관세가 1897년까지 여유가 있어 상환이 가능하다고 판단했기 때문이라고 추정된다. 대한제국 수립 이후인 1896~1897년에는 러시아 차관을 도입하여 일본 차관을 앞당겨 상환한다는 계획도 세웠다. 일본과 러시아 세력의 균형이 유지되는 정세와 맞물려 차관 도입을 한 국가에 집중시키지 않으면서 재정개혁을 추진하고자 한 것이다. 하지만 1898년 이후 재정 지출이 증가하면서 본위화폐도 없이 백동화가 다시 남발되어 재정은 더욱 악화되었다. 결국 일본제일은행을 통한 차관 도입만 1900년 이후 러일전쟁 전까지 조금씩 이루어졌다.[27]

갑오정권의 재정개혁 시도가 조선을 둘러싼 국제정치 상황에 좌우되는 상황에서 일본에 대한 재정 종속의 범위도 점점 커졌다. 갑신정변 후 일본으로 망명한 박영효가 돌아와 내부대신으로서 독자적으로 행정개혁을 단행하자, 고종은 일본과 타협하여 그를 역모사건으로 몰아내고 궁내부를 설치했다. 또 김홍집 내각은 일본의 요구를 수용하여 양력 사용, 일본 도량형으로의 통일, 단발령 등을 실시했지만 이에 대한 저항이 확산되는 가운데 을미사변이 일어났고 결국 아관파천으로 무너졌다. 결국 갑오정권의 재정개혁 시도는 재원을 확보하지 못해 실질적 성과를 거두지 못했다.

26 吳斗煥, 1993, 앞의 글, 36~37쪽; 김태웅, 2018, 앞의 책, 242~246쪽.

27 吳斗煥, 1993, 위의 글, 36~37쪽; 39~41쪽.

3. 대한제국 시기 황실 중심의 재정 운영과 외압에 취약한 대응

러시아 공사관에서 환궁한 고종이 칭제를 단행하고 선포한 대한제국(1897.10.12)은 갑오정권이 급진적·외세의존적이었다면서 '구본신참(옛 제도를 근본으로 새로운 제도를 도입)'을 표방했다. 근대적 제도가 실시되는 와중에 구제도를 부활하겠다면서 자주성을 강조한 이면에는 갑오정권의 개혁 성과를 황실 중심으로 개편하겠다는 의도가 담겨 있었다. 러일전쟁 전까지 대한제국 재정정책의 가장 큰 변화는 갑오정권이 시작한 재정의 중앙집중화를 활용하여 재원과 운영권을 내장원(內藏院)에 집중하여 황실 재정을 확대했다는 점이다. 이용익이 내장사장(內藏司長)에 임명(1899)되고, 내장사에서 격상된 내장원은 이후 궁내부 대신의 관할에서 벗어나 황제 직속으로 황실 재산을 독자적으로 관리했다.[28]

나아가 이 무렵부터 궁내부가 크게 확대되면서 황제 직속 기구가 잇달아 설치되었다. 전환국(典圜局)도 탁지부 소속에서 황제 직속 독립기구로 바뀌어(1900), 화폐 주조가 정부 통제를 벗어나 황실 재원으로 기능하게 되었다. 그 외에도 통신원(通信院), 양지아문(量地衙門) 등 근대화 사업이나 징세기구가 황제 직속으로 전환되거나 신설되었다. 이와 함께 갑오개혁으로 정부에 귀속된 재원과 이권은 황실로 이속되어 황제 직속의 독

---

28 김재호, 1997, 「甲午改革 이후 近代的 財政制度의 形成過程에 관한 研究」, 서울대학교 경제학과 박사학위논문, 159쪽.

립된 재원이 되거나 궁내부나 내장원의 관리를 받게 되었다.[29]

황제의 개인 금고인 내장원이 독자적으로 재정권을 행사했다. 역둔토와 상업 잡세의 관할뿐 아니라 통영의 둔조(屯租) 수입과 국고에서 지출되는 군사비의 일부를 결호전 외획 형태로 활용했다. 외획은 군수가 징수한 세금을 국고에 납부하기 전에 제3자에게 지불하라는 탁지부 대신의 명령을 말한다. 외획제란 정부가 특정 상인에게 지방의 국고금 수송을 위탁하고, 상인은 이 자금으로 지방의 물자를 구입하여 한성 등지로 운반, 판매한 후 위탁받은 국고금을 탁지부에 납부하는 제도였다. 근대 금융기구 및 교통기관이 발달하지 않은 상황에서 비정상적이고 일시적이지만 나름 효율적으로 재정을 운영하는 한 방법이었다.[30]

또 군향미(軍餉米)로 외획받은 결호전을 미곡 상업 자금으로 이용하여 이윤을 얻었고, 재정난을 겪는 정부-탁지부에 빌려주고 다시 결호전 외획으로 돌려받는 순환 과정을 통해 미곡 매집에 필요한 자금을 조달했다.[31] 내장원의 이러한 재정 운영은 황실과 정부 재정의 분리라는 명분에 기대어 오히려 정부 재정이 황실 재정에 종속되는 결과를 가져왔다.[32]

대한제국의 재정정책은 왕실의 권위와 정통성을 과시하기 위해 경제 기반을 축소한 앞 시기와 상반되게 황실이 국가 재정의 상당 부분을 흡수하여 장악하는 방식으로 운영되었다.[33] 물론 내장원은 늘어난 세입으로

29 이윤상, 1996, 앞의 책, 70~73쪽, 79쪽.

30 강만길 편, 1999, 앞의 책, 89쪽.

31 김윤희, 1995, 「대한제국기 皇室財政運營과 그 성격-度支部 豫算外 支出과 內藏院 재정 운영을 중심으로」, 『한국사연구』 90, 108~109쪽.

32 이윤상, 1996, 위의 책, 203~204쪽.

33 최주희, 2019, 앞의 글, 133~145쪽.

철도 부설, 광산 개발 등 일부 산업시설에 투자하거나 무기 도입을 시도했다. 그러나 소규모이거나 일본 등 열강의 손에 이미 넘어간 터라 실효는 크지 않았다. 미곡유통 관련 투자, 미쓰이(三井)와의 홍삼판매 계약, 전당업인 보신사와 대한천일은행에 대한 투자 등 상업 이윤을 얻기 위한 자금으로도 지출되었다. 장기적 안목의 산업투자보다 단기이윤이 보장된 상업금융과 유통 부분에 집중한 것이다. 또 궁내부의 황실 관련 기구 비용과 왕릉 및 궁 개수 비용에 지출되었다.[34]

대한제국의 차관 도입 시도에서 보이는 큰 특징은 이전과 달리 일본, 영국뿐 아니라 미국, 러시아, 프랑스 등 여러 국가와 교섭을 진행했다는 점이다. 이는 차관 도입이 초래할 수 있는 특정 제국주의 국가에 대한 경제 종속을 막는 방안이기도 했다. 이용익을 중심으로 대한제국 정부는 1899년 11월 미국인 헌트(Leigh S. J. Hunt)와 광산을 담보로 500만 엔 차관 도입 협상을 진행하는 등 미국과 몇 차례 계약 직전까지 이르렀지만, 조선에서의 자국 이익에 가장 민감했던 일본의 반대로 좌절되는 과정이 반복되었다.[35]

러시아 차관 도입은 아관파천 시기부터 계속 모색되었다. 1896년 11월 해관세 등을 담보로 러청은행의 차관 도입을 시도했고, 이후에도 1902년 말까지 이용익을 중심으로 러청은행을 통한 러시아 차관 도입을 추진했다. 그러나 대한제국에 대한 러시아의 영향력 확대는 일본의 반발을 더 강하게 불러왔다. 일본이 러시아를 향후 한반도 지배를 둘러싼 각

34 김윤희, 1995, 앞의 글, 106~107쪽; 강만길 편, 1999, 앞의 책, 57~58쪽.

35 吳斗煥, 1993, 앞의 글, 42~43쪽; 이항준, 2021, 「대한제국기 내장원경 이용익의 활동 - 철도건설과 차관 도입을 중심으로 -」, 『사림』 75, 158쪽.

축의 직접적 경쟁자로 인식했기 때문이다. 러시아를 견제하던 영국도 러시아 차관을 경계했다. 대한제국의 정치적 불안정, 상환 능력에 대한 우려에 더하여 러시아 자체의 재정난도 차관 제공을 어렵게 만들었다. 결국 러시아와의 차관 협상은 모두 무산되었다.[36]

대한제국 정부는 프랑스 윈난신디케이트를 통한 차관 도입 계약을 성사시켰다. 프랑스가 청 윈난성(雲南省)의 광산 채굴을 목적으로 설립한 윈난신디케이트는 프랑스·영국·벨기에 출신 자본가들로 구성되어 있었다. 윈난신디케이트 차관 계약은 이용익, 민영찬, 이인영 등이 주도했는데 금괴 및 은괴로 500만 원을 연 5.5% 이자율로 제공받고 세관 수입으로 25개년에 걸쳐 상환하는 조건이었다. 차관 명목은 화폐개혁, 평양광산 채굴, 은행 설립 등을 위한 것이었다.[37]

이용익 등 황실 세력은 총세무사 브라운이 방해에 나서자 그에게 해고까지 통보하며 윈난신디케이트와의 계약에 매우 적극적으로 나섰다. 윈난신디케이트 차관 역시 제국주의 침략성이 수반된 것이었다. 높은 이자율과 커미션을 포함한 계약 조건 대부분이 대한제국에 불리했다.[38] 그러나 대한제국으로서는 일본, 러시아 등 인접국과의 교섭이 가진 경제 종속의 위험성을 감안할 때 이들을 견제할 제3국과의 관계 형성도 필요했다. 프랑스라는 제3국을 통한 차관 도입은 1900~1901년 시점에 비춰

36 홍준화, 2006, 「대한제국기 조선의 차관 교섭과 국제관계」, 고려대학교 사학과 박사학위논문, 19~49쪽; 이항준, 2016, 「뽀꼬찔로프(Д. Д. Покотилов)의 한국방문과 한국경제조사 - 한러 차관문제를 중심으로 -」, 『사림』 58; 이항준, 2021, 앞의 글.

37 全旌海, 2003, 「大韓帝國의 산업화 시책 연구 - 프랑스 차관 도입과 관련하여 -」, 건국대학교 사학과 박사학위논문, 119~126쪽; 홍준화, 2007, 「雲南·大韓신디케이트 차관과 주변 열강의 개입(1901~1902)」, 『한국사학보』 28, 49~51쪽.

38 홍준화, 2007, 위의 글, 51~59쪽.

볼 때 본위화폐 실시, 관영사업 육성 등 금융 및 재정 주권을 확립하는 사실상 마지막 기회였다.

하지만 프랑스 차관 도입 시도에도 대한제국을 둘러싼 제국주의 열강 사이의 대립과 국제정치가 큰 변수로 작용했다. 영국과 일본을 견제하려는 러시아는 프랑스 차관 도입을 외교적으로 지원했다. 대한제국의 재정을 장악하려는 일본을 견제할 수 있다고 봤기 때문이다. 당연하게도 일본과 영국은 대한제국의 프랑스 차관 계약이 알려지자 강력하게 반발했다. 일본은 대한제국이 해관세를 담보로 프랑스 차관 도입을 시도하면 영국과 미국의 반발을 초래할 것이고, 여기에 러시아까지 개입하면 일본도 강력하게 대응할 것이라고 위협했다. 결국 윈난신디케이트 차관 계약은 대한제국이 스스로 파기(1902.2)하면서 무산되었다.[39]

결과적으로 대한제국이 열강 사이의 대립을 활용하는 주체가 되지 못하고 그 대립의 대상으로 전락하면서 본위화폐 도입 등 개혁을 위한 재원 마련에 시급했던 차관 도입선 다양화 시도는 모두 좌절되었다. 이후 러일전쟁 전까지 대한제국은 일본제일은행을 통한 소규모 차관만 도입할 수 있었다.[40]

제국주의 침략과 함께 시작된 자본주의 세계화는 독자적 시스템으로 운영되던 여러 지역의 공동체 경제를 자본주의 체제라는 일률적 시스템에 편입되도록 강제했다. 후발 지역이나 국가가 이 시스템에 편입되기 위해 선행되어야 했던 경제정책은 본위화 구축을 통한 재정·금융 개혁이었다. 그리고 이를 위한 차관 도입은 매우 위험하면서도 현실적인 재원

---

39 全旌海, 2003, 앞의 글, 127~132쪽; 이항준, 2021, 앞의 글, 159~161쪽.

40 吳斗煥, 1993, 앞의 글, 39~41쪽.

마련책이기도 한 양날의 칼이었다. 대한제국을 둘러싼 열강의 마지막 세력 균형 시기에 추진되었던 제3국을 상대로 한 차관 도입 실패는 재정적 측면에서 볼 때 결국 제국주의라는 무법적 국제관계 속에서 한국이 침략의 대상으로 전락하는 한 계기로 작용했다.

제2장
통감부 시기 식민지 재정 기반의 구축

1. '고문정치'하 재정고문부의 화폐 주권 및 국고 장악

한반도를 둘러싼 열강 간 세력 균형이 러일전쟁(1904~1905)에서 영국과 미국의 지원을 받은 일본의 승리로 깨지기 훨씬 전부터 일본은 한반도를 침략 대상으로 설정했다. 그에 따라 일본은 러일전쟁 발발 직후 「한일의정서」(1904.2.23)를 통해 군대 주둔권과 시정 개선을 명분으로 한 내정 개입을 제도화했다. 특히 「제1차 한일협약」(1904.8.22)으로 고문정치를 통해 보호국 체제 '정비'에 나섰다. '고문용빙협약'에 의거해 고빙된 재정 및 외교 고문 2명 중 재정 고문은 일본이 동의해야만 해고할 수 있도록 규정하여 그 지위와 권한이 다른 고문과 현저히 달랐다. 재정 고문은 일본 정부가 한반도 침략을 위해 가장 중요하게 생각한 자리였다.[1]

일본은 메가타 다네타로(目賀田種太郎)가 재정 고문으로 부임(1904.10)하기 전에 이미 화폐 정리, 지출 축소, 세입 증대 등을 목표로 재정 고문이 한국 재정을 장악한다는 계획(1904.7.8)을 세웠다. 이에 대해 메가타는 세입 증가를 빠르게 기대하기 어렵다면서 순차적으로 세출 감소(군비, 통신비 등), 일본 화폐를 통용시키는 방식에 대한 의견을 일본 정부에 보냈다. 한국 재정을 장악하려면 세출 축소와 화폐 정리가 시급하며, 세입 증대를 위해 황실 재정 정리가 필수적이지만 고종이 반발할 명분도 주지 말아야 한다는 것이다. 이에 따라 메가타는 재정고문부를 신설(1905.1)하고, 7월부터 지방조직으로 재정고문지부를 설치하여 화폐 정리, 금융기관 정리,

---

1 김혜정, 2005, 「러일전쟁 이후 일제의 顧問政治 실시와 목적 - 재정고문 目賀田種太郎을 중심으로 -」, 『한국민족운동사연구』 44, 33 ~ 34쪽.

지출 축소를 위한 행정 정리와 세제정리에 주력했다.[2]

메가타가 가장 서두른 것은 대한제국의 화폐 주권 장악이었다. 그는 전환국을 폐쇄(1904.11)해 대한제국의 화폐발행권을 빼앗고, 1905년 1월부터 일본제일은행을 앞세워 화폐 정리에 착수했다. 화폐 정리의 골자는 기존에 유통되던 화폐는 환수하여 일본제일은행권으로 대체하고, 여기에 새로운 보조화폐를 추가로 발행하는 것이었다. 이는 한일 양국 화폐를 등가로 묶어 화폐 유통의 장벽을 제거함으로써 손쉽게 교환할 수 있도록 하기 위해서였다. 일본의 사립은행이 발행한 화폐를 사실상 본위화폐로 무제한 통용시켜 식민지배에 필요한 자금을 한국에서 조달하는 방식이기도 했다. 일본제일은행권(1909년 11월 한국은행권, 1911년 3월 조선은행권) 발행상의 특징은 금화나 지금은(地金銀)뿐 아니라 일본은행권에 대해서도 태환 의무를 진다는 점이다.[3]

그리고 대한제국의 국고 장악에 나섰다.「금고출납역설치건」을 제정(1904.12)하여 일본제일은행이 국고의 출납 업무를 관장하도록 한 것이다. 또 징세기구를 장악하기 위해 1905년 들어 지방에 일본인 재무관을 파견하여 징세 감독을 강화했다. 화폐 정리에 따라 백동화 환수 개시(1905.7)와 함께 상인을 통해 지방의 국고금을 중앙으로 수송·납부할 수 있게 하여, 신용경제를 활성화하는 기능을 하던 외획제를 폐지함으로써 재정 통제력을 강화했다.

---

2 김혜정, 2015,「일제의 財政顧問部 조직과 운영(1905~1907)」,『한국민족운동사연구』83, 46쪽, 79쪽, 80~82쪽.

3 정화준비의 대부분은 일본은행권이 차지하고 있었다. 이는 타이완은행과도 다른 조선은행만의 특징이었다(조명근, 2019,『일제하 조선은행 연구 - 중앙은행 제도의 식민지적 변용』, 아연출판부, 124쪽).

2. 통감부의 징세기구 장악과 세원 창출

을사조약(1905.11.17) 이후 설치된 통감부(1906.2.23)의 재정정책은 대한제국 재정을 해체하고 식민지 재정제도를 구축하는 것이 목적이었다. 1906년부터 재정고문부는 징세기구를 개편하고 장악해 들어갔다. 징세제도 정비의 주안점은 기존의 징세권자인 수령과 향리를 배제하는 데 있었다. 먼저 「관세관(管稅官)관제」(1906.9.24. 칙령 제54호)를 통해 세무사-세무주사로 이어지는 징세구조로 개편했다. 그리고 「조세징수규정」(1906.10.16. 칙령 제60호)을 통해 군내 징세기구를 개편하고, 기존의 광세·염세·수산세 규칙을 새로 규정해 세원을 확대했다. 지세는 기존대로 면 단위로 징수하되, 면장과 면 내 다액납세자 5명 이상으로 구성된 임원이 납세액을 결정하고, 임원 중 선발된 공전영수원(公錢領收員)에게 세금을 수령하도록 하여 징세행정과 일반행정을 분리했다.

고문정치는 헤이그 특사 사건(1907.7)을 구실로 일제가 고종을 강제 퇴위시키면서 일본인 차관이 내정을 직접 통제하는 차관정치로 전환되었다. 이에 따라 감독기관인 재정고문부를 폐지하고 재무 관련 기구도 재편했다. 「재무감독국관제」(1907.12.13. 칙령 제35호)를 제정하여 「관세관관제」를 폐지하고, 5개 도시(서울·평양·대구·전주·원산)에 재무감독국을, 산하에 231개 재무서를 배치했다. 통감부는 특히 징세 과정에서 관찰사 이하 지방관을 완전 배제하고 세입과 세출을 모두 관장하는 일원적 재무기구(통감부-탁지부-재무감독국-재무서)를 만들어 대한제국의 징세와 재무 업무를 완전히 장악했다.

이후 통감부는 고문정치하에서 진행하지 못하던 세입 증대책, 즉 세원 색출과 황실재정 해체에 주력했다. 1907년 들어 은결(隱結) 정리, 호세 정리, 수입인지 발행, 염세 징수, 연초전매제 등을 위한 재원 조사에 나섰다. 그 결과 양안에 누락되어 세금을 내지 않던 은결 색출(13,042결)과 호수(948,594호)를 확인해 6월부터 호당 30전씩 징수, 수수료 수입을 수반한 각종 수입인지를 발행했다. 나아가서 생산액(150만 석)보다 수세액이 적다고 본 염세를 주요 세원으로 파악하고, 1906년 5월부터 재원 조사에 착수하여 「염세규칙」(1906.11.13. 칙령 제69호)을 제정하여 제염업자들에게 탁지부 면허를 받게 하고, 납부 방법과 세액을 규정했다.[4]

메가타는 재정고문으로 부임하자마자 빠르게 재원을 확보하는 세입 증대책으로 소비세, 특히 주세와 연초세에 주목하고 주류와 연초 제조 및 시장 조사에 착수했다. 많은 나라에서 주세와 연초세는 자본주의 초기에 광대한 소비시장을 배경으로 한 주요 세원이었다. 유럽의 제도를 모방한 메이지 초기 일본도 마찬가지였다.

재정고문부 기능을 넘겨받아 신설된 탁지부 재원조사국은 경성, 평양, 원산 등 주요 도시에서 조사를 실시했다. 이를 토대로 1909년 최초의 소비세인 「주세법」(1909.2.13. 법률 제3호)과 「연초세법」(1909.2.13. 법률 제4호)이 국세로 제정되었다. 일본의 침략 과정에서 신설된 이 두 세목은 강제병합 이후에도 중요한 세원으로 자리 잡았다.

이 시기 「주세법」 제정의 가장 큰 목적은 과세 자체보다 과세를 위해 광범위하게 분산된 영세 주조업의 실상 파악에 있었다. 당시 가정소비용이나 음식점, 여관 등에서 겸·부업용으로 술을 빚는 경우가 많아 자가용과 판매용의 경계가 불분명했고, 대부분의 주조업은 가내수공업 규모

4 김혜정, 2015, 앞의 글, 83~88쪽.

였다. 통감부는 모든 주류 제조자(자가용·판매용 불문)는 제조장마다 면허를 받고, 제조 주종과 생산량을 관할 재무서에 신고하도록 규정했다.[5] 주류를 알코올(酒精) 함유량과 제조방법에 따라 양조주(釀造酒), 증류주(蒸溜酒), 혼성주(混成酒) 등 세 종류로 구분하고, 면허를 받은 주류제조장의 제조석수(製造石數)에 따라 주세를 부과할 뿐 아니라 민가의 자가용 주류에도 과세했다.[6]

대표적 기호품인 담배도 세원 색출의 주목 대상이었다. 하지만 생산량은 많았지만 생산 및 소비 상황에 대한 정보가 부족했다. 통감부는 1905년부터 각지의 우량품을 일본 연초전매국으로 보내 품위를 평가하고 연초 생산의 개량, 종자 및 경작법 개선, 종자 수입, 연초 재배와 기후의 관계 조사 등을 위해 각지에 조사관을 파견하여 실지조사를 수행했다.[7] 「주세법」과 같이 「연초세법」 제정의 주목적도 면허제(자가용·판매용 불문)를 통한 세원 파악, 즉 연초 경작자와 판매업자 파악에 있었다.[8] 1905년에 이미 일본과 타이완에서 연초전매제가 실시되고 있었다. 통감부도 한국 주권을 장악하면서 연초전매 준비에 나선 것이다.

「연초세법」에 따라 연초경작세와 연초판매세가 부과되었다. 연초경작세를 납부해야 하는 연초경작자는 정부로부터 면허(자가용·판매용 불문)를 받아야 했고, 2종의 과세표준(植付株數 900 미만, 900 이상)을 설정하여 전자에 연간 50전, 후자에 2원을 부과했다. 연초판매업자도 면허를 받아

5 정태헌, 1996, 『일제의 경제정책과 조선 사회 - 조세정책을 중심으로 -』, 역사비평사, 68~69쪽.

6 金玉根, 1994, 앞의 책, 36쪽.

7 김혜정, 2015, 앞의 글, 89~90쪽.

8 정태헌, 1996, 위의 책, 89쪽.

야 했고, 도매와 소매로 구분하여 전자(제1종)에 연간 10원, 후자(제2종)에 2원의 정액 세금을 부과했다.[9] 농작물 가운데 연초경작에 대해서만 과세한 연초경작세는 수익과 무관한 과세였다. 이 시기의 연초세는 이후 소비세로 정착해 가는 과도기로 향후 연초전매제 실시에 따라 하부구조로 편입될 경작자와 판매자를 장악함과 동시에 과도적으로 세수입 효과도 노린 양면성을 띤 것이었다.[10]

식민지화 기반 구축에 나선 통감부는 본격적으로 지방재정 장악에 나섰다. 통감부의 지방지배 구상은 크게 두 가지였다. 첫째, 재무서를 설치하는 기준인 군(郡)의 통폐합 및 수령과 이서의 징세권을 박탈하여 지역세력자의 권위를 축소하는 것이었다. 둘째, 자치성이 약한 면 단위에 식민통치의 첨병 역할을 기대하면서 '면장협의회'를 설치했다. 면내 다액납세자로 구성된 5명 이상의 임원과 함께 최종 납부액을 결정해 납입고지서를 발부한 뒤, 공전영수원이 세금을 징수하는 '면장-공전영수원'의 하부 징세기구 체제를 만들고, 면장협의회를 통해 지방을 통제하고자 한 것이다.[11]

강제병합 후 1914년 부·군·면 통폐합과 자치 권역 붕괴, 「면제」 실시 이후 중앙집권적 재정정책 등도 그 연장선이었다. 즉 식민지 재정정책은 조선왕조의 중앙집권적 재정정책이 하부 행정단위까지 추진되었다는 점에서 연속성을 갖는다. 동시에 지방관 다수가 일본인이었고, 지방행정의 중심 단위가 면으로 전환되면서 납세조직의 자율성을 부정하는 단절성을 띠었다.

---

9 金玉根, 1994, 앞의 책, 38쪽.

10 정태헌, 1996, 앞의 책, 89~90쪽.

11 尹海東, 1997, 「'統監府設置期' 地方制度의 改定과 地方支配政策」, 『韓國文化』 20, 408~430쪽.

3. 대한제국 황실재정 해체, 조선총독부 소유로 귀결

일제가 한국 재정을 장악하는 마지막 단계는 황실 재정 해체였다.「궁내부관제」를 전면 개정(1905.3)하여 내장원을 경리원(經理院)으로 개칭하고 신설된 내장사(內藏司)와 제실회계심사국(帝室會計審査局) 중심의 재정 기구에 통합시켰다. 내장원이 갖고 있던 독자적 수입원은 여전히 남아있었지만 그것을 해체하는 데 오랜 시간이 걸리지는 않았다. 통감부가 설치되면서 우선 광산 이권 장악에 주력해 황실 소속 광산에 대해서도 개발을 개방했다. 황실 소속 광산은「광업법」제정(1906.6.29)을 계기로 계속 축소되었고, 임시제실유급국유재산정리국(臨時帝室有及國有財産整理局) 설치(1907.7.4) 후 8월에 완전히 폐지되었다. 이와 병행해 국유재산은「국유재산관리규정」(1906.7)에 의해 탁지부가 총괄하여 파악하도록 했다. 국유재산 파악은 단순한 정리가 아니었다. 통감부가 규정한 국유 개념은 황실을 배제한 정부 소유를 의미했다.[12] 이는 황실 소유 자산이 이후 조선총독부 소유로 이전되는 '원시적' 수탈을 의미했다.

내수사(內需司)와 궁을 폐지할 목적으로 각궁사무정리소(各宮事務整理所)가 신설(1906.12)되었고, 내수사와 7궁이 폐지(1907.2)되었다. 도장(導掌)을 폐지(1907.6)하여 궁장감관(宮庄監官)을 통해 직할 경영을 시도했다. 특히「제3차 한일협약」(1907.7.24. 한일신협약 또는 정미7조약)을 계기로 황실 재산 해체는 가속도가 붙었다. 임시제실유급국유재산조사국은 경리원과 각궁사무정리소 소관 재산을 정리했고, 전라북도의 균전을 혁파했으며, 역

12 김재호, 1997, 앞의 책, 303~304쪽.

둔토와 각궁장토를 조사하기 위해 조사위원을 파송했다. 경리원, 제도국, 각궁사무정리소 등을 모두 폐지(1907.11)하고, 제실재산정리국을 설치하여 도장(導掌) 폐지 후 궁장토의 소작인 관리나 도조(賭租) 수취를 위해 궁토감관(宮土監官)을 임명하고, 황실재산을 대부하거나 관리했다. 결국 황실재정이 해체(1908.6)되었다. 통감 이토 히로부미(伊藤博文)는 황실에 매년 일정액의 제실비(帝室費)를 국고에서 지출하고 황실 소유 자산을 모두 국유로 이관했다. 경리원 및 각궁사무정리소 소관의 역둔토 등 황실 소유 부동산은 모두 국유화되었고, 궁내부의 징수권도 국고로 귀속되었다.[13]

황실 재정 해체 후 재정 운영의 식민지성이 제도적으로 관철되기 시작했다. 세입 부문에서는 고문경찰을 동원한 호구조사에 의해 호세가 급증했고, 항세(港稅) 수입의 국고 편입, 경리원(내장원) 소속 수입의 정부 재정으로 편입, 새로운 세목(주세, 연초세, 가옥세 등) 창설 등으로 규모가 급팽창하였다. 세출 부문에서는 군대 해산, 외국공관 철수, 통신원 폐지 등에 따른 소관 예산 소멸, 의병전쟁 탄압과 지방통제 강화를 위한 내부(內部) 예산 급증, 징세기구 확충과 징수실적 향상을 위한 탁지부 예산 급증 등이 특징적이었다. 여기에 교통, 통신시설 확충, 수도공사, 항만시설 등 제국주의 침략에 필수적인 사회간접자본 시설비가 급증했다.[14]

이처럼 근대적 재정체계의 핵심인 재정 일원화는 주체에 따라 천양지차의 결과로 나타났다. 조선 후기부터 대한제국 시기까지 진행된 재정 중앙집중화의 성과는 통감부에 의해 식민지 재정제도를 구축하는 기반으로 귀결된 것이다.

---

13 김재호, 1997, 앞의 책, 304~306쪽.

14 이윤상, 1996, 앞의 책, 330~331쪽.

제2부
조선총독부특별회계 세출·세입 구조와 식민지적 운영

제3장
조선총독부특별회계의
일본 일반회계로의 제도적 종속

1. 일본 대장성이 장악한 조선총독부특별회계 예산결정권

1904년 재정 고문을 파견해 식민지 재정을 구축해 온 일본은 1910년 강제병합을 계기로 대한제국 재정을 폐쇄하고, 일본의 일반회계로 흡수했다. 조선총독부 설치(1910.8.29)와 함께 대한제국 정부의 세입·세출과 일본 정부의 일반회계에 속한 통감부 및 소속 관서의 세입·세출은 소멸해야 했지만, 조선총독부 세입·세출 예산 성립 때까지 대한제국 정부에 속한 1910년도 예산과 통감부 및 소속 관서 예산을 습용(襲用)하기로 했다.[1]

그리고 「조선총독부특별회계에 관한 건」(1910.9.30. 칙령 406호)·「조선총독부특별회계규칙」(1910.9.30. 칙령 407호)·「조선에 시행하는 법률에 관한 건」(1911.3.24. 법률 제30호) 공포로 일본의 회계법, 회계규칙 등 회계 관계 법령을 조선에서도 시행하도록 함으로써 조선의 재정제도 전반은 일본과 같은 형식을 갖추게 되었다.[2]

「조선총독부특별회계에 관한 건」의 내용은 다음과 같다.

> 제1조 조선총독부의 회계는 특별로 하고, 그 세입 및 일반회계의 보충금으로 그 세출에 충당한다.
>
> 제2조 전 조의 수입·지출에 관한 규정은 칙령으로 정한다.

---

1 金玉根, 1994, 『日帝下朝鮮財政史論攷』, 일조각, 7쪽.

2 禹明東, 1988, 「日帝下 朝鮮 財政의 構造와 性格」, 고려대학교 경제학과 박사학위논문, 4쪽; 金玉根, 1994, 위의 책, 7쪽.

제3조 정부는 매년 조선총독부특별회계의 세입·세출 예산을 조정하여 세입·세출 총예산과 함께 제국의회에 제출한다.

〈부칙〉

제4조 본령은 1910년 10월 1일부터 시행한다.

제5조 철도, 삼림, 평양광업소 및 공채금의 특별회계 및 통신원의 회계 등에 대해서는 1910년도분에 한하여 종전의 예에 따른다.

제6조 구한국 정부에 속한 채권 및 채무로 본령 시행시 현존하는 것은 본 회계로 이속한다.

제7조 1910년 칙령 제326호에 의해 예산에 관한 회계연도는 1910년 9월 30일로 종결한다. 전 항의 예산에 계상된 일시차입금은 본 회계의 부담으로 할 수 있다.

제8조 전 조의 세입·세출과 통감부 및 그 소속 관서에 속하는 세입·세출 출납에 관한 사무는 1910년 12월 31일까지 모두 완결해야 한다.

제9조 제7조의 경비와 통감부 및 그 소속 관서의 경비 지불에 속하는 공사 또는 제조로 1910년 9월 30일까지 경비 지출을 하지 못한 것은 그 지출미제(支出未濟)의 예산액을 본 회계로 옮겨 사용할 수 있다.

제10조 전 조의 경비 지불의 제비용으로 이미 계약을 하거나 지불 의무가 발생해 1910년 9월 30일까지 지출을 마치지 않은 것은 그 지출미제의 예산액을 본 회계로 옮겨 사용토록 한다.

제11조 제7조의 회계 과부족은 본 회계로 옮겨 정리한다.[3]

---

3 「玆ニ緊急ノ必要アリト認メ樞密顧問ノ諮詢ヲ經テ朝鮮總督府特別會計ニ關スル件」,

「조선총독부특별회계에 관한 건」에 따라 대한제국 및 통감부 재정을 계승한 조선총독부 회계는 특별회계로 운영되고, 그 세출은 조선에서의 수입과 일본 일반회계의 보충금으로 충당하도록 규정되었다(제1조). 일본 회계법에 따라 일본 정부는 매년 조선총독부특별회계의 세입·세출 예산을 조정하여 일본 제국의회에 제출하여 '협찬(協贊)'을 받아야 했다(제3조).

부칙에 따르면 구예산은 1910년 9월 30일로 종결되고, 10월 1일 이후의 예산이 조선총독부특별회계 예산으로 편성(제4조 및 제7조)되었으나, 이 시기는 제국의회가 열리지 않아 재정상 긴급처분으로 일단 폐회기의 4개월분(1910.10.1~1911.1.31) 예산을 편성하고, 그 부족액을 일본의 일반회계에서 예산외 임시지출로 보충하고 사후 승인을 받도록 했다. 그리고 2개월분(1911.2.1~3.31) 예산도 편성해 추가예산으로 제국의회에 제출하고 협찬을 거쳐 공포되었다. 1910년도 예산이 12월 말로 종결되지 않고 1911년 3월 말까지 연장된 이유는 당시 일본 회계연도(4월~이듬해 3월)가 구한국의 회계연도(1~12월)가 달랐기 때문이다.[4]

그런데 제1조의 규정대로 조선의 세입과 일반회계 보충금만으로 조선총독부특별회계의 세출을 모두 충당할 수는 없었다. 이미 통감부 시기에 주세, 연초세, 가옥세 등을 신설하며 조세수입을 늘렸다. 하지만 식민지 경영뿐 아니라 중국 침략을 목표로 한 일본의 제국주의 정책상 필수적이었던 인프라(철도·항만·도로 등) 구축에 필요한 초기 자금을 조선의 세입만으로 충당할 수 없었기 때문이다. 인프라 구축에 필요한 자금 조달을 위해서는 공채 발행이 필수적이었다.[5]

『朝鮮總督府官報』第28號, 1910.9.30, 135~136쪽.

4 金玉根, 1994, 앞의 책, 9~10쪽.

5 水田直昌 監修, 1974, 『總督府時代の財政』, 友邦協會, 146쪽.

이 때문에 「조선사업공채법」(1911.3.21. 법률 제18호)이 제정되었다. 주목해야 할 점은 이 법이 일본의 법률로 제정되었다는 사실이다. 일제강점기 조선에 시행된 법령 중 '조선에 시행할 목적으로 제정한 법률'로 일본 정부는 재정과 금융 면에서 조선총독부에 대한 감독 권한을 법적 제도적으로 행사하기 위해 「조선은행법」, 「조선간이생명보험특별회계법」, 「조선사설철도보조법」 등과 함께 「조선사업공채법」 등을 법률로 제정했다.[6] 제정 당시 「조선사업공채법」의 내용은 다음과 같다.

제1항 조선에서의 사업비 지변을 위해 정부는 55년 이내의 기한으로 공채를 발행하거나 3년 이내의 기한으로 자금을 차입할 수 있다.

제2항 조선에서의 사업비 지변을 위해 종래 부담했던 채무 및 이 법에 따른 차입금 정리 또는 상환을 위해 필요한 때에도 전 항과 같다.

제3항 제1항의 공채 및 차입금액은 5,600만 엔 이내로 한다.

〈부칙〉

본 법은 1911년 4월 1일부터 시행한다.[7]

발행기한과 한도 등 3개 조항으로 간단히 규정된 「조선사업공채법」으로 23억여 엔에 달하는 사업공채가 발행되었다. 같은 시기 「타이완사업공채법」이 공채이자율, 거치 연한, 상환 연한, 발행 가능 사업 등을 상세히 명시한 것과 대조적이었다. 심지어 '55년 이내의 기한(제1항)'이라는 상환기

6 박우현, 2023, 「1911년 「朝鮮事業公債法」 제정과 식민지 교통망 구축의 향방 – 대만과의 비교를 중심으로」, 『대동문화연구』 122, 294~298쪽.

7 「朝鮮事業公債法」, 『朝鮮總督府官報』, 1911.3.28.

한 규정도 제국의회 제출 원안에는 없었는데, 중의원 항의로 추가되었다. 즉 조선총독부특별회계를 구성하는 세입의 하나였던 공채 발행은 조선총독부가 발행, 인수, 상환 등을 주관하는 일본 정부 대장성의 의도를 반영하여 기본적으로 일본 정부의 침략정책에 순응하여 운영될 수밖에 없었다.[8]

「조선총독부특별회계에 관한 건」 제1조의 내용으로 돌아가 보자. 조선총독부 중앙재정이 특별회계로 운영된 이유를 살펴볼 필요가 있다. 특별회계란 국가가 특정 사업 운영을 위해 특정 세입으로 특정 세출에만 지출하도록 함으로써 사업의 수지를 명확히 하고, 행정 능률을 높이기 위해 일반회계와 분리하여 특별히 경리하는 회계를 말한다.[9] 당시 일본에서는 국유철도의 건설 및 개량에 필요한 자금을 확보하기 위해 철도회계를 특별회계로 분리하여 노선 신설과 개·보수에 주력하기 위해 「제국철도특별회계」를 운영하고 있었다.[10]

3대 통감 데라우치 마사타케(寺內正毅)는 강제병합 직전 가쓰라 다로(桂太郎) 총리에게 보낸 서한(1910.5.31)에서 타이완처럼 "병합 후 본국의 재정상 한국 재정은 특별히 따로 떼어 놓는 것이 적당하다"라면서 조선총독부 재정을 특별회계로 설정하자고 제안했다.[11] 일본의 식민지 재정은 후에 '외지 특별회계'로 통칭되어 중앙정부의 일반회계에 종속된 특별회계 제도로 운영되었다. 일본에서 특별회계는 관영사업, 국가자금의 조달 및

8 박우현, 2020, 「1910년대 조선사업공채 정책의 전개와 난맥상」, 『한국근현대사연구』 93, 86~87쪽.

9 禹明東, 1988, 앞의 책, 7쪽.

10 日本國有鐵道, 1997, 『日本國有鐵道百年史 第5卷』, 成山堂書店, 421~429쪽.

11 이형식, 2011, 「무단통치 초기(1910.10~1914.4)의 조선총독부 - 인사·관제개혁·예산을 중심으로 -」, 『일본역사연구』 33, 192쪽.

관리, 국유재산의 조성 및 관리, 임시군사비, 식민지 재정 등을 포함한다. 1897년 2월에 제정되어 4월에 시행된 「타이완총독부특별회계법」은 일본 「회계법」(1899)을 통해 명확하게 규정되었다. 군정 기간인 1895년에는 중앙정부의 임시군사비특별회계로 처리되었고, 1896년에는 중앙정부 일반회계 안에 타이완 관계 경비를 계상했다.

일본이 처음부터 식민지 재정제도에 대해 명확한 방침을 세웠던 것은 아니다. 메이지 정부 법률 고문 커크우드(Kirkwood)는 각 식민지 재정이 자립하여 본국의 보조를 바라지 않는 '영국식' 식민지가 모범이라고 지적했고, 르봉(Levon)은 장래에 식민지를 제국의 진정한 현(縣)으로 삼아야 하며, 새로운 신민에 권한을 줘야 한다는 '프랑스식'을 주장했다. 이 무렵 총리 이토 히로부미와 대장대신 마쓰카타 마사요시(松方正義) 등은 타이완 재정을 특별회계로 하되 제국의회 심의를 거치는 형식의 식민지 재정 제도를 만들었다. 초기에는 일반회계에서 보충금을 지원하여 세입 부족을 보전하지만, 점차 타이완 재정의 독립을 추구한다는 것이 기본 골격이었다.[12]

실제로 타이완은 1899년 이후 사업공채 발행을 통한 적극적 재정 조달을 통해 사회간접자본을 확충하고 아편, 장뇌, 담배 등 전매수익 급등, 최대 수이출품(輸移出品)인 설탕에 부과하는 설탕소비세를 1914년까지 타이완총독부 수입으로 귀속시키는 특례 등에 힘입어 1906년부터 보충금을 받지 않는 재정자립을 달성했다.[13] 그러자 타이완 지배 방식이 '성공

12 문명기, 2015, 「일제하 대만·조선총독부의 세출구조 비교분석」, 『한국학논총』 44, 412~414쪽.

13 문명기, 2009, 「대만·조선총독부의 초기 재정 비교연구 '식민제국' 일본의 식민지 통치역량과 관련하여」, 『중국근현대사연구』 44, 95~97쪽; 2012, 「근대 일본 식민지

적'이라고 평가하면서 이를 조선에 적용하려 했다. 기존 연구는 타이완 모델의 특징을 다음과 같이 정리했다.

> ① 군정과 민정을 총람함은 물론, 행정·사법·입법의 통치행위에 관한 광범한 권한을 총독에 부여하여 총독의 전제(專制)를 가능케 함과 동시에 자율성을 상당 부분 보장한 통치체제의 실행(총독부체제).
> ② 정치적으로는 피식민지인의 정치참여를 배제(또는 극도로 제한)하여 정치과정을 최대한 생략하고, 경제적으로는 본국의 자본주의 발전에 식민지 경제를 종속시키는 전략 구사(정치적 배제와 경제적 종속).
> ③ 소위 '생물학적 원칙'에 입각한 식민지 현지에 대한 광범하고도 치밀한 구관조사(舊慣調査) 및 구관의 '존중'에 바탕을 둔 (토지조사사업을 비롯한) 제반 정치, 경제적 조치 등을 실행(선택적 구관온존정책).
> ④ 제반 '문명화' 조치를 통해 피식민지인을 '자발적으로 귀의'하게 하기 위한 사회간접자본 확충 및 이를 위한 적극재정 노선 채택(적극적 식민지 경영).[14]

그러나 조선에 타이완 모델을 적용하는 과정에서 ①과 ②는 거의 수용된 반면, ③은 불철저한 형태로 실현되었고, 조선총독부 재정과 관련해 중요한 ④는 거의 실현되지 못했다. 타이완 모델의 핵심, 즉 ①·②·③의 성공적 구현을 위해 이를 감당할 수 있는 ④ 재원조달 능력이 필수 전제

통치모델의 轉移와 그 의미 - '臺灣모델'의 關東州·朝鮮에의 적용 시대와 변용」, 『중국근현대사연구』 53, 203~204쪽; 2017, 「대만총독부와 조선총독부 세입의 비교분석 - 일반회계보충금과 공채를 중심으로」, 『한국학논총』 48, 253~254쪽.

14 문명기, 2012, 앞의 글, 203~204쪽.

인데, 조선에서는 그 전제가 무너진 것이다. 결국 타이완 모델에서 특별회계라는 '제도'만 적용된 것이다. 이는 타이완에 비해 부족한 세원과 강한 저항, 많은 인구와 넓은 영토에 대한 일본 식민통치 역량의 한계이기도 하다. 실제로 조선총독부는 타이완총독부에 비해 조선 사회를 압도하지 못했고, 조선 사회로의 침투와 재편도 제한적이었다.[15]

이러한 차이를 낳은 배경으로 빼놓을 수 없는 요소가 있다. 일본이 타이완을 점령한 시점(청일전쟁 후)과 조선을 강제병합한 시점(러일전쟁 후)의 차이였다. 일본은 청일전쟁 승리로 시모노세키조약(1895.4.17)을 통해 영토 확장 외에 청조의 3년 예산, 일본의 4~5년 예산에 해당하는 거액의 배상금(2억 냥, 일화 3억 엔)을 챙겼다. 일본의 타이완 지배가 상대적으로 쉽게 진행될 수 있는 조건이 존재했다. 이에 반해 러일전쟁에 천문학적 전비(19억 8,400만 엔)를 소모했지만 포츠머스 강화조약(1905.9.5)으로 한 푼의 배상금도 받지 못했다. 이 때문에 히비야(日比谷) 방화 폭동까지 일어날 정도였다. 일본은 미국과 영국의 지원, 프랑스와 독일의 방관에 힘입어 강제합병을 했지만, 제국주의의 식민지배에 조응하는 식민지 투자자금조차 없는 상태에서 폭력적 무단통치에 의존할 수밖에 없었다.

「조선총독부특별회계에 관한 건」 제3조에 따르면 (일본) 정부는 매년 조선총독부특별회계의 세입 · 세출 예산을 조정해 세입 · 세출 총예산(일본 및 식민지의 세입 · 세출 예산 전부)과 함께 제국의회에 제출해야 했다. 「조선총독부특별회계규칙」 제1조에 따르면 세입 · 세출 예정계산서를 조선총독부특별회계 소관대신이 작성해 전년도 8월 31일까지 대장대신에게 송부해야 했다. 매년 7~9월에 조선총독부 소관 각국이 근거자료를 작성하

15 문명기, 2012, 앞의 글, 207 ~ 208쪽; 2009, 앞의 글, 109 ~ 110쪽.

여 조선총독부 재무국(1919년 8월까지는 탁지부)에 예산을 요구하면 재무국은 이를 사정하고, 조선총독부 회의에서 수지를 종합 조정했다. 재무국장은 이 결과를 대장성에 제출하고 사정을 받았다(10~12월). 사정이 끝나면 그 내용을 조선총독부특별회계 예산으로 작성해 제국의회에 제출했다(1월). 제국의회 심의 과정에서는 보통 조선총독부 정무총감과 재무국장이 정부위원이 되어 의원들의 질문에 답하고, 이후 원안 혹은 수정안이 예산으로 확정되는 과정을 거쳤다.[16]

한편 일본 정부의 대장대신은 조선총독을 지출관으로 하고, 조선총독은 조선총독부특별회계 세출을 위한 수표를 발행하여 지출총보고서를 대장대신에 제출해야 했다. 조선총독을 일본 회계법상 지출관으로 한다는 것은 법제상 조선총독이 국고대신인 대장대신의 명령을 받는다는 것을 의미했다. 즉 조선총독부특별회계 예산은 편성 과정에서부터 최종 결정까지 대장성 등 일본 정부와 제국의회의 통제하에 있었다. 이 때문에 조선총독부특별회계 예산 편성은 일본 육군의 영향력이나 1910년대 후반~1920년대 전반기의 경우 일시적으로 '다이쇼 데모크라시' 분위기를 타고 내무성의 영향력이 크게 미치기도 하는 등 일본의 정치 상황과 제국주의 정책, 그리고 부처 간의 갈등 양상에 좌우되었다.[17]

공채발행권은 예산결정권과 함께 조선총독부 재정 운영에서 또 하나 주목해야 할 지점이다. 일본은 식민지인 조선과 타이완에 세입 보전을 위한 적자공채 발행을 금지했고, 사업을 특정한 사업공채 발행만 허용했다. 사업공채의 발행 한도, 사용처, 공채 인수, 원리금 상환 등 모든 사안은 대

---

16 禹明東, 1988, 앞의 책, 5~6쪽.

17 이형식, 2011, 앞의 글, 188~189쪽.

장성의 관리 · 감독하에 운영되었다.[18] 「조선사업공채법」의 간소한 규정과 대장성에 종속된 운영 체계는 일본의 정치적 · 경제적 · 군사적 상황이 공채 정책의 향방을 좌우했음을 의미한다.

조선총독부특별회계 운영에서 보이는 큰 특징은 예산결정권과 공채발행권이 일본 정부에 종속되고 좌우되었다는 점이다. 즉 식민지 재정정책은 일본 내각과 군부의 국내외 정책 추진 방향, 이에 조응해야 하는 조선총독부 고위 관료들의 '정무적' 판단이 어우러지면서 운영되었다. 물론 어느 조직에서든 부처 간의 알력이나 협상이 일상적이듯이, 조선총독이나 정무총감이 일본에서 차지하는 정치적 위상에 따라 일본 내각이나 대장성과 협상력을 발휘한 경우도 있었다. 그런 점에서 조선총독부 재정정책은 일본의 다양한 정치적 이해관계를 매개로 조정되는 경제 현상이었다.[19]

그러나 조선에서 이러한 정치적인 경제 현상의 주요한 주체는 조선총독과 정무총감이었다. 그 외에 비공식적 청원이나 진정 등으로 목소리라도 낼 수 있던 집단은 재조선 일본인이나 극소수의 조선인 대자본가에 국한되었다.[20] 근대적 재정제도의 중요한 특징으로 사회구성원의 의사를 반

18 정태헌, 1996, 「식민지 재정기구를 통한 세출의 용도와 성격」, 『일본의 본질을 다시 묻는다』, 한길사, 98쪽.

19 李炯植, 2013, 『朝鮮總督府官僚の統治構想』, 吉川弘文館.

20 제국의회에 대표를 보내 민의를 대변하는 민주적 · 공식적 공간이 없었기 때문에 비공식적 진정운동이나 청원운동은 구속력이 없어 일본 제국주의 목적에 부합하지 않는 사업이라면 재정 지원이 어렵거나 불가능했다[전성현, 2017, 「일제강점기 東海線 3線고 지역」, 『석당논총』 69; 2021, 『식민도시와 철도: 식민도시 부산의 철도와 식민성, 근대성, 그리고 지역성』, 선인; 박우현, 2016, 「대공황기(1930~1934) 조선총독부의 사설철도 정책 전환과 특성」, 『역사와 현실』 101; 2017, 「1930년대 조선총독부의 사설철도 매수 추진과 특징」, 『역사문제연구』 38; 2020, 「일제시기 평원선 부설과 횡단철도의 주변화(1904~1941)」, 『한국문화』 89].

영하는 통로가 구축되었다는 점을 빼놓을 수 없다.[21] 그러나 조선총독부특별회계로 운영된 식민지 재정제도는 식민지민의 정치적 대표성을 완전히 거세했다. 사회구성원의 의사를 반영하는 통로 구축이 구현될 틈이 전무했다.

이처럼 조선총독부특별회계 운영이 식민본국인 일본에 종속되었다는 점은 이미 당대의 연구에서 언급되었다. 경성제국대학에서 재정학 강좌를 담당한 오다 다다오(小田忠夫)는 1937년 조선 재정을 다룬 글에서 당대 제국주의 국가들의 식민지 재정제도를 독립재정제도, 중앙집권적 재정제도, 자치재정제도, 특별재정제도로 구분했다.[22]

독립재정제도는 식민본국으로부터 사실상 독립되어 무제한의 자치권을 가진 영국령 캐나다, 호주 등이 운영한 재정제도를 말한다. 중앙집권적 재정제도는 포르투갈, 스페인, 독일, 일본처럼 식민지 재정과 관련된 입법을 식민본국 의회에 제출해야 하는 제도를 말한다. 자치재정제도는 프랑스와 네덜란드처럼 식민지에 설치한 특별자치기관이 예산 결정과 재무 관련 입법을 하고, 이를 본국 정부가 감독하는 제도였다. 특별재정제도는 중앙집권적 재정제도와 자치재정제도 사이의 과도적 형태의 준자치 제도로 별도의 자치기관은 없지만, 식민지 예산을 모국 예산의 부속으로 하여 식민지 기관이 주도해 결정하고, 일정 범위의 과세 및 재무 입법을 식민지 기관이 스스로 행하는 형태로 영국 식민지 일부와 프랑스 식민지 다수가 채택하고 있었다.

조선총독부 재정제도를 중앙집권적 재정제도이며, 그중에서도 강력

21 禹明東, 1988, 앞의 책, 4~5쪽.

22 이명학, 2017, 「일제시기 재정통계의 활용과 해석의 지형」, 『민족문화연구』 75, 398쪽.

한 형태라고 정의한 오다에 따르면 '특별회계'는 일본의 일반회계에 대응하는 명칭에 불과하며 본국 예산의 부속으로 취급될 뿐이었다. 조선총독부 예산은 일본 제국의회에서 심의할 뿐 식민지에서 사는 사람들에게는 제도적으로 참여할 수 있는 권한이 없고, 공채 발행도 일본 정부와 제국의회의 결정에 따를 뿐이었다. 조선총독에게 입법 권한이 위임되어 있으나 조세 입법의 경우에는 대부분 일본 세법을 약간 수정하여 시행하는 것에 불과해 식민지 재정은 본국 국고로 식민지의 재원을 수입하고 경비를 지출하는 것에 그치는 완전한 중앙집권적 재정제도라고 설명했다.[23]

19~20세기 제국주의 국가들의 식민지배 방식의 다양성만큼 식민지 재정제도도 다양했다. 그러면 자치권을 많이 주면 좋은 식민지 경영이고, 자치권을 주지 않으면 나쁜 식민지 경영인가?

교묘한 질문이다. 어느 경우든 식민지배의 용도, 식민지배로 얻을 수 있는 편익과 비용을 고려해 지배의 주체인 제국주의 국가들이 가장 큰 이익과 효과를 거둘 수 있다고 판단한 방식을 채택한 것일 뿐이었다. 이 가운데 일본은 식민지배 방식으로 중앙집중적·본국종속적 재정제도를 택한 것이다. 이는 단순히 자치권을 배제한 중앙종속성만 의미하는 것이 아니었다. 막대한 재정 수요를 유발하는 고비용-저효율의 재정제도[24]이기도 했다. 그만큼 억압성과 무력에 대한 의존도가 높았고, 상대적으로 지배 효율성도 떨어졌다.

---

23 小田忠夫, 1937, 「朝鮮財政論」(一), 『朝鮮行政』 九月號, 帝國地方行政學會, 5~7쪽.

24 문명기, 2012, 앞의 글, 213~214쪽.

2. 조선총독부 탁지부-재무국의 조직 변천과 탁지부장관-재무국장

1) 탁지부 시기(1910.9~1919.8)

조선총독부에서 예산 및 결산, 세무, 화폐, 금융 등을 관장했던 부서는 재무국(1919년 8월까지는 탁지부)이었다. 「조선총독부관제」(1910.9.30)에 따라 조선총독부가 설치되었고, 총독관방과 5개 부(총무부·내무부·탁지부·농상공부·사법부)를 두었다.[25] 초대 조선총독 데라우치는 한국 정부의 내부·탁지부·농상공부는 조선총독부로 옮기고, 표훈원(表勳院) 및 회계검사국(會計檢查局) 등은 폐지했다. 통감부의 사법청(廳)을 사법부로 개편하고, 총무부를 신설해 5부 체계를 구성했다.[26] 아라이 겐타로(荒井賢太郎)가 '제3차 한일협약' 후 탁지부 차관으로 부임(1907.9)한 뒤 조선총독부 초대 탁지부 장관(1910.10.1~1917.6.6)이 되었다.[27]

---

25 「樞密顧問ノ諮詢ヲ經テ朝鮮總督府官制」, 『朝鮮總督府官報』 第28號, 1910.9.30.

26 이형식, 2011, 앞의 글, 177~178쪽.

27 아라이 겐타로(1863~1938)는 니가타(新潟)현 출신으로 니가타사범학교(현 니가타대학 교육학부) 졸업 후 소학교 교사로 있다가 제국대학 법과(현 도쿄대학 법학부)에 진학했다. 졸업(1892) 후 대장성에 들어가 주계국장(1903)이 되었다. 탁지부 장관 사임 뒤 귀족원 의원(1917.5~1926.10), 가토 도모사부로(加藤友三郎) 내각 농상무대신(1922.6~1923.9), 추밀고문관(1926), 추밀원 부의장(1936.3~1938.1)을 지냈다[秦郁彦, 2001, 『日本官僚制總合事典(1868~2000)』, 東京大學出版會, 131쪽; 2002, 『日本近現代人物履歷事典』, 東京大學出版會, 23쪽; 고려대학교 글로벌일본연구원 재조일본인 정보사전 편찬위원회, 2018, 『개화기·일제강점기(1876~1945) 재조일본인 정보사전』, 보고사, 356쪽].

「조선총독부사무분장규정」(1910.10.1)에 따라 탁지부에는 2과(서무과·세관공사과) 2국(사세국·사계국)이 설치되었다. 서무과는 탁지부에 관한 문서 접수, 발송에 관한 사항, 통계 및 보고 재료 수집 등의 업무를 담당했다. 세관공사과는 세관 부속공사와 세관이 설치된 항만 축조에 관한 업무를 담당했다. 세관공사과 밑에 지방의 세무 및 관세 행정 사무를 위한 출장소(인천·진남포·부산·청진)가 설치되었으며, 사세국 밑에는 전매사업을 위한 연초시작장(대구·대전)과 양조시험소(서울)가 설치되었다.[28]

사세국의 2과(세무과·관세과) 중 세무과는 국세 외 세무, 재원 조사, 세금 외 수입, 세법 위반자 처분에 관한 업무 등을 담당했다. 관세과는 관세, 이출입세, 톤세, 선세(船稅) 외의 세관 수입, 관세경찰 업무 및 범칙자 처분, 항무(港務) 및 해항검역, 선박항로, 해원(海員) 등에 관한 업무 등을 담당했다.[29]

사계국은 업무의 중요성 때문에 탁지부 장관이 국장을 겸임했다.[30] 2과(예산결산과·재무과) 중 예산결산과는 회계법규, 예산결산, 예비금지출 및 예산유용, 과목설치, 주계부(主計簿) 등기, 세입세출 보고에 관한 업무 등을 담당했다. 재무과는 국채 및 차입금, 자금 운용, 화폐 및 태환권, 은행 및 기타 금융기관, 보관물 및 공탁물, 지방 재무 감독에 관한 업무 등을 담당했다.[31]

2과 2국으로 출발했던 탁지부는 곧 개편되었다. 일본의 정치적·경제

---

28 민족문제연구소, 2017, 『일제식민통치기구사전 통감부·조선총독부 편』, 민족문제연구소, 150쪽.

29 「朝鮮總督府事務分掌規程左ノ通定ム」, 『朝鮮總督府官報』 第29號, 1910.10.1.

30 민족문제연구소, 2017, 위의 책, 150쪽.

31 「朝鮮總督府事務分掌規程左ノ通定ム」, 『朝鮮總督府官報』, 第29號, 1910.10.1.

적 움직임에 영향을 받은 것이다. 제2차 사이온지 긴모치(西園寺公望) 내각(1911.8~1912.12)은 부진한 경제 상황과 재정적자를 해소하기 위해 「임시제도조사회」를 설치하고, 행정 · 재정 정리에 착수했다. 일본 내각의 방침을 따라 조선총독부는 중앙과 지방, 행정 및 사법 기관을 정리 · 통합(1912.4)했다. 총무부를 폐지하고, 관방에 3국(총무 · 외사 · 토목)을 두고, 농상공부에 2국(상공국→식산국 · 농림국)을 두어 1관방 4부 6국 체제로 개편했다. 이때 통신국을 체신국으로 개칭하고, 취조국 · 전매국 · 인쇄국을 폐지하여 고등관 27인, 판임관 70인을 파면했다.[32]

탁지부 내 기구도 2국(사세국 · 사계국) 체제로 개편되었다.[33] 2과(서무과 · 세관공사과)는 폐지되었고, 사세국에 전매과가 신설되어 홍삼전매와 연초, 제염 사무 등을 관장하는 지방출장소(개성 · 대구 · 대전 · 충주 · 주안)가 설치되었다. 사계국의 예산결산과는 사계과로, 재무과는 이재과로 부서명이 바뀌었다. 또 「조선총독부중앙시험소관제」 공포로 독립관서인 중앙시험소가 신설되어 탁지부 소속 양조시험소로 이관되었다. 1915년 4월 행정사무 간소화와 정원 감축을 골자로 한 행정기구 개편으로 조선총독부 각부 소속 9국이 3국으로 축소될 때 탁지부의 사세국과 사계국이 폐지되었다. 이에 따라 탁지부는 5과(세무과 · 관세과 · 사계과 · 이재과 · 전매과) 체제로 개편되었다.[34]

세무과는 조세 부과 및 징수, 토지대장, 역둔토, 세외수입 및 대부금, 세법 위반자 처분, 지방단체 및 공공조합의 공과(公課)에 관한 업무 등을 담당했다. 관세과는 관세, 이출입세, 톤세, 세관 수입에 관한 업무, 관세의

32 이형식, 2011, 앞의 글, 185쪽.

33 「樞密顧問ノ諮詢ヲ經テ朝鮮總督府官制中改正ノ件」, 『朝鮮總督府官報』 號外, 1912.3.28.

34 민족문제연구소, 2017, 앞의 책, 150 ~ 152쪽.

통제 및 범칙자 처분, 보세창고 및 세관창고 관리 감독, 관세 행정의 관리 감독, 외국무역의 조사에 관한 업무 등을 담당했다.

사계과는 예산과 결산, 정액이월 및 연도개시 전 지출, 과목설치, 주계부 등기에 관한 업무 등을 담당했다. 이재과는 국채 및 차입금, 화폐 및 태환권, 일반금융기관 등에 관한 업무를 담당했다. 전매과는 홍삼전매, 인삼 및 연초의 시작(試作), 홍삼전매와 관련된 범칙자 처분, 소금 제조, 판매, 수출입, 이출입 및 저장, 염전 시설 관리 및 경영 등의 업무를 담당했다.[35] 이후 탁지부는 관세제도 및 관세정률 등의 조사업무를 관장하는 임시관세조사과를 설치(1918.5.27)하여 6과로 늘어났다.[36] 초대 탁지부 장관 아라이 겐타로가 귀족원 의원에 칙선(1917.6)되면서 통감부 시기부터 근무했던 스즈키 시즈카(鈴木穆)가 후임 장관(1917.6.6~1919.8.20)에[37] 임명되었다.

2) 재무국 시기(1919.8~해방)

조선총독부는 3·1운동 후 국면 전환의 방편으로 「조선총독부관제」를 개정(1919.8)하여 행정기구를 개편했다. 본부를 부(部)에서 국(局) 체제로

---

35 「朝鮮總督府事務分掌規程左ノ通改正ス」, 『朝鮮總督府官報』 號外1, 1915.5.1.

36 민족문제연구소, 2017, 앞의 책, 152쪽.

37 스즈키 시즈카(1874~1933)는 도쿄 출신으로 도쿄제국대학 법과대학을 졸업(1899)한 해에 문관고등시험에 합격하여 대장성 서기관을 거쳐 통감부 서기관(1906)으로 조선에 왔다. 재정감사관, 탁지부 사세국장, 조선총독부 사세국장(겸 동양척식주식회사 감리관), 구미 시찰 후 임시토지조사국장이 되었다. 조선은행 부총재로 임명(1923.6) 후 교토전기주식회사 취체역회장(1925), 관동군 사령부 촉탁(1932)을 지냈다(秦郁彦, 2001, 앞의 책, 131쪽; 校友調査会 編, 1934, 『帝国大学出身名鑑』, 校友調査会, 34쪽; 飯沼剛一 外, 1934, 『鈴木穆氏の面影』; 국사편찬위원회 한국사데이터베이스 한국근현대인물자료 참조).

전환하여 1관방 4부에서 1관방 6국(기존의 내무국·재무국·식산국·법무국+신설된 학무국·경무국) 체제로 재편했다.[38] 탁지부는 재무국으로 개칭되었다. 재무국 조직은 「조선총독부사무분장규정」 개정(1919.8.20)에 따라 탁지부 조직 그대로 6과로 출발했다.[39] 그리고 탁지부 장관 스즈키 시즈카는 3·1운동 후 조선총독과 정무총감 교체 과정에서 물러나고 1907년부터 탁지부에서 근무했던 고우치야마 라쿠조(河内山樂三)가 초대 재무국장(1919.8.20~1922.7.3)이 되었다.[40]

재무국은 1920년대 중반까지 부서 통폐합 등으로 점차 조직이 축소되었다. 제1차 세계대전 후 1920년 봄부터 일본은 반동공황으로 장기불황에 빠졌다. 적극재정을 추진했던 총리 하라 다카시(原敬)가 암살(1920.11)당하면서 본격화된 긴축재정[41] 여파는 조선총독부에도 미쳤다. 일본 정부의 행정·재정 정리 방침에 따라[42] 재무국 조직이 축소되어 임시관세조사과(1920.11)와 전매과(1921.7)가 폐지되었다. 다만 전매과 폐지는 「조선총독부전매국관제」(1921.3.30)에 따라 전매국이 조선총독부 소속 관

38 민족문제연구소, 2017, 앞의 책, 162쪽; 「樞密顧問ノ諮詢ヲ經テ朝鮮總督府官制中改正ノ件」, 『朝鮮總督府官報』 號外, 1919.8.20.

39 「樞密顧問ノ諮詢ヲ經テ朝鮮總督府官制中改正ノ件」, 『朝鮮總督府官報』 號外, 1919.8.20.

40 고우치야마 라쿠조(1880~1930)는 야마구치(山口)현 출신으로 도쿄제국대학 법과대학을 졸업(1906)한 그 해에 문관고등시험에 합격해 대장성에 근무하다가 통감부 재정감사관(1907.4)이 되었다. 조선총독부 탁지부 사계국의 예산결산과장과 사계과장을 지냈다. 재무국장으로 전매국장을 겸임(1921년 4월부터)했다. 1922년 퇴직 후 조선화재해상보험주식회사 사장을 역임했다[秦郁彦, 2001, 앞의 책, 131쪽; 人事興信所 編, 1928, 『人事興信録. 第8版』(昭和3年), 人事興信所, 186쪽; 국사편찬위원회 한국사데이터베이스 한국근현대인물자료 참조].

41 大藏省百年史編集室, 1969, 『大藏省百年史』(上), 262~296쪽.

42 이형식, 2010, 「중간내각 시대(1922.6~1924.7)의 조선총독부」, 『동양사학연구』 113, 280~282쪽.

서로 신설되었기 때문이어서 행정 정리와 무관했다.

이때 재무국장 고우치야마 라쿠죠는 정무총감이 교체되자 사임했다. 전임 정무총감 미즈노 렌타로(水野錬太郎)에 비해 신임 정무총감 아리요시 주이치(有吉忠一)가 일본의 중앙관직 경험이 없어 대장성과의 협의에 어려움이 많을 것으로 예상해 사임했다고 한다.[43] 결국 수석참사관이었던 와다 이치로(和田一郎)가 재무국장(1922.7.3~1924.8.13)에[44] 임명되었다.

일본 정부의 압박으로 관제 개정이 단행되어 관세과가 세무과로 통합(1924.12)되면서 재무국은 3과(세무과 · 사계과 · 이재과)로 축소되었다.[45] 서무부, 토목부 및 참사관, 감찰관, 행정강습소 등이 폐지되면서 대규모 인원 정리(고등관 350명, 판임관 850명, 판임관대우 2,000명 등)가 단행되었다.[46]

재무국장은 정무총감과 함께 대장성 등 일본 내각과 예산을 협상하고 제국의회에도 출석했는데, 일본에서 정당내각이 힘을 발휘했던 1920년대에는 정무총감 인사와 연동되는 경우가 많았다. 구사마 히데오(草間秀雄) 재무국장(1924.8.13~1929.11.8)[47] 부인도 헌정회 의장 가토 다카아키(加

43 이형식, 2010, 앞의 글, 276~278쪽.

44 와다 이치로(1881~1966)는 니가타(新潟)현 출신으로 도쿄제국대학 법과대학 졸업(1906)한 해 문관고등시험에 합격하여 대장성 세무감독국에서 근무했다. 통감부 탁지부 차관 아라이 겐타로 추천으로 통감부 서기관(1909)으로 한국에 온 후 조선총독부 임시토지조사국과 탁지부 사세국의 서기관, 고등토지조사위원회 간사를 역임했고, 탁지부 이재과장(1918)으로서 토지조사사업 실무를 주도했다. 철도부장(1919.9)으로 있다가 재무국장이 되었다. 퇴직 후 조선상업은행장으로 추대(1924.8)되었다(秦郁彦, 2001, 앞의 책, 131쪽; 고려대학교 글로벌일본연구원 재조일본인 정보사전 편찬위원회, 2018, 앞의 책, 461~462쪽; 국사편찬위원회 한국사데이터베이스 한국근현대인물자료 참조).

45 민족문제연구소, 2017, 앞의 책, 163쪽.

46 李炯植, 2013, 앞의 책, 173쪽.

47 구사마 히데오(1882~1960)는 도쿄 출신으로 도쿄제국대학 법과대학 졸업(1907) 후

藤高明)가 총리(1924.6~1926.1)가 되면서 헌정회의 '실력자' 시모오카 주지(下岡忠治)를 정무총감(1924.7~1925.11)으로 임명할 때 그와 연동된 인사였다. 오사카에서 조폐국장으로 있던 '세무통' 구사마를 시모오카가 발탁하여 이전까지 통감부 시절부터 근무했던 '토박이 관료(生え抜き官僚)'들이 재무국장을 맡던 관행을 깬 것이다. 구사마와 함께 오사카에서 재무국 사무관으로 온 인물 중에는 마지막 재무국장 미즈타 나오마사(水田直昌)도 있다.[48]

1929년에는 신설된 일본 척무성(拓務省)을 중심으로 일본 내각이 조선총독부 통제를 강화하려 하면서 조선총독 교체와 맞물려 재무국장은 다시 '토박이 관료'로 교체되어 1914년부터 조선총독부에서 근무했던 하야시 시게조(林繁藏)[49]가 재무국장(1929.11.8~1937.10.30)에 임명되었다.[50]

문관고등시험에 합격하고 대장성에 근무했다. 오사카 조폐국장 재임 시 조선총독부 정무총감이 되는 시모오카 주지(下岡忠治)에 의해 조선총독부 재무국장으로 부임하면서 조선은행과 동양척식주식회사 감리관도 겸임했다. 이후 나가사키(長崎) 시장(1931~1934), 만주채금주식회사 부사장(1935), 일본산금진흥주식회사 부사장(1938)을 역임했다(人事興信所 編, 1943, 『人事興信録. 第14版 上』, 人事興信所, 25~26쪽; 秦郁彦, 2001, 앞의 책, 131쪽; 국사편찬위원회 한국사데이터베이스 한국근현대인물자료 참조).

48 李炯植, 2013, 앞의 책, 169쪽.

49 하야시 시게조(1887~1945)는 후쿠오카(福岡)현 출신으로 교토제국대학 법과대학 졸업(1913) 전 해에 문관고등시험에 합격(1912)했다. 조선총독부 탁지부 근무(1914.5) 이후 경북 지방과장(1916~1917) 외에는 줄곧 탁지부-재무국에서 근무했다. 탁지부 관세과 및 임시관세조사과 과장(1918), 재무국 사계과장(1921), 이재과장(1928)을 역임했다. 재무국장으로서 동양척식주식회사와 조선은행 감리관도 겸임했다. 퇴직 후 조선식산은행장에 취임(1937.11)했다(林繁藏回顧録編輯委員會 編, 1962, 『林繁藏回顧録』; 秦郁彦, 2001, 앞의 책, 131쪽; 고려대학교 글로벌일본연구원 재조일본인 정보사전 편찬위원회, 2018, 앞의 책, 573쪽; 국사편찬위원회 한국사데이터베이스 한국근현대인물자료 참조).

50 李炯植, 2013, 위의 책, 225~227쪽.

1924년 3과로 축소된 재무국 조직은 중일전쟁 발발 이후 확대되었다. 세무과에 통합되었던 관세과가 다시 분리(1937.9)된 것이다. 전시체제에 돌입하면서 무역 및 관세 관리 사무가 급증했기 때문이다. 세무과는 조세 부과 및 징수, 조세 사무의 관리 감독, 토지대장 및 임야대장, 국유재산, 세외수입 및 대부, 세법 위반자의 처분, 도·부·군·도(島)·읍·면 및 기타 지방단체 및 공공조합의 공과(公課), 조세 부과 물건 분석 및 감정, 조세 기술 관리·감독 등에 관한 업무를 관장했다. 관세과는 관세, 이입세, 톤세, 출항세 및 세관 수입, 취체 및 범칙자 처분, 보세창고·보세공장·기타 보세지역의 관리·감독, 관세 행정의 관리·감독, 수이출입품(輸移出入品)의 조사 감정, 관세율 조사, 외국무역 조사 등을 관장했다.[51]

전시체제기를 맞아 재무국장도 교체되었다. 1929년부터 최장기간 재무국장으로 재임했던 하야시가 조선식산은행장에 취임하면서 미즈타 나오마사[52]가 재무국장(1937.10.30~해방)이 되었다. 미즈타는 회고에서 하야시의 후임을 맡으라는 총독과 정무총감의 요구에 연구를 이유로 퇴직 의사를 밝히기도 했다고 한다.[53]

---

51 민족문제연구소, 2017, 앞의 책, 163쪽.

52 미즈타 나오마사(1897~1985)는 아이치(愛知)현 출신으로 도쿄제국대학 경제학부 졸업(1921)한 해에 문관고등시험에 합격했다. 대장성에 들어가 후쿠오카 세무서장(1922), 오사카시 미나미 세무서장(1923)을 지낸 후 1924년부터 조선총독부 재무국에 근무했다. 사계과장(1928~1937)을 거쳐 재무국장이 되었다. 일본으로 돌아간 후 가쿠슈인(學習院) 상무이사, 전국은행협회 전무이사를 지냈다. '귀환'인사들의 모임인 중앙일한협회 이사, 1970년부터 우방(友邦)협회 이사장으로 활동했다(秦郁彦, 2002, 『日本近現代人物履歷事典』, 東京大學出版會, 495쪽; 고려대학교 글로벌일본연구원 재조일본인 정보사전 편찬위원회, 2018, 앞의 책, 269쪽; 국사편찬위원회 한국사데이터베이스 한국근현대인물자료 참조).

53 水田直昌, 1980, 『落葉籠』, 五常写植印刷株式會社, 78~79쪽.

총동원체제에 조응하여 재무국은 세무관리양성소를 신설(1940.4.5)했다. 「조선총독부세무관리양성소규정」(1940.2.9)에 따르면 수업 기간은 1년이고, 매년 15명의 강습생(17세 이상 26세 이하)을 선발해 세무관리를 양성하도록 규정되었다. 그리고 다시 관세과를 폐지(1940.9.2)하여 세무과로 관련 업무를 이관했으며, 관리과를 신설했다. 관리과는 외환 관리, 금 관리, 저축 장려, 회사의 이익 배당 및 경리 등에 관한 사항을 관장했다. 전시 재정 운영에서 중요한 업무를 집중한 것이다. 토지임대가격과 이동지(異動地)의 조사업무를 위해 신설된 토지조사과(1940.12.4)는 조선총독부가 증세를 위해 지세의 과세표준을 변경(지가→임대가격)하는 실무를 담당했다. 그 역할을 다한 후 토지조사과는 세무과로 통합(1943.4.1)되었다.

재무국은 조선총독부가 '결전행정'을 표방(1943.11.30)하며 단행한 대대적인 기구 개편으로 조직이 크게 확대되었다. 전쟁이 막바지로 치달으면서 식량, 군수물자 증산 및 통제, 인력 동원체제 강화 등을 위해 기구 통폐합과 행정업무 간소화·일원화에 역점을 둔 것인데, 이때 전매국이 폐지되어 그 업무가 재무국으로 이관되었다. 이에 따라 재무국에 전매총무과, 전매사업과, 전매인쇄공장, 전매제약공장, 전매연구소 등이 신설(1943.12)되면서 10개 부서로 늘어났다. 이후 관리과를 이재과에 통합(1945.4)하면서 패망 때까지 9개 부서를 유지했다.[54]

54 민족문제연구소, 2017, 앞의 책, 164~165쪽.

제4장
조선총독부특별회계 세출 운영의 식민지성

1. 취약한 지배 능력, 빈약한 재정 투자

〈표 4-1〉 조선총독부특별회계와 대만총독부특별회계 세출, 인구, 1인당 경비

연도	타이완			조선		
	총독부 세출 (천원)	인구 (명)	1인당 통치경비(원)	총독부 세출 (천원)	인구 (명)	1인당 통치경비(원)
1900	21,475	2,815,158	7.63			
1901	19,364	2,898,596	6.68			
1902	18,407	2,972,955	6.19			
1903	19,109	2,998,178	6.37			
1904	18,890	3,045,861	6.20			
1905	20,443	3,123,302	6.55			
1906	25,334	3,156,706	8.03			
1907	27,710	3,186,373	8.70			
1908	30,666	3,213,996	9.54			
1909	30,189	3,249,793	9.29			
1910	41,202	3,299,493	12.49	18,257	15,474,093	1.18
1911	43,621	3,369,270	12.95	46,172	15,666,102	2.95
1912	47,189	3,435,170	13.74	51,781	15,866,837	3.26
1913	44,474	3,502,173	12.70	53,454	16,070,177	3.33
1914	47,696	3,554,353	13.42	55,100	16,276,182	3.39
1915	38,250	3,569,842	10.71	56,870	16,484,895	3.45
1916	42,687	3,596,109	11.87	57,563	16,712,480	3.44
1917	46,167	3,646,529	12.66	51,172	16,913,909	3.03
1918	55,335	3,669,687	15.08	64,063	17,117,678	3.74

1919	72,323	3,714,899	19.47	93,027	17,323,970	5.37
1920	95,334	3,757,838	25.37	122,221	17,532,731	6.97
1921	94,520	3,835,811	24.64	148,414	17,747,352	8.36
1922	96,346	3,904,692	24.67	155,114	18,005,686	8.61
1923	87,739	3,976,098	22.07	144,768	18,265,757	7.93
1924	86,862	4,041,702	21.49	134,810	18,529,596	7.28
1925	87,771	4,147,462	21.16	171,763	18,797,267	9.14
1926	91,941	4,241,759	21.68	189,470	19,088,719	9.93
1927	101,543	4,337,000	23.41	210,853	19,365,048	10.89
1928	109,109	4,438,084	24.58	217,690	19,645,573	11.08
1929	122,295	4,548,750	26.89	224,740	19,930,153	11.28
1930	109,971	4,679,066	23.50	208,724	20,218,845	10.32
1931	99,060	4,803,976	20.62	207,783	20,520,802	10.13
1932	97,240	4,929,962	19.72	214,495	20,854,906	10.29
1933	102,221	5,060,507	20.20	229,224	21,194,479	10.82
1934	112,177	5,194,980	21.59	268,349	21,539,558	12.46
1935	123,944	5,315,642	23.32	283,959	21,890,246	12.97
1936	133,939	5,451,863	24.57	324,472	22,273,235	14.57
1937	156,445	5,609,042	27.89	407,027	22,535,630	18.06
1938	183,407	5,746,959	31.91	500,526	22,801,118	21.95

출처: 정태헌, 1996,『일제의 경제정책과 조선 사회-조세정책을 중심으로』, 역사비평사, 153쪽; 문명기, 2015,「일제하 타이완·조선총독부의 세출 구조 비교분석」,『한국학논총』 44, 412~414쪽.

〈표 4-1〉은 조선총독부특별회계(이하 조선회계)와 타이완총독부특별회계(이하 타이완회계) 세출을 정리한 것이다.

조선회계의 경우 1910~1918년에 정체 또는 완만한 증가세를 보였다. 그러다가 1919년 3·1운동의 영향과 문화정치로 전환하며 통치경비가 급격하게 증가하여, 1920년에 1억 원을 돌파했다. 예컨대 경찰제도 전환(헌병경찰→보통경찰)에 따라 경찰관서는 약 4배(1918년 751개→1919년 2,761개), 인원은 약 3배(1918년 5,402명→1919년 15,392명) 증가했고, 경찰비도 급증했다. 그 후, 1931년 만주사변과 이듬해 만주국 성립을 계기로 한 철도 확장 등으로 세출이 급증했고, 전시체제기에 들어선 1937년 이후 폭증했다.

시기를 나눠 보면 1910~1913년에는 늘어나다가 1914년 '재정독립계획' 수립 이후 다소 완화되었고, 관업비의 중심인 조선철도를 남만주철도주식회사(이하 만철)에 위탁경영하기 시작한 1917년에 감소했다가 1919~1921년에는 증가 폭이 컸다. 그런데 1923~1924년에는 1922년보다 감소했다. 이 시기는 전후 반동공황으로 일본 정부가 긴축정책을 펴면서 행정·재정 정리를 추진했고, 이에 따라 조선총독부도 인원 정리를 하고 계속사업을 연기했기 때문이다.

1925년에 세출이 증가세로 돌아선 것은 조선철도를 만철 위탁경영에서 다시 조선총독부 직영으로 환원[1]하면서 관업비 지출이 다시 급증했기 때문이다. 즉 세입 증가와 결부된 것이 아니라, 조선회계에서 분리되었던 철도 재정이 다시 통합된 데 따른 통계수치상의 변화에 불과했다. 1920년대 후반에는 소폭 증가 경향을 유지했는데 2억 원을 돌파한 1927년은 이

1 남만주철도주식회사의 조선철도 위탁경영에 대해서는 橋谷弘, 1982, 「朝鮮鐵道の滿鐵への委託經營をめぐって - 第一次戰前後の日帝植民地政策の一斷面」, 『朝鮮史研究会論文集』 19; 정태헌, 2015, 「조선철도에 대한 滿鐵 위탁경영과 총독부 直營으로의 환원 과정 및 배경」, 『한국사학보』 60 참조.

례적으로 조선사업공채 발행(12년간 2억 3천만 여엔)에 따른 '조선철도 12년 계획'이 통과된 해였다. 철도 부설에 따라 세출도 급증했다.[2]

1929년 말 세계를 강타한 세계대공황기 일본 정부의 재정긴축 강화에 따라 1930~1932년 조선회계 세출은 1929년보다 축소되었다. 일본이 대공황 충격에서 어느 정도 회복하고, 만주국을 세운 1932년부터 조선회계 세출이 다시 증가하여 이후 일본의 대륙침략 병참기지 역할을 하면서 급증했다.[3]

조선회계 세출의 성격을 규명하기에 앞서 타이완회계 추이를 살펴보자. 타이완회계의 세출 증가율(1896년 기준)은 1906년 2.6배, 1912년 4.9배, 1924년 9배, 1936년 12.5배였다. 제1차 세계대전 발발 직전인 1913년에 일시적으로 감소하였으나, 1914년에는 다시 증가하였고, 제1차 세계대전 와중인 1915년에 대폭 감소하였다가 점차 증가하는 추이를 보였다. 이는 일본으로 이입된 설탕소비세를 타이완회계 세입으로 돌렸던 것을 1915년부터 일본 국고로 귀속시킨 데에 따른 것이다. 1920년대 중반의 완만한 증가는 조선회계처럼 전후 반동공황 및 불황, 1923년 관동대지진에 따른 경기침체와 긴축정책의 결과였다. 1930~1932년 역시 대공황에 따른 세입 감소로 세출 또한 영향을 받았다.

타이완회계 세출에서 전매와 철도 등 관업수입에 대응한 지출이 약 40%, 총독부 행정비 및 국채정리기금 전출이 약 40%를 차지했다. 즉 관

---

2 1920년대 조선사업공채 발행정책은 박우현, 2019, 「1920년대 조선사업공채 정책 변화와 재원조달의 부실화」, 『한국사연구』 185 참조.

3 정태헌, 1996, 『일제의 경제정책과 조선 사회 - 조세정책을 중심으로』, 역사비평사, 153쪽; 문명기, 2015, 「일제하 대만·조선총독부의 세출구조 비교분석」, 『한국학논총』 44, 420쪽.

업 관련 지출과 총독부 행정비가 세출의 80%를 차지했다. 행정비는 타이완회계 항목상 총독부 행정비, 지방청 및 지방비 보충에 해당한다. 지방비 보충은 사실상 경찰비였다. 이는 고토 신페이(後藤新平)가 민정장관으로 부임(1898)한 이래 경찰 중심의 지방행정과 이를 통한 타이완 사회 재편에 집중한 결과로, 초기 세출은 '경찰주도형 재정'이었다. 이밖에 특별사업비와 사업비, 그리고 산업경제비 항목 등을 통해 사회간접시설에 해당하는 철도와 도로, 항만 건설비 및 각종 관공서의 건축 및 영선비 등에 집중되었다. 1920년대 이후 세출은 교통과 전매 등 관업 관련 지출 비중이 높았다. 타이완회계 세출의 양상은 "타이완의 인구 및 민도에 비해 과대"할 정도로 사회간접자본 투자에 적극적이었다.[4]

조선회계와 타이완회계 세출 추이의 공통점은 관업 관련 지출(관영사업비) 비중이 대단히 높았다는 점이다. 전 기간을 통해 타이완은 약 40%, 조선은 약 55%를 차지했다. 두 회계의 세입에서 높은 관업수입 비중에 조응한 결과였다. 근대적 폭력기구의 운영비인 경찰비를 포함한 행정비 비중이 꽤 높았던 것도 특징이다. 경찰비가 여타 행정비나 산업경제비, 사업비, 교육비 등과 비교해도 월등하게 높은 수준이었다. 식민권력의 특성을 단적으로 보여준다.

양자의 차이점도 주목되는데 이를 통해 조선회계 세출의 특징이 확인된다. 세출 규모에서 1925년 이후 타이완회계 세출 규모는 조선회계의 절반 정도였다. 1925년 이전까지 60~80%대, 1925년 50%로 떨어지면서 1936년까지 40~50% 정도를 점했다. 그러나 인구와 면적을 고려해야 한다. 면적은 한반도가 타이완의 6.14배였다. 1910~1938년 타이완의 평

4 문명기, 2015, 앞의 글, 416~419쪽.

균인구(4,254,439명)는 조선(18,780,794명)의 1/4.41에 불과했다. 그런데 1인당 세출 규모는 타이완이 조선의 2배 정도나 되었다.[5]

즉 타이완과 달리 조선에서는 식민지 초기에 대규모 재원의 집중 투자, 적극적 재원 발굴과 재정 확보, 이를 식민통치에 활용하여 '재정독립'에 이르는 재정 운영이 어려웠다. 한반도 규모가 일본의 식민통치 능력을 넘어선 것이라는 시각도 있다.[6] 실제로 일본 경제는 제국주의적 식민지배에 조응하는 능력 면에서 근본적 한계가 있었다.

여기에 시기에 따른 차이도 매우 컸다. 일본이 1년 예산의 4~5배나 되는 천문학적 배상금을 받아낸 청일전쟁 후에 식민지가 된 타이완과, 천문학적 전비 지출에 반해 러시아로부터 한 푼의 배상금도 받지 못했던 러일전쟁 후에 식민지가 된 조선의 국제환경 요인도 크게 작용한 것이다.

배상금을 토대로 타이완총독부는 식민지 초기에 거액의 타이완사업공채를 발행해 인프라 구축에 투입할 여지를 가질 수 있었다. 이와 달리 조선의 경우 러일전쟁 후 일본의 무역수지 악화, 외채 이자 지급 과다에 따른 정화 유출 우려 등 국제경제상 수세에 몰리는 상황이 1910년대 전반기까지 계속되는 환경에 있었다. 이 때문에 조선사업공채는 계획대로 발행되지 못했고, 철도 등 식민지 초기 대륙침략을 위해 구상했던 인프라 구축도 지연되었다.[7] 인프라 부족은 관업수입 등 세원 확보의 부진으로 이어져 세출 부족으로 연동되었다.

---

5 문명기, 2015, 앞의 글, 420~422쪽.

6 문명기, 2014, 「근대일본 식민지통치모델의 형성과 변용-'대만모델'의 관동주·조선으로 이식과 그 한계」, 『식민지라는 물음』, 소명출판, 468~469쪽.

7 1910년대 조선사업공채 발행정책 양상은 박우현, 2020, 「1910년대 조선사업공채 정책의 전개와 난맥상」, 『한국근현대사연구』 93 참조.

세출은 직간접적으로 식민통치에 관련되는 비용이다. 세출을 넓은 의미에서 통치경비로 간주하면 두 지역의 통치경비 차이는 대단히 컸다. 1인당 세출(통치경비)은 〈표 4-1〉에서 보듯이, 타이완:조선의 비율은 1910년(12.49:1.18), 1915년(10.71:3.45), 1920년(25.37:6.97), 1925년(21.16:9.14), 1930년(23.5:10.32), 1938년(31.91:21.95)까지 그 격차가 10.6배, 3.1배, 3.6배, 2.3배, 2.3배, 1.5배로 점차 좁혀지기는 했지만, 근본적으로 큰 차이를 보였다. 통치경비 차이는 결국 식민지배를 통한 통치효과의 차이로 귀결되었다.[8]

8 문명기, 2015, 앞의 글, 423~424쪽.

2. 통치비용의 증가와 군사적 성격의 재정 운영

〈표 4-2〉 조선총독부특별회계 기간별 · 부문별 세출액(단위: 천 엔)

기간		1910~1918	1919~1933	1934~1943	합계
총액		451,419	2,672,137	6,975,020	10,098,576
1. 식민통치비		166,975	808,372	1,131,757	2,107,104
	신사비		596	804	1,400
	조선황실 · 귀족 포섭비	12,962	29,004	18,855	60,821
	일반행정비	81,845	563,467	520,202	1,165,514
	세무 · 국고행정비	9,195	19,076	157,130	185,401
	특별급여비	4,837	32,270	109,142	146,249
	전시체제 유지비			160,840	160,840
	형무경찰비	58,136	163,959	164,784	386,879
2. 관영사업비		143,013	1,120,895	3,329,180	4,593,088
3. 산업관계비		81,300	386,772	1,276,984	1,745,056
	산업관련조사, 시험비	7,890	31,263	64,348	103,501
	토지관련조사, 정리비	19,526	3,502	5,888	28,916
	사업비	53,884	352,007	1,206,748	1,612,639
4. 공채비		37,472	237,535	364,217	639,224
5. 군사비		11,691	22,009	645,302	679,002
6. 사회사업비		7,830	55,005	118,750	181,585
7. 교육문화비		3,123	41,547	61,876	106,546
8. 기타		15	2	46,954	46,971

출처: 정태헌, 1996, 「식민지 재정기구를 통한 세출의 용도와 성격」, 『일본의 본질을 다시 묻는다』, 한길사, 94쪽.

〈표 4-3〉 조선총독부특별회계 세출의 기간별 비중, 기간별 대세출 비중, 기간별 증가율

기간		기간별 지출 비중(%)			기간별 대세출 비중(%)			기간별 증가율 (배)		
		1910~1918	1919~1933	1934~1943	1910~1918	1919~1933	1934~1943	1910~1918	1919~1933	1934~1943
총액		4.5	26.4	69.2	100.0			1.4	3.6	7.3
1. 식민통치비		7.9	38.4	53.7	36.8	30.2	16.1	1.3	2.1	3.8
	신사비		42.6	57.4		0.02	0.01		1.9	1.7
	조선황실·귀족 포섭비	21.3	47.7	31.0	2.9	1.1	0.3	1.0	1.2	1.0
	일반행정비	7.0	48.3	44.6	18.0	21.1	7.4	1.3	3.1	2.3
	세무·국고행정비	5.0	10.3	84.8	2.0	0.7	2.2	0.3	2.2	32.4
	특별급여비	3.3	22.1	74.6	1.1	1.2	1.6	13.2	1.1	3.7
	전시체제 유지비			100.0			2.3			15.5
	형무경찰비	15.0	42.4	42.6	12.8	6.1	2.3	1.3	1.1	2.7
2. 관영사업비		3.1	24.4	72.5	31.5	41.9	47.5	0.9	6.9	5.9
3. 산업관계비		4.7	22.2	73.2	17.9	14.5	18.2	2.0	3.5	11.9
	산업관련조사, 시험비	7.6	30.2	62.2	1.7	1.2	0.9	2.2	2.3	4.2
	토지관련조사, 정리비	67.5	12.1	20.4	4.3	0.1	0.1	0.8	0.2	4.0
	사업비	3.3	21.8	74.8	11.9	13.2	17.2	2.5	4.0	12.5
4. 공채비		5.9	37.2	57.0	8.3	8.9	5.2	5.7	3.2	2.4
5. 군사비		1.7	3.2	95.0	2.6	0.8	9.2	3.2	0.7	93.3
6. 사회사업비		4.3	30.3	65.4	1.7	2.1	1.7	0.4	2.4	1.3
7. 교육문화비		2.9	39.0	58.1	0.7	1.6	0.9	1.8	5.3	4.2
8. 기타		0.0	0.0	100.0	0.0	0.0	0.7			

출처: 정태헌, 1996, 「식민지 재정기구를 통한 세출의 용도와 성격」, 『일본의 본질을 다시 묻는다』, 한길사, 94쪽.

조선회계 세출의 특징을 항목을 분류해서 살펴보자. 시기는 1기(1910~1918), 2기(1919~1933), 3기(1934~1943, 통계가 확인되는 마지막 연도)으로 구분한다.[9]

〈표 4-3〉에서 1910~1943년 세출의 기간별 비중(1기: 4.5%, 2기: 26.4%, 3기: 69.2%)을 보면 3기에 지출이 집중되었고 세출의 기간별 증가율(1.4배, 3.6배, 7.3배) 역시 3기에 급증했다. 특히 1937년 이후 조선회계 세출이 급증한 것은 일본의 대륙침략을 위한 전진기지로 설정된 조선에 대한 각종 시설 요구, 일본 임시군사비특별회계로의 전출금과 같은 전비 유출의 급증, 전시물자 조달을 위한 금(金) 등 지하자원 개발과 미곡 증산에 필요한 '생산력확충', 전쟁 수행을 위한 각종 시국대책기구의 확대 또는 신설 비용 급증 등을 원인으로 들 수 있다.

가) 식민통치비

식민지 전 기간(1910~1943년, 이하 전 기간)에 식민통치비(21억여 엔) 중 일반행정비(55.3%)와 형무경찰비(18.4%)가 절대적 비중을 점했다. 이외에 세무·국고 행정비(이하 세무행정비, 8.8%), 전시체제 유지비(7.6%), 특별급여비(6.9%), 조선 황실·귀족 포섭비(2.9%)와 미미하지만 신사(神社)비 등에 소요되었다.

---

9 이러한 시기 구분은 뒤의 조세에서 살펴보겠지만, 시기별로 세출 급증에 대응하기 위하여 세입 중 실수입원인 조세 구성 변화에 따라 ① 지세 중심의 식민지자본주의적 조세구조 형성(1910~1918), ② 소비세 중심 조세 구조의 정착과 지세의 정체(1919~1933), ③ 1934년 일반소득세제 도입에 따라 소비세 증가를 수반한 소득세 중심 조세구조의 형성(1934~1945)로 나눈 것으로써 식민지 재정사도 이에 따라 시기 구분을 했다. 정태헌, 1996 「식민지 재정기구를 통한 세출의 용도와 성격」, 『일본의 본질을 다시 묻는다』, 한길사 참조.

식민통치비는 관영사업비를 제외하면 전 기간에 대(對)세출 비중(20.8%)이 가장 높았다. 그런데 기간별 대세출 비중(36.8%, 30.2%, 16.1%)은 점차 감소했고, 전 기간 증가율(10.5배)도 세출 총액(36.2배)보다 크게 떨어졌다. 식민통치가 장기화하면서 경직성 비용인 식민통치비는 기간별 지출 비중(7.9%, 38.4%, 53.7%)이 세출 총액(4.5%, 26.4%, 69.2%)과 비교하면 상대적으로 1기와 2기에 집중도가 컸다. 1910년대 식민통치 기반 조성, 3·1운동 후 '문화정치'로 통치방침 전환에 따라 식민통치비가 늘어났던 시대적 조건을 반영한다. 기간별 증가율도 식민통치비(1.3배, 2.1배, 3.8배)는 세출 총액(1.4배, 3.6배, 7.3배)과 비교하면 특히 3기에 크게 둔화하였다. 이는 물론 상대적 비교일 뿐 절대액 자체는 전시동원이 본격화하면서 급증해갔다.

▪ 일반행정비

식민통치비의 절반 이상을 점한 일반행정비는 지방관청 경비(64.5%), 조선총독부 경비(16.7%), 영선비와 수선비(11.8%)에 충당된 비용인데 총지출액(11억 7천여만 원)의 대세출 비중은 11.5%를 차지했다. 일반행정비의 기간별 지출 비중, 기간별 증가율, 대세출 비중을 식민통치비나 세출 총액의 각 추이와 비교해 보면, 식민통치기구의 기반을 조성하고 변화시키는 1기는 물론 2기에 높은 추이를 보였다. 일반행정비는 식민통치비 가운데 2기에 대세출 비중(18.0%, 21.1%, 7.4%)이 급증한 유일한 지출 부문으로 기간별 증가율(1.3배, 3.1배, 2.3배)도 2기에 두드러졌다.

2기에 일반행정비와 그의 대세출 비중이 급증한 이유는 두 가지였다. 첫째, 조선총독부 및 지방단체 소속 관리의 봉급이 급증했기 때문이었다. 관리의 평균봉급은 1910년대(440~450원)에서 1920년(821원) '봉급령' 개정으로 2배 가까이 급증했다. 둘째, 1920년대 이후 '문화정치'에 따른 무력기구인 경찰제도가 전환(헌병경찰→보통경찰)되는 과정에서 형무경찰비에 속하는 경무비와 헌병보조원비가 1920년 이후 모두 지방청 경비로 이관되었기 때문이다.

3기에는 일반행정비 증가 추이가 둔화하였고, 식민통치비에서 점하는 비중도 격감했다. 말기로 갈수록 경직성 지출에 속하는 일반행정보다 전시체제에 조응한 응급 행정업무가 급증했기 때문이다. 물론 일반행정비로 구분한 지출 중에도 응급성 지출이 급증했다. 전시체제기 정보 소통의 긴급성 때문에 전신전화시설(영선)비의 경우 1937년~1943년에 98%(3,400여 만 원)가 집중되었다. 또 조선총독부 경비는 1934년 이후 급증(8.5배)하여 지방청경비의 정체와 대조적 추이를 보였는데, 조선총독부 차원의 응급성 지출이 그만큼 급증한 것이다. 임시미곡이출통제비는 1933년부터 일본의 미곡 사정이 일시 회복되면서 조선산 미곡의 일본 수출을 통제하는 데 따른 지출이었다. 특히 1934년 산미증식계획이 일시 중지되면서 1933~1934년에 폭증(9.2배)했는데 이때의 지출액은 1933년 이후 지출된 임시미곡이출통제비의 64%나 되었다.

▪ 형무경찰비

형무경찰비는 경찰기구와 형무소 건설 및 유지에 소요된 경찰비와 형무비로 대세출 비중이 3.8%(3억 8,700여만 엔)를 점했다. 기간별 지출 비중(15.0%, 42.4%, 42.6%), 대세출 비중(12.8%, 6.1%, 2.3%)을 보면 일반행정비에 비해 1기에 지출집중도가 높았고, 대세출 비중은 후기로 갈수록 격감하는 양상을 보였다. 실제로 전 기간 형무경찰비 증가율(3.7배)은 식민통치비(10.5배)나 세출 총액(36.2배)에 비해 크게 떨어졌다. 형무경찰비의 특성상 식민지 전반기에 지출이 집중되었기 때문이다. 즉 1기에 무단통치를 반영하여 일반행정비와 형무경찰비가 식민통치비의 대부분(83.7%)을 차지했다. 또 형무경찰비는 경직성 지출 부문으로 정착되어 식민지배가 장기화하면서 상대적 비중은 줄어들었다. 식민지 초기에는 그만큼 경찰 기구와 감옥의 신설 및 확장에 필요한 경직성 지출이 많았다. 3·1운동 이후에도 보통경찰제로의 전환과 관련해 지출이 급증했다. 1919~1920년 형무경찰비는 4배(812만 원→3,219만 원)나 급증했다.

▪ 세무·국고 행정비

세무·국고 행정비(세무행정비)는 전 기간 지출액(1억 8,450여만 엔) 중 지방재정조정비(42.0%)와 재무관서비(51.7%)가 대부분을 차지했고, 나머지는 해관공사비(2.2%), 1935년에 신설된 임시이득세 징수비(1.2%), 국유림 조사처분비(0.9%) 등에 소요되었다. 세무행정비의 기간별 대세출 비중(2.0%, 0.7%, 2.2%), 지출 비중(5.0%, 10.3%, 84.8%), 증가율(0.3배, 2.2배, 32.4배)을 보면 식민지 초기에 상대적 비중이 컸고, 전시 재정 구축과 관련해 3기에 폭증 추이를 보여 지출 비중도 커졌다.

1910년대 초에는 식민지 세무행정의 정착에 필요한 기초시설 비용이 많이 소요되었다. 특히 1910~1912년 3년간에만 지출된 해관공사비는 1기 세무행정비의 62.4%를 차지하였다. 1기에 세무행정비는 곧 세관 및 해관공사비(97.9%)였다. 긴축재정기였던 1920년대에 완만한 증가율을 보여 세관 비용(84.4%)이 대부분을 차지했다. 그 외에 1926~1931년에 소득세제 중심의 세제 개편을 위한 조세제도 개정준비비(4.0%), 1927년 이후 국경세관임시비(2.2%)가 주목된다.

세무행정비가 3기에 폭증하면서 지출이 집중된 이유는 두 가지를 들

수 있다. 첫째, 1934년 '제2차 세제정리'를 통해 개인소득세제가 시행되면서 세무기구가 일반행정에서 독립되는 등 세수 증대 비용이 급증했다. 둘째, 이를 뒷받침하기 위해 1940년부터 새로운 지출 항목으로 지방재정조정비를 설정하여 세수입 증가의 1/3을 지방관서로 환원시켰는데 그에 따른 지출이 급증했다. 지방재정조정비는 1939~1943년 4년 동안에만 7,800여만 원이나 지출되었다. 그만큼 중앙 차원에서 세원을 치밀하게 색출한 것이다. 재무관서비용은 이전 기간에는 모두 세관비가 차지했지만, 1934년 이후에는 세무감독국(세무서) 신설 및 유지비가 대부분이었다.

▪ 전시체제 유지비

전시체제 유지비는 1937년 일본의 중국 침략과 더불어 전시체제 구축을 위해 방공시설, 사상통제 및 물자 수급 통제 등으로 인하여 1943년까지 급증(15.5배)하면서 대규모로 지출(1억 6천여만 엔)되었는데, 세출 분류만 다를 뿐 후술하는 군사비와 같은 성격의 지출이었다. 전시체제 유지비 대부분(97.8%)은 1940년 이후 폭증한 시국대책임시시설비와 폭격 대비 특별시설인 임시방공경비비로 지출되었다. 그 외 국민총력운동비나 경제통제를 위한 경비, 1943년에 신설된 연성비(鍊成費, 748만 엔)도 군사비 성격의 지출이었다.

▪ 특별급여비

특별급여비는 전 기간 1억 4,600여만 엔이 지출되었는데, 대부분은 관리퇴직금(은급비)이었다. 은급비는 1931년부터 조선회계로 부담이 전가되었으며, 1931~1943년에 지출된 특별급여비 중 은급비의 비중은 75%였다. 그 외 관리들의 사기진작을 위해 1918~1920년에 임시수당,

봉급(1,562만 엔), 1939~1941년에 임시수당(2,126만 엔), 1942~1943년에 국경지방재근수당(402만 엔) 등으로 지출되었다.

▪ 조선 황실·귀족 포섭비

조선 황실·귀족 포섭비는 전 기간 지출액(5,715만 엔) 대부분이 이왕가 세비였다. 이왕가세비는 매년 150만 엔씩 지출되다가 1921년부터 관리 봉급 인상과 때를 같이하여 180만 엔으로 늘어났다.

▪ 신사(神社)비

신사비는 신사 건설 및 유지비로 1935년 3만 6천 엔이 지출되었으나, 1939년 신사 건설이 강조된 이후 1943년에는 지출액이 11만 9천 엔까지 늘어나는 등 전 기간 총 140만 엔이 지출되었다.

나) 관영사업비

조선회계는 전 기간 관업수입의 높은 대세입 비중(43%)에 따라 관영사업비의 대세출 비중(45.3%)도 절반에 가까워 관업재정이라 할 정도였다. 증가율도 관업수입(62.4배), 관영사업비(36.8배) 모두 폭증해 세입 총증가율(35.9배), 세출 총증가율(36.2배)을 이끌었다. 전 기간에 관영사업비(45억 9천여만 엔)는 철도사업비(70.1%)가 절대 비중을 차지했고, 그 외 전매비(16.3%), 체신비(9.6%), 영림창·영림서 운영비(3.7%), 염전관계비(0.34%)와 수도사업비(0.06%) 등으로 구성되었다.

▪ 철도사업비

철도사업비(32억 1,877만 엔)는 3기에 지출집중도가 특히 컸다.

1910년대 철도 부설 계획이 순조롭게 이루어지지 못하면서 함경선 완공이 1928년까지 미뤄졌고, 1927년에 확정된 '조선철도 12년계획'과 1936년 확정된 중앙선 부설 등이 진행되면서 급증 추세가 이어졌다.

▪ 전매비

전매비(7억 4,571만 엔)는 연초전매 및 전매국 운영 경비로써 기간별 비중(0.05%, 33.9%, 66.1%)에서 드러나듯이 연초전매제가 실시된 1921년을 계기로 지출이 본격화되었다.

▪ 체신비

체신비(4억 4,159만 엔)도 기간별 비중(1.4%, 37.7%, 55.9%)을 보면 1920년대 이후 집중도가 컸다.

▪ 영림창 · 영림서 운영비

영림창·영림서 운영비(1억 6,810만 엔)는 압록강·두만강 유역의 삼림 채벌을 위해 1916년부터 지출되었는데, 1926년에 영림 관계 관청이 영림서로 통폐합된 후 증가했고 군수 목재 수요가 급증하는 1930년대 말부터 급증했다.

다) 산업관계비

산업관계비(17억 4,505만 엔)는 효율적 수탈체제 구축을 위한 식민지 '개발'에 재정 자금을 투여한 부분으로 전 기간 대세출 비중(16.9%)도 큰 편이었다. 실제로 산업관계비 증가율(82.3배)은 세출 총액(36.2배)과 큰 격차를 보였다. 전시동원과 관련하여 산업관계비의 기간별 지출 비중(4.7%,

22.2%, 73.2%)도 3기 집중도가 매우 높았다.

산업관계비는 대부분 사업(보조)비(92.4%)로 지출되었고, 산업 관련 조사·시험비(5.9%), 토지 관련 조사·정리비(1.7%) 등이었다. 특히 사업(보조)비는 전 기간에 폭증(123.5배)했다. 주요 내역은 보조·장려비(42.5%), 토목비(19.5%), 식량대책(미곡증산)시설비(13.1%), 산금·중요물산증산장려시설비(12.2%), 토지개량사업비(8.2%) 등이었다.

산업관계비에서 사업(보조)비가 점하는 기간별 비중(66.3%, 91.0%, 92.4%)을 보면 2기 이후 산업관계비는 대부분 사업(보조)비로 지출되었다. 특히 3기에 급증했고, 전쟁 말기로 갈수록 "도의 앙양, 관리의 심구(心構) 등에 중점"이 두어지면서 식량 증산, 전쟁물자 조달에 필요한 중요 지하자원 증산을 위한 지출이 급증했다.

1930년대 말 이후의 산업관계비나 철도관계비는 세출 분류의 형식상으로만 군사비로 편성되지 않았을 뿐 사실상 전쟁 수행을 위한 직간접적 비용에 속한다. 이는 3기 이후 산업관계비 내역 가운데 보조·장려비, 토목비와 달리 식량대책시설비, 산금·중요물산증산장려시설비, 토지개량사업비 등이 급증한 것에서도 드러난다.

▪ 사업(보조)비

사업(보조)비에서 보조·장려비(6억 8,548만 엔)의 기간별 비중(42.8%, 52.9%, 39.7%)을 보면 보조·장려비가 산업관계비 증가에 가장 큰 영향을 미쳤는데 3기에 사업(보조)비에서의 비중도 격감했다. 보조·장려비 내역이 증산장려 명목의 약탈성을 띤 공출 보조, 중요 광물이나 인조석유 생산 등 전쟁 수행과 직접 관련된 부문에 제한적으로 집중되면서 증산정책도 점차 직접적 보조정책보다 경제외적 논리에 의존하는 방향으로 바뀌어 간 것을 반영한다. 증산정책에 따른 생산으로 입은 손실을 보전하는 재정 혜택은 대부분 일본인 자본에 돌아갔다.

토목비(3억 1,413만 엔)는 도로, 교량, 항만, 수도 등의 건설 및 개량을 위한 비용이었다. 조선총독부가 발주하는 토목공사 수주에서 조선인 토목자본에게 진입장벽이 높아 토목비 지출은 일본인 자본에게 귀속된 셈이다. 한편 사업(보조)비에서 토목비의 기간별 비중(48.4%, 28.0%, 15.8%)은 격감 추이를 보였다. 시기가 뒤로 갈수록 사업(보조)비 증가율과 큰 격차를 보였다. 토목공사에서 민간자본 의존도가 점점 높아졌음을 반영한다.

식량대책(미곡증산)시설비(2억 1,109만 엔)는 1939년 대가뭄을 계기로 전쟁 수행을 위한 식량 조달이 다급한 문제로 대두되면서 긴급 지출되었다. 1939~1943년 4년 동안 사업(보조)비에서 점하는 비중(17.5%)이 높고 폭증한 것은 전시 식량 조달의 긴박한 상황을 반영한다.

산금·중요물산증산장려시설비(1억 9,599만 엔)는 1937년 이후 단기간에 폭증했다. 1937년 입안된 '조선산금5개년계획'과 석탄, 아연, 흑연, 텅스텐 등 군수물자 생산에 필수적인 광물의 증산 때문이었다. 그리고 이러한 물자 생산을 담당하는 일본인 자본을 보조함으로써 조선 사회가 보유한 자원을 소모하는 데 지출한 것이다. 즉 조선산 금은 기름이나 철로 바뀌어 태평양전쟁 도발 이래 각 방면에서 폭탄이나 군함 등으로 전환된 셈이다.

토지개량사업비(1억 3,153만 엔)는 1920년부터 실시된 산미증식계획을 위해 지출되기 시작했다. 1920년대 증가율이 두드러지고 사업(보조)비에서 점하는 비중(14.8%)이 컸던 것은 계획이 한창 진행 중이던 1920년대 상황과 대지주 위주의 특혜정책을 반영한다. 그러나 3기에 증가율과 사업(보조)비에서의 비중이 격감했는데 대공황의 여파로 일본에서 미곡 과잉현상이 나타나면서 쌀값이 폭락해 조선 쌀의 일본 유입을 통제함에 따른 것이다. 1934년에는 산미증식계획도 중단되었다. 토지개량사업비는 1934~1939년에 격감하다가 1939년 큰 가뭄을 계기로 1940년 새롭게 증미계획이 추진되면서 폭증 추세로 반전되었다.

▪ 산업 관련 조사·시험비

산업 관련 조사·시험비(350만 엔)는 조사·시험비(31.1%), 검사소비(26.1%), 시험장비(23.9%), 종축장·수역혈청제조소비(11.2%), 권업모범장비·권업비(7.4%) 등으로 구성되었다. 산업 관련 조사·시험비는 사업(보조)비 지출과 수탈정책의 '효율성'을 높이기 위한 기초자료 작성에 사용된 비용이었다. 산업경제비에서 차지하는 기간별 비중은 1930년대 이후 격감했다. 이는 일본을 위한 식량공급기지로 규정된 조선에서 (농업)생산력 제고가 시급했던 일본이 조선회계를 활용했던 1910~1920년대의 상황을 잘 보여준다. 3기에는 산업관계비 증가율과 격차가 있었지만 매장량이 불확실하거나 미발견된 광물 자원 등 전쟁물자 조달을 위한 지질조사의 긴박성 때문에 여전히 적지 않은 증가율을 보였다.

권업모범장비, 권업비 지출이 1기에 절반 이상 집중된 것은 식민농정의 기반 마련이 시급했던 1910년대 상황을 반영한다. 산업 관련 조사·시험비 가운데 1920년대에 지출 집중도나 증가율이 큰 부문은 시험장비와 종축장·수역혈청제조소비를 들 수 있다. 검사소비는 3기에 지출이 집중되었는데 생산력 기반이 일정하게 이루어진 후의 식민농정을 반영한다.

▪ 토지 관련 조사·정리비

토지 관련 조사·정리비(2,892만 엔)는 기간별 지출 비중(67.5%, 12.1%, 20.4%) 면에서 토지조사사업이 진행된 1기에 집중되었다.

라) 사회사업비와 교육문화비

사회사업비(1억 8천여만 엔)는 조선 사회의 생산력이나 잉여를 유출하는 데 직접 관련이 있다기보다 조선 사회가 처한 응급 상황에 대응한 지출이었다. 전 기간 대세출 비중(1.8%)은 미미했고, 증가율(1.2배)도 정체 상태를 보였다. 사회사업비는 재해비(한해구제비, 진재응급비 포함: 1억 5천여만 엔)이 최다 비중(86.2%)을 차지했고 그 외 나병요양소나 조선총독부의원(자혜의원 또는 조선의원) 유지비(9.7%)로 지출되었다. 특히 대한해가 있던 1939·1940·1942년 3개년에는 재해비의 절반 이상(53.1%)이 지출되어 재해비가 사회사업비의 대부분을 차지했다. 재해비는 1930년대 중후반 이후 집중적으로 지출되었다.

교육문화비(1억여 엔)는 식민통치에 효율적인 인간군 양성을 위한 지출이었는데 전 기간 대세출 비중(1.1%)은 미미한 수준이었다. 다만 '문화통치'와 깊은 관련이 있어 기간별 비중(2.9%, 39.0%, 58.1%)도 2기 집중도가 큰 편이었다. 즉 1920년대에는 무력기구인 형무경찰비와 그의 상당 부분이 이전된 일반행정비를 제외하면 교육문화비 지출집중도가 가장 컸고 증가율도 높았다. 교육문화비의 대부분(93.5%)은 관립소학교, 관립보통학교, 관립실업학교, 관립전문학교, 경성제대 등 관립학교 유지비에 지출되었다. 이 가운데 경성제대 비용은 1924년부터 지출되었음에도 교육문화비의 33.6%를 차지했다. 조선사편찬비는 1922~1941년에 107만여 원이 지출되었다.

조선회계 세출을 목적별로 타이완회계 세출과 비교하면 타이완은 산업진흥비(33%)가 치안·방위·특수행정비(13%)보다 큰 데 반해, 조선은 치안·방위·특수행정비(26%)가 산업진흥비(13%)를 압도했다. 즉 타이완회계는 산업개발에 상대적으로 훨씬 많은 재원을 투입한 반면, 조선회계는 치안이나 방위를 위한 지출이 컸다. 이러한 대조적 지출 경향은 조선회계 세출이 만주 및 중국 침략을 위한 군사적 성격의 지출이 큰 데 반해 타이완회계는 상대적으로 경제적 성격이 컸다고 볼 수 있다.[10]

10 문명기, 2015, 앞의 글, 423~425쪽.

3. 조세수입 전액에 이른 임시군사비특별회계 전출금의 약탈적 폭증

전시체제기에 가장 급증했고, 주목해야 할 세출 부문은 1937년 일본에서 설치된 임시군사비특별회계(이하 임군회계)로 조선회계에서 전출된 군사비였다. 조선회계의 식민지적 재정 유출을 가장 극명하게 보여주는 사례는 일본이 도발하고 확대한 침략전쟁에 필요한 비용 일부를 한반도에서 거둔 조세로 조달한 것이다.

일본이 식민지에 전비 전가를 모색한 것은 1935년경부터였다. 1935년은 조선의 경우 유산층에 대한 개인소득세 과세로 조세체계가 식민지배 입장에서 '안정화'되어 세입이 호조세를 보이기 시작한 시기였다. 이듬해 일본 대장성은 1936년 일본의 증세에 맞춰 식민지에서도 전비 전출 문제를 거론했다.[11]

〈표 4-4〉에서 확인할 수 있듯이 1936년에 190만 엔을 조선회계에서 일본의 일반회계로 전출했다. 만주사변 후 늘어난 군사비를 보충한다는 명목이었다. 1936년은 일본 육군 황도파의 쿠데타 시도(2·26사건)로 군사비 증액 요구를 일정하게 제어했던 대장대신 다카하시 고레키요(高橋是淸) 등이 피살된 후 쿠데타가 진압되면서 통제파가 일왕의 비호 아래 권력을 농단하기 시작한 해이기도 했다. 일본 정계에서 군부의 중국 침략전쟁 욕구를 재정적으로 제어할 수 있는 세력이 사라지고 그 여파가 바로 조선에 미치기 시작한 것이다.

11 정태헌, 1996, 앞의 책, 158쪽.

〈표 4-4〉 조선총독부특별회계에서 임시군사비특별회계로의 전출금 · 대조세 비중 · 대세입 비중

연도	임시군사비 특별회계로의 전출금(엔)	조선총독부 특별회계 조세(엔)	전출금의 對조세비중 (%)	조선총독부 특별회계 세입 (엔)	전출금의 대세입 비중 (%)
1936	1,900,000	74,306,332	2.56	384,493,357	0.49
1937	11,033,933	81,590,448	13.52	470,708,510	2.34
1938	26,977,802	97,947,119	27.54	590,275,614	4.57
1939	41,290,912	111,310,783	37.10	800,695,883	5.16
1940	50,481,760	134,722,304	37.47	995,263,908	5.07
1941	94,567,638	194,672,449	48.58	1,085,391,450	8.71
1942	163,212,418	270,410,326	60.36	1,312,825,753	12.43
1943	203,058,067	430,312,524	47.19	1,878,647,902	10.81
1944 (예산)	414,074,575	438,725,906	94.38	2,441,706,038	16.96

출처: 朝鮮總督府, 각년판, 『朝鮮總督府統計年報』.
비고: 1936~1943년은 결산액, 1944년은 예산액.

그러나 일본으로의 군사비 전출은 한 번으로 그치지 않았다. 이후에는 조선 경제가 감당하기 어려운 수준으로 폭증했다. 대장성은 식민지에 증세와 함께 증세액 중 상당 부분을 일본으로 전출하도록 요구(1936.11)했고, 중일전쟁 직후 제국의회에서 「임시군사비특별회계법」이,[12] 「관동국 · 조선총독부 · 타이완총독부 · 화태청의 각 특별회계의 조세수입 중 일부를

12 윤현명, 2021, 「중일전쟁기 일본 육해군의 임시군사비 전용 문제 분석 - 제국의회에서의 논의를 중심으로 -」, 『군사』 119, 87~88쪽.

임시군사비특별회계로 전출하는 것에 관한 건」(1938)이 통과되면서 각 식민지 특별회계에서 일본 임군회계로 전출하는 방식이 제도적으로 고착되었다. 이후 전출금은 폭증했다.

1937년(1,103만 엔)에 전년에 비해 900여만 엔이 늘어 5.8배나 폭증한 임군회계로의 전출금은 1938년(2,698만 엔), 1939년(4,129만 엔), 1941년(9,457만 엔), 1942년(1억 6,321만 엔), 1943년(2억 306만 엔), 1944년(4억 1,407만 엔)으로 매년 급증했다. 조선총독부의 마지막 재무국장 미즈타 나오마사에 따르면, 1945년 예산액(6억 621만 엔)에서 총예산의 19.4%에 해당하는 거대한 금액을 전비로 유출할 계획이었다.[13] 1944년과 1945년 예산의 경우 임군회계 전출금 규모는 조선회계에서의 조세수입 전액에 해당하는 금액이었다.

조선 경제의 생산력을 고갈시키는 직접적 군사비 지출은 조세의 무분별한 증징을 동반할 수밖에 없었다. 중일전쟁 도발에 따른 전비 조달을 위해 북지사변특별세 창설을 시작으로 지나사변특별세를 창설했다. 지나사변특별세의 내용은 기존의 법인자본세, 소득세, 거래세, 설탕소비세 등을 각각 증징하고 입장세, 특별입장세, 통행세 등을 새로 과세하는 것이었다. 1939년에는 다시 임시소득세 증징과 동시에 이익배당세, 공채 및 사채이자세, 물품세, 설탕소비세, 인지세, 청량음료세 등에 증세가 행해졌고 그밖에 유흥음식세, 건축세 등도 신설했다.

중일전쟁 이후 북지사변특별세를 비롯하여 1943년까지 신설된 전시임시조세는 16종에 달했고, 신설된 과세는 일본과 조선에서 거의 동시에 같은 내용으로 시행되었다. 이러한 조세 증징 외에도 조선회계 재정잉여

13 水田直昌 監修, 1974, 『總督府時代の財政』, 友邦協會, 121~122쪽.

금의 2/3가 임군회계로 전출되었다. 심지어 대장성은 조선의 특수 사정을 감안해 1/3은 조선 자체의 경비에 충당하기로 결정했음에도 불구하고, 결국 조선회계의 재정잉여금 전액을 이월하라고 요구할 정도로 약탈의 정도는 극에 달했다.[14]

---

14 金玉根, 1994,『戰時下朝鮮財政史論攷』, 일조각, 215~218쪽.

4. 일본의 중국 침략 전쟁에 따라 폭증한 공채비 지출

조선회계 세출 가운데 군사비 지출과 함께 일본 정부 일반회계로 이월된 대표적인 부문이 공채비였다. 공채비는 소액의 조선귀족보호자금이나 재해구제자금에 관한 이자 외에 대부분 「조선사업공채법」(1911.3.21. 법률 제18호)에 의해 발행된 사업공채에 관한 원리금 지출액을 말한다. 그중 1911년 이후의 공채 또는 차입금 중 1921년까지는 원금 상황(15,213,802엔)이 이뤄졌고, 1921~1929년에는 이자만 지불했다.[15] 즉 1921년까지 상환한 원금은 장기자금인 사업공채가 아니라 1910년대에 3년 이내 상환 조건으로 조달된 차입금[16]에 대한 것이었다.

일본에서 국채의 원금 상환 규정은 러일전쟁에 쓰인 외채를 상환하기 위해 「국채정리기금특별회계」(이하 「국채회계」)가 설치(1906)되면서 제도화되었다.[17] 정액 상환 방식이었다가 1915년부터 전년도 국채 총액의 116/1만(단, 3천만 엔 이상)을 「국채회계」에 전출하는 정률상환 방식으로 개정되었다.[18] 다만 조선회계 등 각 식민지나 여타의 특별회계는 재정 부실을 감안하여 원금 상환을 유예했다. 일본 재정도 마찬가지였는데 하라 다카시(原敬) 내각(1918.9.29~1921.11.13)은 전임 내각의 '적극재정·국방

---

15 朝鮮總督府, 1933, 「三三. 國債」, 『第六十四回帝國議會說明資料』(2013, 『朝鮮總督府帝國議會說明資料 第18卷』, 不二出版).

16 이에 관해서는 박우현, 2020, 앞의 글, 93~106쪽 참조.

17 武田勝, 2012, 「1920年代における減債基金と国債価格」, 『麗澤大学経済社会総合研究センターワーキングペーパー』 43, 61쪽.

18 「国債整理基金特別会計法中ヲ改正ス」, 『公文類聚 第三十九編 大正四年 第十巻 財政門一 会計一(会計法 収支 保管)』(類01211100 国立公文書館), 1915.6.

충실' 방침을 계승하여 증세와 함께 「국채회계」 전출을 정지하고, 해당 재원을 군사비로 전용하기도 했다.[19] 이월 정지는 1922년까지 이어졌다가 전국어음교환소연합회 건의를 계기로 계획보다 1년 앞당겨 1923년부터 「국채회계」 전출을 부활했다.

〈표 4-5〉 조선총독부특별회계 공채비 및 경상수입 대비 비율

	공채비 (천 엔)	경상수입(단위: 천 엔)			조세 및 인지수입 대비 공채비 비율 (%)	경상수입 대비 공채비 비율 (%)
		조세 및 인지수입	관업 수입	경상수입 합계		
1910	958	9,406	1,487	11,610	10.18	8.25
1911	1,348	13,304	11,791	25,564	10.13	5.27
1912	1,999	14,682	13,614	28,764	13.62	6.95
1913	5,030	15,622	15,112	31,347	32.20	16.05
1914	4,752	18,543	16,299	35,692	25.63	13.31
1915	6,242	19,588	18,445	38,829	31.87	16.08
1916	4,759	21,742	22,123	44,764	21.89	10.63
1917	4,710	26,903	18,592	46,433	17.51	10.14
1918	7,675	34,806	23,863	59,371	22.05	12.93
1919	6,033	47,638	25,050	73,951	12.66	8.16
1920	7,202	43,687	26,736	71,343	16.49	10.09
1921	9,217	47,616	44,872	93,417	19.36	9.87
1922	11,701	52,127	46,388	100,248	22.45	11.67
1923	12,663	43,774	45,439	90,885	28.93	13.93
1924	13,282	47,446	50,925	99,799	27.99	13.31

19 武田勝, 2012, 앞의 글, 64쪽.

1925	14,599	49,351	91,984	143,254	29.58	10.19
1926	15,121	53,745	103,967	158,646	28.13	9.53
1927	16,691	54,465	116,406	172,995	30.65	9.65
1928	17,554	56,035	118,587	176,708	31.33	9.93
1929	18,585	57,360	124,126	184,069	32.40	10.10
1930	23,349	53,711	114,403	170,701	43.47	13.68
1931	24,517	51,098	121,136	174,713	47.98	14.03
1932	22,658	52,926	121,028	176,418	42.81	12.84
1933	24,364	61,522	135,193	199,418	39.60	12.22
1934	25,022	72,799	160,606	236,526	34.37	10.58
1935	27,016	83,472	175,927	262,800	32.37	10.28
1936	31,011	96,330	198,141	298,151	32.19	10.40
1937	29,670	106,200	235,939	346,084	27.94	8.57
1938	29,755	136,881	285,694	426,930	21.74	6.97
1939	32,198	179,026	375,491	559,767	17.99	5.75
1940	37,087	234,451	442,123	694,964	15.82	5.34
1941	43,411	274,232	434,367	721,461	15.83	6.02
1942	50,312	373,057	577,576	969,265	13.49	5.19

출처: 朝鮮總督府, 각년판, 『朝鮮總督府統計年報』; 정태헌, 1999, 『일제의 경제정책과 조선 사회-조세정책을 중심으로-』, 역사비평사, 51쪽.

이후 간토대지진으로 팽창한 국채 정리를 위해 1927년부터 지지난해 일반회계 잉여금의 1/4까지 「국채회계」로 전출하기로 개정되었다.[20] 일

20 「御署名原本 昭和二年 法律第四号 國債整理基金特別會計法中改正」, 『太政官 内閣関係 御署名原本 昭和2年 法律』(御16108100 国立公文書館), 1927.3.29; 武田勝, 2012, 앞의 글, 65~66쪽.

본에서 원금 상환을 중시하는 흐름은 조선회계 공채비 지출에 바로 영향을 미쳤다. 부채상환·건전재정을 통한 금본위제 복귀를 노린 하마구치 오사치(浜口雄幸) 내각(1929.7.2~1931.4.14)이 긴축정책 기조에서 그동안 유예한 특별회계에서의 공채 원금 상환을 명령한 것이다. 1930년부터 공채비에 조선사업공채 이자 외에 일부 원금(국채 총액의 116/1만)도 상환하라는 지시였다. 〈표 4-5〉에서 확인되듯이 긴축정책으로 신규 사업공채 발행이 격감하던 1930년에 공채비가 급증(전년 대비 476만여 엔)한 것은 조선회계에서 처음으로 사업공채에 대한 원금 상환이 집행되었기 때문이다.[21]

그런데 대공황기 하마구치 내각의 긴축정책은 실패했고, 이누카이 쓰요시(犬養毅) 내각(1931.12.13~1932.5.26)이 들어섰다. 신 내각의 다카하시 고레키요(高橋是清) 대장대신이 추진한 확장재정 정책의 일환으로 한시적으로 116/1만의 1/3에 대해서만 원금을 상환하도록 조치했다.[22] 이후 특별회계 중 비교적 재원 여유가 있던 제국철도, 타이완회계, 통신특별회계 등은 1935년부터 116/1만 상환으로 복귀했고, 만성적 재원 부족에 시달렸던 조선회계는 이듬해인 1936년에 복귀했다.[23] 이에 따라 1930년부터 1941년 9월 말까지의 조선사업공채 원금 상환(6,174만 990엔)과 1921년까지 상환한 금액을 합하면 7,695만 4,792엔이었다.[24] 1941년 말 조선회

---

21 「各外地來年度豫算けふの閣議に上程, 朝鮮は二億三千八百七十五萬圓四年度に比し八百四萬圓の減少」, 『京城日報』, 1929.12.20.

22 「昭和六年度ニ於ケル國債償還資金ノ繰入一部停止ニ關スル件」, 『樞密院會議筆記』(枢D00687100 国立公文書館), 1932.1.30,

23 大藏省昭和財政史編集室, 1954, 『昭和財政史 第六卷 - 國債』, 東洋經濟新報社, 235~237쪽.

24 朝鮮總督府, 1941, 「四三. 國債」, 『第七十九回帝國議會說明資料』(2013, 『朝鮮總督府帝

계 공채 현재고는 11억 663만 4,862엔이었다.[25] 시기가 다소 맞지 않으나 이를 단순히 합해 보면 1941년 9월 말까지 원금 상환액은 총액의 6.5%에 해당했다.

〈표 4-5〉을 통해 공채비의 대조세 (및 인지수입) 비중을 보면 1920년대 초까지 20~30% 수준, 1931년 48%까지 상승한 후 전시체제기에 감소했다. 경상수입 대비 공채비 비율은 1920년대 중반 이후 조세수입을 압도했던 관업수입으로 인해 비율에는 큰 차이가 있지만, 추이는 비슷했다. 중일전쟁 후 대륙침략에 필요한 기간산업 구축을 위해 사업공채 발행이 급증했음에도 공채비 비중이 상대적으로 줄어든 것은 일본 임군회계로의 전출처럼 조세 증징을 통한 직접적 전시수탈이 더 급증했기 때문이다.[26]

조선사업공채 발행 추이만 보면, 중일전쟁은 사실상 1936년 초에 이미 시작되었다. 1920년대 중반~1930년대 중반 간토대지진, 대공황, 만주침략에 따른 군사비 증액 등의 이유로 조선총독부의 적극적 공채발행 시도를 대장성이 저지했던 것과 달리, 1936년 2·26사건을 계기로 대륙침략을 뒷받침하기 위한 조선사업공채 발행이 급증했다. 1936년 5월 승인된 중앙선 건설이 그 시작이었다.[27] 침략전쟁에 필요한 식민지 '개발' 자금의 공채 조달이 원리금 상환을 조선회계가 감당할 범위에서만 이뤄진 데다가 대장성은 일본의 제국주의 정책 수행에 급하지 않다는 이유로 조

國議會說明資料 第3巻』, 不二出版).

25 朝鮮總督府 編, 1943, 『昭和十六年 朝鮮總督府統計年報』, 朝鮮總督府, 373쪽.

26 禹明東, 1987, 「日帝下 朝鮮財政의 構造와 性格」, 고려대학교 경제학과 박사학위논문, 47~48쪽.

27 박우현, 2023, 「1930년대 중반 조선사업공채 발행과 교통망 구축의 불균형」, 『한국사연구』 201, 138~148쪽.

선사업공채 발행을 불허했다. 그러나 1937년부터 공채발행은 조선회계가 부담할 수 없는 수준으로 급증했다.

조선의 부담 능력을 넘어선 사업공채 급증은 원리금 상환 부담을 늘려 전비 지출 부담 폭증과 연동되어 무차별적 조세 증징을 불러왔다. 조세 및 인지수입 대비 공채비 비율이 상대적으로 늘어나지 않게 보이는 이유도 여기에 있다. 드러난 숫자만 보아서는 안 된다. 중일전쟁 이전에도 조선사업공채로 조달된 자금은 80% 이상이 침략을 염두에 둔 대륙과의 연결성 강화, 즉 철도 부설에 집중되었다. 조선사업공채의 침략적 성격은 중일전쟁 이후에만 국한된 것이 아니었다. 다만 이전까지는 식민지배 안정성이나 일본의 재정·금융 상황을 일정하게 고려했다면, 이후에는 이러한 측면을 철저히 무시한 전시 재정 운영으로 일관되었다는 차이가 있다. 이는 자연스럽게 공채비 급증, 즉 조선 민중의 담세 능력을 넘어서는 조세 수탈로 이어졌다.

제5장
식민지자본주의 단계에 따른 조세 구조의 변화

조선회계 세입은 조세, 관업 (및 관유재산) 수입, 공채 (및 차입금), 보충금 등 크게 네 부분으로 구성되었다.[1] 부문별 수입액과 비율은 〈표 5-1〉과 같다. 이를 순차적으로 살펴보자.

〈표 5-1〉 조선총독부특별회계 세입 부문별 구성

연도	세입총액과 부문별 구성(단위: 천 엔)							세입 부문별 구성비율(%)					
	총액	경상수입			임시수입			경상수입			임시수입		
		소계	조세 및 인지수입	관업 수입	소계	공채 및 차입금	보충금	소계	조세 수입	관업 수입	소계	공채	보충금
1910	22,321	11,953	9,406	1,487	10,368	7,300	2,885	53.6	42.1	6.7	46.4	32.7	12.9
1911	52,284	25,564	13,304	11,791	26,720	10,000	12,350	48.9	25.4	22.6	51.1	19.1	23.6
1912	62,127	28,765	14,682	13,614	33,362	14,900	12,350	46.3	23.6	21.9	53.7	24.0	19.9
1913	63,094	31,348	15,622	15,112	31,746	11,103	10,000	49.7	24.8	24.0	50.3	17.6	15.8
1914	62,047	35,692	18,543	16,299	26,355	7,641	9,000	57.5	29.9	26.3	42.5	12.3	14.5
1915	62,722	38,829	19,588	18,445	23,893	8,945	8,000	61.9	31.2	29.4	38.1	14.3	12.8
1916	68,203	44,765	21,742	22,123	23,438	10,585	7,000	65.6	31.9	32.4	34.4	15.5	10.3
1917	74,904	46,434	26,903	18,592	28,470	12,830	5,000	62.0	35.9	24.8	38.0	17.1	6.7
1918	100,112	59,372	34,806	23,863	40,740	13,098	3,000	59.3	34.8	23.8	40.7	13.1	3.0
1919	125,804	73,952	47,638	25,050	51,852	14,435	-	58.8	37.9	19.9	41.2	11.5	-
1920	146,344	71,344	43,687	26,736	75,000	22,356	10,000	48.8	29.9	18.3	51.2	15.3	6.8
1921	175,135	93,417	47,616	44,872	81,718	37,220	15,000	53.3	27.2	25.6	46.7	21.3	8.6
1922	169,361	100,248	52,127	46,388	69,113	21,126	15,600	59.2	30.8	27.4	40.8	12.5	9.2
1923	152,713	90,885	43,774	45,439	61,828	6,595	15,017	59.5	28.7	29.8	40.5	4.3	9.8
1924	143,006	99,800	47,446	50,925	43,206	9,000	15,021	69.8	33.2	35.6	30.2	6.3	10.5

1 경상부의 잡수입, 임시부의 전년도 잉여금이나 기부금 등 비중이 작은 기타 항목도 존재했다.

1925	184,901	143,255	49,351	91,984	41,646	9,000	16,568	77.5	26.7	49.7	22.5	4.9	9.0
1926	211,709	159,647	53,745	103,967	52,062	13,383	19,761	75.4	25.4	49.1	24.6	6.3	9.3
1927	234,243	172,995	54,465	116,406	61,248	18,373	15,425	73.9	23.3	49.7	26.1	7.8	6.6
1928	238,152	176,709	56,035	118,587	61,443	17,820	15,458	74.2	23.5	49.8	25.8	7.5	6.5
1929	240,580	184,070	57,360	124,126	56,510	13,748	15,423	76.5	23.8	51.6	23.5	5.7	6.4
1930	218,211	170,701	53,711	114,403	47,510	12,506	15,474	78.2	24.6	52.4	21.8	5.7	7.1
1931	214,954	174,714	51,098	121,136	40,240	13,214	15,474	81.3	23.8	56.4	18.7	6.1	7.2
1932	220,301	176,419	52,926	121,028	43,882	14,035	12,914	80.1	24.0	54.9	19.9	6.4	5.9
1933	252,073	199,419	61,522	135,193	52,654	25,648	12,854	79.1	24.4	53.6	20.9	10.2	5.1
1934	300,942	236,527	72,799	160,606	64,415	27,926	12,825	78.6	24.2	53.4	21.4	9.3	4.3
1935	330,219	262,362	83,472	175,927	67,857	20,923	12,825	79.5	25.3	53.3	20.5	6.3	3.9
1936	384,493	297,067	96,330	198,141	87,426	26,122	12,918	77.3	25.1	51.5	22.7	6.8	3.4
1937	470,709	341,263	106,200	235,939	129,446	51,004	12,914	72.5	22.6	50.1	27.5	10.8	2.7
1938	590,275	410,387	136,881	285,694	179,888	86,320	12,909	69.5	23.2	48.4	30.5	14.6	2.2
1939	800,696	520,849	179,026	375,491	279,847	134,018	15,878	65.0	22.4	46.9	35.0	16.7	2.0
1940	995,264	614,683	234,451	442,123	380,581	156,886	31,861	61.8	23.6	44.4	38.2	15.8	3.2
1941	1,085,391	673,748	274,232	434,367	411,643	149,109	31,930	62.1	25.3	40.0	37.9	13.7	2.9
1942	1,312,826	901,345	373,057	577,576	411,481	166,673	22,483	68.7	28.4	44.0	31.3	12.7	1.7

출처: 朝鮮總督府, 각년판,『朝鮮總督府統計年報』; 정태헌, 1996, 앞의 책, 51쪽

비고: 정태헌, 1996, 위의 책, 51쪽을 토대로 일부 수치를『朝鮮總督府統計年報』를 참고로 수정했다. 수입별 소계와 총액은 표에 드러나지 않은 잡수입, 전년도 잉여금 등을 합산한 수치이다.

영토와 인민에 대한 식민지배 방식은 제국주의 국가의 입장에서 고비용이 수반되기 때문에 효율적 식민지배를 위해 필요한 비용을 최대한 식민지에서 조달하는 것이 중요했다. 즉 막대한 재정이 요구되기 때문에 세입원으로 조세와 관업수입이 중요한데 그중에서도 자본주의 재정시스템 속에서 효율적 식민지 수탈체계 구축을 위한 식민지 조세정책이 어떻게

운영되었는지가 관건이다.

여기서 수탈은 폭력과 강압으로 상징되는 체계 없는 원시적 수탈이나 약탈만 의미하는 것이 아니다. 15~16세기 '대항해시대'에 포르투갈·스페인 식민자들은 그야말로 파괴와 약탈에 몰두하는 방식으로 수탈을 자행했다. 원시적 수탈이라고 할 수 있다. 그러나 갈수록 강해지는 식민지민의 저항에 더해 산업혁명에 힘입은 자본주의 발달로 인해 제국주의 국가도 식민지로부터 귀금속이나 농산물 약탈뿐 아니라 노동력이나 식량 공급 혹은 상품 소비시장의 역할을 요구했기 때문에 '개발'을 통해 식민지 산업을 지배하는 방식으로 전화해갔다.

19세기 이후 제국주의의 영토적 식민지가 자국에 종속된 자본주의 시스템으로 재편되어 간 것도 이 때문이었다. 자본주의 시스템은 국채, 환율, 무역 등을 매개로 제국주의 국가들 간 위계도 만들었고, 그 정점에는 패권국 영국의 제국주의가 있었다.[2] 때문에 현상적으로 보이는 법적·제도적 형태는 제국주의 국가가 자국에서 정착시킨 자본주의 체제와 동일한 양상을 보였고, 그 변화 경로도 유사했다.

따라서 조선회계의 조세구조도 제국주의 국가의 필요에 따른 식민지 개발 양상과 통치방식에 따라 수익세(지세 등) 중심체제에서 소비세(주세·연초세·관세 등) 중심체제로, 그리고 다시 소득세(개인, 법인, 이자 등에 대한) 중심체제로 변화해갔다. 그러나 질적 차이를 간과하면 안 된다. 신설 또는 증징된 조세가 식산흥업에 사용된 것이 아니라 식민통치를 위해 유용되었기 때문이다.

---

2 박상현, 2016, 「식민주의와 동아시아 식민국가의 정치경제 - 통합 비교를 위한 시론」, 『사회와 역사』 111.

1. 지세 중심 구조(1910~1918)

1910~1918년 조선토지조사사업이 진행되어 지세제도가 '정비'되면서 조선회계의 조세구조는 지세 등 수익세 중심으로 구성되어 운영되었다. 식민지자본주의 조세구조 형성의 '과도기'인 이 시기는 일차적으로 전통적 세원이었던 지세의 확실한 확보를 조세정책의 근간으로 설정한 시기였다.[3]

1) 지세제도 '정비'와 지주층에 대한 세제 특혜

지세는 러일전쟁 발발로 일제에 의해 중단되었지만 대한제국이 재정을 확대하기 위해 진행한 '광무개혁'에서 일정하게 정리된 바 있어 통감부가 자기 편의에 따라 손쉽게 장악할 수 있는 최대 세원이었다. 광무양전의 성과를 바탕으로 통감부도 1908년부터 지세 정리에 착수해 지세징수대장을 조정하고 1909년 결수연명부를 작성하는 등 지세 징수에 집중했다.[4]

강제병합 후 조선총독부가 시행한 토지조사사업은 지세부과 강화를 위해 그리고 제국주의의 '효율적' 식민지배를 위한 제도적 장치 마련에 필수적인 작업이었다. 토지조사사업의 기본 목적은 크게 두 가지로 볼 수 있다.

---

3 정태헌, 1996, 앞의 책, 38~41쪽.

4 金玉根, 1994, 앞의 책, 30쪽.

첫째, 근대법에 기초한 배타적 토지소유권에 입각하여 토지소유자(지주)에게 지세 부담의 '법적' 확인과 의무를 부과했다.[5] 이때 토지소유권자를 누구로 하는가의 문제는 일본이 자의적으로 정할 수 있는 것이 아니라 토지조사사업 당시까지, 즉 광무개혁 때까지 관습적으로 혹은 정치적 힘의 배분에 따라 형성되어 왔던 실질적 소유관계에 기반한 것이었고, 결과적으로 지주들에게 귀착되었다. 지세 부과 대상을 지주로 설정한 것은 식민통치의 하위 파트너 세력을 만들어 안정적 식민지배 체제를 구축하기 위한 효율적 방안이기도 했다.[6]

그런데 근대적 소유권이 곧 일물일권을 가리키는 것은 아니다. 그럼에도 조선총독부는 지세 징수에 방해가 되는 농민의 관습적 권리 즉 경작권, 개간권, 도지권, 입회권 등 다중적 소유형태를 일거에 부정하고, 과세행정 편의를 위해 하나의 소유권(一物一權)만 인정하는 소유 제도를 밀어붙였다. 통치 재원 마련이 급했던 조선총독부는 광범위한 은결이나 누결 등을 포착하여 지세 총액도 약 2배가 증수(1910년 600만여 엔→1918년 1,156만여 엔)되었다. 그럼에도 지세가 전체 조세에서 차지하는 상대적 비중은 점차 감소하는 추세를 보였다. 이는 상품경제가 확대됨에 따라 대중과세를 부과할 수 있는 여지가 넓어져 중추적 조세가 지세에서 소비세로 전환되어 갔음을 의미한다.

---

5 최근 연구에서 조선토지조사사업과 일본의 지조개정을 통한 토지소유권 확정 방식에서 차이를 분석해 '원시취득' 부여 등의 특징을 근거로 조선토지조사사업을 통해 성립된 소유권은 일본 민법의 적용을 받는 '근대적 소유권'임과 동시에 일본의 토지소유권 설정 방식과 철저하게 다른 관점에서 시행된 '식민지적 토지소유권'임을 지적했다(남기현, 2019, 「일제하 토지소유권의 원시취득 연구」, 성균관대학교 사학과 박사학위논문, 49~59쪽).

6 정태헌, 1996, 앞의 책, 63~65쪽.

둘째, 일제의 개별자본이 조선에서 아무 장애 없이 자유롭게 운동할 수 있는 여건을 제공하기 위해 토지 등 부동산의 '법적' 등기제도를 마련했다. 동시에 개항 이후 일본인들이 매매나 고리대를 통해 불법적으로 '점유'한 토지에 대해 일본식 제도를 도입하여 법적으로 소유권을 보장했다. 역설적이게도 조선 사회에서 전통적으로 유지되어 온 사적 소유의 자유와 불문법에 따른 토지거래 관행은 일본인들이 토지를 쉽게 점유할 수 있도록 만들었다. 광무양전의 한 목적이 외국인의 토지 소유를 불법으로 규정하고 대한제국의 근대화 개혁을 위한 제도적 기반 마련에 있었다는 점에서 토지조사사업과 질적 차이가 있었다. 국가 주권을 빼앗겨 시행주체가 명백하게 다르니 대한제국이 산업화 재원으로 구상한 지세 수입은 식민통치비로 쓰여 조선 사회의 발전을 가로막는 방향으로 유용된 것이다.

토지조사사업 과정에서 조선총독부는 「지세령」(1914.3.16)을 공포했다. 종래 지세제도 미비점 보완을 목적으로 지세의 부과징수 및 감면방법과 납세의무자를 확정하는 동시에 세율을 변경하여 지세를 40% 증징했다. 조선총독부 내에서 토지조사사업 완료 전에 증징을 추진하는 것은 시기상조라는 의견도 있었지만, 긴축정책을 추진하던 일본에서 조선 통치에 소요되는 일본 일반회계 지출(보충금) 경감 요구, 일본육군 군벌의 영수 데라우치 조선총독의 '재정독립' 완수 욕망 등이 중첩되어 지세 증징이 강행되었다.[7] 「지세령」의 주요 조항은 다음과 같다.

7 堀和生, 1983, 「조선에서의 식민지 재정의 전개 - 1910 ~ 1930년대 초기에 걸쳐서 -」, 『식민지 시대 한국의 사회와 저항』, 백산서당, 179쪽.

제1조 토지의 지목은 그 종류에 따라 다음과 같이 구별한다.

① 밭(田), 논(畓), 대지(垈), 못과 늪(池沼), 잡종지(雜種地)

② 임야, 사사지(社寺地), 분묘지, 공원지, 철도용지, 수도용지, 도로, 하천, 구거(溝渠), 제방, 성첩(城堞), 철도선로, 수도선로

전 항 제1호에 게재한 토지에는 지세를 부과함. 사사지로서 유료차지인 경우도 같다.

국유토지에는 지세를 부과하지 않는다.

제2조 지세는 토지의 결수에 그 결가를 곱한 것을 1년의 세액으로 한다.

제3조 결가는 11원, 9원, 8원, 6원, 5원, 4원, 2원 등 7종으로 한다.

제5조 부·군에 토지대장, 도는 결수연명부를 비치해 지세에 관한 사항을 등록한다.

제6조 지세는 다음 각 호의 자에게 징수한다.

① 질권 또는 질의 성질을 가지는 전당권의 목적인 토지에 대해서는 질권자 또는 전당권자

② 20년 이상의 존속기간을 정한 지상권의 목적인 토지에 대해서는 지상권자

③ 앞 2호 이외의 토지에는 소유자

전 항의 질권자, 전당권자, 지상권자, 소유자라 함은 토지대장 또는 결수연명부에 질권자, 전당권자, 지상권자, 소유자로 등록된 자를 말한다.

〈부칙〉

본령은 1914년분 지세부터 적용한다.

종래 각 토지에 대한 결가 8원은 11원으로, 6원 60전은 9원으로, 5원

30전은 8원으로, 4원 20전 또는 3원 70전은 6원으로, 3원 20전은 5원으로, 2원 60전 또는 2원 10전은 4원으로, 1원 30전 이하는 2원으로 한다.[8]

제3조와 부칙에서 확인되는바, 종래 13단계[결가(結價): 지세 8원~20전]를 7단계(11원~2원)로 통합한 것이 핵심이다. 그리고 각 단계의 세율을 대폭 인상했다. 조선총독부는 지세 증징의 이유를 1912년 이후 조선에서 곡물 이출세 및 일본에서 이입세를 폐지한 결과 곡가와 지가가 상승하여 토지소유자 수입이 늘어나 토지수익에 대한 지세의 비율(3/100)은 당시 일본의 지세보다 낮은 수준이었기 때문에 세수 증대를 위해 세율을 인상했다고 밝혔다.[9]

이후 「지세령」이 개정(1918.6)된 것은 토지조사사업이 거의 종결되어 각 도에 토지대장 및 지적도 정비가 완료된 데 따른 것이다. 개정 「지세령」은 토지수익을 기초로 산정하여 토지대장에 등록한 지가를 과세표준으로 하고(종래의 과세표준 결 폐지), 일률적으로 과세율(지가의 13/1000)을 통일하여 종래의 복잡한 세율 등급을 폐지하였다. 이로써 토지조사사업에 의한 배타적 소유관계를 통한 자본주의적 지세체계가 '정비'되었다.

한편 1914년 「지세령」 제정과 동시에 「시가지세령」(1914.3.16)도 발포하였다. 시가지세는 대체로 1천 호 이상 지역을 시가지로 지정하고 구역 내 택지, 논, 밭 등의 토지에 부과하는 지세의 일종이었다. 시가지 토지에

---

8 「地稅令明治44年法律第30號第1條及第2條ニ依リ勅裁ヲ得テ玆ニ之ヲ公布ス」, 『朝鮮總督府官報』 號外1, 1914.3.16.

9 金玉根, 1994, 앞의 책, 32~33쪽.

는 종래 지세를 부과하지 않았거나 부과하더라도 경미했다.[10] 「시가지세령」의 주요 조항은 다음과 같다.

> 제1조 시가지 안에 있는 토지에 대하여는 본령에 의하여 시가지세를 부과한다.
> 전 항의 시가지세는 조선총독이 정한다.
> 제2조 시가지세는 토지대장에 등록한 지가의 7/1000을 1년의 세액으로 한다.
> 지가는 시가를 표준으로 하여 결정한다.
> 제4조 지가는 10년마다 일률적으로 개정한다.
> 제7조 납세의무자가 시가지세를 포탈한 때에는 100원 이하의 벌금 또는 과료에 처하며 토지의 현상에 의하여 세액을 정하여 포탈한 시가지세를 추징한다. 다만, 자수한 자는 형을 면한다.[11]

시가지세 세율은 토지대장에 기재된 지가의 7/1000로 하고, 지가는 시가를 표준으로 10년마다 개정한다는 규정을 두었다. 시가지세 과세 초기에 지정된 시가지는 이미 토지조사를 완료한 경성 등 12개 부(府)와 그 밖의 14개 시가지였다.[12]

지주층은 토지조사사업으로 지세 부담을 피할 수 없었지만, 담세력을 보유한 계층임과 동시에 식민정책 차원에서 포섭해야 할 계층이라는

---

10 金玉根, 1994, 앞의 책, 33쪽.

11 「市街地税令明治44年法律第30號第1條及第2條ニ依リ勅裁ヲ得テ玆ニ之ヲ公布ス」, 『朝鮮總督府官報』 號外1, 1914.3.16.

12 金玉根, 1994, 위의 책, 33쪽.

이중성을 지닌 존재였다. 따라서 대지주층에 대한 세제혜택이 수반되었다.

첫째, 당시 지주층은 상공업 자본가들을 제외하면 조세 부담 능력을 가진 유일한 계층이었지만 누진과세체제인 소득세를 부과하지 않았다. 지주층은 국세의 경우 호세나 가옥세 등을 제외하면 지세 부담이 유일했다. 「지세령」은 영농이윤(소득)에 대한 과세(소득세)가 아니라, 단순히 부동산(토지) 자본의 이자에 대한 과세체제였다. 세율은 1922년에 인상(지가의 13/1000→17/1000)되었고, 1934년에는 후술할 개인소득세제 실시에 따라 지주에 대한 과세부담 완화를 명분으로 오히려 인하(15/1000로)된 채 1943년까지 유지되었다.

둘째, 지세는 단순비례세였기 때문에 영세 지주와 수십 정보 이상을 소유한 대지주에 대한 과세율이 같고 면세점도 규정되지 않아 과세부담이 대지주층일수록 가볍고 영세지주에게 오히려 무거운 소득역진적 모순을 안고 있었다.

셋째, 일본에 비해 조선의 지세부담은 크게 낮았다. 1918년 「지세령」 개정 당시 지세 부담, 즉 지세액/생산량 비율(5.7%)은 지조 개정 후 일본(34%)의 1/5도 안 되는 수준이었다. 투자조건 면에서 조선의 지주가 일본의 지주보다 유리하여 일본 자본을 조선의 토지로 유인하는 조건으로 작용했다.[13]

13 정태헌, 1996, 앞의 책, 65~67쪽.

2) 소비세 '정비'와 조세 내 비중 확대

메가타가 재정 고문으로 부임(1904.8)하자마자 세입 증대를 위해 주목한 세목이 주세와 연초세였다. 따라서 통감부는 곧바로 주류와 연초 제조 및 시장 조사에 착수했다. 그리고 국세로써 최초의 소비세인 「주세법」(1909.2.13)과 「연초세법」(1909.2.13)을 제정했다.

「주세법」은 강제병합 후 1915년까지 시행되었다. 이 기간에 주류제조장은 2.5배(15만 6천여 개→39만여 개)나 늘어났고, 특히 1912년 이후 급증했다. 이는 물론 신설 제조장이 급증한 것이 아니라 신고를 통해 과세대상으로 파악된 제조장이 늘어난 결과였다. 즉 「주세법」 시행기에 주류 생산 규모 등 주조업과 주류시장 실태를 파악한 조선총독부는 「주세령」을 제정(1916.7.25)하면서 본격적인 주세 증징에 나섰다. 「주세령」에서 「주세법」과 구별되는 규정은 아래와 같다.

① 주류제조장별 최저생산 규모(制限石數) 설정

② 자가용주의 주종별 제조금지 및 통제규정의 신설

- 조선주[14] : 면허제와 고율의 자가용주세 과세
- 조선주 이외 : 전면 제조금지

③ '신고'에서 '사정'으로 강화된 과세 기초단위인 생산량(石數) 결정

④ 수이입 주세[15] 신설

---

14 조선 재래의 방법으로 제조하는 탁주, 약주, 소주 등을 말한다(제1조).

15 수이입 주세는 주류를 보세지역에서 인수할 때 인수인에게 징수(제15조)했다. 다만 주세액에 상당하는 담보물을 제공할 때는 3개월 내의 조세징수 유예기간을 주었다. 주류를 보세지역에서 인수할 때는 부윤·군수에게 신고해야 했다(「주세령 시행규칙」 제18조).

조선총독부는 주세 확보를 위해 자가용주 제조를 통제 또는 금지하여 주류의 생산과 소비를 분리시키고 주조업을 대자본이 지배하도록 ①의 주류제조장 최저생산 규모를 설정하여 영세업체를 축출하고, ②의 자가용주 제조면허제를 강행했다. 면허제는 자가용주 제조를 일거에 금지할 경우 따르게 될 반발을 상쇄하고 세수입 효과도 거둘 수 있는 양면 정책이었다. 동시에 영업용보다 고율의 자가용 주세를 부과하여 주류의 시장 구매를 유도했다. 그리고 ③의 과세단위(생산량) 결정도 「주세법」에서 규정한 '신고' 수준을 넘어 '사정(査定)'으로 전환하여 세원 파악이 훨씬 치밀해졌다. 주류 구분도 다양화해서 증징 여지를 확대했다.

동시에 주조업 보호정책도 수반되었다. ④의 종래 과세대상에서 제외된 수이입주와 알코올(酒精)에 대한 과세를 규정하고 수이입 주세를 신설했다. 「주세령」 제정 1년 전 주조업자들은 '조선주조연합회'를 설립(1915.10)하고, 수이입주류에 대한 대책을 촉구했다. 조선총독부가 이러한 주장을 수용한 것은 일본인을 포함한 주조업자들의 이익을 보호하여 주조업을 세무행정이 통제할 수 있는 수준으로 정착시켜 '안정적' 세수 기반을 확보하기 위해서였다.

이에 따라 주세액은 「주세령」 제정을 계기로 1915~1916년에 급증(1.7배)했고, 1915~1918년 증가율(3.3배)은 지세(1.2배)는 물론 조세총액 증가율(1.7배)보다 훨씬 컸다. 주세의 대조세비중은 1915년~1916년에 급증(2.9~4.7%)한 후 1917년 6.5%, 1918년에 5.9%를 차지했다. 1910년대 중반 이후 주세와 연초세 등 소비세가 이미 조세 증가를 이끌어 간 것이다.[16]

---

16 정태헌, 1996, 앞의 책, 75~79쪽.

「연초세령」은 「지세령」과 함께 1914년에 제정되어 그때까지 시행되던 「연초세법」은 폐지되었다. 일본은 영국 연초제조업자를 보호하기 위해 강제병합 후 관세 거치 기간인 10년간 조선에서 연초 전매를 실시하지 않기로 영국과 합의했기 때문에 연초소비세와 연초제조세 신설을 위해 「연초세령」을 제정(1914.3)한 것이다.[17] 「연초세령」의 특징은 다음과 같다.

첫째, 수익세 성격의 연초경작세 외에 연초소비세를 신설하여 1914~1918년 연초소비세 증가율(5.3배)은 다른 세목보다 훨씬 높았고, 연초세 총액 증가율(3.5배)보다 높았다. 연초소비세는 신설 첫해인 1914년부터 연초세의 절반 이상을 차지하여 1917년 62%, 1918년에는 연초경작세가 폐지되면서 81%로 급증했다.

둘째, 신설된 연초제조세는 공장 평수에 따라 제조업자에게 부과하는 영업세 성격의 수익세였는데 미미한 세액(연초세 총액의 0.2~0.5%)에서 알 수 있듯이 과세 자체보다 영세업자를 축출하고 연초전매제 시행을 위해 연초제조업을 재편하기 위한 것이었다. 실제로 「연초세령」 제정 이듬해인 1915년 연초제조 면허자수는 49명(연초공장 포함)에 불과했고, 1920년 33명으로 줄었다. 영세업자는 거의 축출된 것이다. BAT(British Americal Tabacco)와 같은 영국 연초업 자본은 연초제조세 과세에 대해 항의했지만 조선총독부가 이를 받아들이지 않자 결국 재고를 만주로 보내고 조선에서 철수했다.[18]

---

17 林采成, 2017, 「植民地期朝鮮における煙草專売業の展開とその経 済効果」, 『立教經濟學研究』 70-3, 74쪽.

18 정태헌, 1996, 앞의 책, 93~94쪽; 이영학, 『한국 근대 연초산업 연구』, 신서원, 2013, 177~179쪽; 林采成, 앞의 글, 2017, 75쪽.

셋째, 1918년 개정 때부터 자가용 연초경작 면허제를 시행하여 정액의 경작세(80전)를 부과했다. 이는 연초경작세 제1종(50전)보다 훨씬 비싸 주조업의 경우처럼 연초업의 시장 지배를 위한 전초 작업이었다. 시행 첫해인 1918년에 자가용 연초경작세는 연초세 총액의 16.5%나 되어 일시적 과세임에도 세수입 의미가 대단히 컸다.[19]

3) 조선 경제를 일본 경제에 종속시키기 위한 관세 폐지 착수

근대국가에서 관세는 국가의 재정 수입원임과 동시에 자국 내 기업의 자본축적과 시장 확보를 위한 보호정책의 핵심 수단이었다. 관세는 자본주의 세계체제에서 국가가 존재하는 한, 반드시 존재해야 할 세목이었다. 개항 이후 차관 도입 시 대표적 담보물이 관세(세관)였던 것도 이러한 사실을 반영한다. 그런 점에서 일본에 종속된 식민지 경제구조가 정착되는 과정에서 이뤄진 관세 통합정책을 주목할 필요가 있다.

산업혁명의 출발지 영국의 면직업 발전의 배경이 자유주의 경제정책이었을까?

영국이 싼값에 인도 면화를 사서 제조한 면직물을 비싼 값에 수출하는 시스템을 구축하기 위해 영국 동인도회사는 그때까지 세계 면직물 산업의 중심지였던 인도에서 방직기를 부수고 직공들 엄지손가락을 절단하는 등 폭력에 의존한 것이다. 이 과정에서 영국은 수입품(인도→영국)에 대해서는 고율 관세(72~100%)를, 수출품(영국→인도)에 대해서는 저율 관세(0~2.5%)를, 즉 식민지배를 지렛대로 필요에 따라 차별적으로 운영한

---

19 정태헌, 1996, 앞의 책, 94쪽.

보호무역정책과 자유무역정책의 달콤함을 즐길 수 있었다. 반면에 인도는 자국 산업 보호정책을 시행할 국가가 사라졌다.

1기에 관세는 대조세 비중(22~35%)이 매우 높은 중요 세입원이었다. 그러나 연초세나 주세에 비해 증가율은 크게 떨어졌다. 조선 산업을 보호한다거나 내적 연관성을 고려해야 할 주체인 국가가 없어졌기 때문이다. 식민지 관세정책의 목표는 일본 자본의 이윤 추구를 보장하고 조선을 일본에 종속된 단일경제권으로 통합하여 관세장벽을 없애는 것이었다. 조선 내에서 과세 전가가 가능한 부분에서만 제한적인 관세 부과 체제를 일시적으로 유지했다. 관세장벽 철폐는 궁극적으로 일본 상품이 조선에 '자유롭게' 침투하고 조선의 식량과 자원을 저렴하게 유출하는 지렛대 기능을 했다. 실제로 관세는 1910년대에만 예외적으로 증가했을 뿐 이후에는 무역 급증에도 불구하고 절대액 자체가 격감했다.[20]

1기에 관세의 대조세 비중이 높았던 이유는 강제병합 후 일본이 10년간 「구관세거치기간」을 선포하여 관세를 계속 부과했기 때문이다. 일본에서는 을사조약으로 조선이 일본의 보호국이 되었는데도 통상에 불편을 주는 관세제도를 유지하는 것이 부당하다고 비판했다.

조선총독부는 왜 대한제국의 관세제도를 유지했을까?

강제병합 자체가 영국과 미국의 지원으로 가능했고, 열강의 반발을 신경 써야 했기 때문이다. 대한제국과 최혜국 대우 규약을 맺고 있던 열강에 치외법권, 관세, 이권 등은 큰 관심 사안이었다. 특히 영국이 관세를 '상당 기간 유지할 것'을 요구했다. 그레이 외상은 1910년 7월 14일 가토 주영대사를 통해 일본의 한국 합병에는 반대하지 않지만, 일본의 관세율

20 정태헌, 1996, 앞의 책, 100~102쪽.

을 조선에 적용하지 말라고 요구했다.

한편 당시 일본의 관세제도 자체가 여전히 불평등한 편무적 규정에 구속되어 있었다. 영국·독일·프랑스 3국의 주요 수입품 중 협정세율(종가 10% 상당)이 잔존했고, 조약국 선박에 대해 개항장의 연안무역도 허용하고 있었다. 관세율 개정 시 6개월 전에 공포해야 하는 의무도 있었다. 이러한 불평등 조약의 만기(1911.7.16)가 강제병합 다음 해여서 일본 정부는 관세자주권 회복을 위해 유럽 열강과 교섭하는 중이었고, 대한제국 시절의 관세 유지는 일본이 유럽과 관세 교섭을 하는데 필요한 협상카드이기도 했다. 이 와중에 영국의 요구대로 연초전매제 시행도 유보하면서 관세제도를 10년간 유지하기로 합의했고 유럽 열강도 만족을 표시했다.

그러나 강제병합은 궁극적으로 조선 경제가 일본 경제에 완전히 예속·통합되는 것을 의미했다. 조일 무역의 경우 일본 자본 입장에서 이출세(조선에서 일본으로)가 먼저 정리되어야 했고, '일본권' 관세 통합은 이미 구관세 거치 기간인 1912년 「조선관세정률령」 제정으로 수이출세를 폐지했다(8개 품목 제외. 1919년 완전 폐지). 즉 이후 조선회계에서 관세는 대부분 수이입세였다.

강제병합 초기에 재원이 부족했음에도 불구하고 조선총독부가 수이출세를 폐지한 이유는 다음과 같다. 수이출 품목을 생산하는 자본, 즉 대부분 일본자본이거나 대지주에게 과세하는 수이출세 부담은 원가 상승 요인이 되고, 조선에서 과세 전가를 할 수 없어 결국 일본 내로 과세가 전가되기 때문이다. 결국 수이출세 폐지는 수이출 품목의 대부분을 차지하는 미곡이나 원자재의 원활한 일본 유출을 통해 식민통치의 하위 파트너가 되는 (조선의) 수출 자본 경쟁력을 보호하기 위한 것이었다. 즉 조선의 대지주층은 지세에 내재된 세제 특혜뿐 아니라 미곡 수이출세까지 면제

받는 특혜계층이었다. 더구나 수이출세 폐지는 영국과 미국 등 구미 각국의 이해관계와 무관했다.

이와 달리 수이입세의 경우는 일시적으로 존치하더라도, 조선에서 소비자에게 과세 전가가 가능한 품목에 대해서만 과세하고 면제 대상 물품을 지정하는 방식을 취했다. 1912년 「조선관세정률령」에서 수이입세 면세 대상으로 지정한 30가지는 관수용 및 군수용품, 광산업에서 금·은·동 채굴 및 채취사업에 필요한 물품(기계, 기구, 폭발약, 화학 약료), 1년 안에 수출하는 물품 등이었다. 수출용 수이입 품목은 1913년 「조선관세정률령」 개정에서 1년 안에 수출하는 가공품, 수선품, 제조용품 등으로 구체화하였다. 이는 조선의 수출자본가에게 적지 않은 세제 특혜였다. 더구나 수출용 물품은 조선 내에서 과세 전가도 불가능했다.

1915년 개정 「조선관세정률령」에서는 광공업을 위한 세제 특혜 확대 조치로써 수이입세 면제 대상 품목으로 철이 추가되었다. 일본에서 제련공업 건설이 요구되면서 제련사업에 용해제로 사용되는 염기성 광물에 대한 수이입세를 면제했다. 제1차 세계대전 발발을 계기로 급성장한 일본 제철업의 요구로 1918년 개정 「조선관세정률령」에서는 철 채굴에 필요한 물품, 선철, 강철, 압연, 강재, 제선, 제강설비용 기재와 석탄 등으로 확대되었다. 석탄도 용도가 제한적인 무연탄과 달리 유연탄은 소량의 갈탄을 제외하면 대부분 수이입에 의존했는데, 당시 석탄가가 급증세였고, 수이입세 과세는 당시 일본 경제와의 관련 속에서 정책적으로 추진하는 제철업 등 공업부문 연료 수급에 장애가 되었기 때문이다.[21]

---

21 정태헌, 1996, 앞의 책, 102~106쪽.

4) 조선 진출 일본자본을 위한 법인소득세제 조기 도입

조선총독부는 법인소득세를 신설(1916)했다. 일반적으로 근대국가가 소득세제를 도입할 때는 자본 축적을 뒷받침하기 위해 먼저 개인소득세를 도입하고, 이후 체제 안정을 위해 법인소득세를 도입한다. 그러나 조선에서는 개인소득세제 도입(1934) 훨씬 전에 임시세로 법인소득세제가 먼저 실시되었다. 이는 세수 증대를 위한 것이 아니었다. 일본 자본의 조선 진출을 뒷받침하는 세제 특혜를 제공하기 위한 것이었다.

1916년 이전까지 일본인(일본에 주소를 둔)이 조선의 법인에서 받은 배당금에 대해 일본에서는 「소득세법」 개정(1899) 때부터 개인소득으로 합산하여 제1종(법인) 소득세보다 고율인 제3종(개인) 소득세로 종합과세하고 있었다. 이는 자국의 해외 진출 자본에 대한 정책적 배려를 고려할 여지가 없던 당시 일본의 자본주의 수준을 반영한다.

일본 근대사의 한 특징은 메이지 유신 직후부터 정한론을 매개로 한 침략사로 점철되었다는 점이다. 이는 자국 산업발전에 따른 소비시장 혹은 노동력 및 원료 공급지의 필요에 따른 경제 논리에 따른 것이 아니었다. 일본의 '조숙한' 제국주의-군국주의 침략정책은 제1차 세계대전 전까지 산업 및 재정·금융 수준에서 조선을 지배할 기본적인 자금조차 마련되지 못한 상황에서 전개된 것이었다. 자국 자본을 활용한 일본 제국주의의 식민지 산업지배 방식은 제1차 세계대전 특수로 무역수지 흑자국, 채권국으로 전환하면서 비로소 시작되었다.

조선총독부도 일본 정부와 협의하여 제1차 세계대전 중인 1916년 일본 자본의 조선 진출을 유도하기 위해 조선에 진출한 자본(법인)에 대해 일본에서 과세했던 고율의 제3종(개인) 소득세를 폐지하는 대신, 소득세제가 없던 조선에서 일본「소득세법」중 법인 소득에 관한 과세규정만 예외적으로 적용하는 임시조치를 마련했다. 이를 위해 조선총독부는 조선에서만 적용되는「소득세법 시행규칙」을 제정한 것이다.

일본인 회사 자본의 조선 진출이 1916년 이후 급증한 것도 전쟁 특수에 더해 이러한 세제 특혜 조치도 큰 영향을 미쳤다.「회사령」 공포에서 드러나듯이 1916년까지는 일본 자본이 조선 진출을 모색할 상황이 아니었다. 그 때문에 조선인 회사의 평균자본 규모가 일본인 회사보다 컸다는 사실도 주목된다. 세수입 확대에 주력하던 조선총독부도 이러한 조선인 회사에 대한 과세가 필요한 상황이었다.

그런데 조선에 적용된 일본의「소득세법」은 법인(제1종)소득을 2구분(갑·을)하여 대자본회사인 을종[주주나 사원 수가 21명 이상인 주식(합자)회사]에 대해서는 단순비례세를, 중소자본인 갑종(합명회사, 합자회사, 주주나 사원 수가 21명 미만인 주식회사)에 대해서는 거꾸로 누진세를 적용하는 역진적 과세체제였다. 즉 조선인 자본에는 중과세하는 체제였다.

일본의「소득세법」 개정(1918)에 따라 세율을 20% 인상했지만, 조선에서 소득세액은 일반소득세제가 실시되는 1934년까지 미미한 수준이었다. 첫해(1916)에 법인소득세의 대(對)조세 비중(0.5%)이나 세액(11만 5천여 엔)이 미미하여 1910년대 말에 겨우 1%를 넘었다. 독자적인「조선소득세령」 제정(1920)을 계기로 대조세 비중(2%)이 다소 늘어난 정도였다.[22]

22 정태헌, 1996, 앞의 책, 107~110쪽.

2. 소비세 중심 구조(1919~1933)

조선회계 세입 구조는 제1차 세계대전 후 전후 공황과 3·1운동으로 1910년대 무단통치 기조가 파탄에 이르면서 크게 변화했다. 토지조사사업이 마무리된 이듬해인 1919년부터 개인소득세제 도입 직전인 1933년까지인 2기는 전후 불황과 대공황이 이어진 상황이어서 조세 증가 역시 1기나 3기에 비해 정체된 편이었다. 이 와중에 조세 증가를 이끈 것이 대중과세 체제인 소비세였다.

우선 지세는 증가율이 정체되고 기간별 대조세 비중도 1기(51.0%)와 달리 급락(27.9%)했다. 1918년(39.6%)에서 1년 후인 1919년(29%)에 소비세 증징으로 격감한 후 1933년(23.4%)까지 계속 감소했다. 이에 반해 2기를 지나는 동안 소비세 중심 조세구조가 정착되었다. 전매제로 전환된 연초업을 비롯해 소비세 증가율이 두드러지며 지세 등 수익세 중심으로 '정비'되었던 1기와 달리 소비세가 세수 증가를 이끌었다. 소비세 구성도 큰 변화를 보여 세목별 비중이 1918년[관세(35.6%)>연초세(8.9%)>주세(5.9%)]과 달리 1933년[연초전매익금(29.6%)>주세(20%)>관세(16.5%)]에 역전되었다.[23] 특히 관세 비중의 급락이 두드러졌다.

---

23 정태헌, 1996, 앞의 책, 45~47쪽.

1) 연초세(전매익금)와 주세 급증, 조선총독부의 주류전매 구상과 영세업체 정리

연초세는 「조선연초전매령」 제정(1921)에 따라 관업수입의 일부인 전매익금으로 전환되었다. 전매제 실시에 따라 2기에 전매익금(연초세)의 대조세비중(19.7%)이 급증했다. 세목별 비중을 보면 지세(23.2%)에 버금가는 세목이 되어 소비세 중에서도 주세(14.9%)나 관세(16.6%)를 압도했다.[24]

조선총독부는 타이완의 주류전매제를 모방하여 주류전매를 구상했지만, 결국 시행할 수 없었다. 타이완총독부는 일본 정부가 '지원'한 설탕소비세의 타이완 귀속이 중단되자 1914년부터 대체 세원으로 주류전매를 모색했다. 청조는 타이완에서 주세를 징수하지 않았으나, 일본은 「타이완지방세규칙」 제정(1898)과 「타이완지방세시행규칙」 개정(1903)을 통한 '주증세(酒甑稅)' 신설, 「타이완주조세규칙」 제정(1907)과 증세 등을 통해 소규모 주조업의 통폐합을 유도했다. 그 결과 자가용 주조 금지와 주조업의 대규모화를 기반으로 주류전매제를 실시(1922)했다. 주류전매 효과는 컸다. 전매수입에서 주류전매의 비중(20~40%)이 커서 전매사업의 주축이 되었다.[25] 〈표 5-2〉는 1922~1938년 조선과 타이완의 주세 및 주류전매 수입을 비교한 것이다.

---

24 정태헌, 1996, 앞의 책, 122쪽.

25 문명기, 2015, 앞의 글, 395~397쪽.

〈표 5-2〉 조선 주세와 타이완 주류전매 수입 비교

연도	조선			타이완		
	주세수입 ① (천 원)	총독부세입 ② (천 원)	①/② (%)	주류전매수입 ③ (천 원)	총독부세입 ④ (천 원)	③/④ (%)
1922	7,782	169,361	4.59	6,482	113,421	5.71
1923	8,291	152,714	5.43	8,790	111,098	7.91
1924	8,120	143,006	5.68	10,900	113,615	9.59
1925	9,014	184,577	4.88	12,302	119,560	10.29
1926	10,464	211,709	4.94	14,009	131,778	10.63
1927	12,994	234,243	5.55	13,723	138,627	9.90
1928	13,379	238,152	5.62	15,289	147,524	10.36
1929	13,093	240,579	5.44	15,197	150,241	10.12
1930	11,355	218,210	5.20	14,380	129,758	11.08
1931	11,210	214,954	5.22	12,647	115,972	10.91
1932	12,747	220,301	5.79	13,355	120,303	11.10
1933	15,685	252,073	6.22	14,497	130,812	11.08
1934	19,301	300,942	6.41	17,198	141,618	12.14
1935	21,314	330,220	6.45	19,834	156,549	12.67
1936	24,031	384,493	6.25	13,030	175,772	7.41
1937	26,690	470,709	5.67	24,735	202,837	12.19
1938	29,163	590,276	4.94	27,624	233,817	11.81

출처: 정태헌, 1996, 앞의 책, 72쪽; 문명기, 2015, 앞의 글, 419쪽을 참조하고 수정 보완함.

타이완회계 세입 중 주류전매 수입의 비중은 1922~1938년(평균 10.3%)에 주류전매 실시 이전 '주세' 단계인 1907~1921년(3.4%)에 비해 급증하여 같은 기간 조선회계 세입에서 섬하는 주세 비중(평균 5.6%)에 비해 2배 정도 컸다. 조선과 타이완의 인구 및 면적 차이에도 불구하고 절대액이 비슷하고 1923~1932년에는 오히려 타이완이 더 많았다. 이 때문에 조선총독부는 대공황 여파로 세입이 감소하자 일본주와 소주의 전매를 검토하는 조사비를 1931년도 예산에 계상하기도 했다. 그러나 조선에서 주류전매는 추진되지 못했다. 1934년까지 자가용 주조(탁주와 약주 연간 2석 이하, 소주 연간 1석 이하)를 허용하는 한편 대대적인 단속에도 불구하고 '밀주' 적발 및 검거 건수가 매년 1만 건 이상일 정도로 주류 통제가 쉽지 않은 상황이었다.[26]

게다가 영세업자 도태가 일정하게 이뤄진 1930년 조선의 주조업자 수(4천여 명)는 타이완에서 주류전매 시행 첫해인 1922년 주조업자 수(212명)와 큰 차이를 드러냈다. 즉 식민통치의 효율성 측면에서도 조선에서는 주류전매제 실시가 어려웠다. 이는 타이완의 「주전매규칙」과 조선의 「주세령」 위반으로 형사소송 1심에 회부된 인원 차이에서도 드러난다. 1930년 유죄 건수는 조선 인구로 환산했을 때 타이완(67명)보다 조선(8,462명)이 126배나 많았다.

「주세령」 위반 증가에는 다른 요인도 있었다. 술이 일상생활의 일부였던 조선에서 조선왕조는 주세를 부과한 적도, 자가용 주조를 금한 적도 거의 없었다. 생산 및 공동체 생활과 연관된 음주 및 주조 관행은 쉽게 근절될 수 없었다.[27] 밀주 단속을 하던 세무서 관리조차 탁주의 "결핍 문제는 동시에 식량 결핍문제"라고 얘기할 정도로 시장 소비에 필요한 현금 지출이 어려웠던 빈민층에게 탁주 제조(밀조)는 생존 문제로 오히려 '절

26 문명기, 2015, 앞의 글, 399쪽.

27 문명기, 2015, 위의 글, 401쪽.

약'이자 '자력갱생' 방식이었다.[28] 이 때문에 조선총독부가 「주세령」을 개정(1934)하여 자가용주 제조를 전면 금지하면서도 문묘제사용 주조(1석 이하)를 허가할 정도로 구래의 관습을 부정할 수는 없었다.[29]

이러한 상황에서 조선총독부는 주류전매제를 강행하기보다 영세 주조업체 정리를 통한 통폐합 추진에 주력했다. 그에 따라 제조장 수는 1915년(390,367개)에 비해 「주세령」이 제정된 1916년(132,987개)에 격감했고, 1929년(9,551개), 1933년(7,066개), 1937년(3,612개), 1941년(2,874개)까지 계속 격감했다. 최저생산 규모를 설정하여 영세업자를 도태시켜 규모가 커진 주조업체 관리가 수월해지면서 주세도 증징되었다.[30]

「주세령」은 1916년 제정 이후 2기에 네 차례(1919·1920·1922·1927) 개정되면서 11년 사이에 탁주 4.6배, 약주 6.7배, 소주 3.2~7.0배, 청주 6배가 증징되었다. 1919년과 1920년 증징 때는 중·하급주(탁주·소주)보다 고급주(청주·맥주·양주)의 증징률이, 1922년에는 하급주의 증징률이 컸다. 소주는 「주세령」 제정 당시 3단계 구분에서 1919년에 4단계로, 1927년에 다시 7단계로 세분하여 증징되었다. 1919년 개정에서는 세율이 1916년보다 약 2배 인상되었다. 1920년 개정에서 청주 세율이 약 66%, 다른 주류는 25~70% 인상되었다. 1922년에도 탁주 67%, 약주 17%, 청주 15% 등 전체적으로 약 25% 인상되었다. 1927년 제1차 세제정리 때에도 「주세령」이 개정되어 청주 30%, 탁주 28%가 증징되었다.

과세기준인 사정석수(생산량)는 대공황기(1929~1931)와 대가뭄이 있

---

28 이타가키 류타, 2014, 「식민지 조선의 '술의 사회사' 시론」, 『식민지라는 물음』, 소명출판, 299쪽.

29 정태헌, 1996, 앞의 책, 162쪽.

30 정태헌, 1996, 위의 책, 70; 79~81쪽.

던 1939년 감소 외에는 1916~1940년에 5배 정도 늘어났다. 이 자연 증수(5배)를 기준으로 한다면, 1940년까지 7차례에 걸친 세율 인상과 주류 시장의 부분적 고급화를 통해 주세는 폭증(67.5배)한 셈이었다.

자가용 주세는 「주세령」 시행 후 꾸준히 늘어났지만 1922년 면허 구분을 없애 기존의 높은 면허석수로 단일화하면서 증징하기 전부터 면허자는 1918년(36만여 명)을 정점으로 이후 급감하면서 1920년대 말에는 거의 소멸했다. 대신 '밀주'가 늘어났다. 즉 2기 중반 이후 주세의 대부분은 조선산 주류의 소비시장에 의존한 것이었다. 수이입주는 수이입 주세 과세로 경쟁에서 불리했고 조선산 주류 품질도 높아졌기 때문이다. 수이입 주세의 대주세 비중도 1919~1933년에 격감(16.6%→6.5%)했는데, 감소분은 조선산 고급주 소비로 대체된 것이다.[31]

2) 민족분열정책-주류와 직물에 대한 수이입세(관세) 일시 존치

2기에 무역이 증가하고 대일 미곡 이출이 급증하여 1919~1928년 대일무역은 일시적으로 흑자를 보일 정도였다. 그러나 관세는 뚜렷하게 정체되어 대조세 비중(평균 16.6%)이 1기(26.7%)에 비해 크게 축소되었다. 수이출세 완전 폐지, 이입세 면세대상 품목을 확대한 이 시기 관세정책은 식민정책의 단면을 그대로 노출했다.

수출액과 이출액 비중은 1기(19:81)보다 더욱 벌어져 1919년(9.5:90.5), 1931년(5:95)에 이르는 동안 대일무역(이출)에 집중되었다. 만주국으로 수출이 증가하여 1933년(14:86)에 수출 비중이 늘어났지만, 이 역시 사실상

31 정태헌, 1996, 앞의 책, 119~120쪽.

이출이었다. 수이출세 폐지에 따른 과세 혜택은 '일본권' 수출 관련 자본과 지주층에 돌아갔고 그만큼 일본 내에서 과세 전가 부담도 덜어줬다.

1919년 개정 「조선관세정률령」은 1912년 제정 당시 수이출세 과세 대상으로 규정한 8개 품목에 대해서도 수이출세를 폐지했다. 즉 1919년 이후의 관세는 모두 수이입세였다. 이후 면세대상이 대폭 확대한 이입세 철폐 과정은 일본 상품의 경쟁력을 보충하고 일본으로부터 이입 집중을 의도한 식민지 무역정책의 일환이었다. 1920년 구관세 거치 기간이 끝나면서 관세 관련 각 제령을 폐지하고, 일본의 「관세법」과 「관세정률법」을 그대로 조선에 시행하는 체제로 전환되었다. 조선 경제가 일본 경제에 종속적으로 편입되는 식민지 관세체제가 제도적으로 완성된 것이다.

일본에서는 1920년 8월 29일부터 조선산 이입품에 대한 이입세를 폐지했다. 이 과정에서 일본과 조선의 소비세제가 달라 소비세 조정이 필요했다. 이 때문에 같은 날 「조선출항세령」을 시행해 일본에서 소비세를 부과하는 물품에 동률의 출항세를 부과하는 조치도 병행되었다.

그러나 재원이 부족한 조선회계로서는 이입세를 일거에 폐지할 수 없었다. 따라서 과세 전가가 가능한 품목에 대해서는 별도 제령으로 이입세를 차별적으로 존치시켰다. 물론 민족분열정책으로써 문화정치를 표방한 1920년대에 이입세를 일부 존치한 것은 조선인 자본가들의 요구를 일정하게 수용해야 했던 사정도 있었다. 가령 이입세 존치를 사활이 걸린 문제라고 주장한 조선인 자본가들은 이입세를 철폐하면 조선의 값싼 원료가 생산시설이 잘 갖춰진 일본으로 무제한 방출되어 조선의 공장이 갈수록 퇴보할 것이라고 위기의식을 부각하였다.[32]

32 송규진, 2001, 『日帝下의 朝鮮貿易 研究』, 高麗大學校 民族文化研究院, 77쪽.

재조일본인 자본가들도 이입세 철폐에 강하게 반대했다. 이들의 연합체인 조선상업회의소연합회는 일본의 이입세 전면 철폐를 통한 '통일'관세 제도 주장을 절충적으로 수용하여 원료에 대해서는 이입세를 철폐하되 조선 공업의 보호·장려를 위한 감세 안배를 주장했다. 특정 산업을 선정해 보호하고 나머지는 일반 소비자 이익을 위하여 철폐하자는 것이었다.[33]

이런 상황에서 조선총독부는 이입세를 전폐하지 못했다. 「이입세 등에 관한 건 중 개정」을 공포(1923.3)하여 이입세 과세 대상 지역으로 일본, 타이완, 사할린 외에 베르사유 조약으로 독일령에서 일본의 위임통치령으로 넘어간 남양군도를 포함했고, 주류와 직물에 대한 이입세 과세를 '예외적으로' 존치했다.[34] 주류와 직물은 이입세를 부과해도 조선에서 과세 전가가 가능한 물품이었고, 조선인 중소자본이 대거 진출한 분야였다는 점에서 이 시기 식민정책인 민족분열정책을 위해서도 필요했다.[35]

조선총독부가 주류전매제를 추진하지 못한 배경으로 민족분열정책을 빼놓을 수 없다. 주조업은 전통문화를 배경으로 한 노동집약적 업종적 특성상 조선인 자본의 생산성이 일본인 자본보다 월등했다. 1920년대 들어 영세업체 도태 정책을 배경으로 도회·읍회·면협의회 회원, 금융조합 조합장, 소작위원, 소득세 조사위원, 학교비 또는 학교조합의 평의원 등을 겸하면서 지방행정의 첨병 역할을 하는 '유지'들이 주조업에 뛰어들었다.

---

33 전성현, 2011, 『일제시기 조선 상업회의소 연구』, 선인, 196~215쪽; 김제정, 2018, 「1920년대 초반 조선총독부의 산업정책과 조선인 자본가」, 『도시인문학연구』 10-2, 75~78쪽.

34 송규진, 2001, 앞의 책, 93쪽.

35 정태헌, 1996, 앞의 책, 131~132쪽; 송규진, 앞의 책, 2001, 91~96쪽.

조선인 자산가들은 주조업자인 경우가 많았다. 조선인 주류공장은 1930년대 전반 60%대에서 1930년대 후반에 70%대를 점해 다른 부문에 비해 조선인 자본이 두드러졌다. 따라서 주류전매제 실시나 주류에 대한 이입세 철폐는 조선총독부가 식민통치의 하위 파트너로 설정한 조선인 자산층과 대립을 불러올 우려가 컸다.[36] 주조업의 영세성은 조선과 타이완이 비슷한 상황이었다. 그러나 타이완총독부는 주류전매를 관철시켜 재정 수익을 거뒀지만, 그보다 훨씬 많은 인구와 영역을 통치해야 했던 조선총독부는 이를 실행하지 못했다. 이를 두고 일제 식민통치 능력의 한계라고[37] 평가하기도 한다.

3) 민족분열정책-개인소득세제 도입 유보, 영업세와 자본이자세 신설

1920년대를 지나는 동안 소비세 중심 조세구조가 정착되었지만, 1920년대 만성적 불황에 1929년 대공황까지 맞으며 소비세 증징은 한계에 봉착했다. 소비세는 하층민에게 과세 부담이 집중되는 소득역진적 특징 때문에 광범위한 반발을 불러올 가능성이 컸다. 효과적 대응 방안은 식민정책 보호 속에서 성장한 지주와 상공업 자본가 등을 과세 대상으로 한 소득세 중심체제로 전환하는 것이었다.

실제로 조선총독부는 1920년대 초부터 개인소득세(누진제), 이자소득세, 법인소득세(비례제) 등 각종 소득에 과세하는 일반소득세제 도입을 구상했다. 핵심은 개인소득세 도입이었다. 1919년 전라북도 도지사 이진호

36 정태헌, 1996, 앞의 책, 87~88쪽; 116쪽.

37 문명기, 2015, 앞의 글, 402~406쪽.

(李軫鎬)와 1921년 경상남도 도지사 사사키 후지타로(佐佐木藤太郎)가 도지사 회의에서 개인소득세 과세 의견을 제출했다. 조선총독부도 1921년 말 이를 위한 조사 계획을 세웠다.[38] 그 결과 1923년 6월 조선재정조사위원회가 세제 검토를 진행했다. 그러나 일본의 긴축정책을 수용하는 입장에서 정무총감 시모오카 주지(下岡忠治)가 일반소득세 도입에 의한 세수 증대 효과보다 세무행정 비용 증가가 더 크다고 결론 내리면서(1924.7) 유예되었다.[39]

조선총독부가 민족분열정책으로서 문화정치를 내세운 상황에서 조선인 언론도 "세금 부과와 집행 과정에서 조선인은 전혀 참여할 수 없고, 세금이 불공평하게 부과되어도 말 한마디 못"한다면서 조세정책을 비판하였다. 이들은 개인소득세제 도입과 세무기구 독립론이 대두될 때도 시기상조론, 가렴주구론, 독단적 추진론 등을 들어 반대했다. 가령 『조선일보』는 "착취 기관을 늘려 징수를 가중하는 일"이라며 비난했다.

> 재래 행정관청에 병합되어 있던 것을 분리하여 독립기관을 만들고… 아직 실행되지 아니한 소득 영업세까지 멀지 않은 장래에 발포되리라 한다.… 우리의 착취 기관이 늘어 죽어가는 생명이 더욱 박도하여 오는 것을 깨달을 뿐이다.… 독립적 기관을 설립한 그날부터 가중한 징수와 가혹한 수속에 일층의 고통과 파멸을 볼 것은 명백한 일이다.
>
> -「재무기관의 독립」, 『조선일보』, 1924.7.31.

---

38 손낙구, 2015, 「일제하 세무관서의 설치와 운영」, 건국대학교 사학과 박사학위논문, 23~24쪽.

39 李炯植, 2013, 『朝鮮總督府官僚の統治構想』, 吉川弘文館, 170~178쪽; 손낙구, 2015, 위의 글, 36~38쪽.

『동아일보』는 세무기구 독립이 시기상조라며, '와다(和田一郞) 재무국장의 독단'을 비판했다.[40]

> 세제 독립은… 도지사 대부분이 상조(尙早)라 하며 반대를 제창하였음에도 불구하고, 와다 재무국장이 거의 고압적으로 진행… 부 내 각 국부장 간 반대 의견을 유(有)하는 자도 있어서… 행정정리 단행이… 각 식민지에도 미친 결과 이때 무기 연기되었는데….
>
> –「세무감독국은 무기(無期) 연기(延期)」, 『동아일보』, 1924.8.1.

1926년에도 조선세제조사위원회가 조사에 착수한 결과 제1차 세제정리(1927)가 이뤄졌다. 조선세제조사위원회는 1919~1925년 조세 증가율(평균 5.4%)이 세출 증가율(11.6%)보다 크게 떨어져 지세나 소비세만으로는 세출 증가에 대응할 수 없고 상공업소득과 임금소득에 과세해야 한다는 의견을 제시했다. 현재 조세구조는 필요에 따라 갑자기 신설된 세목들 간의 연결이 부족하므로, 중추 세목과 보완 세목 간의 일관된 세제 방침이 필요하다는 의견이었다.

조선세제조사위원회 조사에 따르면, 토지 이외의 자산 소득에 과세하지 않는 조세체제에서 소득 100원당 국세 등 각종 공과부담액은 밭(12.60원), 논(12.30원), 대지(17.10원), 영업(2.40원), 봉급(1.83원) 등 큰 차이를 보여 과세가 토지에 집중되어 있었다. 이 때문에 위원회는 조세의 중추로 소득세를, 보완세로 세 가지(수익세 · 재산세 · 특별소득세) 중 택일하되 "과세기술과 납세 관념이 발달하지 않은 현 상황에서는 과세방법이 비교

40 손낙구, 2015, 앞의 글, 42~46쪽.

적 쉽고 간단한 수익세 조직을 정비하여 보완세로 하는 것이 득책"이라는 구체안을 제시했다. 그러나 제1차 세제정리에서는 일반소득세제 도입을 유보하고 보완세로 구상된 수익세(영업세·자본이자세) 신설과 주세 증징에 그쳤다. 제1차 세제정리에서 개인소득세제 도입을 유보한 이유는 무엇일까?

첫째, 조선총독부 세무행정 능력이 떨어졌다. 개인소득세제를 시행하려면 원천징수는 아니더라도 소득신고를 기초로 세원을 파악할 수 있는 독립된 세무기구가 필요했다. 그러나 부·읍·면에서 일반행정과 병행해 운영되던 당시 세무행정은 과세기술도 떨어지고 "신고제도의 원활한 운영과 정확한 소득의 포착이 곤란"한 상황이었다.[41] 조선총독부 내에서도 이견이 있었다. 지방행정기관은 세무기구가 독립되면 국세 징수 권한이 축소될 것을 우려했다. 대놓고 세무기구 독립을 반대한 도지사도 있었다.[42]

둘째, 민족분열정책으로 문화정치와 산미증식계획, 상공업 정책 등을 한창 추진 중인 상황이었기 때문이다. 개인소득세제가 도입되면 부과 대상자는 당시 경제 상황에서 식민지배 수혜층인 대지주나 고소득 자본가, 식민통치기구나 민간기업에 근무하는 고임금 소득자 등이었다. 민족분열 정책의 성과가 아직 미진한 상황에서 조선총독부로서는 고소득층 반발을 무마하는 것도 부담이었다. 결국 제1차 세제정리에서는 당시의 세무행정 능력에 조응하는 수준에서 지세처럼 순익의 간접적 측정만 가능한 외형 표준(거래규모나 거래량)에 의한 단순비례세인 영업세와 자본이자세를 신설하는 데 그쳤다. 그러나 소영업자에게 부담이 크고 탄력성이 떨어져 대

---

41 정태헌, 1996, 앞의 책, 132~134쪽.

42 손낙구, 2015, 앞의 글, 38~40쪽.

조세 비중이 각각 2% 전후에 불과한 두 세목으로 조세를 크게 늘릴 수는 없었다.

그렇지만 재무국으로서는 영업세와 자본이자세 과세행정 경험을 쌓아 차후 개인소득세제 시행을 원활하게 준비할 수 있었다. 실제로 일반소득세제(1934)를 시행할 당시 1916년 이래 임시세로 부과되던 법인소득세는 제1종 소득세로, 1927년에 과세가 시작된 자본이자세는 과세대상이 동일한 제2종 소득세(이자 소득)와 병행되었고, 지세에 더해 영업세 징수 과정에서 상공업 부문의 영업상황(소득)과 영업자(소득자) 실태를 파악하고 영업자가 신고한 과세표준은 광범위한 제3종(개인) 소득세 과세자료로 이용할 수 있었다.

즉 임금소득을 제외한 모든 개인소득에 대한 파악이 가능해진 것이다. 다만 임금소득의 경우 후술하겠지만 개인소득세 면세점(800원)을 넘는 고임금층은 극소수였고, 임금지불자는 반드시 세무서에 지불 내용을 신고해야 했기 때문에 임금소득에 대한 세원 파악은 수월했다. 실제로 임금소득은 개인소득세제 실시 첫해인 1934년부터 대조세 비중이 30%를 넘을 정도로 치밀하게 파악되었다.

영업세 과세대상에는 개인사업체(1934년 이후 개인소득세 과세대상)와 회사(법인소득세 과세대상)가 모두 포함된다. 물품판매업 등 24개 업종에 대한 영업세액, 납세자 수 및 업종별 세액 비중을 정리한 〈표 5-3〉을 보면 후일의 개인소득세에서도 큰 비중을 차지하는 상업부문(물품판매업)이 영업세의 40~50%, 납세자의 70%나 되었다. 그런데 상업부문 영업세액은 공업부문의 2~3배나 되었지만 평균세액은 1/3~1/6에 불과했다. 이는 과세행정이 업종별로 차별적으로 운용되면서 영세부문까지 치밀하게 과세대상으로 포착한 것이다.

〈표 5-3〉 영업세의 세액, 납세자 수 및 업종별 세액 비중

연도	총세액과 주요 업종별 비율					총납세자수와 주요 업종별 비율					전체 및 업종별 평균세액(원)				
	총액 (만원)	상업 (%)	공업 (%)	금융업 (%)	교통업 (%)	총납세자 수(명)	상업 (%)	공업 (%)	금융업 (%)	교통업 (%)	총 납세자	상업	공업	금융업	교통업
1929	154.6	44.9	15.4	22.0	5.0	74,180	69.0	6.1	9.2	2.1	20.8	13.6	52.5	49.6	49.6
1930	163.0	43.9	16.1	22.4	4.9	76,943	67.9	6.2	9.9	2.1	21.2	13.7	54.8	48.2	48.7
1931	132.8	40.7	14.8	26.9	4.6	56,839	64.6	7.5	11.0	2.1	23.4	14.7	46.2	57.4	52.1
1932	125.0	38.9	15.8	27.9	4.5	54,500	63.1	9.0	10.8	2.0	22.9	14.1	40.3	59.2	52.2
1933	134.5	40.2	16.4	25.9	4.6	56,008	63.0	9.9	9.8	2.2	24.0	15.3	39.7	63.9	50.9
1934	157.4	41.4	19.5	22.0	4.6	59,605	64.4	10.2	8.3	2.3	26.4	17.0	50.2	69.9	53.1
1935	186.8	43.1	20.1	19.4	5.0	64,709	66.7	10.0	6.9	2.3	28.9	18.6	57.9	80.6	62.7
1936	227.7	44.6	20.8	16.8	5.0	72,329	68.4	9.6	6.0	2.2	31.5	20.5	68.2	88.0	70.9
1937	261.4	44.1	21.4	16.3	5.0	80,193	69.9	8.7	5.3	2.1	32.6	20.6	79.8	100.0	78.5
1938	309.4	42.6	23.1	15.3	4.9	88,556	70.4	8.2	5.5	2.1	34.9	21.2	98.5	97.4	83.9
1939	393.3	43.3	23.4	14.1	5.1	100,525	71.7	7.6	5.1	2.0	39.1	23.6	120.9	107.8	99.9
1940	538.0	54.2	17.2	9.8	3.4	112,174	74.1	6.6	4.4	1.7	48.0	35.1	124.3	106.0	96.3
1941	794.3	46.6	23.0	10.2	4.2	127,324	75.1	5.5	4.2	1.4	62.4	38.7	259.7	150.3	188.0
1942	1,168.6	54.1	18.3	5.4	3.6	153,774	74.9	4.7	3.4	1.2	76.0	54.8	293.6	121.7	225.1

출처: 朝鮮總督府, 1938,『朝鮮總督府統計年報』, 442~445쪽; 1942, 362~367쪽(정태헌, 1996, 앞의 책, 137쪽에서 재인용).

비고: 상업-물품판매업, 도매상, 중개업, 대리업, 주선업, 사진업
공업-제조업, 가스공업, 인쇄, 출판, 전기공급
금융업-은행, 보험, 무진, 금전대부, 환전업, 물품대부, 신탁, 창고업
교통업-철도, 운송, 운송취급업

후일의 소득세도 그러했지만, 영업세의 업종별 과세 차별성은 상거래 통제, 자금의 업종 간 이동 및 전환에 일정한 역할을 했을 것이다. 시장을 독점한 일본 자본 입장에서 영세상인이나 중간상인의 개입 폭이 좁을수

록 이윤 폭이 그만큼 커지게 마련이다. 전시체제기에 두드러진 상거래 통제는 통제경제의 효율성을 높이는 데 중요하기 때문에 집중적 색출 대상이 되었다.

한편, 대공황기에 「영업세령」을 개정(1930)하여 '사회중견층'의 몰락을 막아 식민체제의 안정적 구축을 꾀하려는 식민농정의 전환과 맞물려 과세표준을 세분하여 세율을 부분 인하하고, "사회정책상의 필요에서" 면세점도 업종별로 크게 인상(50~330%)했다. 이는 긴축재정하에서 영업세 폐지는 어렵더라도 곡가 폭락으로 부담이 과중한 미곡업자에게 면세점 인상, 일정한 감세를 요구한 조선상업회의소연합회 주장을 반영한 것이었다.

자본이자세는 공채(公債)와 사채(社債) 이자에 대한 단순비례 과세로써 공·사채 발행기관(금융기관)과 행정적 연결만 이뤄지면 거래내용이 쉽게 파악되어 원천과세가 가능했다. 그래서 일반소득세제 시행 후에도 자본이자세는 과세 대상 및 방법이 같은 제2종 소득세와 공존했다. 자본이자세 신설 당시 조선총독부는 세입 증가라는 목표를 위해 민간자본 흡수를 억제할 수 있는 우려 사이에서 고민했다. 이 무렵 공·사채 소유자는 대부분 일본인(일본 거주)이었다. 그러나 이들이 조선에서 발행하는 공·사채를 구입할 때 자본이자세를 새로 부담하더라도 일본에서처럼 자본이자세(이자소득의 2/100)와 제2종 소득세(이자소득의 5/100)를 함께 부담하는 것이 아니라 자본이자세만 부담하기 때문에 일본자본 유인력은 여전히 존재했다. 다만 조선인들이 많이 관계하는 일반은행 예금 이자에 자본이자세를 부과하면 "저축사상의 발달을" 위축시키고 금융기관의 자금확보에 큰 영향을 미치기 때문에 과세대상에서 제외했다.

2기까지 조세구조는 영세지주에게 부담이 과중되는 지세와 제1차 세제정리 때 창설된 영업세·자본이자세 등의 수익세, 저소득층에게 부담이 과중한 주세, 연초세(전매), 사탕소비세, 관세 등 소비세로 구성되어 있었다. 누진율을 적용하는 탄력적 세목은 전무했다. 이러한 과세체제에서는 소비세가 중추 세목으로 기능하면서 일본 자본이나 조선인 상공업자, 지주들은 여전히 세제 혜택을 누리고 있었다. 조선총독부는 유산층에 식민지하에서도 부(富)를 쌓을 수 있다고 생각할 만한 조세정책의 여건을 조성한 것이다.[43]

4) 법인소득세제의 식민지성

조선총독부는 일본의 소득세제 개편(1920.7)을 계기로, 1916년부터 일본의 「소득세법」 중 법인소득에 대한 과세 부분만 조선에 적용하던 임시 과세체제를 폐지하고 별도로 「소득세령」을 제정했다. 「소득세령」은 (법인)소득세 과세 대상을 조선에 본점을 둔 법인의 경우 초과소득, 유보소득, 배당소득, 청산소득 등으로 구분하고 그 외에 외국 회사(「소득세법」 시행지 외의 지역에 본점을 둔 법인)의 조선 내 자산 또는 영업에서 생긴 소득에 대한 과세를 규정했다.

「소득세령」은 일본 자본이 과세 장벽 없이 자유롭게 조선에서 활동할 수 있도록 "편의를 도모"한다는 차원에서 같은 날짜에 개정된 일본 「소득세법」 중 제1종(법인) 소득세 관련 규정을 거의 그대로 도입한 것이다. 즉 법령은 다르더라도 '일본권'의 통일적 조세 운용을 위해 "하나의 법령으로 과세하는 경우와 같은 결과를" 유도하면서 일본(본점) 자본의 조선(지

43 정태헌, 1996, 앞의 책, 136~143쪽.

점) 영업소득을 면세하여(제2조) '자유로운' 투자조건을 조성한 것이다. 그러나 외국인 회사의 조선(지점) 영업소득에 대해서는 「소득세법」(제3조)처럼 초과소득(기본세율)이나 배당소득 및 유보소득보다 높은 세율(7.5/100)로 과세하여 조선 진출에 장벽을 세웠다.

「소득세령」은 제1차 세제정리(1927) 때 개정되어 소득 구분(조선 본점의 경우)에서 회사나 주주에 대한 세제 혜택으로 유보소득과 배당소득을 없애고, 소득총액(보통소득=총익금-총손금)에 대한 과세로 보통소득을 신설했다. 법인소득세(조선 본점의 경우)의 경우 과세 대상을 3종(보통소득·초과소득·청산소득)으로 구분한 이 과세체제는 패전 때까지 세율만 증징되면서 유지되었다. 초과소득은 보통소득의 일부분이고, 청산소득은 회사 통폐합에 따른 일시적 소득이어서 회사의 일상 영업을 통한 소득은 보통소득 하나뿐이었다.

1927년 개정 「소득세령」의 핵심은 일본회사에게 자본축적에 저촉되는 규정을 삭제한 것이었다. 특히 법인이 적립금을 줄여 축적 기반을 약화시킨다는 이유로 유보소득 누진과세제를 폐지했다. 따라서 단순비례세인 배당소득과 구분할 필요가 없어져 양자를 폐지하고 단순비례세인 보통소득으로 단일화한 것이다. 배당소득 과세는 일본 귀족원 특별위원회에서 1920년 개정 「소득세법」에 "중대한 결함"이 있다고 비판한 바 있다. 종합과세 대상인 배당은 일정액을 넘으면 법인의 유보소득보다 훨씬 고율이어서 개인소득세제가 시행되고 있던 일본에서는 가족회사나 보전회사를 조직하여 소득을 사내에 유보시켜 주주나 사원에 대한 배당소득 종합과세를 면하는 합법적 탈세행위가 만연한다는 이유였다. 개인소득세제가 없던 조선과 무관한 논의였지만, 개인소득세제 실시를 앞둔 상황에서 일본의 개정 「소득세법」대로 1927년 개정에서 보통소득 과세율을 개정

전 「소득세령」의 유보소득에 대한 최저 세율(5/100)로 규정했다.

그런데 당시 조선에는 개인소득세와 이자소득세 과세가 없었기 때문에, 일본자본에 절대적으로 유리한 투자 환경을 제공했다. 조선의 법인소득세 과세체제는 일본 자본주의의 특수성이나 전시 경제에 필수적인 업종에 대해 면제 조치를 규정했기 때문에, 그 대상은 일본 독점자본으로 제한되었다. 「소득세법」의 면제 및 공제 규정을 그대로 옮긴 「소득세령」은 조선의 산업발전과 무관하게 일본의 산업구조 조정이나 전쟁 산업 부문에 집중되었다.

법인소득세 면세 및 공제규정 대상은 크게 4가지 범주로 나눌 수 있다.

첫째, 일본의 투자 환경 조성에 필요한 부문에 대해 면세를 적용했다. 1920년 「소득세령」에서는 국채 이자나 일본 「저축채권법」에 따라 발행하는 저축채권 이자수입을, 1924년 개정령에서는 "근검저축의 장려"를 위해 「부흥채권법」에 따라 발행하는 부흥채권 이자를 법인 총익금에서 공제했다(제4조).

둘째, 식민통치 수행기구인 '공공단체'와 특수법인도 면세대상이었다.

셋째, 일본 자본주의에 필수적인 부문의 '보호 장려'를 위해 설정한 중요물산제조업에 대해 3년간(개업 연도 다음 해부터) 소득세를 면제했다. 업종 선정의 세 기준은 전량 수입의존 물품, 상당 부분 수입에 의존하여 '일본권'에서 발달 수준이 유치한 물품, 판로 확장이 예상되지만 '일본권'에서 발달 수준이 유치한 물품 등이었다.

넷째, 일본 자본주의 발전에 필수 업종인 제철업은 면세대상이었다. 일본 「제철업장려법」에 규정한 설비 및 생산 능력을 보유한 제철업에 대해 중요물산제조업보다 훨씬 긴 10년간 소득세를 면제했다. 일본은 제1차 세계대전을 계기로 대규모 제철업을 사활이 걸린 부문으로 규정했다. 이후 1926년 3월 「제철업장려법」 개정에 따라 7월에 면세대상 제철업의 생산 규모 하한선을 크게 확대(6.7배)하여 대자본으로 제한하고 면세기간도 연장(15년→20년)했다.[44]

44 정태헌, 1996, 앞의 책, 143~151쪽.

3. 전시 재정을 뒷받침한 소득세 중심 구조 (1934~1945)

3기 조세제도의 특징은 세 가지로 정리된다. 첫째, 가장 큰 변화는 제2차 세제정리(1934)에서 개인소득세제를 도입해 제1종(법인)·제2종(이자)·제3종(개인) 소득세로 구분한 일반소득세제가 정착되어 소득세(계통) 중심의 조세구조가 이루어졌다는 점이다. 이후 전시체제하 조세 증가는 소득세(계통) 신설과 증징에 절대적으로 의존했다. '소득세 계통' 범주란 세 가지 소득세 외에 임시이득세(1935) 등 소득세에 부가하여 신설된 세목을 통칭한 것이다. 가령 법인(제1종)소득세 계통에 제1종 소득세 외에 법인자본세, 북지사건특별세, 특별법인세 등이 포함되고, 제2종 소득세 계통에 제2종 소득세와 자본이자세 외에 이익배당세, 공사채이자세, 외화채특별세 등이 포함된다. 임시이득세는 제1종 소득세 및 제3종 소득세 납세자와 중첩된다.

둘째, 단기간임에도 소비세(전매익금 포함) 증가율은 3기(5.1배, 연평균 0.56배)에 2기(3.2배, 연평균 0.21배)보다 훨씬 높아 소득세(계통) 중심의 조세 증징을 뒷받침했다. 그러나 증징과 세목 신설에도 불구하고 소비세의 대조세 비중(평균 58%)은 1933년(70%) 이후 1934~1942년에 격감(68%→55.5%)했다. 1942년의 경우 세입 분류대로 관업수입에 속하는 전매익금을 제외하면 소비세의 대조세 비중(44.9%)은 훨씬 떨어졌다.

셋째, 지세는 세액 자체가 정체 또는 감소하고, 소득세(계통)와 소비세의 증징·신설에 따라 대조세 비중(평균 6.9%)이 1933년(23.4%)에 비해 1942년에 격감(3.0%)했다. 1930년대 후반 지세는 이미 주요 세목에서 떨어져 나갔다.[45]

45 정태헌, 1996, 앞의 책, 47~49쪽.

1) 소비세 증징 한계 속의 세목 신설

조선회계에서 세입의 절반 정도 비중을 차지한 관업수입은 순익 확보가 어렵고 경직성(공채비·봉급 등) 지출이 많았다. 조선총독부에는 식민정책과 침략정책에 조응한 세목 신설과 증징이 필요했으나 주요 세목인 소비세 증징은 이미 대공황기에 한계를 노출했다. 증징과 전쟁물자 수급을 위한 동원이 함께 중시된 전시체제기에는 총동원체제 구축에 따른 소비통제와 맞물려 소비세로 전시 재정 수요를 충족시키는 것이 불가능했다.

이 시기 관세는 절대액이 격감하여 대조세 비중(평균 6.6%)도 격감했다. 즉 1934년(13.9%), 1939년(5.1%), 1942년(0.6%)까지 계속 격감했다. 직물·주류 이입세 폐지(1940.4)로 1940년대에는 극히 미미했던 수입세를 제외하면 관세는 사실상 폐지된 상태였다. 조선 경제가 일본 경제에 완전히 종속적으로 통합된 것이다.

여기에다 주세 증가율은 감소 또는 정체되었고, 전매익금 증가도 둔화하였다. 2기의 대표 세목이었던 주세 및 전매익금은 소비세나 조세 총액은 물론 소득세 등 직접세보다 크게 떨어졌다. 두 세목의 대조세 비중도 3기(36.2%)에는 2기(41.7%)보다 떨어졌다. 「주세령」 개정(1934)으로 자가용주 제조를 전면 금지하여 시장에서 주류를 구매하도록 강요하면서 세율이 증징되었고, 「조선지나사변특별세령」(1938)을 통해서도 증징되었다. 하지만 1934~1942년 주세의 대조세 비중(18.1→6.0%: 평균 11.2%)이 격감하여 2기(14.9%)보다 크게 줄었다. 1939년과 1941년에는 주류의 절대생산량 감소로 이후 더욱 감소했을 것이다.

중일전쟁 이후에는 일본에서 증세를 위해 제정한 법령이 그대로 조선에 적용되었다. 「조선북시사건특별세령」(1937.8. 이하 「북시특별세령」)과

「조선지나사변특별세령」(1938.3. 이하 「지나특별세령」)이 대표적이다. 소비 통제와 증수라는 두 목적을 이루기 위해 물품세(1938) 및 유흥음식세(1939)가 신설되었다. 다만 두 세목의 과세 대상은 차이가 컸다.

물품세는 쌀을 제외한 모든 일상 물품을 과세 대상으로 삼아 소비 통제 범주가 넓었는데, 「지나특별세령」에서 처음 과세하였고 「북지특별세령」에서도 물품세와 과세 대상이 비슷한 물품특별세를 과세했다. 반면에 유흥음식세는 고소득층의 소비 통제와 세원 확대를 노린, 과세 대상이 제한된 세목이었다. "물자 절약, 소비억제 등 국책적 견지"에서 「지나특별세령」 개정 때 과세하기 시작했다.

임시 과세체제였던 「지나특별세령」에 규정된 이 두 세목은 전쟁이 장기화하면서 제3차 세제정리(1940)를 통해 독립된 「조선물품세령」과 「조선유흥음식세령」이 제정되어 상설 세목으로 전환되었다. 이 두 세목은 신설 5~6년 만에 급증(각기 7.3배, 11.8배)했고, 대조세 비중(5.6%, 4.5%)도 적지 않았다. 이 시기 소비세의 적지 않은 증가율(5.1배), 대조세 비중이 절반을 유지할 수 있었던 것은 두 세목 때문이었다.

물품세 과세는 소비세 체제 '정비'가 일단락된 것을 의미한다. 높은 세율(가격 기준 10~20%)은 세수입과 동시에 전시물자 수급을 위한 소비 통제를 노린 것이었지만 물가상승도 불러왔다. 과세 대상은 「북지특별세령」에서 10여 종(귀금속제품, 축음기 등) 사치품 또는 특수용품에 대해서만 고율 과세(20/100)하던 것에서 「지나특별세령」에서는 일상용품 등 45개 종으로 확대되어 사치품과 일상용품을 구분하여 세율 인하(각기 15/100, 10/100)를 할 정도였다.

그러나 안정을 해칠 뇌관이 될 우려가 큰 쌀은 물품세 과세 대상에서 제외했다. 「지나특별세령」 개정(1939)에서 과세 대상을 52개 용품으로 늘렸는데 승용차와 화장품의 경우 구분 기준을 바꿔 증징(10/100→ 15/100) 되었다. 「조선물품세령」(1940)에서 과세 대상을 과자, 애완동물 등까지 확대하고 사치품 세율을 인상(15/100→20/100)했다. 물품세는 1938~1942년 4년 사이에 급증(7.3배)했고, 대조세 비중도 급증(3.4%→9.2%)하여 1940대 들어 주세보다 높았다.

유흥음식세는 고소득층이 이용하는 유흥음식점의 소비 통제를 위해 신설되었다. 「유흥음식세령」(1940)에서의 세율은 「지나특별세령」 개정(1939)에서 처음 과세할 때보다 증징(0.5~2.14배)되었다. 유흥음식세는 1939년~1942년에 급증(11.8배)하면서 대조세 비중도 급증(1.6%→9.4%)하여 오히려 물품세보다 비중이 높아졌다.[46]

2) 전시 재정 지출에 대비한 개인소득세제 도입(1934)

이 시기 소득세(계통)는 폭증(89.2배, 연평균 9.9배)을 통해 대조세 비중(30.2%. 전매익금 제외시 39.5%)도 급증했다. 개인소득세제 도입 전까지 조세정책은 유산층 체제내화에 초점을 둔 당시 식민정책에 조응하여 상대적으로 서민에게 과세 부담이 큰 지세와 소비세 중심으로 운영되었다. 과세 부담 능력이 있는 유산층은 세제 특혜 성격의 지세와 제1차 세제정리 때 도입되었지만 미미한 영업세와 자본이자세를 부담할 뿐이었다.

1930년대 들어 개인소득세제 도입 문제가 다시 거론되었다. 각종 개인소득에 대한 종합누진 과세체제 도입은 대중운동이 전국적으로 활성화되어가던 1930년대 초의 사회·경제적 상황에 비추어 극심해진 계급대립

46 정태헌, 1996, 앞의 책, 152~168쪽.

을 순화시키기 위한 대응책으로서도 필요했다. 1930년대 중반의 사회·경제적 상황은 이전과 달리 고소득층 중심의 과세체제로 전환할 수 있는 배경이 일정하게 형성되어 있었다.

첫째, 1930년대 식민농정의 큰 특징은 지주에 대한 세제 특혜 정책을 철폐했다는 점이다. 이제까지 지주계급 위주의 농정과 소비세 위주의 대중수탈체제는 빈농은 물론 '사회중견층'인 중소지주의 몰락까지 촉진하는 주요 원인이었다. 1934년에는 일시적 미곡 과잉으로 산미증식계획까지 중단했다. 위기 수준에 이른 농촌 사회에 대한 체제내화 작업은 이데올로기적·정치적 선전뿐 아니라 물질적·가시적 '효과'가 수반되어야 했다.

농촌 안정화는 일본상품의 구매시장 확보 측면에서도 큰 문제였다. 1930년대 식민농정이 (독점)자본의 이윤 실현과 식민체제의 안정을 유지하기 위해 「조선농지령」 제정, '자작농지창설유지사업', '농가부채정리사업' 등을 통해 지주를 제한적으로 통제하고 자소작농의 안정을 도모하는 방향으로 바뀐 것은 이러한 배경 때문이었다. 게다가 대공황을 틈타 일본 육군은 만주침략을 감행했다. 전쟁 국면으로 들어선 것이다. 여러 면에서 중대한 전환점인 1930년대 전반기의 대내외적 상황에 대처하기 위해 식민정책도 민족해방운동 세력과 일반 대중을 분리, 체제내화하는 데 초점이 맞춰졌다. 전쟁 국면에 대비하기 위해서도 효율적 수탈체제인 개인소득세제 도입을 더 이상 미룰 수 없는 상황이 되었다.

둘째, 대공황과 만주침략을 계기로 일본-조선-만주를 잇는 엔블록 확대에 따라 1934년경부터 조선의 상공업은 일정하게 '호황'을 띠기 시작했다. '만주 붐'을 타고 시장이 일시 확대되자 조선 유산층에 식민지배가 자본축적과 발전에 유리하다는 착시현상까지 불러와 친일화를 촉진시켰다. 일본자본 입장에서도 1930년대의 조선은 새로운 자본투자 및 상품 시장이었다. 1931년부터 일본에서 시행된 「중요산업통제법」 적용을 피해 새로운 투자처를 찾아 조선으로 유입되는 일본의 (주변부)자본이 급증했다.

식민정책 전환의 필요, 긴축재정의 한계에 봉착한 당시의 재정난 타개 방안으로 관업수입 증수, 지세 증징, 영업세 증징, 개인소득세제 도입 등이 거론되었다. 그러나 앞의 세 방안은 세원 확대에 부응하기 어려운 세목으로 구성되어 있었다.

관업수입 증수안은 연초전매제로 수입을 거둔 경험이 있던 조선총독부가 이미 1929년부터 주류전매제를 시행하기 위한 조사까지 할 정도로 깊이 고려한 부문이었다. 그러나 이 방안이 "불가능한 것은 아니지만" 이미 소비세 증징이 한계에 이른 당시 효과를 내기 어려웠다.

증징 대상으로 거론된 지세율은 1922년에 인상(지가 기준 13/1000→17/1000)된 후 10여 년 이상 고정되어 세액도 정체되었다. 과세표준인 지가 급등에 따른 조정이 그때그때 이루어지지 않으면 지세가 토지수익을 반영하지 못하므로 토지증가세를 신설하자는 주장도 등장했다. 그러나 이는 지주층에만 부담을 준다는 점에서 안정적 증징을 위해 지주층을 포함한 상공업자, 고임금층 등에 과세가 함께 이뤄질 필요가 있었다.

단순비례세의 영업세 증징안은 고소득 상공업자에 대한 과세 효과를 기대하기 어려웠다. 이 때문에 신설된 지 얼마 지나지 않아 대공황기에 영업세 폐지론까지 바로 제기되는 상황이었다. 즉 과세체제를 소득 수준을 반영하는 방식으로 전환할 필요가 있었다.

결국 재원난 타개책은 1927년에 시행이 유보되고, "수년 내 현안이던 개인소득세제" 신설로 이어졌다. 조선총독부는 개인소득세제 도입을 통해 세제의 근본적인 변화가 없으면 증수할 수 없고, 증세 효과도 떨어진다고 판단할 수밖에 없었다. 제1차 세제정리 이후 세제조사비가 매년 지출되어 개인소득세제 도입을 위한 조사도 거의 완료된 상황이었다.

더구나 개인소득세제 도입은 1927년 이후 7년이 지나는 동안 대공황과 만주침략이라는 대변화 속에서 점차 시행 시기의 문제만 남긴 채 유산층 사이에서 불가피한 일로 굳어진 상태였다. 지세와 소비세 중심의 소득역진적 과세 부담은 안정적 체제 유지를 위해 한계에 이르렀다. 조선총독부도 이미 경제적·정치적 기반 자체가 식민체제에 편입된 지주층이나 자본가의 소득에 대한 과세가 뚜렷한 반발을 초래하지 않을 것이라는 '정무적' 판단을 하고 있었다. 실제로 1934년 당시 조선인 언론은 개인소득세제 도입 자체에 대해서는 반대하지 않았다. 만주침략 3년 후 당시 유산층의 분위기는 이미 개인소득세제가 시행되고 있는 타이완이나 일본에 비춰 더 이상의 반대 명분도 약했다.

또 소득세 과세에 따른 지주층의 급격한 과세 부담을 완화해 준다는 명분으로 지세율까지 인하(17/1000→15/1000)하여 중소지주들은 오히려 환영할 것이라는 계산도 했다. 실제로 과세 대상이 될 유산층은 7년 전과 달리, 오히려 개인소득세제 도입을 적극적으로 주장했다.

제2차 세제정리(1934)를 통한 개인소득세제 도입은 식민지 조세체제 '정비'의 질적 전환을 이루는 것이었다. 법인소득세는 1916년부터 존재했기 때문에 신설된 소득세는 개인소득세뿐이었다. 제2종 (이자)소득세도 신설되었지만 이미 제1차 세제정리에서 과세 대상이 같은 자본이자세가 신설되었기 때문에 중복과세일지언정 신설된 것은 아니었다.[47]

47 정태헌, 1996, 앞의 책, 168~179쪽.

3) 일본·타이완보다 훨씬 낮게 설정된 개인소득세 면세점

개인소득세 과세는 「소득세령」 개정(1934)으로 시작되었다. 이로써 임금소득이나 지주의 소작소득은 물론 법인소득세 부과 대상 이외의 소자본 중소상공업자의 영업소득에 대해 개인소득세를 과세하게 되었다. 여기서 소득이란 면세점(800엔)을 넘어선 과세대상자(소득세)의 소득이다. 개정 「소득세령」은 소득세 납세의무자를 다음과 같이 규정했다.

① 조선에 주소 또는 1년 이상의 거소(居所)를 둔 자(제1조): 무제한 납세의무자

② 위 ①항에 해당하지 않는 자, 즉 조선에 인적 관계가 없더라도 물적 관계가 있는 자는 다음 각 소득에 대해 납세의무가 있다.

- 조선에 자산이나 영업을 가질 때
- 조선에서 공채, 사채, 조선금융채권이나 은행예금(동양척식주식회사의 예금 포함)의 이자나 대부신탁의 이익을 지불받을 때[48]
- 조선에 본점을 둔 법인에서 이익, 이자 배당, 이익을 처분한 상여 또는 상여 성질의 급여를 받을 때

개인소득의 산출 규정(제15조)은 다음의 ①~⑥항으로 나누었다.

① • 비영업대금(非營業貸金)[49]의 이자

48 위의 ①항에 속하는 자가 받은 이자는 제2종 소득에 속한다.

49 영업세를 부과하지 않는 대금업을 말한다. 대금영업은 ⑥항의 기타 소득에 속하여 이

- 제2종 소득에 속하지 않는 공채·사채 및 예금의 이자[50]
- 합동운용신탁 이익[51]

  –과세표준 계산기간: 전년도 1월 1일~12월 31일

  –과세표준 계산방법: 수입액 모두[52]

② 산림소득(山林所得)[53]

  –과세표준 계산기간: 전년도 1월 1일~12월 31일

  –과세표준 계산방법: 필요경비 공제

③ 상여 및 상여 성격의 급여[54]

  –과세표준 계산기간: 전년도 1월 1일~12월 31일

  –과세표준 계산방법: 수입액 모두

자소득에 대해서 수입에서 필요경비를 빼고 소득산정을 하지만 비영업대금에 대해서는 1940년의 개정 때까지 필요경비의 공제규정을 적용하지 않았다

50 개인소득세 과세 대상에 속하는 공채·사채 및 은행예금의 이자소득은 다음의 두 경우를 말한다. ①「소득세령」 시행지 밖에서 지불받은 공채·사채 및 예금의 이자, ②「소득세령」 시행지, 즉 조선 내에서 받은 은행예금 이외의 예금 이자.

51 1934년 당시에는 없었으나 1940년 「소득세령」 개정 때 추가되었다. "합동운용이란 신탁재산의 운용방법을 예입, 대부 또는 공채·사채나 조선금융채권의 취득"만으로 한정적으로 규정되었다(「소득세령 시행규칙」 제2조의 2).

52 원래 이러한 소득에 대해서는 필요경비의 공제규정이 적용되지 않았지만 1940년의 개정에서 비영업 대금의 이자 소득에 한해서 원금을 얻는 데 필요한 부채의 이자를 전년도 수입금액에서 공제한다는 규정이 추가되었다.

53 산림소득을 별도로 구분한 것은 자본의 회전속도에서 큰 차이가 있기 때문이다. 상공업에 비해 자본의 회전속도가 훨씬 느린 농업소득의 투자 회수 기간도 길어야 1년이지만 산림소득은 첫 투자에서 회수까지 1년 이상의 장기간이 요구되므로 세율 적용도 다를 수밖에 없다. 한편 1940년 「소득세령」 개정에서 수산업 소득이 새로 추가되었는데 그에 대한 소득산출은 수확이 고르지 않기 때문에 예외적으로 전(前) 3년간 매년 총수입금에서 필요경비를 공제한 금액의 평균으로 규정하였다.

54 「소득세령」에서는 상여, 수당 등 지급액이 미리 정해져 있지 않은 급여라는 이유로 봉급·급료와 구분하였다.

④ 법인에서 받은 이익이나 이자(利息)의 배당

-과세표준 계산기간: 전년도 3월 1일~ 2월 말

-과세표준 계산방법: 지불받은 금액의 4/10 공제

⑤ 봉급, 급료, 세비, 연금[55], 은급[56] 및 이러한 성격을 갖는 급여

-과세표준 계산기간: 전년도 1월 1일~12월 31일/ 본년도 1월 1일~12월 31일(예산액)

-과세표준 계산방법: 수입액 모두/ 예산액 모두

⑥ 기타 소득

- 전년 1년간 계속 자산, 영업, 직업을 가진 자

  -과세표준 계산기간: 전년도 1월 1일~12월 31일

  -과세표준 계산방법: 필요경비 공제

- 전년 중간에 자산, 영업, 직업을 가진 자

  -과세표준 계산기간: 전년도 1월 1일~12월 31일(예산액)

  -과세표준 계산방법: 필요경비 공제

과세표준으로 1940년 개정 때까지 ①~④항의 항목에 대해서는 전년도 실적을 본년도 과세표준으로 하는 실적과세주의, ⑤~⑥항의 소득에 대해서는 부분적으로 예산과세주의를 채용하였다. ⑥항의 일부를 제외하면 전년도 실적에 따르기 때문에 개인소득 산출 방식은 전체적으로 실적과세주의를 따랐다. 따라서 과세 대상 소득산정은 '전년도 총수입-필요경비'를 원칙으로 하되 전년도 1월 1일부터 계속해서 갖고 있지 않은

55 일정 기간 관·공직에 근무한 자가 받는 급여.

56 공훈이 있는 자가 받는 급여.

자산, 영업, 작업 등에 의한 소득에 대해서는 전년도 수입계산이 불가능하므로 본년도 예산에 따른다는 예외 규정을 두었다. 1926년 이전의 일본「소득세법」에서는 예산, 실적, 전 3년 평균에 따른 것 등 계산방법이 달라 세원 파악에 어려움이 많았는데, 이를 피하기 위해 1926년부터 전년도 실적을 과세표준으로 삼도록 개정되었다. 이것을 1934년「소득세령」 개정 때 그대로 도입했다. 따라서 조선의 개인소득세제는 조선의 경제 수준에 조응한다기보다 일본의 '발달'된 재정 수탈 기법을 도입함으로써 초기부터 철저한 세원 파악을 통해 소득 은폐를 최소화할 수 있는 체제였다.

조선의 개인소득세 정책 중 일본·타이완과 비교할 때 면세점(800엔)이 주목된다. 조선과 평균소득 격차가 3~5배나 높았던 일본의 면세점은 800엔(1925년까지)이었다가「소득세법」 개정(1926) 때 인상(1,200엔)되었고, 전시 재정으로 돌입했던 1937년 개정에서 과세 대상을 넓히기 위해 인하(1,000엔)되었다. 1인당 소득이 조선보다 1.4~1.7배 높았던 타이완에서는 1921년부터 개인소득세 과세가 시작되었는데 면세점(1,500엔)이 높은 편이었다. 이와 비교할 때 소득 및 소비 수준이 현격히 떨어진 조선의 면세점이 오히려 일본보다 400엔, 타이완보다 700엔이나 낮았다.[57] 그만큼 열악한 경제에도 조선총독부가 무리하게 과세 대상을 넓히는 데 집중한 것이다.

조선인 언론도 개인소득세제 도입 자체에 대해서는 반대하지 않았지만, 면세점 설정에 대해서는 불만을 표시하면서 민감하게 반응했다. 일본과 같은 1,200엔으로 하자는 것이 조선인 언론의 일반적 반응이었다. 조

57 정태헌, 1996, 앞의 책, 213~219쪽.

선의 소득 수준에서 800엔으로 할 경우 과세 대상이 일본과 타이완에 비해 지나치게 넓어진다는 이유였다.[58] 타이완처럼 1,500엔으로 하자는 주장은 감히 제기되지 못했다.

면세점 설정의 중요한 근거가 되는 생계비가 조선에서는 일본이나 타이완보다 얼마나 낮았나? 1934년 1인당 소비지출액(조선 77.58엔, 타이완 96.82엔, 일본 178.63엔)은 조선이 가장 낮았다. 게다가 조선에서만 1인당 소비지출액이 생산소득을 초과하여 가계수입이 평균적으로 적자를 면치 못했다. 이러한 소비지출 격차는 물가수준이나 생계비 차이를 넘어 조선의 소득 수준 자체가 절대적으로 낮았기 때문이다. 그런 점에서 1934년 조선에서의 개인소득세 면세점(800엔)은 사실상 무리였다.

개인소득세의 주요 과세 대상은 지주층, 상업자, 관리층 등이었다. 조세정책의 근간을 좌우하는 면세점 설정을 단순히 1925년까지의 일본「소득세법」규정대로「소득세령」에 도입한 것이라고만 볼 수는 없다. 1920년대 이후 조선총독부 관리의 평균봉급(약 800엔) 수준도 기준의 하나로 작용했을 가능성이 있다. 일본처럼 1,200엔으로 설정하면 조선인 관리의 대부분이 과세 대상에서 제외되므로, 800엔으로 설정된 배경에는 조선인 관리 또는 각종 금융기관에 근무하는 조선인 등을 과세 대상으로 삼으려는 의도가 크게 작용했다고 볼 수 있다.

그런데 면세점을 800엔으로 설정하더라도 조선인 관리의 상당수는 과세 대상에서 제외되었다. 조선인 관리 대부분을 과세 대상에 포함하려면 면세점은 500~600엔 정도에서 설정되어야 했다. 실제로 조선총독부가 개정「소득세령」(1934)을 공포하기 직전까지 면세점을 600엔으로 설

58 손낙구, 2015, 앞의 글, 60~61쪽.

정하는 구상도 했었다. 결국 최종 결정된 면세점 800엔은 면세점을 낮게 설정할 경우 초래될 수 있는 반발을 무마하기 위한 조선총독부의 '정무적' 판단 지점이었다.[59]

59 정태헌, 1996, 앞의 책, 219~222쪽.

제6장
명목상 최대 세입원,
관업수입의 식민지성

1. 관업수입의 구성

관업수입은 국가자본으로 운영되는 기업이 거둔 수입을 말한다. 당시의 일반적 분류에 따르면 관업은 통상 독점적인 것과 비독점적인 것으로 분류하는데, 독점의 경우도 재정수입을 위한 독점과 행정적 이유에 따른 독점으로 분류했다. 전매사업이 전자에, 통신사업(우편·전신·전화)이 후자에 속했다. 관업수입은 사적 경제의 수입에 대한 과세인 조세와 구분되지만, 재정수입을 위해 소비세 과세 대상이었다가 전매사업으로 전화된 경우도 많아 소비세의 일종으로 보기도 한다.[1] 이 때문에 연초사업의 경우 연초전매제 시행(1921) 이전까지 연초세 과세 대상이어서 조세 분석 시 소비세로 분류해 연초전매익금을 포함하는 연구도 있다.[2]

조선회계의 세입 중 보충금 및 공채와 달리 조선 내에서 수취했던 세입으로 1920년대 중반 이후 조세보다 큰 비중을 차지했던 것이 관업수입이다. 관업수입의 대세입 비중은 1911~1916년에는 23~32%에 육박했고, 1917~1925년에는 조선철도의 만철 위탁경영으로 철도수입이 조선회계에서 사라지면서 18%(1920)까지 떨어졌지만, 1921년부터 연초전매제 실시로 연초세를 흡수하면서 25%까지 늘어났다가 1925년 조선철도의 조선총독부 직영 환원을 계기로 50%에 육박하는 비중을 차지했다. 전시체제기에는 공채 발행 급증으로 다소 줄었지만, 여전히 40%를 넘는 비

1 小田忠夫, 1938,「朝鮮財政論」(九),『朝鮮行政』六月號, 帝國地方行政學會, 89~90쪽.

2 정태헌, 1996, 앞의 책, 42쪽.

중을 차지했다.[3]

조선에서 관업사업은 철도와 전매를 비롯해 우편, 전신, 전화, 삼림, 형무소, 도량형, 관영금융사업 등이 있었다. 전매와 철도를 제외한 통신사업의 경우 개항기에는 한국과 일본의 통신기관이 병존했다. 근대적 우편제도는 갑오정권에 의해 시행(1896)되었다. 그 후 「만국우편조약」에 가맹(1900.1)하여 외국과 우편물을 교환했고, 내국 우편도 「만국우편조약」에 준거하는 등 체제를 갖추었다. 전신은 1885년 이래 한성을 중심으로 부산, 의주, 인천, 경성(鏡城) 등에 이르는 간선과 일부 지선이 건설되었다. 전화도 한성과 인천 등지에 설치되었으나 부진한 편이었다.

한편 일본은 군사적·정치적 목적과 경제적 수탈을 목적으로 개항 이래 일본인들의 통신기관을 설치했다. 청일전쟁이 임박하자 일본군이 부산-경성-인천 간의 군용 전신선을 가설하고 군용 통신소를 운영했다. 전화는 1898년 6월 일본이 설치한 경성·인천 우편전신국에서 교환 업무를 시작하여 전화 교환 및 통화 사무를 시작하였다 한국 정부가 수차 일본 우편국의 철수를 요구한 가운데 의병들은 일본의 통신시설을 파괴·절단하는 반대 투쟁을 전개하기도 했다.

1906년 2월 이후 통감부 통신관서가 한국의 통신사업을 관장했다. 통신관리국 설치(1906.1.10) 당시 우편국소는 498개소로 인계 당시보다 53개소가 늘어났다. 통신관서 재정은 통감부 소속 통신회계로 일본 정부 일반회계에 편입되었다. 강제합병 후 통감부 통신관리국이 조선총독부 통신국으로 개칭되어 통신국 관리과의 통신관서가 우편, 전신, 전화, 저금, 우편환, 국고금 보관사무 등을 관장했고, 1911년부터 그 재정이 일본

3 정태헌, 1996, 앞의 책, 51~61쪽.

정부 일반회계로부터 조선회계로 편입되었다. 통신사업 세입은 1910~1918년 2배 이상 증가(252만여 원→543만여 원)했다. 통신사업의 세입 초과액, 즉 순익도 1910년(2만 4천여 엔) 이후 1918년(199만여 엔)까지 매년 급증했다.[4] 이후에도 꾸준히 증가해 1931년(271만여 엔), 1933년(380만여 엔), 1935년(572만여 엔)까지 계속 상승했다.[5]

삼림수입은 통감부가 압록강 및 두만강 연안 삼림 수탈을 위해 1907년 4월 설립한 영림창(1926년 영림서로 개칭) 수입을 말한다. 1935년 기준 영림서 소속 국유임야는 344만여 정보에 이르렀고, 압록강 및 두만강 유역에 집중되었다. 본청을 신의주에 두었고, 지청을 압록강 상류의 혜산진에, 출장소를 압록강 좌안(左岸)의 3개소에 설치하고, 벌목한 목재를 뗏목으로 엮어 압록강과 두만강에 띄워 보냈는데 전자는 신의주, 후자는 회령에서 모아 제재(製材)하거나 원목으로 판매하였다. 만주국 수립 이후 판매액도 급증하여 영림서 순익은 1910~1935년에 급증(8만여 엔→445만여 엔)했다.[6]

---

4 金玉根, 1994, 앞의 책, 53~55쪽.

5 小田忠夫, 1938, 「朝鮮財政論」(九), 『朝鮮行政』 六月號, 帝國地方行政學會, 98쪽.

6 小田忠夫, 1938, 위의 글, 101쪽; 金玉根, 1994, 위의 책, 120~123쪽.

2. 전매사업의 재정 기여도를 높인 연초전매제

1) 제한된 전매사업 품목과 연초전매제 시행

전매사업은 국가가 재정수입을 목적으로 특정한 상품의 생산 또는 판매의 전부 또는 일부를 독점 경영하는 사업을 말한다. 사회정책 목적 때문에 거의 이익이 없는 경우도 있지만 대부분 거대 이윤을 거둬 큰 세입원 역할을 했다.[7] 조선총독부는 연초, 홍삼, 소금[8], 아편 등을 전매사업 대상으로 삼았다.

조선회계 전매사업의 재정적 성격을 파악하기 위해 타이완회계 전매사업과 비교해 보자.

〈표 6-1〉과 〈표 6-2〉는 각기 조선회계와 타이완회계의 전매수입·순익 및 대세입 비중을 보여준다. 타이완이 1906년 일본 일반회계로부터 보충금 지급을 중지하는 '재정자립'을 이룬 중요한 이유로 전매수익 개발에 성공한 점을 지목할 정도로 타이완회계 세입에서 전매수입은 큰 비중을 차지했다. 식민지배와 함께 생산과 유통 이익을 독점했던 전매사업은 아편을 시작으로 1899년 소금, 1900년 장뇌, 1905년 연초, 1922년 주류

---

7 小田忠夫, 1938, 앞의 글, 91쪽.

8 소금은 엄격한 의미에서 전매는 아니었다. 다만 조선산 소금 대부분은 관업경영 형태로 생산되었고, 조선총독부 전매국이 수이입되는 다량의 소금을 1930년 3월 「鹽의 수입 또는 이입에 관한 건」을 공포해 관리했기 때문에 전매사업으로 분류되었다(小田忠夫, 1938, 위의 글, 93쪽).

등으로 확대되었다.[9]

두 표에서 확인되듯이 인구는 4배, 면적은 6배 차이가 나지만 타이완과 조선의 전매수입과 전매순익 자체는 차이가 없었다. 오히려 전매수입은 1933년 이후에, 전매순익은 1937년 이후에 조선회계가 많아졌다. 1920년 이후 조선회계 세입이 타이완회계보다 1.5~2.8배 큰 점을 감안할 때, 전매수입의 대세입 비중 격차는 더 컸다. 타이완은 1900~1942년(평균 31.9%)에 1920년(20.1%)이 가장 낮았고, 1907년(45.2%)이 가장 높았다. 이에 반해 조선은 1911~1943년(평균 10.9%)에 1911년(0.27%)이 가장 낮았고, 1931년(21.1%)이 가장 높았다. 즉 조선회계에서 전매사업의 재정 기여도는 타이완보다 크게 낮았다.[10]

〈표 6-1〉 조선총독부특별회계 내 전매수입 · 순익 및 대세입 비중

연도	조선총독부 전매수입①(천 엔)	조선총독부 전매순익②(천 엔)	조선총독부 세입③(천 엔)	전매 수입의 대세입 비중 ①/③(%)	전매 순익의 대세입 비중②/③(%)
1911	140	-	52,285	0.27	-
1912	467	316	62,127	0.75	0.51
1913	772	515	63,094	1.22	0.82
1914	1,382	712	62,048	2.23	1.15
1915	1,616	771	62,723	2.58	1.23
1916	1,940	1,136	68,202	2.84	1.67
1917	2,518	1,023	74,903	3.36	1.37

9 문명기, 2009, 「대만 · 조선총독부의 초기 재정 비교연구 - '식민제국' 일본의 식민지 통치역량과 관련하여」, 『중국근현대사연구』 44, 99쪽.

10 문명기, 2015, 「대만 · 조선총독부의 전매정책 비교연구 - 사회경제적 유산과 '국가' 능력의 차이 -」, 『사림』 52, 382~383쪽을 참조했고, 『朝鮮總督府統計年報』와 『臺灣總督府統計書』를 통해 1939~1943년 수치를 추가했으며, 일부 수치를 수정했다.

1918	2,621	699	100,111	2.62	0.70
1919	3,082	1,651	125,804	2.45	1.31
1920	2,840	1,713	146,344	1.94	1.17
1921	16,937	4,824	175,134	9.67	2.75
1922	21,224	7,165	169,361	12.53	4.23
1923	19,786	6,075	152,714	12.96	3.98
1924	24,098	7,161	143,006	16.85	5.01
1925	24,914	9,467	184,577	13.50	5.13
1926	31,852	12,730	211,709	15.05	6.01
1927	36,401	14,351	234,243	15.54	6.13
1928	36,838	13,153	238,152	15.47	5.52
1929	38,547	15,711	240,579	16.02	6.53
1930	38,680	17,580	218,210	17.73	8.06
1931	45,276	23,871	214,954	21.06	11.11
1932	40,210	17,893	220,301	18.25	8.12
1933	44,003	19,998	252,073	17.46	7.93
1934	47,820	18,851	300,942	15.89	6.26
1935	52,192	21,022	330,220	15.81	6.37
1936	57,925	24,868	384,493	15.07	6.47
1937	65,964	30,686	470,709	14.01	6.52
1938	76,325	37,955	590,276	12.93	6.43
1939	94,334	50,485	800,696	11.78	6.31
1940	104,776	55,499	995,264	10.53	5.58
1941	136,546	73,963	1,085,391	12.58	6.81
1942	174,265	98,510	1,312,826	13.27	7.50
1943	263,379	167,501	1,878,647	14.02	8.92

출처: 朝鮮總督府, 각년판, 『朝鮮總督府統計年報』; 문명기, 2015, 「대만·조선총독부의 전매정책 비교연구-사회경제적 유산과 '국가' 능력의 차이-」, 『사림』 52, 410쪽.

〈표 6-2〉 타이완총독부특별회계 내 전매수입·순익 및 대세입 비중

연도	타이완총독부 전매수입④(천 원)	타이완총독부 전매순익⑤(천 원)	타이완총독부 세입⑥(천 원)	전매 수입의 대세입 비중④/⑥ (%)	전매 순익의 대세입 비중 ⑤/⑥ (%)
1900	8,344	2,630	22,270	37.47	11.81
1901	6,567	1,831	19,766	33.22	9.26
1902	6,210	2,641	19,498	31.85	13.54
1903	6,350	1,900	20,038	31.69	9.48
1904	7,876	2,998	22,333	35.27	13.42
1905	10,603	3,766	25,414	41.72	14.82
1906	13,053	4,394	30,692	42.53	14.32
1907	15,943	7,153	35,296	45.17	20.27
1908	11,083	3,599	37,006	29.95	9.73
1909	13,630	6,131	40,409	33.73	15.17
1910	15,033	5,438	55,338	27.17	9.83
1911	15,657	7,198	57,840	27.07	12.44
1912	16,358	7,200	60,296	27.13	11.94
1913	15,901	6,621	54,218	29.33	12.21
1914	15,910	7,155	53,164	29.93	13.46
1915	16,587	7,893	45,641	36.34	17.29
1916	20,145	8,586	55,766	36.12	15.40
1917	22,137	10,597	65,425	33.84	16.20
1918	23,254	9,792	80,501	28.89	12.16
1919	27,406	9,101	100,166	27.36	9.09
1920	33,267	10,093	119,148	27.92	8.47
1921	22,538	6,524	112,036	20.12	5.82
1922	37,176	13,913	113,421	32.78	12.27
1923	41,962	17,593	111,098	37.77	15.84

1924	39,705	14,231	113,615	34.95	12.53
1925	42,364	15,970	119,560	35.43	13.36
1926	42,686	19,011	131,778	32.39	14.43
1927	40,328	18,334	138,627	29.09	13.23
1928	47,253	33,061	147,524	32.03	22.41
1929	49,190	23,034	150,241	32.74	15.33
1930	43,371	21,636	129,758	33.42	16.67
1931	39,466	20,290	115,972	34.03	17.50
1932	40,647	22,051	120,303	33.79	18.33
1933	41,043	20,629	130,812	31.38	15.77
1934	46,300	21,895	141,618	32.69	15.46
1935	51,002	24,552	156,549	32.58	15.68
1936	56,968	28,968	175,772	32.41	16.48
1937	61,403	29,651	202,837	30.27	14.62
1938	68,187	32,843	233,817	29.16	14.05
1939	83,284	38,849	288,498	28.87	13.47
1940	90,295	41,726	352,909	25.59	11.82
1941	100,044	45,110	414,226	24.15	10.89
1942	116,367	46,746	499,619	23.29	9.36

출처: 臺灣總督府, 각년판,『臺灣總督府統計書』; 문명기, 2015, 앞의 글, 409쪽.

그런데 일본에서는 관업(전매 포함)의 경우 특별회계로 두어 일반회계와 별도로 수지 계산을 했다. 특별회계 사업 목적에 맞게 재정을 운영하기 위해서였다. 이와 달리 식민지에서는 전매사업의 수입과 비용을 분리하지 않고 각 특별회계(식민지 중앙재정)의 세입 · 세출에 그대로 포함했다.

전매사업 수입(세입) 증가는 비용(세출) 증가를 동반한다. 따라서 전매사업이 각 특별회계에 대한 실질적 재정 기여도를 파악하려면 전매순익(전매수입-전매비용)의 세입 기여도를 따로 측정해야 한다.[11]

전매순익의 대세입 비중을 보면 1900~1942년에 타이완회계(평균 13.6%)는 1921년(5.8%)이 가장 낮았고 1928년(22.4%)이 가장 높았다. 이에 반해 1911~1943년에 조선회계(평균 4.8%)는 가장 낮았던 1911년에 순익이 없었고, 가장 높았던 1931년(11.1%)에 유일하게 두 자리 수치를 보였다. 양자를 비교하면 제1차 세계대전 후의 불경기로 인한 타이완 장뇌수입 등의 감소와 조선에서 연초전매제 실시로 전매순익이 급증한 1921년만 비슷한 수준이었을 뿐, 전 기간에 걸쳐 타이완의 전매순익 비중이 훨씬 높았다.

조선에서는 연초 외에 일정 규모를 갖추고 수익을 거두는 전매사업이 없었던 반면, 타이완에서는 연초 외에도 아편, 장뇌, 주류 등 규모가 크고 수익성 좋은 전매사업 영역이 다양했기 때문이다. 사실 조선의 전매사업은 사실상 연초전매가 전부일 정도였다. 1921~1934년에 품목별 전매순익 비중도 연초(76~92%)가 압도적이었다.[12]

반면 타이완의 전매사업은 식민지 초기에 1899년 시작된 아편과 장뇌가 주도하다가 1905년 연초, 1922년 주류가 더해지면서 품목과 수입 다각화가 이뤄졌다. 품목별 전매순익 비중을 보면 1899년 아편(78%)이 주도하다가 1904년(아편 47%, 장뇌 46%)에 양분되기 시작했고, 연초전매가 시작된 1905년부터 1921년(아편 20~40%, 장뇌 16~45%, 연초 14~44%)

---

11 문명기, 2015, 앞의 글, 383쪽.

12 홍삼이 2~15%, 소금이 1~9%, 아편이 1% 정도의 비중을 보였다.

에는 각 품목이 고르게 순익을 남겼다. 주류전매제 시행(1922) 이후에는 점차 연초와 주류가 각기 35~40%로 양분하였고, 장뇌도 14~20%를 차지하여 고른 점유율을 보였다. 즉 타이완의 전매수입은 품목 다양화를 통해 인구와 면적이 훨씬 큰 조선보다 재정 기여도가 높았다. 특히 조선과 일본에서는 없던 주류전매까지 시행하면서 전매수입의 대세입 비중이 매우 높았다.[13]

2) 토착 연초업에 대한 폭력적 정리

조선회계와 타이완회계의 전매수입 격차가 컸던 또 다른 이유도 있었다. 양 회계에 공통된 전매 품목(소금, 연초, 아편, 도량형 등) 외에 조선에만 있는 품목(홍삼), 타이완에만 있는 품목(장뇌, 주류)이 있었다. 조선의 홍삼과 타이완의 장뇌는 식민지 초기부터 전매 품목이 되었지만, 전매수입 기여도에서 차이가 컸다. 홍삼은 최대 수입을 올린 1925~1926년(163만 3,379엔~177만 627엔)에도 소액이었고 이후 점차 감소했다. 반면 장뇌는 최대 수입을 올린 1923년(13,317,777엔) 외에도 1천만 엔을 넘는 해가 많았고, 1922년 주류전매 실시 전까지 전매사업의 30% 이상을 차지했다. 두 품목의 생장 조건이 달랐기 때문이다.

홍삼은 재배 조건이 까다롭고 생장 기간(6년 전후)이 길어 규모 확장에 한계가 있었다. 당시에도 홍삼 전매를 계속 유지한 것은 수입 자체보다 "홍삼의 성가(聲價)를 유지하기 위해서"라고 평가할 정도로 홍삼의 재정

---

13 소금은 5~7% 정도를 유지했고, 주류전매가 시작된 1922년 이후 아편은 점차 감소해 4%까지 비중이 내려갔다. 문명기, 2015, 앞의 글, 384~386쪽.

기여도는 낮았다. 반면에 장뇌는 19세기 후반부터 타이완의 3대 수출품 중 하나였다. 장뇌는 고산지대에 서식하는 장뇌수(樟腦樹)에서 진액을 채취하여 가공하는데, 장뇌 산업의 걸림돌은 원주민의 위협과 서양 상인이었다. 타이완총독부는 열강과 타협(1899)하여 장뇌 산업에서 서양 상인을 구축하고, 원주민 위협도 통제하면서 장뇌의 채취와 가공이 용이해졌다. 장뇌는 무연화약, 그리고 플라스틱이 발명되기 이전까지 플라스틱 역할을 하던 셀룰로이드 원료로 가치가 높았는데, 세계적으로 일본과 타이완, 중국 남부 등지에서만 생장하여 사실상 일본이 세계 장뇌 시장을 독점하면서 생산량 조절하며 이윤도 극대화했다. 장뇌의 생태·지리적 조건이 전매사업으로서 재정 기여도를 높인 것이다.[14]

연초는 세 지역(타이완·조선·일본)에서 모두 실행된 전매사업 품목이었다. 타이완과 일본에서는 1905년에 시작되었지만, 조선에서는 1921년에야 시행되었다. 일본도 조선 지배 초기부터 연초전매 시행을 구상했다. 제1차 한일협약(1904.8)으로 재정고문으로 부임한 메가타가 '재정정리' 작업에 착수할 때 연초를 제염, 수산, 주조업 등과 함께 새로운 재원으로 주목했다. 1905년 8월부터 통감부 재정고문부는 연초 주요 산지에 직원을 파견해 경작 면적과 생산량을 조사했고, 재원조사국을 설치(1908)해 재정고문부의 재원 조사사업을 계승했다. 이를 바탕으로 광산세, 염세, 수산세, 인삼세, 가옥세, 주세 등과 함께 연초세 과세가 시작되었다.[15]

타이완과 달리 조선에서는 연초를 시장 구매보다 자가용 경작으로 소비하는 경우가 많아 통감부는 「연초세법」(1909)을 제정하여 소비세 과세

---

14 문명기, 2015, 앞의 글, 386~388쪽.

15 이영학, 2013, 앞의 책, 207쪽.

부터 착수했다. 강제병합 후에도 유럽 열강과 안정적 관계 유지를 위해 10년간 「구관세거치기간」을 선포하고, 이 기간에 일제가 의도했던 연초 전매제를 실시하지 않기로 영국과 합의했기 때문에 「연초세령」을 제정(1914)할 때에도 연초소비세 증징에 머물렀다. 「구관세거치기간」이 끝나는 1920년에 연초전매제를 바로 실시하려 했지만 3·1운동으로 민심이 "평온하지" 않아 1년 후에야 「조선연초전매령」(1921.4)을 공포하며 타이완보다 16년 늦게 연초전매제를 시행하게 되었다.[16]

그러나 연초전매제는 조선회계에 바로 순익 증가로 나타나지 않았다. 1921년 이후 공채 발행계획에 예외적으로 연초전매 창업비(2천만 엔)를 설정할 만큼 생산과 유통의 독점체제를 구축하기 위한 초기비용이 많이 소요되었기 때문이다.[17] 1920년 연초세액(628.3만여 엔)에 비해, 1921년 연초전매 수익(1,358.1만여 엔)이 2.16배 많았지만 지출을 뺀 순익(321.2만여 엔)은 크게 떨어졌다. 여기에 전후 공황과 간토대지진으로 불황이 계속되면서 연초전매 순익이 1920년 연초세액을 넘어선 것은 1925년(764만여 엔)부터였다.[18]

이후 전매순익의 품목별 비율을 보면 연초(90% 이상)가 압도적이었다. 순익이 늘어나자 1927년 이후에는 예외적으로 허용했던 자가용 연초 경작 및 민간인 황각 제조를 폐지했다. 1929년 이후에는 민간인 연초판매기관을 정비해 조선연초원매팔(元賣捌)주식회사로 통합하여 판매기관을

16 林采成, 2017, 「植民地期朝鮮における煙草專売業の展開とその経済効果」, 『立教經濟學研究』 70-3, 72~76쪽.

17 박우현, 2019, 「1920년대 조선사업공채 정책 변화와 재원조달의 부실화」, 『한국사연구』 185, 130~131쪽.

18 林采成, 2017, 위의 글, 84~85쪽.

일원화했다.[19] 판매 증가에 따라 연초전매 수입은 1921년(1,300여만 엔)에 비해 1924년(2천여만 엔), 1927년(3,200여만 엔)에 증가했고 특히 1937~1942년(5,500여만 엔→1억 4,800여만 엔)에 급증했다. 중국 침략으로 전매 연초의 중국 및 동남아 수출이 급증했기 때문이다.[20]

그런데 1920~1930년대 조선과 타이완의 연초 수입 절대액은 큰 차이가 없었다. 즉 인구와 면적 차이를 고려하면 타이완의 연초 수입이 상대적으로 훨씬 컸다. 연초전매 실시 과정에서도 조선과 타이완은 차이가 컸다. 타이완에서는 1905년부터 별다른 유예조치나 예외 조치 없이 바로 전매제를 실시했다. 반면에 조선에서는 예외조치(소규모 자가용 경작이나 민간 황각연초 제조·판매 허용 등)가 오랜 기간 존속했다. 뿐만 아니라 전매를 시행한 지 10여 년이 지난 1920년대 말~1930년대 초까지도 밀경작, 밀수입, 밀제조나 엽연초의 '불법적' 양도·소비 등 법령 위반이 매년 수만 건에 달하며 농촌 사회의 저항이 계속되었다.[21]

조선에서 「연초전매령」 위반자가 연초전매제 실시 이후 1926년까지 계속 증가했고, 1930년대에도 4만여 건을 넘었으며, 3만 명 이상을 검거해 훈방 또는 재판에 회부하였다. 타이완에서 법령 위반 처분자는 가장 많았던 해가 200명대에 불과했다. 현격한 차이였다. 조선에서는 20세기 초까지 연초의 수출과 수입도 활발한 가운데 전국적으로 연초가 재배되어 생산과 유통이 이뤄져 '토착산업'으로 자리 잡아가는 과정에서 무리하게 전매제를 시행했기 때문이다. 타이완에서 전매 실시에 별다른 저항이

19 이영학, 2013, 앞의 책, 263쪽.

20 이영학, 2013, 위의 책, 263~265쪽.

21 문명기, 2009, 앞의 글, 108쪽.

없었던 것은 연초산업 자체가 미미했기 때문이다. 청조가 연초 재배를 금지했다가 류밍촨(劉銘傳)이 타이완 순부(省의 장관)로 부임한 1880년대 중반부터 연초가 생산되기 시작했으나, 품질이 열악하고 재배과정이 번잡한 데다 오랜 기간이 소요되어 쌀이나 사탕수수보다 경쟁력이 낮았다. 1920년대 중반까지도 원료 엽연초는 주로 수입에 의존하는 상황이었다.[22]

이와 대조적으로 조선에서 연초전매제 실시 과정은 제조업자에 대한 폭력적 정리 과정을 동반했다. 연초전매제 시행을 둘러싼 정보력 차이로 일본인 연초공장은 1918~1919년에 신규 투자를 중지하고 자본 철수를 꾀한 반면, 조선인 공장은 무모하게 투자를 늘리는 상반된 모습도 보였다. 전매제 실시를 위해 연초공장을 조선총독부가 매수할 때 지급했던 교부금은 연평균 생산액의 절반에 불과한 경우가 많았다.[23] 게다가 조선에서는 연초를 자가 생산·소비하는 경우가 많아 전매에 반발할 소지가 매우 컸다. 조선총독부가 3·1운동으로 연초전매제 실시를 한 해 미루고 여러 예외 조항이나 유예조치를 취한 것도 이러한 상황 때문이었다.

22 문명기, 2015, 앞의 글, 389~392쪽.

23 정태헌, 1996, 앞의 책, 122~126쪽.

3. 조선철도회계의 식민지적 운영

1) 조선총독부특별회계에 통합 운영된 조선철도회계의 건설·개량비 지출 제약

식민지 철도는 식민지의 경제적 필요나 산업연관을 위해서가 아니라 제국주의의 정치적·군사적·경제적 목적에 따라 자본, 상품, 군대, 이민 등을 원활하게 하는 다양한 목적에 따라 부설되고 운영되었다.[24] 조선철도 역시 마찬가지였다. 특히 조선철도회계 운영 측면에서 두드러진 식민지적 특징으로는 철도 수익으로 신규 노선 건설 및 개량에 집중하는 철도 경영의 기본 원칙이 작동할 수 없는 구조였다는 점을 들 수 있다. 철도회계 운영 방식 자체가 일본과 달랐기 때문이다.

공채 발행 결정권을 통해 조선철도의 건설·개량에 관한 권한을 가진 일본 정부(대장성)는 조선의 철도회계를 조선회계와 분리해서 운영하지 않고 통합해서 운영하도록 했다. 그런데 이와 달리 일본의 제국철도회계는 정부의 일반회계와 분리된 특별회계로 운영되었다. 철도국유화 조치(1906) 이후 개정 「제국철도회계법」(1909)은 철도 이익이 일본의 일반회계로 들어가지 않고 건설·개량비로 사용되며 부족할 때 제국철도회계 부담으로 철도사업공채를 발행하거나 자금을 차입하도록 규정했다.[25] 즉 제

24 정태헌, 2017, 『한반도철도의 정치경제학 - 일제의 침략 통로에서 동북아공동체의 평화철도로 -』, 선인, 30쪽.

25 日本國有鐵道, 1997, 앞의 책, 421 ~ 429쪽.

국철도회계는 일본 철도성(이하 철도성)이 철도의 건설·개량에 대한 자율적 권한을 행사할 수 있는 구조였다.

통감부 철도관리국이 관할했던 한국철도[26]가 강제병합 직후 조선총독부로 이관될 때 조선총독부 철도국(이하 철도국) 경리과장 가토 마사미(加藤正美)는 조선철도회계(이하 철도회계)를 특별회계로 분리하자고 주장한 적이 있었다. 그러나 데라우치 총독의 사위이자 '작은 데라우치(小寺內)'로 불렸던[27] 조선총독부 관방회계국장 고다마 히데오(兒玉秀雄)는 이를 묵살했다.[28] 조선회계는 일본의 이익에 종속된 가운데 철도부설비를 부담하도록 고안되었기 때문이다.[29]

수입 본위의 철도회계를 지출 본위의 조선회계에 통합하여 운영할 때 따르는 근본적인 문제가 있었다. 이 문제는 당시에도 제기되었다. 우선 철도수입이 좋아도 노선의 연장과 개량, 운임 인하 등에 지출하기 어렵다. 조선총독부 경비로 전용하면 철도수입 감소 시 기정(旣定)계획을 수행하기 어렵기 때문이다. 그럼에도 철도회계가 조선회계에 통합된 이유로 두 가지를 들었다. 첫째, 조선철도가 홋카이도(北海道) 수준으로라도 부설되려면 막대한 자금이 필요해 철도수익을 다른 사업에 쓸 여력이 없다. 둘째, 일본 철도성은 노선 건설·개량에 사용된 공채나 차입금 이자를 지급하고도 1억 엔 이상 순익이 있으므로 특별회계 운영이 가능했지만 조선

26 1906년 7월 한국철도의 일본'국유화'에 대해서는 정재정, 1999, 『일제침략과 한국철도(1892~1945)』, 106~111쪽 참조.

27 이형식, 2011, 「무단통치 초기(1910.10~1914.4)의 조선총독부-인사·관제개혁·예산을 중심으로-」, 『일본역사연구』 33, 182쪽.

28 小林利一, 1928, 『國有朝鮮鐵道經理事務の常識 前編 金錢會計之部』, 27쪽.

29 문명기, 2016, 「일제하 대만·조선총독부 세입의 추이와 구조-조세수입과 조세부담을 중심으로-」, 『사림』 56, 212쪽.

철도는 그렇지 못하다는 것이었다.[30]

두 가지 이유 모두 철도회계가 수익을 내기 어려운 초기에만 국한된 판단이었다. 실제로 가장 큰 문제는 장기적으로 조선철도의 노선 건설·개량이 뒷전으로 밀려났다는 점이다.

단기적으로 보면 철도회계가 조선회계에 통합되면 철도의 건설·개량을 위해 발행한 사업공채에 대한 원리금 상환(공채비) 책임과 무관해 보이고, 철도경영 손실을 조선회계가 보전하는 것처럼 보인다. 그러나 장기적으로는 철도 순익이 늘어나면 철도회계가 조선회계의 다른 지출 부분으로 유용되는 구조가 만들어진 것이다.[31] 즉 철도회계 수입이 적자일 때도 건설·개량자금 조달이 어렵지만, 반대로 흑자일 때도 이익금이 건설·개량에 사용될 가능성이 차단된 것이다. 이러한 특징은 전시체제 이후 급증한 철도 순익에도 불구하고 해방 후에도 큰 문제가 되는, 철도 노후화 현상을 불러온 것이다.

철도회계에서 핵심은 세출의 경우 조선회계에서 철도작업비(경상부)와 건설·개량비(임시부)였다. 철도작업비는 건설·개량을 제외한 운영비(영업비)로 경상부 세입의 철도수입을 재원으로 했다. 건설·개량비는 임시부 세입의 공채금(조선사업공채 발행) 중 철도 관련분을 재원으로 했다. 한편 철도국은 철도운영의 익금을 경상부 철도수입에서 철도작업비를 뺀 잔액으로 설정했다. 이때 익금은 일반회사나 제국철도회계에서 정의하는 익금과 차이가 있다. 일반회사에서 익금은 해당 기간 총수입에서 총지출을 뺀 잔액으로 여기에서 법정적립금, 중역상여금, 주주배당금 등이 계산

30 小林利一, 1928, 앞의 책, 19~20쪽; 23~26쪽.

31 平井廣一, 1997, 『日本植民地財政史研究』, ミネルヴァ書房, 151~152쪽.

된다. 철도성은 익금을 「제국철도회계법」 제9조에 "수익감정에서 세입 총액이 세출 총액을 초과하는 금액"으로 규정했다. 독립된 제국철도회계 세출에는 공채 및 차입금 이자가 포함되어 있다. 즉 제국철도회계 익금은 일반회사 익금에서 주주배당금 등까지 지불한 잔액이었다.[32]

그런데 조선철도회계에서 익금 규정은 철도성과 달랐다. 관례적으로 수입에서 작업비를 뺀 금액을 익금으로 칭했지만, 조선철도회계에서는 독립적으로 지불하지 않고 통합된 조선회계에서 지출되는 공채 및 차입금에 대한 이자 지불이 제외된 것이었다. 조선사업공채에 관한 이자 지불은 조선회계 경상부 세출에 속한 국채정리기금특별회계 전출로[33]으로 설정되었다. 조선회계에 통합되어 운영된 철도회계의 구조가 철도익금의 관례적 계산에서 이자 지불을 제외한 것이다. 이 때문에 후술할 조선철도 순익 추산 시 추가적 계산이 필요해진다.

구체적인 논의에 앞서 조선회계의 철도 관련 세입·세출의 대강을 보자. 철도 관련 수입과 작업비 추출이 가능한 1912~1943년 철도수입(19억 9,800여만 엔)과 철도작업비(13억 5천여만 엔)의 시기별 평균을 보면 1912~1919년(1,131.9만여 엔:871.6만여 엔), 1920~1929년(3,426.6만여 엔:2,540.5만여 엔), 1930~1936년(4,935.4만여 엔:3,114.3만여 엔), 1937~1943년(1억 7,417.8만여 엔:1억 1,542.4만여 엔)별로 점차 익금 증가폭이 늘어났다. 1910~1943년 건설·개량비(12억 6,300여만 엔)의 시기별 평균 1912~1919년(875.4만여 엔), 1920~1929년(1,602.8만여 엔),

---

32 小林利一, 1928, 앞의 책, 72~75쪽.

33 한편 조선총독부통계연보 재정편을 보면 해당 부분은 1917년까지는 일반회계 전출금으로, 1918년부터 국채정리기금특별회계 전출로 표시되어 있다(朝鮮總督府, 가년판, 『朝鮮總督府統計年報』 참조).

1930~1936년(1,858.6만여 엔), 1937~1943년(1억 2,689만여 엔)을[34] 보면 1937년 이후 집중되었다.

2) 조선철도 운영의 구조적 낙후성과 수입 불안정

조선회계에서 철도 관련 세입·세출을 세부적으로 보면 운영의 낙후성과 식민지성이 뚜렷하게 드러난다. 임시부의 철도 관련 세출을 먼저 보자. 공채나 차입금이 재원인 건설·개량비는 철도공작물(선로, 건조물, 차량 등)의 원가로 재료비, 노동력비, 설계 및 감독 비용 등이 포함된다. 그중 건설비는 수익에 기여하는 고정재산 건설 또는 취득에 사용하는 비용이다. 개량비는 건설비로 완성된 재산(매수노선도 포함)을 개량하기 위한 비용인데 목조가옥의 철근콘크리트 건물로 교체, 75파운드 궤조를 100파운드로 교체 등을 들 수 있다.

경상부의 철도 관련 세출 대부분은 철도작업비였다. 보존비 차량수선비, 운전비(기차비), 운수비(여객 및 화물 수송에 요하는 직접 비용), 총계비(앞의 네 가지에 속하지 않는 비용), 잡비 등 6개 비목으로 구분되었다.[35] 대체로 이 구분이 유지되었다.[36]

---

34 朝鮮總督府, 각년판, 『朝鮮總督府統計年報』; 朝鮮總督府 鐵道局, 각년판, 『朝鮮鐵道狀況』.

35 小林利一, 1928, 위의 책, 227쪽; 237~238쪽.

36 예를 들어 1920년 철도작업비 통계까지는 사업비 중 잡비가 구분되어 있지만 이후부터는 구분되지 않는다(朝鮮總督府鐵道局, 『朝鮮鐵道狀況』 10, 1920, 17~19쪽). 또한 1915~1924년에는 운전비를 제1운전비, 제2운전비로 구분했다(朝鮮總督府, 『大正十四年 朝鮮總督府統計年報』, 1927, 320~321쪽). 1945년 4월 자재 조직을 개편하면서 운전용품을 제1운전용품(석탄 연료)과 제2운전용품(연탄 원료)으로 구분했는데 운전

한편 보존비는 임시부 세출인 개량비, 경상부 세출인 보충비와 구분이 애매했다. 건조물 등을 복구 또는 교체할 경우 구공사비 상당액은 보존비로, 신공사비 초과액은 개량비로 산정하기도 했다.[37] 당해 연도에 완성되는 개량공사의 경우 제국의회 승인이 없어도 되는 철도작업비(보존비, 보충비 등)로 집행하고 이듬해로 넘어갈 경우 개량비에 의한 계속비로 산정하기도 했다.[38] 철도국은 조선철도 직영 환원 직후인 1925년 7월 「보존보충공사비지변 비목구분 방법의 건」을 작성해 보충비(건물의 신축, 증축, 개축, 이축 등)와 보존비(보강, 모양 교체, 수선, 복구, 이전, 철거, 응급 등)를 구분했다. 그러나 실제로는 실무자의 해석에 의존하는 경우가 많았다. 이 세 비목의 변화상은 철도 운영의 견실성을 가늠하는 지표가 된다. 〈표 6-3〉, 〈표 6-4〉는 조선 · 타이완 · 일본의 개량비, 보존비, 보충비(일본은 보충비 제외) 등과 1km당 각 비용을 정리한 것이다.

〈표 6-3〉 조선·타이완·일본의 철도 개량비, 보존비, 보충비 현황(단위: 엔)

	조선			타이완			일본	
	개량비	보존비	보충비	개량비	보존비	보충비	개량비	보존비
1923	2,157,240	4,518,957	1,195,180	1,229,873	2,084,555	700,104	121,013,097	67,022,959
1924	1,127,300	3,727,177	402,337	1,250,643	2,052,944	626,739	132,640,787	57,165,491

비 구분 기준도 이와 같은 것으로 추정된다(鮮交會編, 앞의 책, 1986, 746쪽). 1925년부터 운전비는 다시 통합되었고, 기차비로 개칭되었다(朝鮮總督府, 1928, 『昭和元年 朝鮮總督府統計年報』, 316~317쪽).

37 구공사비와 신공사비의 구분은 사전에 배분하거나, 사후에 공제하는 방법이 있었다(小林利一, 1928, 앞의 책, 246~248쪽).

38 小林利一, 1928, 위의 책, 289~291쪽.

1925	2,748,625	5,712,542	366,575	1,408,455	2,034,817	628,667	145,409,079	54,939,401
1926	1,771,198	5,609,023	1,098,776	1,904,909	2,075,819	818,763	153,274,029	58,073,541
1927	3,360,551	6,075,891	1,217,054	2,657,118	2,200,678	1,152,529	156,244,969	58,915,387
1928	3,811,502	6,041,788	825,248	2,187,003	2,248,203	1,091,042	139,634,863	62,804,064
1929	3,291,430	6,042,794	448,428	2,683,199	2,457,606	1,367,727	125,199,688	62,053,014
1930	2,426,457	5,629,802	299,828	1,993,020	2,449,041	1,299,316	66,735,913	56,373,653
1931	3,542,712	5,692,837	256,022	1,794,472	2,387,879	920,222	54,714,747	50,359,631
1932	4,482,570	5,633,050	441,163	1,653,535	2,249,724	687,003	51,991,055	50,053,720
1933	4,788,588	6,235,864	665,240	1,050,346	2,232,245	713,834	56,304,722	54,395,922
1934	5,510,553	7,118,329	1,108,632	1,532,277	2,403,411	949,140	67,662,895	67,632,642
1935	7,471,070	7,836,891	1,232,527	2,286,532	2,308,159	1,132,239	83,366,177	70,018,829
1936	14,480,725	8,565,074	1,557,956	2,278,591	2,669,823	1,015,693	89,446,250	73,606,269
1937	32,768,298	11,228,649	2,151,094	2,232,514	3,009,375	1,281,934	104,152,937	84,195,665
1938	63,315,062	12,708,049	1,739,657	4,016,796	3,359,645	1,098,235		
1939	88,495,171	14,929,896	3,363,614					
1940	114,330,013	19,243,194	3,366,081					
1941	115,834,381	21,143,810	3,240,378					
1942	110,866,143	28,664,695	4,375,583					
1943	137,745,443	30,139,652	4,793,607					

출처: 朝鮮總督府 鐵道局, 1935, 『朝鮮鐵道狀況』 26, 28~29쪽; 1939, 『朝鮮鐵道狀況』 30, 33쪽; 朝鮮總督府 交通局, 1944, 『朝鮮交通狀況』 1, 56~57쪽; 朝鮮總督府, 각년판, 『朝鮮總督府統計年報』; 臺灣總督府 交通局 鐵道部, 각년판, 『台湾総督府交通局鉄道年報』; 鐵道省經理局, 1934, 『國有鐵道會計參考書』, 36~37쪽; 鐵道省, 각년판, 『鐵道統計』.

비고: 자료의 한계로 해당 금액을 찾지 못한 부분은 공란으로 남겨두었다.

〈표 6-4〉 조선 · 타이완 · 일본의 1km당 개량비, 보존비, 보충비 현황(단위: 엔)

연도	조선			타이완			일본	
	1km당 개량비	1km당 보존비	1km당 보충비	1km당 개량비	1km당 보존비	1km당 보충비	1km당 개량비	1km당 보존비
1923	1,127	2,362	625	1,665	2,822	948	10,253	5,679
1924	539	1,781	192	1,524	2,502	764	10,921	4,707
1925	1,305	2,711	174	1,688	2,438	753	11,549	4,364
1926	820	2,598	509	2,283	2,488	981	11,918	4,515
1927	1,434	2,592	519	3,075	2,546	1,334	11,668	4,400
1928	1,494	2,368	323	2,531	2,601	1,262	10,199	4,587
1929	1,196	2,196	163	3,037	2,782	1,548	8,849	4,386
1930	869	2,016	107	2,256	2,772	1,471	4,579	3,868
1931	1,178	1,892	85	2,031	2,703	1,042	3,644	3,354
1932	1,426	1,792	140	1,872	2,547	778	3,382	3,256
1933	1,631	2,124	227	1,191	2,532	810	3,554	3,433
1934	1,791	2,313	360	1,738	2,726	1,076	4,092	4,090
1935	2,204	2,312	364	2,593	2,618	1,284	4,864	4,086
1936	4,050	2,395	436	2,584	3,028	1,152	5,102	4,199
1937	8,768	3,004	576	2,534	3,415	1,455	5,808	4,695
1938	16,527	3,317	454	4,559	3,813	1,246		
1939	21,640	3,651	823					
1940	26,630	4,482	784					
1941	25,952	4,737	726					
1942	24,437	6,318	964					
1943	30,158	6,599	1,050					

출처: 〈표 23〉의 자료에서 수치를 추출해 계산.

1km당 각 비용에서 조선철도는 1935년까지 일본은 물론 타이완보다도 낮았다. 조선철도 부설이 두 지역보다 늦었다 해도 1936년 이후 개량비와 보존비의 폭증은 이전까지 경시된 개량과 보수의 실상을 보여준다. 또 뒤늦은 복선화 공사 역시 조선철도 개량의 후진성을 보여준다. 만주침략 이후 조선철도 종관노선의 군사적 중요성이 부각하자 일본 정부는 1936년에야 "결전물자의 수송간선"이라면서 경부선과 경의선 복선화 계획을 승인했다.[39]

타이완철도의 복선화는 1919년 지룽(基隆)-타이베이(臺北) 구간 완성 후 1935년에 주난(竹南)까지 연장되어 북부 종관선이 완료되었다.[40] 그러나 이 무렵 조선에서는 수송량 폭증을 단선으로 감당하기 어려워 도시에서 물류수송 교란과 극심한 체화에 따른 물자난[41]이 극심한 상황이었다. 이는 개량비 재원인 공채 발행이 일제의 침략정책과 조선회계의 공채비 부담에 제약되어 그만큼 철도 개량이 방기된 결과였다.

경상비 세출에 속한 보존비 및 보충비의 1km당 비용도 타이완보다 적었다. 1923~1937년에 조선이 타이완보다 컸던 해는 보존비에 한해 3개년에 불과했다. 철도작업비 지출이 철도수입에 영향을 받는 상황에서 조선철도의 저조한 수익성을 반영한다. 실제로 전후 불황기인 1920년대 조

---

39 경부선 복선화 공사는 1936년 4월부터 호남선과 수송이 중복되는 영등포-대전 구간, 삼마선과 수송이 중복되는 부산진-삼랑진 구간부터 착수되었다(정재정, 1999, 앞의 책, 378~379쪽). 경의선 복선화는 1938년 6월에 착수되었지만, 수송량 폭증에도 불구하고 자금난으로 착수조차 못했다(정태헌, 2017, 앞의 책, 170~171쪽).

40 高成鳳, 2006,『植民地の鐵道』, 日本經濟評論社, 21~22쪽.

41 林采成, 2005,『戰時經濟と鐵道運營:「植民地」朝鮮から「分斷」韓國への歷史的經路を探る』, 東京大學出版會, 39~41쪽.

선철도의 영업이익이 수입 증대보다 지출 절약으로 달성되었던 점[42]에 비춰 타이완보다 적재적소에 보수·개량이 이뤄지지 못했다.

조선철도회계 세입은 조선회계 임시부의 공채와 경상부의 철도수입(여객수입, 화물수입, 잡수입 등)으로 구성된다. 그러나 조선철도의 수입구조는 취약했다. 조선·타이완·일본의 1km당 여객 및 화물 수입 추이를 정리한 〈표 6-5〉를 보면, 1937년까지 조선철도는 일본은 물론 타이완보다 적었다. 특히 화물수입에서 취약했는데 타이완과 가장 차이가 적었던 1923년(2,190엔)에도 큰 격차를 보였다. 타이완이 1937년에 기록한 1km당 화물수입(18,705엔)을 조선은 1942년(19,165엔)에야 넘어섰다. 1km당 여객수입은 일본이 압도적으로 많았다. 조밀한 인구분포 때문이었다.[43] 조선과 타이완의 여객수입 격차는 화물수입보다 적었다. 조선이 1923년 한 해만 타이완보다 컸지만, 그 격차(206엔)는 미미했다.

〈표 6-5〉 조선·타이완·일본 1km당 여객 및 화물 수입 추이(단위: 엔)

연도	조선			타이완			일본		
	여객수입	화물수입	합계	여객수입	화물수입	합계	여객수입	화물수입	합계
1915	2,379	1,871	4,250	4,353	6,190	10,543	5,888	6,368	12,256
1916	2,509	2,236	4,745	5,021	6,909	11,930	7,044	7,600	14,644
1917	3,489	3,486	6,975	5,637	7,896	13,533	9,011	9,382	18,393
1918	4,995	4,213	9,208	6,549	7,879	14,428	12,618	11,467	24,084
1919	6,206	5,458	11,664	8,333	8,157	16,490	16,680	13,517	30,197
1920	6,801	5,985	12,786	10,062	8,495	18,557	19,920	13,169	33,089

42 鮮交會編, 1986, 앞의 책, 687~690쪽.

43 小林利一, 1928, 앞의 책, 267쪽.

1921	7,127	6,109	13,236	9,847	8,869	18,716	20,264	15,819	36,083
1922	7,503	6,719	14,222	7,766	9,045	16,811	21,065	16,285	37,350
1923	7,921	7,572	15,493	7,715	9,762	17,477	21,630	15,351	36,981
1924	7,138	6,734	13,872	7,419	10,006	17,425	21,797	16,406	38,203
1925	7,274	7,367	14,641	8,305	11,111	19,416	21,303	16,237	37,540
1926	7,633	8,211	15,844	8,974	11,638	20,612	21,091	15,946	37,037
1927	7,461	8,303	15,764	9,260	12,317	21,577	20,831	16,450	37,281
1928	7,598	7,922	15,520	9,578	13,215	22,793	21,373	16,654	38,027
1929	7,685	7,534	15,219	9,451	13,488	22,939	20,217	15,780	35,997
1930	6,342	7,008	13,350	8,740	12,896	21,636	17,916	12,979	30,895
1931	5,552	6,836	12,388	7,808	12,867	20,675	16,341	12,013	28,354
1932	5,768	6,456	12,224	8,051	13,292	21,343	15,549	11,626	27,175
1933	6,968	7,466	14,434	8,470	13,454	21,924	16,449	12,824	29,273
1934	8,052	8,395	16,447	9,035	15,264	24,299	17,043	13,622	30,666
1935	8,200	8,544	16,744	10,863	16,588	27,451	17,432	13,619	31,051
1936	8,926	9,366	18,292	11,084	18,548	29,632	18,495	14,819	33,314
1937	10,037	10,967	21,004	11,960	18,705	30,665	20,050	16,401	36,451

출처: 朝鮮總督府鐵道局, 각년판, 『朝鮮鐵道狀況』; 朝鮮總督府, 각년판, 『朝鮮總督府統計年報』; 臺灣總督府交通局鐵道部, 각년판, 『台湾総督府交通局鉄道年報』; 鐵道省經理局, 1934, 『國有鐵道會計參考書』, 36~37쪽; 鐵道省, 각년판, 『鐵道統計』에서 수치를 추출해 계산.

철도수입의 안정성을 평가할 때 화물수입/여객수입 비율도 유의미한 지표가 된다. 당시에는 화물수입이 여객수입보다 많아야 수익성이 높다고 보았다. 화물수송 경비가 저렴한 반면에 여객수송은 서비스 요구가 계속 늘어났고, 민족·계급 간 격차에 따라 객차 내부의 차이를 드러내는 작업도 비용 상승을 불러왔기 때문이다.[44]

44 小林利一, 1928, 앞의 책, 263~266쪽.

〈표 6-6〉 조선·타이완·일본 [화물수입/여객수입] 비율

연도	조선	타이완	일본
1915	0.787	1.422	1.082
1916	0.891	1.376	1.079
1917	0.999	1.401	1.041
1918	0.843	1.203	0.909
1919	0.880	0.979	0.810
1920	0.880	0.844	0.661
1921	0.857	0.901	0.781
1922	0.895	1.165	0.773
1923	0.956	1.265	0.710
1924	0.943	1.349	0.753
1925	1.013	1.338	0.762
1926	1.076	1.297	0.756
1927	1.113	1.330	0.790
1928	1.043	1.380	0.779
1929	0.980	1.427	0.781
1930	1.105	1.475	0.724
1931	1.231	1.648	0.735
1932	1.119	1.651	0.748
1933	1.071	1.588	0.780
1934	1.043	1.689	0.799
1935	1.042	1.527	0.781
1936	1.049	1.673	0.801
1937	1.093	1.564	0.818
1938	0.953		
1939	0.803		
1940	0.678		

1941	0.692		
1942	0.565		
1943	0.680		

출처: 朝鮮總督府, 각년판, 『朝鮮總督府統計年報』; 臺灣總督府交通局鐵道部, 각년판, 『台湾総督府交通局鉄道年報』; 鐵道省經理局, 1934, 『國有鐵道會計參考書』, 36~37쪽; 鐵道省, 각년판, 『鐵道統計』에서 수치를 추출해 계산.
비고: 자료의 한계로 해당 금액을 찾지 못한 부분은 공란으로 남겨두었다.

〈표 6-6〉은 조선·타이완·일본의 화물수입/여객수입 비율을 정리한 것이다. 1915~1937년 수치를 평균하면 조선(0.996)은 타이완(1.369)보다 크게 떨어졌다. 철도 수송이 폭증했던 전시체제기에 오히려 더 낮아져 이를 포함하면 조선의 평균(0.941)은 더욱 떨어졌다. 화물수입/여객수입 비율을 볼 때 조선철도의 수입구조는 전시체제기에도 불안정했다.

3) 전시 재정의 수탈 지렛대가 된 조선철도회계

조선철도회계의 종합적 분석과 순익 추산을 하려면 영업이익의 내용과 건설·개량비에 수반된 공채비를 시야에 넣어야 한다. 즉 조선철도회계에서 영업이익(수입-지출)은 바로 순익이 될 수 없고, 여기에서 철도 관련 공채비(이하 철도공채비)와 원금 상환액을 빼야 한다. 조선회계에는 공채비 총액만 기재되어 있다. 따라서 공채비에서 철도공채비를 추산해 영업이익에서 차감해야 조선철도 경영의 순익을 추산할 수 있다. 〈그림 6-1〉은 관련된 추산을 반영하고, 기존 연구의 오류를 보정한 수치를 보여준다.[45]

45 자세한 추산 및 보정 과정과 결과는 정태헌·박우현, 2020, 「일제시기 철도 재정의 식

철도 순익의 내용을 살펴보자. 우선 대공황기인 1930년대 초에 순익이 급락하고, 1934년 이후 흑자폭이 급증한 '큰 흐름'이 확인된다. 즉 대공황 타개를 위한 확대재정정책, 일제의 대륙침략이 본격화하면서 철도뿐 아니라 해운 수입도 급증한 1934년부터 순익이 급증한 것은 당시의 경기 동향 결과라고[46] 할 수 있다.

그러나 1930년 이전의 순익 변동폭(±200만여 엔)과 그 배경을 심층적으로 볼 필요가 있다.

〈그림 6-1〉 조선철도회계 철도관련공채비, 철도영업이익, 철도순익 비교(단위: 엔)

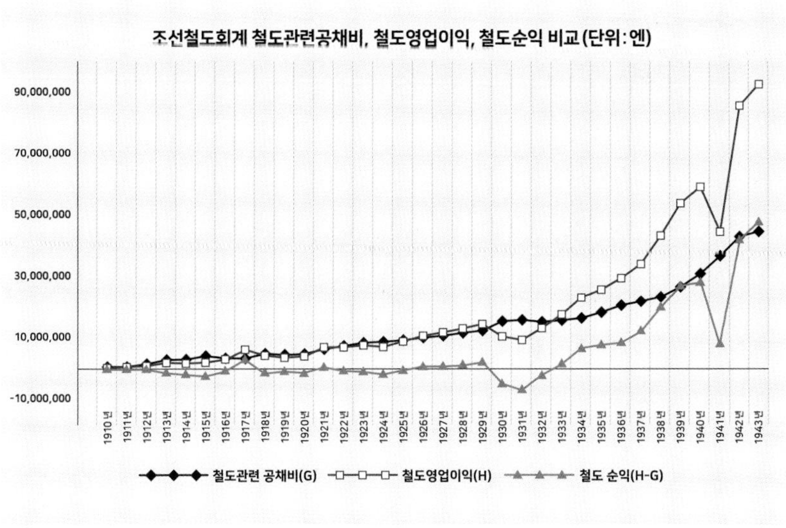

민지성 - 회계과목 분석과 순익 추산을 중심으로 -」, 『한국사학보』 78, 245~250쪽 참조.

46 「半島財界34年の足跡(12)順風に乘る海運界補帆問題の悩みを明年へ繰越」, 『京城日報』, 1934.12.23.

우선 1917년 순익 급등의 배경을 보자. 전쟁(제1차 세계대전) 호황은 1915년부터 시작되어 이 점만 들기는 어렵다. 물론 평균 수송 거리 증가로 1916~1917년에 여객수입은 42%(430만 4,053엔→613만 7,587엔), 화물수입은 60%(383만 5,953엔→613만 1,589엔) 증가했다. 그런데 1917년에는 지출도 감소했다. 전년 대비 수해복구 공사비 증가폭이 줄었고,[47] 공채비와 철도공채비 모두 감소했다. 1914~1916년에는 제2차 오쿠마(大隈重信) 내각(1914.4~1916.10)의 '절대적 비모채(非募債)' 정책으로 공채 발행이 중단되었고, 일부 자금만 일본 일반회계에서 차입했다.[48] 이 때문에 1914년부터 건설·개량비도 감소 경향을 보였다. 즉 1917년의 순익 급증은 수입 증가와 지출 감소가 어우러진 결과였다.

1918년부터 다시 적자로 전환되었다. 철도수입 감소 때문이 아니었다. 오히려 전쟁 호황으로 여객·화물 수송 모두 늘어났고, 영업수입도 전년 대비 증가(36.5%)했다.[49] 그러나 지출 증가가 수입 증가를 앞섰다. 우선 공채비가 급증했다. 1916년 10월 출범한 데라우치 내각이 전쟁 호황에 편승해 대륙침략 구상 아래 군사비 중심 재정확장정책으로 전환하여 공채 발행이 급증했기 때문이다.[50] 이런 분위기에서 만철의 조선철도 위탁경영이 결정되었다(1917.7.31).

1918년 공채비 급증의 원인은 1917년 12월 조선사업비국고채권[로(ろ)호] 발행 때문이었다. 조선의 신용도가 약하다는 이유로 대장성이 장

---

47 鮮交會編, 1986, 앞의 책, 687~688쪽; 朝鮮總督府, 1927, 앞의 책, 320~321쪽.

48 木下恵太, 1999, 「第二次大隈内閣の財政構想 -「絶対的非募債」政策を中心に」, 『早稲田大学史記要』 31, 67~70쪽.

49 鮮交會編, 1986, 위의 책, 688쪽.

50 大藏省百年史編集室, 1969, 『大藏省百年史』(上), 大藏財務協會, 260~261쪽.

기공채(55년 이내)보다 단기공채(조선사업비국고채권) 발행을 결정한 결과였다. 이 채권은 「조선사업공채법」에 의해 두 차례 발행되었는데, 1917년 발행액(4,500만 엔)은 1913년 4월 발행액(3천만 엔)과 함께 당해 연도에 상환해야 할 금액을 합친 액수였다.[51] 차액(1,500만 엔)은 1918년도 공채로 추가되었다. 1918년도 건설·개량비 급증은 철도공채비 상승을 동반했다.[52]

철도작업비도 증가했다. 1917년 9월 전쟁 여파로 물가 폭등에 따른 급여 인상 및 수당 지급으로[53] 1917~1918년 지출 증가(688만 1,230엔)가 수입 증가(480만 8,387엔)를 크게 앞섰다. 전쟁 호황으로 인한 수입 증가가 물가상승에 따른 지출 증가를 넘지 못한 것이다.

1921년 순익 증가도 주목된다. 그런데 1921년 일본 경제는 1920년 봄 반동공황 이후 불황에 빠졌고, 조선철도 수입 증가폭도 격감했다. 즉 1921년 순익 증가의 원인은 이례적인 지출 감소[54] 때문이었다. 『조선교통사』도 1921년 절약정책의 효과를 강조했다.[55] 지출 내역을 보면 운전비

51 大藏省編, 1936, 『明治大正財政史 第十一卷 國債』(上), 財政經濟學會, 960쪽, 965쪽.

52 1918년 공채발행사업계획 내 건설·개량으로 함경선 잔여 구간, 진해선 및 평양탄광 연장선 부설이 예정되었다. 1918년 건설·개량비 1천만 엔이 책정되었지만 결산액은 966만 7,914엔이었다(1918.3, 「朝鮮事業公債法中ヲ改正ス」, 『公文類聚 第四十二編 大正七年 第二十卷』).

53 鮮交會 編, 1986, 앞의 책, 196~197쪽.

54 전년 대비 철도수입 증가액은 1918년 480만 8,387엔, 1919년 598만 9,052엔, 1920년 320만 7,467엔, 1921년에 93만 5,840엔으로 급락했다. 철도지출 증가액은 1918년 688만 1,230엔, 1919년 646만 8,710엔, 1920년에 260만 3,015엔 증가했지만 1921년에 169만 8,870엔으로 격감했다(朝鮮總督府, 1925, 앞의 책, 320~321쪽).

55 鮮交會 編, 1986, 위의 책, 688쪽.

감소가 감소총액의 99%나 차지했다.[56] 운전비 감소분의 80% 이상은 반동공황의 물가하락으로 석탄비가 1920~1921년(438만 1,209엔→302만 2,423엔)에 격감했기 때문이다.[57] 영업이익 증가폭은 줄었지만 지출 감소로 철도 수지가 일시 개선되는 외양을 보인 것이다.

그러나 외부 요인에 의한 일시적 수지 개선은 계속되지 못했다. 1922년부터 다시 적자로 돌아섰다. 함경선 건설 등에 필요한 건설·개량비 충당을 위한 1920~1921년 공채 급증에 따른 철도공채비 증가가 주원인이었다.[58] 건설·개량비는 노선 확충을 의미하는데 1920년대 조선철도는 건설·개량에 수반된 철도공채비의 소폭 상승에도 순익의 안정성이 위협받는 상황이었다.

그런데 1925년 이후 큰 변화를 보였다. 1926~1929년에 흑자(81.8만 엔~226.2만 엔)를 거둔 것으로 추정된다. 농업공황, 금융공황, 대공황으로 이어지는 만성적 불황기인 1920년대 후반기에 소폭이나마 철도 수지가 개선된 이유는 무엇일까?

우선 지출이 1925년에 전년 대비 격감(772,310엔)했다. 1925년 이후 본격화된 행정정리 등 긴축정책의 산물로써 판임관 이상 관리들의 봉급 감소가[59] 주목된다. 일본에서도 간토대지진 이후 행정정리가 강화될 때였고[60]

---

56 朝鮮總督府, 1927, 앞의 책, 320~321쪽.

57 朝鮮總督府鐵道局, 1925, 앞의 책, 257쪽.

58 박우현, 2019, 앞의 글, 129~132쪽.

59 판임관 이상 관리들 봉급은 1924~1925년에 65만 5,804엔 감소(254만 9,705엔→189만 3,902엔)했다(朝鮮總督府鐵道局, 1925, 앞의 책, 259쪽; 朝鮮總督府, 1931, 『昭和四年 朝鮮總督府統計年報』, 317쪽).

60 李炯植, 2013, 앞의 책, 170~173쪽.

철도국도 고령자, 장기결근자 중심으로 정리를 밀어붙였다.[61] 당시 언론 보도에 따르면 1925년 10월 2회에 걸쳐 판임관 이상 200여 명, 고원 및 용인 100여 명을 감축했고, 이로써 지출이 70~80만여 엔 감소할 것이라고 전망하였다.[62]

그러면 당시 철도국이 인원을 감축해야 할 기관으로 지목될 만큼 방만한 조직이었을까?

그렇게 단정할 수는 없다. 1마일당 종업원 수에서 조선(10.3명)은 삿포로(15.4명), 센다이(16.5명), 도쿄(46.9명), 나고야(27.2명), 고베(25.3명)보다 크게 적었다. 수입 10만 엔당 종업원 수도 조선(42.5명)은 삿포로(52.1명), 센다이(52.2명), 도쿄(38.9명), 나고야(31.1명), 고베(36.4명)에 비해 많은 수준이 아니었다.[63] 인원 감축의 필요성이 제기된 이유는 따로 있었다. 일본인에게 지급된 가봉(외지근무수당)으로 평균급여가 높았기 때문이다.[64] 즉 일정 수준 이상의 기술 및 관리직에 일본인 중심의 고용을 강조한 식민지 철도정책이 비용 감축을 위해 필수적인 유영 인원까지 줄이는 결과를 불러온 것이다.

1925년 이후의 수지 개선 요인에는 수입 증가도 있었다. 1925~1929년

61 「馘首의 颶風을 압해 두고 空氣陰鬱한 鐵道局 勇退決心者 三十餘名 느저도 팔월에는 실현될 듯」, 『매일신보』, 1925.7.5; 「鐵道局整理의 颶風 三千同胞의 運命? 不安에 싸인 各工場」, 『時代日報』, 1925.7.11; 「鐵道局의整理 近近斷行 大村鐵道局長談」, 『東亞日報』, 1925.10.2; 「老人必ずしも無能にあらず, 懸念される鐵道局の整理」, 『朝鮮新聞』 1925.10.10.

62 「鐵道局整理 第一回約二百名」, 『時代日報』, 1925.10.20; 「鐵道局二回整理雇員約四百名」, 『時代日報』, 1925.10.29.

63 「鐵道局의 整理 新陳代謝는 當然하나 計數上으로는 餘地가 업다」, 『每日申報』, 1925.10.4.

64 「鐵道の人員整理, 又も問題が擡頭に就いて大村鐵道局長語る」, 『朝鮮新聞』, 1925.9.30.

에 영업이익은 매년 증가(평균 280만여 엔)했다. 1923~1924년에 감소(160만여 엔)한 것과 다른 양상이었다.[65] 수입 증가 요인은 많았다. 1928년 함경선이 완공되어 함경북도 방면의 목재나 석탄, 만주산 조(粟)의 수송량이 증가[66]했고, 1925~1926년 일본군의 만주 증파와 복귀에 따른 군병 수송비로 15만여 엔 수입이 발생했으며,[67] 1929년에는 조선박람회 개최에 따라 수송량이 증가했다.[68]

1920년대 후반 화물수입 증가의 가장 큰 요인은 만주로부터의 수입(만주산 조, 콩깻묵 등) 급증이었다.[69] 이는 1924년 이후 계속된 현상이었다.[70] 일본의 필요로 추진된 산미증식계획이 빚어낸 조선농촌의 식량부족을 타개하기 위한 미봉책이 철도 순익을 증가시키는 역설을 낳은 것이다. 이처럼 1920년대까지 조선철도 수지는 외부 요인에 불안정하게 흔들렸다.

1930년 이후 순익 양상은 조선철도를 둘러싼 정치적·경제적 상황과 조응했다. 대공황 여파로 급락하였다가 이후 회복하여 1934년에는 처음으로 500만 엔 이상 순익(677만 8,911엔)을 보인 것으로 추정된다. 만주침

65 전년 대비 수입 증가는 1926년 361만 705엔, 1927년 263만 6,783엔, 1928년 284만 3,948엔, 1929년 230만 4,967엔이었다(朝鮮總督府, 1931, 앞의 책, 317쪽).

66 송규진, 2014, 「함경선 부설과 길회선 종단항 결정이 지역경제에 끼친 영향-나진·웅기·청진을 중심으로」, 『한국사학보』 57, 328~335쪽.

67 「出兵과 鐵道局」, 『時代日報』, 1926.1.9; 「滿洲出兵과 鐵道 軍事輸送費가 意想外收入」, 『每日申報』, 1926.1.9.

68 「朝博と鐵道收入」, 『朝鮮新聞』, 1929.10.30.

69 平井廣一, 1997, 앞의 책, 160~161쪽.

70 「京鐵總收入額」, 『東亞日報』, 1924.5.2; 「鐵道收入增加 昨年보다 八百萬圓」, 『時代日報』, 1926.6.16; 「昨年中官業收入 四百餘萬圓豫算超過」, 『中外日報』, 1927.1.8.

략을 계기로 1932년부터 늘어난 영업이익 증가폭은 1934년부터 경기회복이 맞물려 철도공채비 증가폭을 크게 앞섰다. 1인당 승차거리, 1ton당 수송거리 모두 증가해 전년 대비 여객수입 17.1%, 화물수입은 13.2% 증가했다.[71] 고질적인 편하수송(片荷輸送, 남북행 간 수송량 불균형) 문제도 1933년 이후 북행화물 급증으로 해소되기 시작했다.[72] 즉 1930년대 중반 순익 급등의 핵심 원인은 일본의 만주침략에 따른 수송 급증 때문이었다.

일제가 중일전쟁을 도발한 1937년에 영업이익(3,375만 4,107엔)은 공채비(2,967만 210엔)를 넘어섰다. 1937~1943년 영업이익은 공채비를 부담하고도 남았다(1억 3,010만 8,726엔). 즉 일제의 대륙침략을 위해 종관노선 중심으로 구축된 조선철도가 그 목적에 부응하는 기능을 수행하게 되면서 안정적 순익 구조를 이룬 것이다.

그러면 이러한 순익은 어디에 쓰였을까?

앞에서 언급한 철도 건설·개량비와 철도수입의 상관관계가 끊긴 채 조선회계로 통합된 조선철도회계의 구조를 주목해야 한다. 이는 철도경영의 이익을 철도 건설·개량비로 사용하도록 규정한 일본철도회계와는 다른 구조였다. 결국 조선철도 영업이익은 조선회계의 세입 보전, 특히 일본의 임시군사비특별회계로 거액이 유출되었다. 이를 두고 조선총독부 마지막 재무국장(1937.10~1945.8) 미즈타 나오마사(水田直昌)는 전시체제기에 총독부 재정이 철도수입을 착취했다고 회고했다.[73]

철도 순익을 건설·개량비로 사용하기 어려운 식민지적 운영구조는

---

71 鮮交會編, 1986, 앞의 책, 692쪽.

72 平井廣一, 1997, 앞의 책, 163~165쪽.

73 水田直昌·土屋喬雄編述, 1962, 『財政·金融政策から見た朝鮮統治とその終局』, 友邦協會, 31쪽; 정태헌, 1996, 앞의 책, 60쪽; 平井廣一, 1997, 위의 책, 154~155쪽.

조선철도가 수송량 급증을 감당하지 못해 자기약탈적 관리방식으로 연명하면서 결국 해방 후 철도설비의 노후화, 철도운영의 마비[74] 등을 불러왔다. 즉 조선철도는 1930년대 중반 이후 일제의 부설 목적인 대륙침략 경유 노선 역할에 부응하면서 순익이 급등했지만, 그 과실이 일제의 전시 재정을 뒷받침하는 데 유실된 채 시설 개선이나 공공성 확대보다 조선 경제에 부담을 안겨주는 수탈의 지렛대로 활용된 것이다.

---

74 정태헌, 2017, 앞의 책, 232~233쪽.

제7장

보충금 및 전년도 잉여금 운영의 식민지성

1. '정치적'으로 지속된 보충금 유입과 군사비 유출의 상관관계

조선회계 세입의 구성요소 중 공채와 보충금은 일본 정부의 재정 '지원'이라는 겉모습을 띠었다는 점에서 조선 내에서의 세수입인 조세, 관업수입 등과 구별된다. 특히 식민지배와 침략정책 수행을 위해 조선에서 사회간접자본(철도, 도로, 항만, 통신 등) 건설의 일차적 책임이 있는 조선총독부는 당연히 일본 정부의 지원을 기대했다. 이 정치적·군사적 지점에서 조선회계 운영은 일본 정부에 종속되고, 일본 정부는 조선회계를 좌우하는 중요한 '행위자'가 된다. 따라서 조선 내부에 대한 천착만으로는 이러한 구조를 이해하기 어렵다. 일본 제국주의 정책을 좌우하는 군부와 정당정치 세력의 관계, 그리고 부서 간 갈등 요인도 함께 봐야 하는데 조선회계 세입에서 공채와 보충금은 이러한 '정치'를 잘 보여주는 소재이다.

〈표 7-1〉 타이완총독부특별회계 세입과 보충금의 추이

	보충금①(천 엔)	세입②(천 엔)	①/②(%)
1896	6,940	9,652	71.90
1897	5,959	11,283	52.81
1898	3,985	11,619	34.30
1899	6,200	17,427	35.58
1900	8,099	22,270	36.37
1901	7,251	19,766	36.68
1902	7,200	19,498	36.93

1903	6,529	20,038	32.58
1904	5,189	22,333	23.23
1905	216	25,414	0.85
1906	-	30,692	-

출처: 臺灣総督府, 각년판, 『臺灣総督府統計書』.

〈표 7-2〉 조선총독부특별회계 세입과 보충금, 전년도 잉여금의 추이

	보충금③ (천 엔)	**세입④ (천 엔)**	**③/④ (%)**	**전년도 잉여금⑤ (천 엔)**	**⑤/④ (%)**
1910	2,885	22,322	12.92	182	0.82
1911	12,350	52,285	23.62	4,163	7.96
1912	12,350	62,127	19.88	6,112	9.84
1913	10,000	63,094	15.85	10,346	16.40
1914	9,000	62,048	14.50	9,639	15.53
1915	8,000	62,723	12.75	6,948	11.08
1916	7,000	68,202	10.26	5,853	8.58
1917	5,000	74,903	6.68	10,639	14.20
1918	3,000	100,111	3.00	23,732	23.71
1919	-	125,804	-	36,049	28.65
1920	10,000	146,344	6.83	32,777	22.40
1921	15,000	175,134	8.56	24,122	13.77
1922	15,600	169,361	9.21	26,721	15.78
1923	15,017	152,714	9.83	14,247	9.33
1924	15,021	143,006	10.50	7,945	5.56
1925	16,568	184,577	8.98	8,196	4.44
1926	19,761	211,709	9.33	13,138	6.21

1927	15,425	234,243	6.59	22,239	9.49
1928	15,458	238,152	6.49	23,390	9.82
1929	15,423	240,579	6.41	20,462	8.51
1930	15,474	218,210	7.09	15,839	7.26
1931	15,474	214,954	7.20	9,486	4.41
1932	12,914	220,301	5.86	7,171	3.26
1933	12,854	252,073	5.10	5,806	2.30
1934	12,825	300,942	4.26	22,849	7.59
1935	12,825	330,220	3.88	32,593	9.87
1936	12,918	384,493	3.36	46,261	12.03
1937	12,914	470,709	2.74	60,021	12.75
1938	12,909	590,276	2.19	63,681	10.79
1939	15,878	800,696	1.98	89,749	11.21
1940	31,861	995,264	3.20	120,629	12.12
1941	31,930	1,085,391	2.94	181,747	16.74
1942	22,483	1,312,826	1.71	153,582	11.70
1943	22,879	1,878,647	1.22	157,035	8.36

출처: 朝鮮總督府, 각년판,『朝鮮總督府統計年報』.

보충금은 상환 의무를 지닌 공채와 달리, 식민지배 체제 구축을 위한 제국주의 국가의 직접비용에 속하며 조선회계의 상환 의무가 없었다. 일본 정부의 일반회계에서 조선회계로 들어온 보충금은 "통감부 및 한국 정부를 위해 일본 정부가 지출했던 금액을 기준으로 결정"되었고, 규모의 "책정은 보호통치하에서 일본이 부담하던 통감부, 철도, 통신, 재판소, 감옥, 경찰서 등의 지출경비를 기초로 산정된 것"이었다.[1] 즉 강제병합 이전 일본 정부가 조선 통치에 필요한 자금을 기준으로 책정된 셈이다.

일본에서는 식민지에 보충금을 지출할 때마다 제국의회의 견제가 따랐다. 예컨대 일본 정부의 타이완총독부에 대한 보충금을 청일전쟁 배상금에서 지급한다는 점이 제국의회에서 논란이 된 적이 있다. 결국 타이완 관련 경비가 예상 밖으로 증가하여 청일전쟁 배상금 중 1,200만 엔을 일반회계로 전출해 타이완경비보충금으로 지출했다.

보충금은 타이완과 조선이 큰 차이를 보이는 항목의 하나였다. 〈표 7-1〉과 〈표 7-2〉를 보면 타이완회계에 대한 보충금 지급은 기간도 짧고 액수도 적었다. 반면에 조선회계에 대해서는 재정독립계획 추진 과정에서 1919년에 일시 중단된 것을 제외하면 기간도 훨씬 길고 액수도 훨씬 많았다. 전 기간에 걸쳐 조선회계 세입에서 보충금이 점하는 비중 역시 타이완(약 1%)에 비해 조선(6%)이 훨씬 많았다. 제국주의 국가의 입장에서 가장 중요한 재정 지원은 안정적 식민지배 체제 구축을 위해 대체로 식민지 초기에 집중된다. 초기 10년간 일본 정부의 '지원'을 보면 타이완회계의 경우 세입의 32.1%(연평균 575만 7천 엔)를, 조선회계의 경우 세입의 10.0%(연평균 695만 9천 엔)를 차지하여 세입을 기준으로 보면 타이완이 조선보다 3배 가까운 지원을 받은 셈이었다. 실질적으로는 타이완회계가 일본 정부의 재정 지원을 훨씬 크게 받은 셈이다.[2]

이에 더해 타이완은 식민지 초기에 최대 이출품인 설탕에 부과했던

---

1 문명기, 2014a, 「대만총독부와 조선총독부 세입의 비교 분석 - 일반회계보충금과 공채를 중심으로」, 『한국학논총』 48, 250쪽.

2 문명기, 2014a, 위의 글, 252~253쪽. 일부 수치는 『臺灣總督府統計書』와 『朝鮮總督府統計年報』를 토대로 수정했다. 이후에도 수정된 수치를 반영했다.

(일본 내 소비분의) 설탕소비세까지 일본 정부가 1914년까지 타이완회계 수입으로 귀속시켰다. 이 문제는 러일전쟁 후 재정 긴축을 펴는 상황에서 제국의회와 일본 내각이 '설탕소비세 통일문제' 갈등을 일으키기도 했다. 군부 중심 내각을 견제했던 제국의회의 정당 세력들은 일본에서 소비되는 타이완산 설탕에 대한 소비세는 정부의 일반회계로 이관해야 한다고 주장했고, 대장성과 타이완총독부는 1910년도 일본의 설탕소비세 예산(1,593만 엔)을 기준으로 일본의 소비세가 이를 초과하거나 타이완의 소비세가 일정 규모를 넘어서면 그 부분에 대해 양분하는 것으로 타협했다. 이후 1910년대 초 긴축재정의 연장으로 행정·재정 정리를 단행하면서 타이완 설탕소비세 전출액 374만 엔을 실행 예산에 포함했다. 이로써 부분적 이관이 이뤄져 1915년부터 완전히 이관되었다.

타이완회계로의 설탕소비세 귀속분도 일본의 재정 '지원'이라 볼 수 있다. 이를 포함하면 식민지 초기 10년간 타이완회계에 대한 일본 정부의 '지원'은 세입의 35.03%(연평균 628만 엔)에 이른다. 즉 식민지 초기에 타이완회계는 조선회계보다 3.5배나 되는 '지원'을 업고 많은 재원이 소요되는 사업을 큰 무리 없이 진행할 수 있었다. 그런데 식민지 전 기간으로 확대해서 보면 초기 10년과 다른 양상이 보인다. 1910~1943년 조선회계로 유입된 보충금 총액(4억 6,899만 6천 엔)은 1915년 이전까지 타이완회계로 유입된 보충금 총액(1억 1,742만 6천 엔)의 4배에 달한다. 타이완의 경우 초기의 집중 지원을 거쳐 재정자립을 이룬 반면, 조선의 경우에는 (1919년을 제외하면) 전 기간에 걸쳐 지속적으로 일본 정부의 '지원'을 받은 셈이다.[3]

3 문명기, 2014a, 앞의 글, 253~255쪽.

그러나 겉모습만 보고 평가해서는 안 된다. 당시 일본의 상황을 같이 봐야 한다. 청일전쟁과 러일전쟁을 매개로 진행된 일본의 타이완과 대한제국 식민지화는 15년의 시기 차이가 있다. 우선 두 전쟁 후 일본의 경제 상황은 현격한 차이가 있었다. 일본 군국주의는 침략전쟁으로 영토 지배는 물론 당시 일본 세출의 4~5배에 이르는 거액의 배상금(3억 7천여만 엔)까지 받아 경제발전과 군비 확장에 필요한 기대 이상의 '수익'까지 거둔 청일전쟁을 계기로 일본 사회에 고착되었다. 역사적 · 문화적 조건이 조선과 현격한 차이가 있는 타이완 지배도 일본은 상대적으로 수월하게 진행할 수 있었다.

반면에 러일전쟁에서 일본은 8만여 전상자를 내면서 미국에 강화 중재를 요청할 정도로 사실은 군사적 · 경제적으로 고전한 끝에 사할린 남부와 만철 부속 영토 지배권 등 영토 확대 외에 러시아로부터 아무런 배상금도 받지 못했다. 이 때문에 일본에서 배상금을 받아내야 한다고 주장하는 시위가 벌어지기도 했다. 1910년대 일본은 러일전쟁 후 재정 긴축 상황에서 영국과 미국의 지원에 힘입어 무리하게 한국 강제병합을 강행한 것이다. 더구나 이 시기는 결국 일시적 현상에 그쳤지만, '다이쇼 데모크라시' 분위기에서 정당 중심의 제국의회가 군부 중심 내각의 재정 운용에 대한 견제도 커질 때였다. 이 때문에 식민지로의 보충금 지급과 사업공채 발행도 순조롭게 진행되지 못했다.[4]

강제병합 직후 일본에서 식민지의 '재정독립' 문제가 제기된 것은 이러한 일본 내 정치세력 관계의 변화도 작용했다. 즉 일본의 식민통치 역

4 1910년대 조선사업공채 발행의 난맥상은 박우현, 2020, 앞의 글 참조.

량 문제 또는 한계[5]뿐 아니라 강제병합 당시의 조선 지배 상황과 일본이 재정 여력을 갖고 식민지배를 시작한 타이완의 상황은 큰 차이가 있었다. 이 때문에 일본 정부가 '지원' 여력이 없으니 식민통치는 물론 대륙침략과 일본자본 진출에 필요한 기반 조성에 필요한 비용을 조선에서 거두어 해결해야 한다는 '재정독립'론의 '식민지 정치학'이 제기된 것이다. 이는 제1차 세계대전 발발 이전 일본 내 정치 변화의 산물이기도 했다.

타국의 영토 전체를 강제병합하는 식민지배 방식은 수탈의 효율성을 높이고 '고수익'을 올리기 위한 '개발'을 전제하며, 그에 따른 '고비용'을 수반하게 마련이다. 그런 점에서 볼 때 당시 일본 제국주의는 조선을 영토적 식민지로 지배할 능력, 특히 식민지 개발에 필요한 투자 여력이 없는 상황이었다. 제국주의 국가의 욕망과 능력의 불균형은 탄압 강화, 물적·인적 과부하 등을 불러왔다. 여기에 일본의 일반회계가 부담했기 때문에 조선회계에 반영되지 않은 통치비인 군사주둔비 차이도 고려해야 한다. 군사주둔비 지출은 타이완(연평균 300~400만 엔)에 비해 조선(연평균 1,500만여 엔)이 3.7배~5.0배나 많았던 것으로 추정된다. 일본 제국주의가 침략을 이어나가는 과정에서 대륙진출 전진기지로 규정된 조선 통치는 그만큼 재정적 부담도 컸다.

강제병합 초기 10년간 일본 일반회계에서 타이완회계와 조선회계로 유입된 보충금 비중을 비교해 보면 역시 상황이 달랐다. 〈표 7-1〉과 〈표 7-2〉를 보면 타이완회계의 세입 중 보충금 비중은 1896~1897년(71.9~52.8%)에는 압도적이었고, 이후 '재정독립' 2년 전인 1904년에도

5 문명기, 2014b, 「근대일본 식민지통치모델의 형성과 변용-'대만모델'의 관동주·조선으로 이식과 그 한계」, 『식민지라는 물음』, 소명출판, 456~457쪽.

23.2%나 되었다. 그러나 조선회계의 경우 보충금 비중은 1911년(23.6%) 이후 조세제도 정비와 일본 정부의 '재정독립' 촉구에 영향을 받아 1918년(3.0%)까지 계속 격감하다가 1919년에 일시 중단되었다. 이후 1920~1929년(6.8~6.4%)에 10% 미만으로 축소되었고, 전시하 1937~1943년(2.7~1.2%)에는 '상징적'·'정치적' 의미만 남게 되었다.

그러면 왜 조선회계에 대한 보충금이 유지되었을까?

조선총독부의 마지막 재무국장 미즈타 나오마사에 따르면 식민지 초기에는 보충금 목적이 말 그대로 "조선 재정을 원조하는 것이 본질"이었다. 그러나 전시체제 초기인 1938년, 1939년에 이르면 3억 6천만여 엔에 이르는 조선회계 예산에서 1천만여 엔에 불과한 보충금은 "일본과 조선의 관계가 결코 식민지가 아닌" "조선 민중이 일본의 형제"라는 의미라고 강조했다.[6] 계산된 '정치적' 언술이었다.

재무국장 취임(1937.10) 이후 발등에 떨어진 불부터 꺼야 했던 그가 일본의 재정 사정이 상대적으로 여유가 있을 때 '재정자립'을 달성하여 보충금이 중지(1906)된 타이완을 의식할 여유는 없었다. 조선 재정 운영의 실무책임자로서 그가 가장 크게 의식해야 할 현안은 일본 정부가 별도로 신설(1937.7)한 임군회계로 조선회계에서 전출해야 하는 군사비 지출이었다.

그 이전에 이미 만주 침략 후 급증한 군사비를 보충한다는 명목으로 1936년에 190만 엔을 조선회계에서 일본의 일반회계로 전출한 바 있었다. 임군회계로의 전출금으로 제도화된 1937년(1,103만 엔)에는 전년

---

6 水田直昌·土屋喬雄, 1962, 「總督府 財政·金融の基本概念」, 『財政金融政策から見た朝鮮統治とその終局』, 財團法人 友邦協會, 13쪽.

보다 900만여 엔이 늘어 5.8배나 폭증했고, 1938년(2,698만 엔), 1939년(4,129만 엔), 1941년(9,457만 엔), 1942년(1억 6,321만 엔), 1943년(2억 306만 엔), 1944년(4억 1,407만 엔, 예산) 등 해를 거듭하면서 매년 급증했다.

미즈타가 회고한 1945년도 전출금 예정(6억 621만 엔)에 따르면[7] 조선회계 예산의 19.4%에 해당하는 거액을 전비 용도로 직접 일본으로 유출할 계획이었다. 실제로 1944년과 1945년 예산을 보면 조선회계에서 임군회계로의 전출금은 조세수입 전액에 해당하는 거액이었다. 보충금 유입을 운운하는 자체가 무의미해질 만큼 조선회계에 대한 수탈은 가혹했다.

보충금 지출이 제국의회에서 계속 견제를 받는 상황에서 일본 정부나 조선총독부로서는 수직적 관계 속에서 각자가 관리하는 재정 영역을 위해, 전자는 보충금을 없애려 하고 후자는 존속시키려 하는 입장 차이가 당연히 있을 수밖에 없다.

게다가 패전 때까지 일제가 보충금을 유지한 명목상의 이유도 분명히 존재했다. 보충금 용도의 대부분이 일본인 관리의 조선근무수당, 즉 가봉(加俸)이었기 때문이다. 식민지배에 타협적이었던 조선인 자본가들도 1920년대 이후 민족차별이라고 하면서 가봉 폐지를 주장했을 만큼 식민정책에서 민감한 부분이었다. 1920년대 말에도 긴축재정의 일환으로 일본 척무성이 다시 보충금 폐지 또는 감액을 주장했다. 물론 이때도 조선총독부가 적극 반대했는데 기후, 풍토, 언어풍습 등이 다른 지방에서 근무하면 심신의 피로가 일본에서 근무하는 것보다 크다는 이유를 들었다.[8]

---

7 水田直昌 監修, 1974, 『總督府時代の財政』, 友邦協會, 121~122쪽.

8 정태헌, 1996, 앞의 책, 51~53쪽.

보충금은 가봉 외에 제철장려, 영화(英貨)흥업채권손실보상 등에도 일부 지출되었다. 식민지 전 기간에 가봉에 해당하는 일반경비 지출금(4억 2천만여 엔) 규모에 반해 제철장려 관계 비용(340만여 엔)이나 영화흥업채권손실보상 비용(460만여 엔)은 극히 미미했다.[9] 이 외에도 보충금 명목으로 조선회계 세입에 포함된 '금자금특별회계' 보충금이 있었다. 1939년부터 전쟁 수행에 필요한 물품 수입에 쓸 금의 증산을 위해 유입된 보충금으로 세입결산 통계의 보충금 총액에서 일반경비 보충금을 뺀 차액인 '금자금특별회계' 보충금은 1939년(297만 엔), 1940년(1,718만 엔), 1941년(1,899만 엔), 1942년(952만 엔), 1943년(992만 엔) 5년간 총 5,858만 엔이었다. 그러나 대외무역 봉쇄를 자초한 태평양전쟁 도발을 계기로 수입 자금으로써 금 생산 장려 필요성이 줄어들고, 금보다 더 중요한 전략물자를 개발해야 하는 긴박성 때문에 전시체제 말기에는 금광 정리 단계에 들어가 금 생산 장려 보충금은 중단되었다.[10]

9 水田直昌 監修, 1974, 앞의 책, 160쪽; 정태헌, 1996, 앞의 책, 50쪽.

10 정태헌, 1996, 앞의 책, 55쪽.

2. 일본 경제 상황과 연동된 전년도 잉여금 운영의 종속성

전년도 잉여금(이하 잉여금)은 정규 세입(조세, 관업수입, 공채, 보충금 등)이 아니기 때문에 중요성을 간과하곤 한다. 이 때문에 그동안의 연구에서도 거의 다뤄지지 않았다. 그러나 조선회계에서 점하는 잉여금의 비중이나 정책적 영향력은 매우 컸다. 〈표 7-2〉를 보면 잉여금 추이는 일본의 경제 상황과 연동되고 있었다. 1910~1916년에는 잉여금도 적었고, 조선회계 세입에서 차지하는 비중도 대부분 15% 이하였다. 그런데 1917년에 급등했다. 재정독립계획으로 보충금은 감소했지만 조세와 관업수입 증가뿐 아니라 전쟁 호황, 육군대신을 일시 겸직하면서 초대 조선총독을 지낸 데라우치가 총리가 되면서 대륙침략 정책을 추진하며 조선사업공채 발행도 증액하는 등 조선회계 세입이 증가했기 때문이다.[11]

1923년 이후 잉여금은 급감하는데 전후 반동공황과 간토대지진을 배경으로 일본 정부가 긴축정책을 강화하면서 조선총독부도 행정 · 재정 정리, 사업공채 삭감 등 긴축정책 기조를 따라간 것을 배경으로 한다. 이후 제1차 세제정리(1927)를 통한 조세 증징, '조선철도 12년 계획'이 통과되면서 조선사업공채 발행 증가 등이 이어져 잉여금도 증가했지만, 1929년 대공황의 여파는 다시 잉여금 감소를 불러와 1933년 잉여금은 1916년 수준으로 떨어졌다.[12] 이후 일본의 만주침략, 중일전쟁 도발에 따른 세입

11 정태헌, 1996, 앞의 책, 51쪽; 박우현, 2020, 앞의 글, 106~114쪽.

12 屈和生, 1983, 「조선에서의 식민지 재정의 전개 - 1910~30년대 초기에 걸쳐서 -」,

폭증에 연동되어 잉여금도 증가했다.

조선회계 세입 중 잉여금을 두고 무리한 세입 확보 시도에 따른 식민지 재정정책의 불안정 또는 정책적 오류로 인한 결과로 보는 견해, 잉여금을 일종의 예비금으로 간주하는 견해로 대별된다. 가령 세입의 주요 항목인 관업수입은 경기순환에 직접적 영향을 받기 때문에 예산 편성 시 세입을 적게 설정하는 경향이 강해 세입 결산이 예산을 초과하는 경우가 많아 잉여금이 발생한다는 것이다.

그런데 일본 일반회계의 잉여금 역시 조선회계처럼 연도별로 파동이 심해 전 기간 평균(14.89%)은 타이완회계(20.05%)와 조선회계(10.95%)의 중간 수준이었다. 즉 세입에서 잉여금 비중이 높은 것을 재정 정책상의 오류라고 단정할 수는 없다. 그보다는 관업이 재정에서 차지하는 비중이 유난히 높은 데서 오는, 식민지를 포함한 '일본권' 전체의 재정 운영상의 특징이라고 볼 수 있다.

타이완회계의 잉여금 평균이 조선회계의 2배 가까이 되었다는 점도 따져볼 필요가 있다. 이는 기본적으로 경기변동에 큰 영향을 받는 관업수입 비중이 조선회계보다 10%p 이상 컸던 타이완회계가 불경기나 자연재해 등 경제 변동에 대비해야 할 필요가 컸다고 추정할 수 있다. 조선회계의 잉여금이 타이완회계의 그것보다 작았던 것은 관업수입 비중의 차이에 따른 결과로 볼 수 있다.[13]

『식민지 시대 한국의 사회와 저항』, 백산서당, 191~201쪽; 정태헌, 1996, 앞의 책, 45~49쪽; 박우현, 2019, 「1920년대 조선사업공채 정책 변화와 재원조달의 부실화」, 『한국사연구』 185, 140~152쪽.

13 문명기, 2014a, 앞의 글, 277~280쪽.

제8장

조선사업공채 발행, 중국 침략을 위한 인프라 구축

19세기 이후의 제국주의는 자국 자본의 운동과 수탈의 효율성 극대화를 위해 근대자본주의 체제를 식민지에 이식했다. 즉, 제국주의 침략이 자본주의 확대와 본격적으로 조응하기 시작하면서 식민지 개발에 주목한 것이다. 이 과정에서 식민지는 식량과 원료 공급, 산업생산물 소비, 노동력 공급 등 제국주의 국가의 늘어나는 요구에 부응해야 했다. 제국주의 국가는 이전과 달리 적극적으로 영토 지배에 나섰고, 자국 산업의 종속적 경제권으로 장악한 식민지를 개발하는 방식을 취했다.[1]

그렇다면 제국주의 국가가 식민지에서 진행한 개발은 어떤 형태였을까?

당연히 식민본국인 제국주의 국가가 식민지배를 통해 얻고자 했던 정치적·경제적 이득의 내용과 형태, 수준에 한정해 이루어졌다. 따라서 식민지배의 이윤 극대화라는 다를 수 없는 목표 속에서도 그 내용과 수준은 제국주의 국가의 필요와 선택한 식민정책에 따라 국가별·시기별로 다르게 나타났다.

그 특성을 찾는 작업의 좋은 소재는 개발에 소요되는 자금이다. 그중 인프라 구축을 위해 조달한 자금 추이가 상징성을 가진다. 근대자본주의 체제로 사회가 재편되는데 필수적이지만 단기간에 이윤을 낼 수 없어 민간투자로 진행하기 어려운 교통망 확충이나 재해 예방시설 정비 등 인프라 구축은 국가 재정에 기댈 수밖에 없기 때문이다. 특히 국가·지방단체가 빚을 지는 국·공채 발행을 통한 대규모 자금조달은 이전까지 없던 자금조달 방식이었다. 이는 전쟁으로 점철되었던 유럽 국가의 특징이기도 했다.[2] 일본 역시

---

1 박상현, 2016, 「식민주의와 동아시아 식민국가의 정치경제 - 통합비교를 위한 시론」, 『사회와 역사』 111, 10~16쪽.

2 17세기 초반까지는 국채 금리가 상인 간 금리보다 높았다. 왕실과 정부의 신용이 상인보다 낮았기 때문이다. 이후 네덜란드가 투자자들이 만족할 만한 공채 관리정책을

국채 발행을 통해 청일·러일전쟁을 수행했다.

제국주의 국가는 효율적 식민지배를 위해서도 국채 발행을 재정 운용의 주요한 도구로 활용했다. 국채 발행으로 대규모 자금을 동원해 빠르게 자신들이 필요한 수준에서 식민지를 개발하기 위해서였다. 그리고 이를 기반으로 식민지에서 통치비용을 조달할 수 있는 독립(자치)재정 체제를 구상했고, 제국주의 사이에 19세기 말 효율적인 식민지배 방식으로 자리잡았다.[3] 이 방식은 제국주의 국가가 특히 식민지배 초기일수록 필요한 자금을 조달하더라도, 그에 따른 원리금 상환은 당연히 식민지에서 거둔 세입으로 '자체' 부담하도록 하는 체계, 즉 국채 발행에 수반된 모든 비용 부담을 식민지로 돌리는 방식이었다.

일제 역시 식민지 개발 자금을 공채를 발행해 조달했다. 일본 정부가 아닌, 식민지 총독부가 명목상의 발행 주체였기 때문에 국채가 아닌 공채로 불렸다. 「타이완사업공채법」을 제정(1899)하며 최초로 식민지에서 쓸 공채를 발행했다. 조선에서도 「조선사업공채법」을 제정(1911)해 같은 방식으로 자금을 조달했다.[4] 법안 명칭에서 드러나듯이, 일제는 식민지에서 적자공채 발행을 허용하지 않았다. 사용처를 명시한 '사업'공채만 발행했다.[5] 이후 조선총독부가 22차례 「조선사업공채법」을 개정하는 과정에서 21차례의 개정 사유가 발행 한도 증액이었다. 이는 강점 초기에 세운

구현해 내면서 공채 발행을 통해 일정하게 재원조달에 성공하게 된다(真壁昭夫·玉木伸介·平山賢一, 2005, 『国債と金利をめぐる300年史 – 英国·米国·日本の国債管理政策』, 東洋経済新報社, 18쪽).

3 小林丑三郎, 1913, 『殖民地財政論』, 明治大学出版部, 11~26쪽.

4 「臺灣事業公債法」, 『官報』 第4713號, 1899.3.22; 「朝鮮事業公債法」, 『朝鮮總督府官報』 第170號, 1911.3.28.

5 水田直昌 監修, 1974, 앞의 책, 150쪽.

계획을 크게 웃도는 조선사업공채(이하 공채)를 발행했다는 것을 의미한다. 21차례 개정을 거친 발행 한도는 1911~1944년에 급등(5,600만 엔→29억 9,520만 엔)했고, 1944년까지 총 23억여 엔의 공채를 발행했다.[6] 조선회계 세입총액에서 차지하는 공채의 비중도 1911~1919년(15.4%), 1920~1929년(8.9%), 1930~1935년(7.4%), 1936~1944년(16.6%) 등 시기별로 차이가 있었고, 1911~1944년 평균 14.5%에 이르렀다.

〈표 8-1〉 조선사업공채 발행 예·결산액, 연도별 국채 총액과 공채비 결산액(단위: 천 엔)

연도	조선사업공채 발행		공채비	연도별 국채 총액
	예산	결산		
1911	12,324	10,000	1,348	23,675
1912	12,596	14,900	1,999	46,011
1913	11,414	11,103	5,030	56,516
1914	9,441	7,641	4,752	62,657
1915	9,441	8,945	6,241	69,103
1916	10,585	10,585	4,759	78,687
1917	13,071	12,830	4,710	93,688
1918	13,236	13,098	7,675	104,923
1919	14,435	14,435	6,033	119,358
1920	23,213	22,356	7,202	142,571
1921	39,069	37,219	9,217	185,326
1922	29,992	21,125	11,700	222,335
1923	20,000	6,595	12,663	227,105
1924	10,000	9,000	13,282	260,158

6 水田直昌 監修, 1974, 『總督府時代の財政』, 友邦協會, 150쪽.

1925	10,000	9,000	14,599	283,611
1926	15,000	13,383	15,121	298,619
1927	19,000	18,373	16,690	325,966
1928	19,000	17,820	17,554	353,257
1929	15,000	13,748	18,585	377,136
1930	12,500	12,505	23,349	388,170
1931	13,500	13,214	24,517	406,998
1932	22,929	14,035	22,658	431,878
1933	33,000	25,648	24,364	473,025
1934	29,478	27,926	25,022	498,830
1935	24,000	20,923	27,015	516,708
1936	31,620	26,122	31,011	549,731
1937	65,000	51,003	29,670	593,646
1938	106,000	86,319	29,754	674,848
1939	164,768	134,017	32,198	803,977
1940	199,500	156,886	37,087	964,131
1941	160,433	149,109	43,410	1,106,635
1942	156,740	166,673	50,312	1,265,277
1943	379,195	366,546	58,736	1,636,468
1944	654,050	588,357	82,178	2,323,321
1945	574,788			

출처: 朝鮮總督府, 각년판,『朝鮮總督府統計年報』; 1945.1.26,「昭和二十年度一般会計及臨時軍事費特別会計合計前年度比較表」,『昭和財政史資料 第9号 歳計 臨時軍事費 支那事変参考書』(7)(昭·20-21)(平22財務02181100 国立公文書館); 大藏省·日本銀行 編, 1948,『財政經濟年報』, 大藏財務協會, 206~207쪽; 財務省, 2015,『第190回国会提出 昭和19年度朝鮮総督府特別会計等歳入歳出決算及び昭和20年度朝鮮総督府特別会計等歳入歳出決算』.

비고: 1911~1912년, 1914~1916년 결산액은 사업공채로 발행된 금액이 아니라 전액 단기차입금이다. 1929년은『조선총독부통계연보』에 2,000만 엔으로 기재되어 있으나 내각 교체 이후 예산 수정으로 500만 엔 삭감되었기 때문에 1,500만 엔으로 기재했다.

〈표 8-2〉 조선사업공채법 제 · 개정 연혁

시행 및 개정일자	발행제한액	발행증가액	비고(수정 및 추가조항)
1911.04.01	56,000,000	-	55년 이내 공채 발행/ 3년 이내 차입금 종래 부담 채무 및 동(同)법에 의한 차입금 정리, 상환 필요시 동일 적용
1916.03.31	84,000,000	28,000,000	
1917.07.28	96,000,000	12,000,000	종래 부담 채무 및 동(同)법에 의한 공채 및 차입금 정리, 상환 필요시 동일 적용
1918.03.30	168,000,000	72,000,000	
1919.04.01	178,000,000	10,000,000	
1920.08.12	206,500,000	28,500,000	
1921.04.08	230,600,000	24,100,000	조선 연초전매제도 실시에 필요한 교부금을 교부하기 위해 공채 발행 가능
1922.04.04	344,800,000	114,200,000	
1923.04.03	393,700,000	48,900,000	
1927.04.01	603,700,000	210,000,000	사철매수 교부금 교부를 위한 공채 발행 가능 공채발행가격 차감액의 보전을 위해 공채발행 및 차입 가능
1933.04.01	개정 없음	-	사업비 보조에 필요한 경비도 지변가능
1934.04.01	606,200,000	2,500,000	
1935.04.01	615,800,000	9,600,000	
1936.05.27	696,200,000	80,400,000	
1937.03.30	841,500,000	145,300,000	
1938.03.15	893,500,000	52,000,000	
1939.03.31	1,066,100,000	172,600,000	
1940.03.26	1,336,000,000	269,900,000	
1941.03.04	1,608,200,000	272,200,000	
1942.02.19	1,839,400,000	231,300,000	
1943.03.05	2,394,700,000	555,300,000	
1943.06.21	2,414,100,000	19,400,000	
1944.02.01	2,995,200,000	581,100,000	

출처: 『朝鮮總督府官報』; 大藏省昭和財政史編集室 編, 1960, 『昭和財政史 第十六卷-旧外地財政』(下), 東洋經濟新報社, 146쪽; 水田直昌 監修, 1974, 앞의 책, 149쪽.

「조선사업공채법」은 3개 조항으로 발행 한도와 기한 등만 간단히 규정한 법이었다. 그리고 이 법에 의거해 23억여 엔의 공채가 발행되었다. 그만큼 공채 발행을 결정하는 주체가 법을 자의적으로 해석해 운영할 여지가 컸다. 조선회계 세입의 한 축이자, 식민지 인프라 구축의 자금원이었던 공채를 분석함으로써 일본이 공채 발행에 의한 조선 개발을 식민지배에 어떻게 이용했고 목적이 무엇이었는지, 또 그것이 한반도에 어떤 결과를 낳았는지 이해할 수 있다.

1. 대륙침략용 인프라 구축에 집중된 공채 발행

사업공채 발행은 일본 정부가 모든 권한을 가졌기 때문에 관련 법령도 조선총독에게 위임된 입법권으로 공포한 제령이 아니라 일본의 법률로 제정되었다. 제령과 달리 법률은 일본 제국의회의 승인을 거쳐야 하는 법령으로 제령보다 상위 법규였다. 일제는 조선의 재정·금융을 식민본국, 즉 대장성의 관리 아래 종속시키기 위해 해당 법령을 법률로 제정한 것이다. 이에 따라 조선총독부는 다른 분야도 마찬가지였지만, 특히 재정·금융 분야에서 독자적 정책을 추진할 수 없었다.

〈표 8-3〉 1911년 당시 「조선사업공채법」과 「타이완사업공채법」 비교

조선사업공채법	타이완사업공채법
1. 조선에서의 사업비 지불을 위하여 정부는 55년 이내의 기한으로 공채를 발행하거나 3년 이내의 기한으로 자금을 차입할 수 있다	1. 타이완에서 아래 사업에 요하는 경비에 충당하기 위해 정부는 7,300만 엔을 한도로 공채를 모집할 수 있다(철도 부설, 토지조사, 항만, 청사건축, 대조권 정리, 수리사업)
2. 조선에서의 사업비 지불을 위하여 종래 부담했던 채무 및 이 법에 따른 차입금 정리 또는 상환을 위해 필요한 때에도 전 항과 같다	2. 이 공채의 이율은 1개년 5/100 이하로 한다
3. 제1항의 공채 및 차입금액은 5,600만 엔 이내로 한다	3. • 이 공채의 거치 연한은 10개년 이내로 하고, 발행년부터 45개년 이내에 상환한다 • 정부는 시의에 따라 전 항의 거치 연한을 5개년으로 하고 그다음 해부터 50개년간 상환하는 것으로 기채할 수 있다 • 전 항의 규정에 따라 기채하는 것의 이자는 매년 3월 및 9월에 지불한다 • 제1항의 규정에 따라 공채는 채권자의 청구에 다라 제2항의 규정에 의해 공채로 변환할 수 있다

	4. 정부는 특약에 의해 은행 또는 채주조합(債主組合)으로 이 공채를 인수시킬 수 있다
	5. • 정부는 제1항의 경비를 대체하기 위해 3개년 이내 기한으로 타이완은행으로부터 일시차입금을 빌릴 수 있고, 이 경우에 이율은 정부가 정한다 • 전 항 차입금은 이 공채모집금으로 이를 상환할 수 있고, 공채모집금에 의해 이를 상환할 때는 그 금액에상당하는 공채를 모집한다
	6. 이 공채 및 전 항의 차입금은 일원은화폐(壹圓銀貨幣)로 할 수 있고, 이 경우에 공채증서의 종류는 정부가 정한다
	7. 이 법률에 규정한 것 외에는 1866년 칙령 제66호 정리공채조례에 따른다

출처: 「朝鮮事業公債法」, 『朝鮮總督府官報』 第170號, 1911.3.28; 「臺灣事業公債法」, 『官報』 第4713號, 1899.3.22; 「臺灣事業公債法中改正」, 『官報』 第5322號, 1901.4.4; 「臺灣事業公債法中改正」, 『官報』 第5986號, 1903.6.17; 「臺灣事業公債法中改正」, 『官報』 第6222號, 1904.4.1; 「臺灣事業公債法中改正」 『官報』 第7412號, 1908.3.14.

비고: 「타이완사업공채법」은 1899년 제정되었고, 이후 1901·1903·1904·1908년 총 4차례 개정되었다.

「조선사업공채법」(1911.3.21 법률 제18호)의 내용은 〈표 8-3〉과 같다. 1항에서 「조선사업공채법」에 의해 조달되는 자금은 사업공채(만기 55년 이내 기한으로 발행)와 단기차입금(만기 3년 이내)이었다. 2항은 차환 조항(채무를 상환하지 않고 재차입할 수 있도록 허용)이었다.[7] 1917년 개정에서 차환 대상으로 공채를 추가했다.[8] 차환액은 3항에 규정된 공채 발행 한도

7 「第二十七回帝國議會 衆議院 朝鮮ニ於ケル貨幣整理ノ爲生シタル債務ヲ貨幣整理資金特別會計ニ移属セシムル件ニ關スル法律案外三件委員會議錄(速記)第三回」, 1911.2.6, 7쪽.

8 「朝鮮事業公債法中改正法律案ノ件·解散ノ爲提出ニ至ラス」, 『公文雑纂大正六年第

(5,600만 엔)에 포함되지 않았다. 또 대장성은 필요에 따라 해당 공채 혹은 차입금을 일부 상환한 후 잔액을 차환하거나, 전액 차환채를 발행하기도 했다.[9] 모두 조선총독부 권한 밖의 일이었고, 조선회계 세입 예결산에도 차환액은 포함되지 않았다. 조선회계 세입에서 확인되는 공채금은 1항에 관련된 신규 공채 발행액만 해당하였다.

그런데 〈표 8-3〉를 보면 1911년 현재 「타이완사업공채법」과 「조선사업공채법」 사이에 큰 차이가 있다. 「타이완사업공채법」에는 철도 부설, 토지 조사, 항만, 청사 건축, 대조권 정리, 수리사업 등에 한해 사업공채를 발행할 수 있다고 명시하였으나, 「조선사업공채법」에는 사업비 지불에 공채 또는 차입금을 발행할 수 있다는 모호하고 광범위한 규정만 있었다. 이 외에도 「타이완사업공채법」은 공채 이자율, 상환방법, 이자지불월, 상환기한 등이 상세하게 명시되어 있었다. 이 때문에 타이완과 비교할 때 조선에서 자의적으로 공채가 발행될 수 있다는 지적이 당시 제국의회에서 제기되었다. 심지어 「조선사업공채법」 1항 중 '55년 이내 기한'이라는 문구도 제국의회 중의원 심사 과정에서 추가된 것으로 일본 정부가 최초로 제출한 법안에는 없었다.[10]

이처럼 「조선사업공채법」이 간략하게 제출된 배경에는 제정(1911) 당

二十一巻』(纂01407100 国立公文書館), 1917.1.22.

9 「第二十七回帝國議會 衆議院 朝鮮二於ケル貨幣整理ノ爲生シタル債務ヲ貨幣整理資金特別會計ニ移属セシムル件ニ關スル法律案外三件委員會議錄(速記)第三回」, 1911.2.6, 9쪽.

10 「朝鮮事業公債法案」, 『明治大正財政史編纂資料 目賀田家文書 目賀田家文書第10号』(平15財務00018100 国立公文書館), 1911.3.7; 「朝鮮事業公債法 朝鮮事業公債金特別會計法ヲ定ム」, 『公文類聚・第三十五編・明治四十四年・第十六巻』(類01125100 国立公文書館), 1911.3.21.

시에 일본 내각과 조선총독부를 장악하고 있었던 육군 세력의 한반도 지배 구상이 있었다. 육군대신을 겸했던 데라우치 마사타케(寺内正毅) 조선총독과 대장대신을 겸했던 가쓰라 다로(桂太郎) 총리 등 육군 군벌세력은 일본과 조선·만주를 연결하는 철도 건설과 항만 확장 등 교통 인프라 구축을 통해 대륙 침략의 기반을 마련하는 데 집중했다. 일찍부터 군수용 철도 행정에 참가했고, 청일전쟁 때 운수통신장관을 맡기도 했던 데라우치는 병참 업무를 원활하게 수행하기 위해 조선의 철도·통신 정비가 필수적이라고 생각하고 있었다.[11]

〈그림 8-1〉은 일본육군 참모본부가 작성한 「만한철도경영에 관한 의견서」(1909.9.21)에 첨부된 지도이다. 지도를 보면 일본육군이 원하는 조선철도 건설 노선의 추이를 알 수 있다. 데라우치 육군대신 앞으로 발신된 의견서는 러일전쟁 후 러시아의 극동경영에 대비하여 만주와 한반도에 건설할 철도가 일본군 승패의 갈림길이라고 언급하고 있다.

의견서는 3기에 걸쳐 구상안을 제시했는데, 1기는 시베리아철도 복선 준공까지 마산을 기점으로 하는 한국 종관선과 안봉선 개축, 쑤자툰(蘇家屯) 이북 남만철도 본선의 복선개축, 경성-원산 노선과 경원(慶源)-회령-청진 노선을 건설하는 계획이었고, 2기는 안봉선과 한국 종관선 복선화, 원산-청진 노선 건설, 3기는 평양-원산 노선 건설이었다.[12] 의견서에 등장하는 철도건설계획은 강제병합 후 경원선·함경선·평원선 부설로 현실화되었다. 즉 조선철도 건설은 강제병합 이전부터 만들어진 일본육군

11 이형식, 2019, 「조슈파 데라우치 마사타케(寺内正毅)와 조선통치」, 『역사와 담론』 91, 29쪽.

12 「滿韓鐵道經營二關スル意見書」, 『陸軍一般史料 - 文庫 - 宮崎』(文庫 - 宮崎 - 41 防衛省防衛研究所), 1909.9.21.

〈그림 8-1〉 일본육군 참모본부 작성 만한철도 경영에 관한 의견서

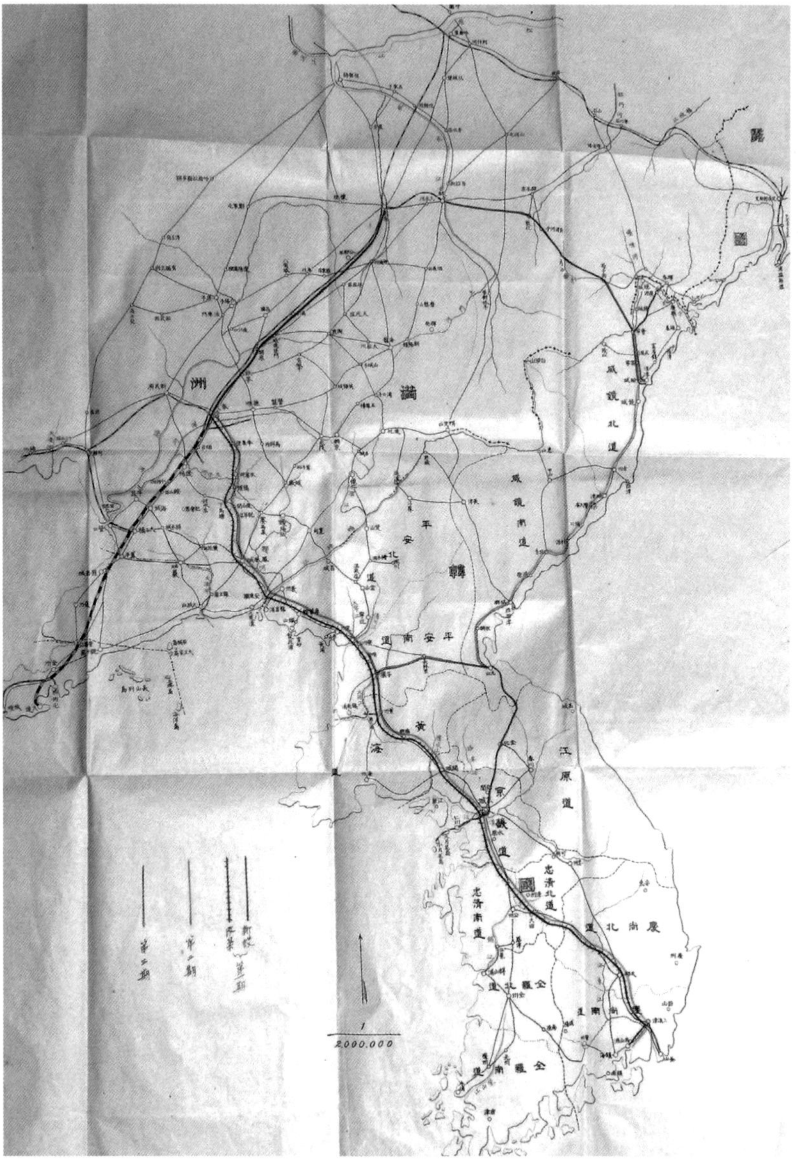

출처: 1909.9.21, 「滿韓鐵道經營ニ關スル意見書」. 『陸軍一般史料-文庫-宮崎』(文庫-宮崎-41 防衛省防衛研究所).

의 대륙침략 구상에 맞춰 진행된 것이다.

이러한 구상을 실현하기 위한 재원은 모든 제국주의 국가가 그러했듯이 사업공채 발행을 통해 조달했다. 법이 제정된 1911년 시점에 「조선사업공채법」은 육군 세력이 대륙침략 구상을 실현하는 근거법이기도 했다. 즉 공채발행에 영향을 미치는 (군부)세력이 이 법을 자의적으로 활용하면서, 그들의 대륙 침략 구상에 조응한 인프라 구축에 필요한 재원을 조달하고자 한 것이다. 결국 「조선사업공채법」은 중의원에서 1항에 '55년 이내의 기한으로'라는 문구만 추가하는 것으로 절충되었고, 중의원 수정안대로 귀족원을 통과했다.[13]

1911년 「조선사업공채법」 제정과 함께 일본 정부와 조선총독부는 최초의 사업공채 발행계획을 세웠다. 사실상 매년 바뀌며 일관성을 유지할 수 없던 발행계획의 시작이었다. 〈표 8-4〉는 그 내역을 정리한 것이다. 발행계획은 실제 발행액은 아니지만 1911년 시점에서 일본 정부 및 조선총독부가 공채 발행을 통해 구상했던 식민지배의 양상을 알 수 있다.

〈표 8-4〉 1911년 3월 현재 조선사업공채 발행계획(단위: 천 엔)

	1911	1912	1913	1914	1915	1916	총계
철도 건설 및 개량	8,500	8,500	9,000	7,000	4,459		37,459(67.2)
도로 건설	2,000	2,000	2,000	2,000	2,000		10,000(17.9)
부산항 수축	902	1,090	857	973			3,824(6.9)
인천항 수축	533	600	600	650	650	450	3,483(6.3)

13 1911.3.7, 「朝鮮事業公債法案」, 『明治大正財政史編纂資料 目賀田家文書 目賀田家文書 第10号』(平15財務00018100 国立公文書館); 「議會와 朝鮮案件」, 『每日申報』, 1911.3.28.

진남포항 수축	325	340	170				835(1.5)
평양 개착 공사	62	66					129(0.2)
계	12,324	12,596	12,627	10,623	7,109	450	55,731(100)

출처: 1911.3.7,「朝鮮事業公債法案」,『明治大正財政史編纂資料 目賀田家文書 目賀田家文書第10号』(平15財務00018100 国立公文書館).

비고: 괄호 안의 숫자는 전체 합계 대비 각 사업총액의 비중(%)을 의미한다.

최초 계획에서 일본 정부와 조선총독부는 공채 발행을 통해 조달할 자금을 교통 인프라(철도·도로·항만) 구축에 집중했다. 전체 계획자금의 67.2%를 차지했던 철도를 위시해 모든 교통망 계획의 입지는 육군의 대륙침략 구상과 관련되었다. 경원선 부설, 경부선·경의선 등 종관노선의 개축은 이미 1909년부터 일본육군의 계획에 포함된 것이었다.[14] 도로 수축도 육군성 의견을 반영해 군용 차량 통과에 지장이 없는 규격을 명시했다. 일본육군은 철도망 계획을 보조하는 방식으로 도로도 군사 수송에 적합하게 증설할 것을 꾸준히 요구했다.[15] 부산항 수축도 1911년 시점에 이미 일부 수축이 진행되었으나 만주의 안봉철도와 조선철도가 연결되면서 필요해진 추가공사 비용이었다.[16] 물론 일본과 만주를 잇는 대륙연결성 강화의 일환이었다. 실제로 조선철도와 안봉철도를 직접 연결한 압록

14 「滿韓鐵道經營ニ關スル意見書」,『陸軍一般史料 - 文庫 - 宮崎』(文庫 - 宮崎 - 41 防衛省防衛研究所), 1909.9.21.

15 宮田節子 編, 1989,『朝鮮軍槪要史』, 不二出版, 99쪽; 広瀬貞三, 1997, 앞의 글, 19~20쪽.

16 「第二十七回帝國議會 衆議院 朝鮮ニ於ケル貨幣整理ノ爲生シタル債務ヲ貨幣整理資金特別會計ニ移属セシムル件ニ關スル法律案外三件委員會議錄(速記)第三回」, 1911.2.6, 7쪽.

강 철교는 1911년 11월에 완공되었다.[17] 실제로 데라우치는 만주로 조선 철도가 연결되면 유럽과 아시아를 오고 가는 여객 화물이 부산에 모일 것이라면서 항만 확충이 시급하다고 주장했다.[18]

하지만 실제 공채 발행은 법 제정 당시 육군의 의도대로 진행되지 못했다. 1911년 예산 통과 후 일본의 금융 상황 악화로 인해 일본정부의 재정정책이 긴축재정 방침으로 기울었기 때문이다. 일본정부의 정책 전환은 식민지 재정방침에도 막대한 영향을 끼쳤다. 결국 일본이 재정정책을 급격하게 전환했던 1917년 예산 편성 이전까지 공채 발행은 사실상 이루어지지 못했고, 단기차입금(3년 만기) 조달로 대체하는 임시방편에 의존했다.

그러다가 조선총독이었던 데라우치가 일본 총리에 취임(1916.10)하면서 재정방침이 적극재정으로 전환되었다. 제1차 세계대전으로 인한 일본경제의 호황에 편승한 전환이었다. 조선총독부도 1917년 예산 편성부터 차입금이 아닌 공채 발행을 통한 재정자금 조달이 이루어졌다. 발행액도 점차 증가해, 매년 발행 한도를 증액하는 「조선사업공채법」 개정이 이뤄졌다. 데라우치 내각과 조선총독부는 늘어난 공채 발행으로 조달된 자금을 당시 내각의 주요 정책이었던 '국방'충실계획, 즉 대륙침략 구상에 조응하는 함경선 부설 등에 집중했다. 조선에 조달된 공채 자금이 일본의 제국주의 정책과 직접 연계한 사업 위주로 집중되는 양상이 일제강점 초기부터 명확하게 드러났다.[19]

---

17 정재정, 1999, 앞의 책, 127쪽.

18 「第二十七回帝國議會 衆議院 朝鮮二於ケル貨幣整理ノ爲生シタル債務ヲ貨幣整理資金特別會計二移属セシムル件ニ關スル法律案外三件委員會議録(速記)第五回」, 1911.2.20, 24쪽.

19 박우현, 2020, 「1910년대 조선사업공채 정책의 전개와 난맥상」, 『한국근현대사연구』

2. 일본 경제에 종속된 공채 사업 선정과 증세로의 귀결

3·1운동 직후인 1920년부터 조선총독부 재정정책은 큰 변화를 겪었다. 경제적 측면, 특히 공채 발행 정책이 급변했다. 〈그림 8-2〉에서 볼 수 있듯이 조선회계의 공채 발행 예산은 1919년(1,443만 엔), 1920년(2,321만 엔), 1921년(3,906만 엔) 매년 급등했다. 결산도 1920년(2,235만 엔), 1921년(3,721만 엔)에 예산과 근접하게 집행되었다. 발행 한도(2억 6,500만 엔)도 1919년보다 2,850만 엔이나 늘어났다.

그 이유는 공채 발행으로 자금을 조달하는 사업이 크게 늘었기 때문이다. 철도 건설·개량비 추가 외에도 1910년대와 달리 공채 발행으로 자금을 조달하는 사업에 경비전화 확장, 감옥 신축, 경찰관서 신축, 의원 신축, 염전 확장 등도 포함되었다. 새로 추가된 사업 대부분은 3·1운동 후이에 대응하기 위해 추진한 식민지배의 안정화 방책이라는 성격을 띠었다.[20] 물론 정우회의 하라 다카시(原敬) 내각이 적극재정을 강조한 것도 영향을 끼쳤다.

1920년에 급증한 공채 발행은 1921년 이후 줄었지만, 예산액 기준으로 보면 일본 정부와 조선총독부는 1923년까지 1910년대보다 많은 금액을 책정했다. 이미 1921년 하반기부터 일본의 재정정책이 긴축으로 돌아선 것에 비해 조선사업공채 발행의 증액 기조는 계속 유지된 것이다. 그

93, 93~114쪽.

20 金玉根, 1994, 『日帝下朝鮮財政史論攷』, 일조각, 138쪽.

〈그림 8-2〉 1910~1932년간 조선사업공채 발행예산 및 결산(단위: 엔)

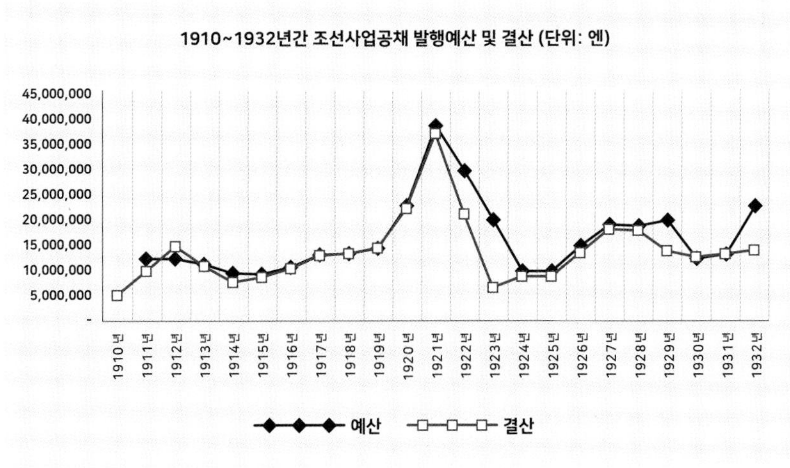

출처: 박우현, 2019, 「1920년대 조선사업공채 정책 변화와 재원조달의 부실화」, 『한국사연구』 185, 129쪽

러나 〈그림 8-2〉에서 볼 수 있듯이 1922년부터 예산액과 결산액 격차가 커졌다. 예산 편성 때와 달리 1922년의 실제 재정 운영에서는 결국 일본의 긴축재정 기조와 궤를 같이한 것이다.

그렇다면 1910년대와 달리 많이 늘어난 1920년대 초반의 공채 발행은 어떤 사업에 쓰였을까?

1920년 사업공채 발행계획 변경안에 따르면 기존에 철도, 항만, 도로 등에 한정되어 있었던 공채 사업에 의원 신축, 경비전화 확장, 감옥 신축, 경찰관서 신축, 염전 확장 등이 추가되었다. 1921년에는 전매수익 증대를 통한 재정수익 안정화를 위해 연초전매 창업비도 공채 발행을 통해 조달하기도 했다. 1922년에는 전신·전화 정비와 사방사업을 위한 공채 발행도 새로 추가하면서 총체적인 식민지 인프라 개발을 공채로 진행할 계획을 세웠다.[21] 즉 1910년대와 달리 공채로 자금을 조달하는 사업이 많아졌다는 점이 큰 차이였다.

그러나 1922년 예산액과 결산액 격차가 커지면서 공채 발행은 일본의 경제 상황에 큰 영향을 받기 시작했다. 대장성이 조선사업공채 발행을 일본의 경제 상황과 연동시켰기 때문이다. 설상가상으로 간토대지진(1923.9.1)까지 발생했다. 도쿄 주변 피해 지역의 재해 복구가 최우선 정책과제가 되고 일본의 대외신용도까지 하락하자 조선사업공채 발행도 당연히 위축되었다. 전년도보다 줄어든 1923년 공채 예산(2천 만 엔)도 1,340만 엔이나 발행에 실패해 결산액(659만 엔)은 미미한 수준에 머물렀다. 조선철도 건설만 특수성을 인정받아 최소한의 공채 발행이 허가된 것이다.

조선철도의 경우에도 일본이 가장 중시했던 대륙으로의 연결성 강화와 관련이 적을수록 공채를 통한 건설비 조달이 먼저 중단되었다. 그에 따라 횡단철도였던 평원선 부설이 가장 먼저 중단되었다. 간토대지진 이전에 공채 발행을 통해 자금을 조달할 계획이었던 철도 이외 사업들은 대부분 연기 또는 중단되었다. 중단할 수 없는 사업에 한하여 임시방편으로 조선회계 세입인 조세 및 관업수입으로 자금을 조달했지만, 조선회계의 만성적 세입 부족 상태에서 조선총독부는 조세 증징으로 대응할 수밖에 없었다.[22]

이처럼 공채 발행 자체가 급감하던 1927년에 전액 공채 발행으로 자

21 박우현, 2019, 「1920년대 조선사업공채 정책 변화와 재원조달의 부실화」, 『한국사연구』 185, 129~134쪽.

22 박우현, 2019, 위의 글, 135~146쪽.

금을 조달하는, 일제강점기 최대의 철도 계획인 '조선철도 12년 계획'이 제국의회를 통과했다. 1927년 이후 철도건설비로만 2억 엔 이상이 새로 추가되었다. 이는 공채로 자금을 조달하는 사업의 종류를 일시적으로나마 늘렸던 1920년대 공채 발행 정책을 뒤집어 철도로 일원화하는 결정이었다. 조선총독부도 대장성의 압박에 순응해 철도 건설 외의 사업에 대해서는 공채 발행을 포기했다.

일본 정부가 다른 특별회계와 달리 조선의 철도 건설에 대해서만 예외적으로 공채 발행을 허용했던 것은 당시 내각을 구성하던 정당 세력인 헌정회 계열의 식민정책과도 관련이 있다. 헌정회 계열의 주요 인사들은 조선에서의 산미증식계획과 철도 부설이 일본의 식량 및 인구 문제 해결을 위해 중요하다고 생각했다.

가토 다카아키(加藤高明) 내각(1924.6~1926.1)에서 대장대신을 역임한 하마구치 오사치(浜口雄幸) 회고에 따르면, 친우인 조선총독부 정무총감 시모오카 주지(下岡忠治)가 1925년 6월 도쿄로 와서 산미증식계획, 철도 건설계획, 치산치수사업, 도로항만개수사업 등으로 구성된 조선개발계획을 설명했다.[23] 이때는 산미증식계획에 대장성 예금부의 저리자금 도입을 결정한 시점이었다.[24] 치산치수사업과 도로항만개수사업에 공채 발행을 중단한 상황에서 산미증식계획의 성공을 위해서라도 철도 건설에 필요한 공채를 발행하는 것은 내각이 허가할 수 있는 사안이었다. 하마구치나 시

23 浜口雄幸傳刊行會 編, 1931, 『浜口雄幸傳』, 浜口雄幸傳刊行會, 209~212쪽.

24 1926년 4월부터 실시된 산미증식계획의 대장성 예금부 저리자금 도입은 河合和男, 1986, 『朝鮮における産米增殖計画』, 未來社, 74~77쪽; 金玉根, 1994, 앞의 책, 69~70쪽; 정병욱, 2004, 『한국근대금융연구 - 조선식산은행과 식민지 경제』, 역사비평사, 36~43쪽 참조.

모오카뿐 아니라 1920년대 중반부터 헌정회 내각과 직간접적으로 연결되어 중앙조선협회 이사를 역임한 이노우에 준노스케(井上準之助)도 일본의 인구·식량 문제 해결을 위해 조선 투자를 주장했는데, 우선적 투자처로 철도건설과 산미증식을 위한 토지개량사업을 지목했다.[25]

결과적으로 불황과 공황을 거듭하며 긴축 기조를 강화했던 1920년대 중반을 거치면서 조선총독부는 공채 발행으로 자금을 조달하는 사업을 대장성의 승인이 쉬웠던 철도로 집중하고, 나머지 사업은 조세 및 관업수입 중심의 보통재원 조달로 대체하는 계획으로 변경했다. 조선총독부가 일본 정부의 요구에 맞춰 '정무적'으로 순응한 조정이었다.

이러한 조정은 조선총독부의 조세정책에도 그대로 반영되었다. 긴축 기조 속에서도 장기 공채 발행계획 승인은 곧바로 상환 재원을 어떻게 확보하느냐 하는 문제로 이어진다. 게다가 공채를 통한 자금 조달이 중단된 항만수축, 사방사업 등에 투입할 재원도 마련해야 했다. 이런 상황에 조응하여 조선총독부가 설치한 조선세제조사위원회(1926.6)는 조세제도의 전면적 재편과 증세를 예고했다. 시기적으로 조선총독 등 고위관료들이 도쿄로 가서 1927년 예산안 협상에 나서기 직전이었다. 이는 '조선철도 12년 계획'을 성사시키기 위한 재원 확보책이기도 했다. 실제로 조선총독부는 위원회 조사를 기초로 조세체계를 소득세 중심으로 재편하는 것은 미루더라도 영업세 및 자본이자세 등 수익세를 신설하고 주세를 증징하기로 결정했다.[26]

25 杉山伸也, 2006,「金解禁論争 - 井上準之助と世界經濟」,『帝國日本の學知 第2巻「帝國」の経済学』, 岩波書店, 152쪽; 李炯植, 2007,「戰前期における中央朝鮮協會の軌跡 - その設立から宇垣總督時代まで -」,『朝鮮學報』204, 107쪽.

26 정태헌, 1996, 앞의 책, 132~135쪽.

그러나 향후 늘어날 세입을 기다려 사업을 진행하는 것은 철도를 포함한 기간산업(도로, 항만, 사방사업 등)의 특징에 부합하지 않는다. 인프라 확충이 자본 투자를 유인하고, 투자 활성화가 이윤과 고용을 확대하는 것이다. 근대자본주의 체제에서 인프라 구축은 투자와 개발에 선행하기 때문에 국가의 정책적 개입이 필수적이다. 국·공채가 미래에 거둘(증징할) 세수를 전제로 발명된 것도 이 때문이다. 일제가 제국의 식량 기지로 설정했던 조선도 마찬가지였다. 그동안 공채 발행을 통해 자금을 조달했던 사업을 축소하거나 연기했더라도 보통재원, 즉 조세 증징이나 전매수익을 올려 해당 사업비를 조달하는 것은 어려울 수밖에 없었다.

조선총독부는 결국 '조선철도 12년 계획'을 승인받은 다음 해 1928년 예산 편성에 맞춰 항만, 도로와 함께 치산, 치수 사업을 공채 발행을 통한 자금 조달로 진행한다는 계획을 세웠다. 하지만 1927년 4월에 교체된 정우회 계열의 다나카 기이치(田中義一) 내각(1927.4~1929.7)은 '조선철도 12년 계획'에 책정된 1928년 공채 발행 예산(1,900만 엔)만 승인했다. 제국 전체를 통할하는 대장성이 공채 발행을 철도건설비로 일원화한 지 1년 만에 다른 사업에 공채 발행을 추가해달라는 조선총독부의 요구를 수용하지 않은 것이다.[27]

1929년에도 일본 정부는 '조선철도 12년 계획'에 책정했던 금액(2천만 엔)만 공채 발행 예산에 책정했다. 결국 공채 발행 전액이 철도건설비였다. 그런데 중국에서 발생한 장쭤린(張作霖) 폭사 사건으로 다나카 내각이 총사직(1929.7.2)하고 민정당의 하마구치 오사치(浜口雄幸) 내각(1929.7~1931.4)이 들어섰다. 긴축재정을 표방하던 헌정회 계열로 교체된

27 박우현, 2019, 앞의 글, 150~152쪽.

것이다. 실제로 이노우에 준노스케(井上準之助) 대장대신은 이전과 달리 강력한 긴축정책을 식민지에까지 요구했다. 먼저 조선사업공채 감액을 요구했다. 결국 1929년 공채 발행 예산(2천 만 엔)은 감액(1,500만 엔으로) 되었다. 즉 철도건설비로 집중시킨 공채 발행조차 계획대로 진행되지 못한 것이다. 결국 조선총독부는 공채 감액분(500만 엔) 중 300만 엔은 순연하고, 200만 엔은 보통재원으로 조달하기로 했다. 사방사업비 명목의 단기차입금(230만 엔)도 70만 엔은 순연하고, 160만 엔은 보통재원으로 조달하기로 했다. 예정했던 공채를 삭감한 만큼 증세로 대응할 수밖에 없었다.[28] 결국 1920년대 마지막 시기까지도 공채 발행정책은 일본의 경제사정 악화, 재정 긴축의 일괄적 적용 등 식민본국의 재정정책에서 벗어날 수 없었다.

28 박우현, 2022, 「대공황 초기 조선사업공채 정책과 궁민구제토목사업의 축소(1929~1931)」, 『역사문제연구』 49, 228~234쪽.

3. 병참수송 침략선 철도 부설을 위한 공채 발행의 급증

일본의 재정정책에 종속된 채 운영되었던 조선사업공채 발행정책은 1930년 이후에도 마찬가지였다. 1929년 예산을 중도에 변경하면서까지 기존에 계획했던 공채 발행 예산을 삭감한 하마구치 내각은 1930년도 예산에서도 강력한 긴축을 요구했다. 요구의 핵심은 공채 발행을 1927년 계획보다 절반 삭감하는 것이었다. 예를 들어 1927년에 책정한 1930년도 조선사업공채 발행액(2,500만 엔)을 1929년 7월에 절반(1,250만 엔)이나 삭감했다. 이후 계획분도 모두 절반씩 삭감했다.

하마구치 내각이 식민지에 요구한 것은 공채 발행 삭감만이 아니었다. 조선회계 세출에 포함된 공채비에 원금 상환을 포함하라고 지시했다.[29] 조선총독부는 「조선사업공채법」 제정(1911) 이후 해당 법령에 따라 조달된 공채 또는 차입금 중 1921년까지 1,521만 엔의 원금 상환이 행해진 이래 1921~1929년에는 원금 상환 없이 이자만 지불하고 있었다.[30] 1921년까지 상환된 원금도 주로 1910년대에 조달된 단기차입금이었다. 장기자금인 사업공채의 원금 상환은 사실상 유예하고 있었다.

하지만 재정 긴축을 추진한 하마구치 내각은 그동안 유예했던 특별회계에서의 공채 원금 상환 즉, 국채정리기금특별회계로 이자뿐 아니라 원

---

29 「新規事業一切中止 公債基金도 負擔 指示를 受한 明年度豫算編成方針 朝鮮當局極力反對」, 『每日申報』, 1929.7.19.

30 朝鮮總督府, 1933, 「三三. 國債」, 『第六十四回帝國議會說明資料』(『朝鮮總督府帝國議會說明資料 第18卷』, 不二出版, 2013).

금(총액의 116/1만)도 상환하라고 지시했다. 조선총독부는 1930년 예산 편성을 앞두고 공채 발행 계획 삭감에 따른 세입의 감소와 원금 상환 지시에 따른 세출의 증가라는 이중의 난관에 봉착했다. 우여곡절 끝에 1930년 공채 발행 예산은 1927년 계획의 절반(1,250만 엔)만 승인받았고, 국채정리기금특별회계로의 원금 상환을 위한 지출(345만 엔)을 확정했다. 조선총독부는 만성적 세입 부족으로 원금 상환이 어렵고, 오히려 보충금 증액이 필요하다고 주장했지만 대장성은 반응하지 않았다.[31]

대공황으로 조선 경제도 타격을 받았다. 일본 정부의 긴축 일변도 방침은 1931년부터 실시했던 궁민구제토목사업 자금 조달에도 영향을 끼쳤다. 조선총독부는 1930년부터 실업 구제, 일본 도항 방지 등을 위해 대규모 토목사업을 실시한다는 구상을 마련했지만, 공채 발행이 불허되면서 무산되었다. 결국 궁민구제토목사업은 다음 해 1931년부터 시작했는데 원래의 구상과 다른 방식으로 자금을 조달했다. 일본 정부가 일본의 토목사업을 위한 국채 발행을 허가했지만, 조선의 궁민구제토목사업에 대해서는 지방채 발행만 허가했기 때문이다. 이는 사업공채 발행보다 일본 공채시장에 끼치는 영향이 가벼운 예금부 자금을 활용한 것으로 조선의 지방재정 부담 증가, 지방세 증징으로 이어졌다.[32]

만주사변(1931.9)과 제1차 상하이 사변(1932.1)으로 이어진 일본의 중국침략과 영국의 금본위제 이탈 등 대외적 조건의 악화는 식민지에서 공채 발행을 더욱 어렵게 했다. 다만 이누카이 쓰요시(犬養毅) 내각(1931.12~1932.5)은 특별회계에 강제했던 원금 상환을 기존 비율의 1/3로

---

31 박우현, 2022, 앞의 글, 234~243쪽.

32 박우현, 2022, 위의 글, 245~253쪽.

줄여 세출 부담이 줄기는 했다.[33] 일본에서는 군사공채나 세입보전공채 등 적자공채 발행이 급증했지만, 조선사업공채 발행액은 증가폭도 적었고, 일회성 증액에 그치는 경우가 많았다. 1932년은 일본의 만주침략, 영국의 금본위제 이탈, 내각 교체에 따른 재정정책의 전환까지 겹치면서 제국의회도 4차례나 열렸고, 조선총독부 예산도 계속 추가되는 복잡한 양상을 보였다. 이에 따라 1932년 공채 책정액(2,292만 엔)은 기존 승인액(1,494만 엔)에 추가분(789만 엔)을 더해 결정되었다. 1933년 책정액(3,300만 엔)은 더욱 늘어났다.[34]

1920년대 초반처럼 철도 이외 사업에 대해서도 공채 발행을 허가했기 때문에 총액은 늘었지만 자금 조달처를 보면 양상이 달랐다. 1932~1934년 공채 발행으로 자금을 조달했던 사업은 철도 이외 사업의 경우 장기계획이 부재했다. 〈표 8-5〉을 보면 1932년에 추가예산 편성을 통해 공채 발행으로 자금을 조달한 사업은 철도 이외에 북선개척사업, 사방사업, 치수사업, 도로수축 등으로 늘어났다.

33 해당 조치는 법률 개정이 필요했는데, 의회 해산을 단행하면서 승인을 받지 못해 긴급칙령으로 공포했다[1932.1.30, 「昭和六年度ニ於ケル國債償還資金ノ繰入一部停止ニ關スル件」, 『樞密院會議筆記』(枢D00687100 国立公文書館)].

34 박우현, 2023, 「일제시기 조선사업공채 발행정책과 식민지 인프라 개발」, 고려대학교 한국사학과 박사학위논문, 144~156쪽.

〈표 8-5〉 1932년도 조선사업공채 발행예산 내역(단위: 엔)

	구별	대장성 최종 승인액	
62회 제국의회 실행예산 (기존계획)	철도건설비	14,940,202	(65.2)
62회 제국의회 추가예산 (신규요구)	철도 건설 속성	3,000,000	(13.1)
	북선개척비	1,300,000	(5.7)
	계	4,300,000	(18.8)
62회 제국의회 추가예산 (만주사건공채)	조선총독부 배정(공채발행분)	334,710	(1.5)
63회 제국의회 추가예산 (시국광구사업 공채발행분)	철도 건설 속성	1,000,000	(4.4)
	사방사업비	800,000	(3.5)
	치수사업비	500,000	(2.2)
	도로수축개량비	1,054,000	(4.6)
	계	3,354,000	(14.6)
합계		22,928,912	(100)

출처: 「新規事業公債 五億圓에 達할 듯」, 『每日申報』, 1932.3.29; 「本府の豫算 二億二千萬圓 追加一千三百八十萬圓 主要新規事業は北鮮開拓, 鹽田擴張, 鐵道建設など」, 『京城日報』, 1932.3.29; 「復活に成功した朝鮮七年度豫算 總額二億一千四百餘萬圓 大藏省との諒解成る」, 『京城日報』, 1932.4.13; 「在滿同胞保護費 八十萬圓承認は實質的には要求額の二分の一承認にあたる」, 『京城日報』, 1932.5.14; 大蔵省, 1932.5.21, 「昭和六年度以降滿洲事件費財源區分所管別內譯」, 『(第六十二回帝國議會) 昭和七年度歲入歲出實行豫算參考書』(平22財務01256100 国立公文書館); 「救濟追加豫算提出 外地特別會計へ要求の朝鮮總額七百萬圓 財源は公債に依る 拓務省議を經て大藏省へ」, 『京城日報』, 1932.8.5; 大藏省, 1932.8, 「昭和七年度歲入歲出追加豫定額事項別內譯」, 『昭和七年度[第六十三回(臨時)帝國議會] 大藏省所管追加豫算參考書』(平22財務01262100 国立公文書館); 「社說 本府の時局豫算」, 『京城日報』, 1932.8.20.

비고: 만주사건비는 1931년도분을 포함해 총 479,670엔이 통과되었는데, 1931년도분 134,400엔과 1932년도분 10,560엔은 조선총독부특별회계 보통재원 조달이고, 1932년도분 334,710엔은 공채 발행으로 편성되었다.시국광구사업은 조선총독부 요구액 700만 엔 중 526만 엔이 승인되었는데 3,354,000엔을 제외한 금액은 공채 발행이 아닌 보통재원 조달이었다. 괄호 안의 숫자는 전체 합계 대비 각 사업총액의 비중(%)을 의미한다.

하지만 이 가운데 다년간 계속사업으로 공채 발행이 보장된 것은 철도건설비뿐이었고, 나머지는 모두 임시방편으로 1932년 사업비만 승인한 일회성 공채 발행이었다. 치수사업, 도로수축, 사방사업 등은 다년간 계획이 세워져야 일관성 있는 사업 추진이 가능한 분야였다. 공채 발행을 통해, 빚을 지면서까지 사업비를 마련해 인프라를 구축하는 것은 그만큼 해당 사업이 꼭 필요하기 때문이다. 그러나 조선에 인프라를 구축하는 것은 식민 본국의 필요에 따라 사업의 지속성을 보장하지 않는 방식으로 자금이 조달되었다. 1931년 6월 부임한 우가키 가즈시게(宇垣一成) 조선총독이 적극 추진했던 북선개척사업도 일본의 대륙침략에 필요한 척식철도 부설비만 공채 발행으로 보장받았을 뿐이었다. 사업의 핵심이었던 삼림사업비나 도로부설비는 매년 승인을 받아야 하는 일회성 공채 발행으로 일관했다. 사업의 지속성과 안정성이 떨어질 수밖에 없었다.[35]

1932년 이후 조선사업공채 발행정책의 또 다른 특징은 만주국 수립과 소련의 극동지역 군비 증가에 대비해 일본육군이 소련과의 전쟁 위기를 강조하면서 공채발행사업의 군사적 성격이 더욱 강해졌다는 점이다. 1933년 예산 편성부터 조선총독부의 철도 건설·개량비 책정과 관련해 육군성이 직접 협상 주체로 등장했다. 내각 각의(1932.12.18)에서 조선회계 예산안 중 철도 관련 비용을 사용하는 방식과 내용은 육군성이 척무성과 협의하는 것으로 결정한 것이다.[36] 이는 이후 전시체제기까지 이어지는 중요한 변화였다.

물론 조선철도 운영과 관련해 일본육군의 의사가 작용한 것은 일제하 전시기를 관통하는 상수(常數)였다. ㈜남만주철도의 조선철도 위탁경영(1917.8~1925.4)[37] 결정도 일본 군부의 대륙침략 목표를 충족시키기 위한

35 박우현, 2023, 앞의 글, 159~176쪽.

36 「朝鮮の鐵道 敷設內容 拓陸兩省が決定」, 『京城日報』, 1932.12.18.

37 ㈜남만주철도의 조선철도 위탁경영에 대해서는 橋谷弘, 1982, 「朝鮮鉄道の満鉄への

것이었다. 이런 상황에서 1933년 예산 편성 과정에 육군성이 참여하기로 한 것은 조선철도에 대한 육군의 통제가 한층 강화될 것임을 예고하는 것이다.[38] 그 효과는 곧바로 나타났다. 1933년 철도개량비로 추가된 공채(100만 엔)의 사용처를 논의하는 과정에서 조선총독부는 경부선의 속도 증진에 사용할 것을 주장했지만, "주위 정세에 비춰 운수력 증가, 즉 수송능력을 늘리는 데 사용"해야 한다는 육군성의 주장대로 관철되었다.[39] "주위 정세"란 만주사변과 만주국 성립의 여파로 소련이 시행한 급속한 극동 군비 강화를, "운수력 증가"란 이에 대비한 병참 수송능력 증대를 의미했다. 만주 전역이 일본의 지배하에 놓였지만, 육군은 소련이 연해주 부근의 군비를 강화하고 블라디보스토크를 기점으로 하는 시베리아 철도 복선화에 착수함으로써 소련의 공격 위험성도 커졌다고 강조한 것이다.[40]

이에 따라 대(對)소련 국방정책이 중요해졌고, 육군이 병참수송(일본→만주)의 핵심인 조선철도 정책에 직접 참여하는 상황이 만들어졌다. 이러한 방침은 이미 만주사변 직후 「조선병참업무요령 및 병참업무세부요령」(1931.11.19)을 통해 구체화하였는데 가장 중요한 것이 조선철도를 통

委託経営をめぐって－－第一次大戦前後の日帝植民地政策の一断面」, 『朝鮮史研究会論文集』 19; 정태헌, 2015, 「조선철도에 대한 滿鐵 위탁경영과 총독부 直營으로의 환원 과정 및 배경」, 『한국사학보』 60 참조.

38 한편 일본 군부는 조선군을 중심으로 이미 만주사변 직후부터 다양한 방면에서 조선 지배정책에 관여하기 시작했다(신주백, 2021, 『일본군의 한반도 침략과 일본의 제국 운영』, 동북아역사재단, 287~291쪽).

39 「八年度計上の鐵道改良費 拓陸兩省の折中で 運輸力增加に使用」, 『京城日報』, 1932. 12.30.

40 北岡伸一, 1979, 「陸軍派閥対立(1931~1935)の再検討－対外·国防政策を中心として－」, 『年報 近代日本研究－1 昭和期の軍部』, 山川出版社, 83~83쪽.

한 수송문제였다.[41] 1933년 육군성의 조선철도 예산 편성 참여 결정은 그 연장선이었다. 이후 조선철도 건설·개량을 위한 공채 예산 편성은 만주로의 연결성 강화, 즉 병참수송의 원활화로 집중되어 갔다.

〈표 8-6〉 1927~1935년 조선철도 건설비 결산액(단위: 엔)

연도	평원선	함경선	만포선	동해선	도문선	경전선	혜산선
1927	2,006,312	10,018,913	10,382	112,012	757,920	14,753	
1928	1,916,551	2,457,204	25,803	2,612,269	4,392,570	129,368	73,493
1929	2,425,241	1,795,076	1,668	1,120,146	3,944,243	987,294	49,891
1930	1,491,405	108,386	21,233	2,037,510	2,367,831	1,584,362	13,297
1931	1,121,147	33,142	760,355	2,684,718	1,791,654	1,579,798	853,373
1932	501,306	31,939	3,041,310	2,833,457	2,212,388	393,089	3,577,756
1933	846,035	112,466	3,601,303	3,269,041	246,447	953,906	3,293,750
1934	1,582,978	100,469	5,436,025	1,068,871	147,702	408,371	2,519,626
1935	921,751	29,141	7,060,737	2,115,630	121,658	1,300,547	2,512,270

출처: 朝鮮總督府 鐵道局, 각년판, 『朝鮮鐵道狀況』.

개량비 사용처 변경뿐 아니라 건설비에서도 육군성이 깊게 관여했다. 〈표 8-6〉에서 1927~1935년 조선철도 건설비 결산액을 보면, 한반도 북부를 종관하여 압록강과 두만강에 접하는 만포선, 혜산선 등에는 추가예산까지 더해 완공을 앞당기는 데 주력했다. 하지만 만주로의 연결성 강화

41 만주사변 전후 조선군의 병참업무 구체화와 철도를 통한 군사수송에 관해서는 김상규, 2022, 「조선 주둔 일본군의 대외 침략과 군사동원」, 고려대학교 한국사학과 박사학위논문, 124~130쪽.

와 직접 관련이 없는 횡단노선(평원선, 경전선 등)은 건설비가 줄어들다가 결국 건설을 잠정 중단(1933.8)하기에 이르렀다.[42] 만포선, 혜산선, 평원선, 경전선 등은 모두 '조선철도12년 계획'에 포함된 노선이었지만 대공황 이후 공사비가 삭감되면서 병참수송 관련 노선에 공사비를 집중한 것이다.[43] 이 시점에서 만주로의 연결성 강화라는 군사적 필요성이 최우선 순위였다.

한편 대장성은 1934년부터 국채 발행을 감액하는 방향으로 재정정책을 전환하고자 했으나. 대소 국방정책을 중시하던 군부 세력은 지속적인 군사비 증액을 요구했다. 재정정책 전환을 둘러싼 양자의 대립은 조선사업공채 발행에도 영향을 끼쳤다. 육군이 주장하는 군사비 명목의 공채 증액은 곧 다른 공채의 감액을 의미했기 때문이다.

결국 1935년을 기점으로 공채 사업은 다시 철도 건설·개량비로 일원화되었다. 노선에 따라 철도 건설·개량비 배분의 격차도 뚜렷해졌다. 일본에서 만주로 향하는 조선 종관철도망의 수송 수요 증가 때문이었다. '조선철도 12년 계획'이 진행 중이었지만 그중 한반도 북부 종관노선이었던 만포선으로 건설비가 편중되었고, 경전선, 평원선 등 만주 방면 수송과 관련이 적은 노선은 공사 중단과 연기를 반복했다. 일제가 조선철도를 건설하며 가장 중시했던 군사적 필요성을 다시 강조되면서 조선사업공채 발행에도 결정적 영향을 미친 것이다.[44]

---

42 「九年度局鐵の建設改良計畫 新色彩を濃厚に」, 『京城日報』, 1933.8.1.

43 평원선은 조선철도 12년 계획에서 신설하기로 한 노선은 아니었다. 1922년에 이미 승인된 노선이었는데 부설이 지지부진해 조선철도 12년 계획에 평원선 완공도 포함했다.

44 박우현, 2023, 앞의 글, 209쪽.

4. 군수용 공채 팽창, 재정 파탄으로의 귀결

대장성은 1934년 예산 편성부터 공채 발행을 줄여야 한다는 계획을 세웠고, 1936년 예산 편성에 이를 본격 집행하고자 했다. 조선도 이 방침에 영향을 받았다. 대장성은 기존 공채 발행계획을 변경해 추가 삭감을 요구했고, 1932년부터 공채의 원금 상환 비율을 일시적으로 줄여주었던 조치도 해제했다. 여기에 더해 사실상 일본의 군사비를 식민지도 분담해야 한다는 명목으로 일반회계로의 잉여금 전출을 지시했다. 1931년 이후 가장 강력한 전방위적 긴축 압박이었다. 〈표 8-7〉은 1935년 대장성이 재정긴축 방침에 따라 조선총독부에 요구했던 사항을 정리한 것이다. 대장성은 이 조치들을 1936년 예산 편성에서 모두 관철(보충금 감액은 제외)시켰다.

〈표 8-7〉 1935년 하반기 대장성의 긴축요구 내용과 경과

	내용	경과
① 보충금 감액	* 일반회계로부터 조선총독부특별회계로 지급되는 보충금 경감 지시	* 관동국특별회계 보충금은 전폐 * 조선총독부특별회계 보충금은 존치
② 사업공채 원금상환 비율 복귀	* 국채정리기금특별회계 전출금 비율 복귀 명령 * 116/1만이었던 원금상환비율을 1/3 수준으로 줄였던 1932년 유예 조치에 대한 원상복구 명령	* 제국철도·타이완총독부·통신사업특별회계는 1935년부터 복귀 * 조선총독부특별회계는 1936년부터 복귀 * 일반회계에서의 전출금 비율 줄이겠다는 구상
③ 특별회계 잉여금의 일반회계 전출	* 일반회계 적자보전을 위해 특별회계 잉여금을 전출 명령 * 사실상 국방비 분담 * 1936년 190만 엔 일반회계 전출	* 임시군사비특별회계 전출로 이어지는 군사비 수탈의 효시 *1945년까지 16억 엔 이상 전출

④ 사업공채 삭감	* 1935년 예산 편성 당시 기승인된 1936년 예정액(2,700만 엔)의 추가 삭감 요구 * 1934년 예산(2,400만 엔)보다 삭감 요구 * 철도개량비 명목 700만 엔 삭감 요구	* 총독부의 자진삭감 2,280만 엔으로 확정 * 의회 해산 및 2.26사건으로 예산 불성립

출처: 박우현, 2023, 앞의 글, 212쪽.

그런데 1936년 예산 편성 시기는 대장성과 군부의 갈등이 절정에 달했던 시기였다. 마지막으로 드러낸 갈등이었다. 대장성은 예산 사정 단계에서 군부 예산을 특별취급하며 군부 설득에 나섰다. 특히 1935년 11~12월에는 서로 성명을 발표하고 반박하는 양상이 수차례 반복되는 등 대립이 극에 달했다.[45] 여기에다 육군 안에서도 육군대신과 참모본부 사이에도 의견일치가 되지 않아 혼란을 더했다.[46] 대장성은 군부를 제외한 기관에 대해서는 공채 발행 계획의 무조건 삭감 외에 다른 선택지를 주지 않았다.[47] 조선총독부의 공채 삭감 재고 요구는 논의될 분위기가 전혀 아니었다.

〈표 8-7〉에서 보듯이 조선총독부는 대장성 사정 전에 1936년 공채 예산을 기존계획에서 자진 삭감할 정도였다. 원금 상환 부담이 늘어난 것에 따른 조치이기도 했다. 하지만 우여곡절을 겪었던 1936년도 조선회계 예산은 제국의회 해산으로 승인되지 않았다. 게다가 의회 해산 직후 육군

45 大藏省百年史編集室, 1969,『大藏省百年史』(下), 大藏財務協會, 50~53쪽.

46 大前信也, 2015,『政治勢力としての陸軍－予算編成と二·二六事件』, 中央公論新社, 112~119쪽.

47 「朝鮮の事業公債大藏省の折衝困難, 今井田總監東上直接財政當局に當る」,『朝鮮時報』, 1935.11.14.

황도파 청년 장교들의 2·26 쿠데타 미수 사건[48]이 발발하면서 '일본권' 전체가 1936년도 예산 편성을 완전히 새롭게 편성해야 했다.

2·26사건으로 황도파는 몰락했지만, 이를 진압한 통제파 육군의 발언력은 오히려 커졌다.[49] 이와 함께 재정건전화 방침을 명분으로 재벌 등 대자본의 기득권 유지를 중시했던 대장성의 실력자 다카하시 고레키요(高橋是清)[50]마저 사살되었다. 재정의 무게 추는 국방예산 증대로 편중되었다. 예산 증가는 공채 발행 증가로 이어졌다. 그런데 일본의 1936년 예산 편성에서 추가된 공채 발행은 크지 않았다. 2·26사건 전후 공채 정책의 가장 큰 변화는 승인받지 못했던 2,280만 엔보다 882만 엔이나 급증한 조선사업공채에서 나타났다. 예정에 없던 전격 증액이었다.

1936년 5월 갑자기 늘어난 사업공채의 사용처는 어디였을까?

사용처는 한반도 남부 항만수축과 중앙선 철도 신설로 양분되었다. 두 사업의 공통점은 대륙으로 연결되는 군사 수송 강화라는 목적에 부합한다는 점이었다. 부산항·마산항 확장 비용은 공채로, 여수항은 보통재원(조세 및 관업수입)으로 확장하기로 결정했다. 세 항구 확장의 군사적 목적은 조선군 참모장 기타노 겐죠(北野憲造)가 정무총감 오노 로쿠이치로(大野緑一郎)에 보낸 「조선군의 제 시설 희망 요강」(1939.7.15)에 잘 드러나 있다. 기타노는 세 항구 항만시설에 관해 1936년에 육군이 요망했던 내

---

48 2·26사건에 관해서는 가토 요코, 김영숙 옮김, 2011, 『만주사변에서 중일전쟁으로』, 어문학사, 221~228쪽; 歷史學硏究會 編, 아르고인문사회연구소 옮김, 2017, 『태평양전쟁사 1 - 만주사변과 중일전쟁』, 채륜, 349~354쪽.

49 도베 료이치, 윤현명·이승혁 옮김, 2020, 『역설의 군대 - 근대 일본군의 기이한 변용』, 소명출판, 281~283쪽.

50 佐藤政則, 2016, 『日本銀行と高橋是清 - 金融財政ガバナンスの研究序説』, 麗澤大学出版会, 171~176쪽.

용을 차차 진척하고 있음에 감사를 전하며 계획의 순조로운 이행을 촉구했다.[51] 2·26사건 이후 갑작스레 추가된 항만 계획의 군사적 성격을 보여준다.[52]

하지만 갑작스러운 사업공채 예산 증액의 핵심은 지금까지 조선총독부의 예산 편성안이나 대장성의 사정 과정에서 언급된 바 없던 중앙선(청량리-영천) 부설이었다. 중앙선 구간은 1912년 무렵부터 이미 철도망 구상에 등장한 노선이었고, 지역에서도 부설 움직임이 있었다. 하지만 당시 지역 자본가들이 부설이 시급한 철도망으로 요청했던 노선은 한반도를 동서로 연결하는 횡단철도였다. 군산, 조치원, 충주, 강릉 등지의 자본가들이 추진했던 조선 중부 횡단철도나 대구-남원, 대구-광주 간 남부 횡단철도 부설 요구가 늘어나고 있었다. 일제강점기 내내 조선철도망 건설정책은 일본에서 만주로 향하는 종단노선 수송에만 초점을 두었다. 조선 내의 객화 수송은 우선적 고려 대상이 아니었다. 게다가 건설비를 일본 정부의 허가가 필수적이었던 사업공채 발행에 의존했기 때문에 철도 건설은 식민 본국의 필요에 좌우되었다.

대공황 이후 조선의 경제 상황도 호전 기미를 보여, 조선 내 자본가들은 지역 간 객화 수송 활성화를 위해 횡단철도부설운동에 더욱 적극적으로 나섰다. 그러나 건설비의 원천이었던 공채 발행의 일관된 방향성은 군사 수송 원활화, 대륙연결성 강화 등 군수 인프라 구축에 있었다. 한반도의 산업 연관성을 고려한다면 지형 차이가 명확한 동서 간을 횡단하는 산

51 朝鮮軍參謀長 北野憲造, 1939.7.15, 「朝鮮軍ノ諸施設希望要綱」, 『朝鮮軍關係書類綴』(京都大學·大學院經濟學研究科 經濟資料センター 所藏 『堀和生氏舊藏資料』).

52 박우현, 2023, 앞의 글, 219~224쪽.

업철도가 중요했지만, 이는 일제가 설정한 우선순위에서 늘 배제되었다.[53]

오히려 2·26사건 이후 일본육군은 대륙으로 향하는 병참수송이라는 군사적 목적으로 조선에 또 하나의 종관철도를 신설하라고 요구했다. '조선철도 12년 계획'이 진행 중인 시점에 군부의 요구에 따른 중앙선의 갑작스러운 신설 계획은 장기 계획으로 진행되어야 할 철도 부설 정책이 조변석개하는 식민지성을 잘 보여준다. 불과 4개월 전만 해도 조선총독부는 재정긴축 압박을 강하게 받고 있었는데, 2·26사건 이후 전혀 다른 상황이 펼쳐진 것이다.

중앙선 부설의 목적은 소련의 잠수함 폭격을 대비하는 것이었다. 제국의회 중의원 비밀회(1936.5.20)에서 해군성 군무국장 도요다 소에무(豊田副武)는 블라디보스토크에 소련 비행기와 잠수함 병력이 급증하여 잠수함에 의한 철도 파괴 가능성을 강조했다.[54] 실제로 만주사변 직후 블라디보스토크 요새 부활과 병력 증강, 교통망 정비뿐 아니라 잠수함 배치가 1936년에 69척으로 늘어났다.[55] 만주로 연결되는 종관노선인 경부선이나 동해선(부설 중)은 일부 혹은 전부가 해안과 인접하여 잠수함에 의한 파괴 가능성에 노출된 데 반해, 중앙선은 한반도 중부 내륙을 관통하기 때문에 이러한 위험이 없다는 것이었다.

2·26사건 이후 전격 증액된 공채 발행의 공통적 특징은 항만과 철도

53 박우현, 2023, 앞의 글, 215~217쪽.

54 「第六十九回帝國議會 衆議院 朝鮮事業公債法中改正法律案委員會 軍事國防ニ關スル件」, 『衆議院秘密會議事速記錄集』 2, 1997, 357~361쪽.

55 北岡伸一, 1979, 「陸軍派閥対立(1931~1935)の再検討－対外·国防政策を中心として－」, 『年報 近代日本研究－1 昭和期の軍部』, 山川出版社, 84~85쪽.

〈그림 8-3〉 1939년 현재 중앙선 현황

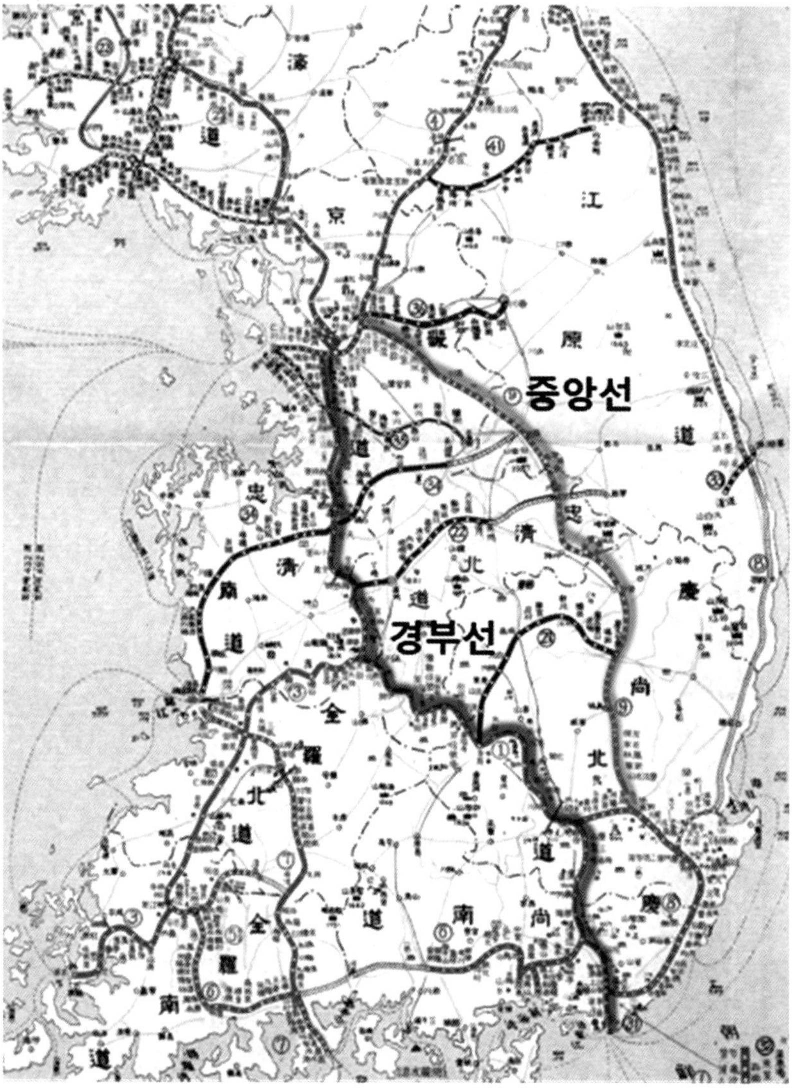

출처: 朝鮮總督府 鐵道局, 1939,『朝鮮鐵道狀況』30.

에 집중되었다는 점, 육군의 요구가 반영된 신규 사업이라는 점, 항만수축과 철도 건설 · 개량 모두 철저하게 '일-선-만' 종관루트의 다각화를 목표로 했다는 점이다. 이에 더해 중앙선은 대소전 가능성을 염두에 둔 군사적 대비라는 성격을 띠고 있었다. 아직 일제가 중일전쟁을 도발하기 전이었지만, 2 · 26사건 이후 공채 발행정책은 사실상 이미 전시 재정 성격을 띠고 있었다. 군사적 성격이 명확해진 철도 · 항만 집중 체제에서 여타 지역에서 경제적 측면에서 요구가 많았던 항만수축이나 횡단철도부설 등의 요구는 수용될 수 없었다.

중일전쟁 이후 본격적인 전시 재정 운영을 시작하면서 공채 발행은 군사적 성격 일변도로 기울어졌다. 이전까지는 조선총독부 요구안에 한참 미치지 못하는 대장성 승인액이 문제였다면, 1937년 이후에는 조선회계의 원리금 부담이나 조선 경제의 급격한 인플레이션을 우려할 정도로 '국책'에 따라 폭증하는 공채 발행이 문제였다. 더구나 공채 발행을 통해 자금을 조달했던 사업은 전황의 변화에 따라 매년 급변하여 안정적 사업 추진을 어렵게 했다. 특히 항만수축은 2 · 26사건 이후 추가예산으로 포함했다가 1938년부터 금산용 송전망 가설비의 공채 발행을 이유로 보통재원 조달로 대체했고, 1940년에 다시 공채 사업으로 복귀하는 등 일관성 없이 오락가락하는 모습을 보였다.

공채 발행 예산은 1940년(1억 9,950만 엔)에 치솟은 후 1943년(3억 7,919만 엔), 1944년(6억 5,405만 엔)까지 계속 폭증했다. 그런데 공채는 결국 원리금 상환 부담이 따르는 자금조달 방식이어서 일방적인 공채 발행의 폭증은 상환 부담을 안은 조선회계 운영을 파탄으로 몰아넣을 수밖에 없었다. 〈표 8-1〉에서 1930년대 후반에 공채비가 크게 상승하지는 않았다. 직접적 이유는 2 · 26사건 이후 들어선 내각이 '준전시' 재정정책의

〈그림 8-4〉 1933~1943년 조선사업공채 발행예산 및 결산(단위: 엔)

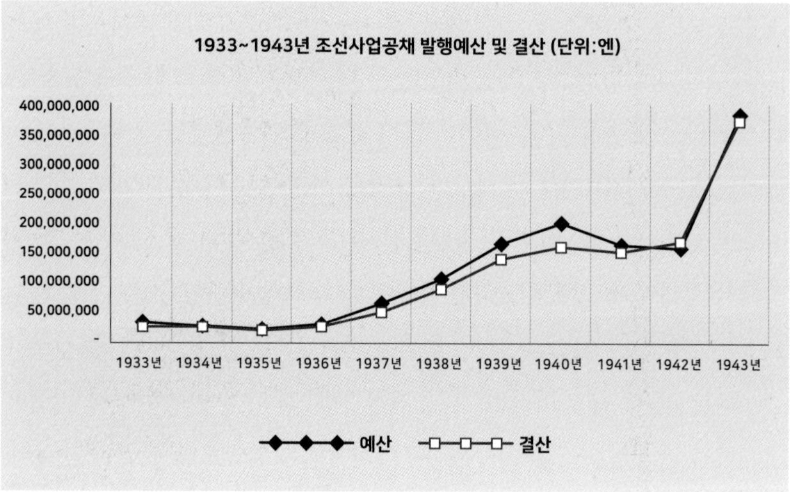

출처: 박우현, 2019, 「1920년대 조선사업공채 정책 변화와 재원조달의 부실화」, 『한국사연구』 185, 129쪽

일환으로 이미 발행한 국공채의 금리를 일괄 인하(연 5%에서 3.5%로)하는 저리차환 조치를 했기 때문이다. 조선사업공채 역시 저리차환 대상이었다. 즉 이자가 줄어 늘어난 공채 발행보다 원리금 상환액 증가폭은 적었다.

하지만 줄어든 상환액만큼 조선회계는 운영에 여유가 생긴 것이 아니라 정반대 상황에 봉착했다. 4장에서 다룬 임시군사비특별회계로의 잉여금 전출(임군회계법 통과 전에는 일반회계로의 잉여금 전출이라 불렸음) 때문이었다. 보충금까지 받는 조선회계로부터 잉여금 명목의 전출은 무리라는 의문에 대해 대장성은 공채의 저리차환으로 원리금 부담이 경감되었고, 조세 증징으로 여유가 생겼기 때문에 전출은 무리가 아니라면서 강압적으로 밀어붙였다.

이는 일본으로 유출된 잉여금 전출이 조선의 경제 향상에 의한 재정 수입 증대가 아닌 전시 재정에 따른 금리 인하와 군사비 지출을 위해 조세 증징분을 전출하는 것임을 인정한 것이었다. 공채 발행 폭증의 후과는 직접적인 원리금 상환에 한정되지 않았다. 임군회계 전출로 이어지는 군사비 명목의 자금 유출까지 함께 고려해야 한다. 이러한 방식은 전시체제기 내내 이어졌고, 임군회계로의 전출금은 해마다 폭증했다. 전시 재정 운영의 구조적인 악순환이었다.[56]

임군회계로의 전출, 강제저축 등과 관련하여 사실상 상환 재원이 없는 상황에서 공채 남발은 전황의 변화에 따른 일본 전시 재정 운영방침의 잦은 변경을 직접 반영한 결과였다. 장기계획에 따른 안정적 자금조달이라는 사업공채 발행의 목표는 이미 사라졌다. 철도·항만의 경우 공채 발행을 통해 자금을 조달하는 지역을 살펴보면 전황 변화에 종속된 전시경제 운영방침에서 조선에 부여했던 역할에 따라 공채사업의 중심이 한반도 남부에서 함경도 지역으로 옮겨지거나 황해도·평안도 지역으로 옮겨지는 등 큰 변화를 겪었다. 이 변화는 거의 매년 발생할 정도로 불안정했다.

교통망 사업 외에도 1942년 이후에는 공채 발행으로 자금을 조달하는 사업이 많이 늘어났다. 영미 경제권과의 단절, 급증하는 전시 재정을 감당하지 못했던 보통재원 조달의 한계 등이 반영된 것이다. 1943년부터는 그동안 공채 사업과 무관했던 방공시설비, 식량영단 출자금 등도 공채 발행으로 자금을 조달했다. 조선총독부 재정은 정상적 기능을 상실했다.[57]

---

56 박우현, 2023, 앞의 글, 232~236쪽.

57 박우현, 2023, 위의 글, 307~309쪽.

제3부
부역과 '기부'를 동반한 지방재정의 중앙종속성과 식민지적 운영

제9장
지방재정(도·부·읍·면 – 학교비·학교조합)의 중앙종속성*

* 제9장에서는 차후 각 장에서 상술하는 도 – 부 – (읍)면, 학교비, 학교조합 재정을 포괄하는 지방재정의 ① 제도, ② 규모, ③ 세출, ④ 세입 등을 개관하면서 전체적 특징을 살펴본다.

1. 제도: 자체 재원 부족과 의결권 제한

지방재정이란 지역사회 내 정치적·경제적 행위의 복합체이다. 즉 지방단체가 필요로 하는 공공수요를 정치적 과정을 통해 충족시키는 정치적 행위이면서, 민간 생산물의 일부를 획득·관리·처분하며 그것을 예산 원리에 따라 배분하는 지방단체의 경제 행위이다.[1] 핵심은 지역주민의 이해관계가 재정 운영상 지방'자치'와 어떤 내용으로 관련을 맺는가에 있다.

일제강점기 지방단체는 강제병합 이전 일본인 거류민단의 사무가 이관된 학교조합(일본인 교육재정) 및 부를 제외하면 법인화가 늦게 되었다. 공식적 '정치' 영역이 없는 식민지에서 지방재정은 '유사' 의결기구, 그것도 유산층이나 일본인에 국한된 '자치'를 통해 전개되었다. 예산·결산에 대한 제한적 의결권이 부여된 것은 1930년 이후였다. 즉 제한적으로나마 의결기구의 제도적 '자치'가 이뤄진 부문은 일본인이 다수 거주하던 부, 지정면(1931년 이후 읍) 등에 국한되었다.

그나마 도(道)는 「도제」 시행이 1931년에서 1933년으로 2년 늦춰지고, 간접선거였으며, 조선인 대다수가 거주하는 면에는 의결권 자체가 없었다. 식민지 지방재정은 이와 같은 제도적 제한 속에서 지역사회의 이해관계를 안으면서 재편되고, 확장되었다.

먼저 일제강점기 전체 지방재정을 다룬 선행 연구[2]에 더해 지방재정

---

1 禹明東, 2001, 『지방재정론』, 해남, 5~6쪽.

2 이창세, 1965, 『한국재정의 근대화 과정』, 박영사; 車軒權, 1984, 『韓國地方財政研究』, 서울大學校出版部; 曺京準, 1990, 『韓國地方財政史論』, 裕豊出版社; 金玉根, 1994, 『日帝下朝鮮財政史論攷』, 一潮閣; 이재은, 2015, 『일제강점기 조선지방재정사 연구』,

의 전체적 추이[3]와 지방단체 간의 관계를 보완하여 시기별 추이를 정리해 보자. 경성제국대학 법문학부 재정학 담당 조교수였던 오다 다다오(小田忠夫)가 특정 연도(1936년 예산) 추이를 정리한 것이[4] 좋은 참조가 된다. 오다는 중앙재정(조선회계)과 지방재정의 관계에 대해 국방, 사법, 외교, 철도, 통신(중앙재정 관할), 토목, 산업, 교육, 경찰, 위생(중앙재정과 지방재정 모두 각각 관할), 지방의 사회사업, 교통기관(지방행정 관할) 등으로 구분했다.

위의 분류에 따라 지방재정의 제도, 전체 규모, 세입·세출 추이 등을 통해 1910~1919년, 1920~1930년, 1931~1945년으로 시기 구분을 했다. 지방세제 변화상 1931~1945년 시기는 1936년과 1940년의 분기점으로 세분했다.

지방세제 개정은 제1차 지방세제정리(1927)·제2차 지방세제정리(1936)·제3차 세제정리(1940)로 분류된다.[5] 제1차 세제개정은 부 영업세의 '국세' 전환, 호(별)세·가옥세의 부·면 이양 등 중요한 변화에도 불구하고 1926년 세제조사위원회의 조사 내용을 부분적으로 반영한 과도적 성격을 가졌다. 오히려 도세와 부·읍·면세가 개정되어 도 중심의 수직계

한국지방세연구원.

3 기존 식민지 조선의 지방재정 연구에 대한 이런 문제의식은 최근 연구도 공유하고 있다(문명기, 2020, 「일제하 조선 지방세입의 구조와 추이, 1910~1936 - 대만과의 비교를 겸하여 -」, 『한국학논총』 54). 다만 식민지 조선 내 지방재정 증대의 시기별 핵심 요인이 어떤 지방단체에 있는지를 함께 파악할 필요가 있다.

4 小田忠夫, 1938.8~1939.4, 「朝鮮財政論」(一一)~(一八), 『朝鮮行政』 2-8~3-4 참조. 小田에 대해서는, 이명학, 2017, 「일제시기 재정통계의 활용과 해석의 지형」, 『민족문화연구』 75, 398~403쪽 참조.

5 金玉根, 1994, 앞의 책, 297~303쪽, 349~357쪽 참조.

통화를 제도화한 제2·3차 개정을 분기점으로 보는 것이 적절하다.

기존 연구와 『조선총독부통계연보』, 『조선지방재정요람』 등 기초 자료를 중심으로 개관할 때 지방단체의 법인화 여부와 지방의회의 의결기구화가 지방재정 변화의 분기점이 된다. 이 두 점에서 '자치' 영역이 상대적으로 넓었던 부회(1931년 5월 선거 이전까지 '부협의회')가 1930년대 이후에도 의장이 임명직 부윤이었다는 점은 지방의회가 제도적으로 식민정책에 복속된 기구였음을 보여준다.

1) 취약한 지방단체 재원

① 도(道) 세출 비목의 중추는 교육비·권업비·토목비였다. 도 세출 비목은 교육비 중심에서 제1차 궁민구제토목사업기(1931~1933) 이후 토목비 중심으로 전환되었다. 그리고 해당 사업 이후 폭증한 도 재정 부담은 전시체제기 이후 고스란히 도민에게 돌아갔다.

도세입에는 도세(道稅)가 중추 세입원이고, 사용료·수수료 수입('잡수입'), 그리고 1931년 이후 도채(道債)가 있었다. 도세의 명칭은 「지방비법」(1909)에서 '자치'가 연상되지 않도록 '지방세', '지방비부과금' 등으로 칭했다. 이후 「조선도지방비령」(1920)에서 '지방세'로, 「도제시행규칙」(1933)에 따라 '도세'로 개칭되었다(이하 도세로 통칭).

도세입 중 도세의 비중은 1910~1919년(27.9~76.4%), 1920~1930년(43.4~55.1%), 1931~1935년(23.8~34.3%), 1936~1943년(15.2~30.1%) 등 기간이 지나면서 점차 감소했다. 같은 시기 일본의 도·부·현(道·府·縣)세는 1910~1919년(58.3~67.1%), 1920~1930년(45.6~55.1%), 1931~1935년(25.8~41.2%) 등 기간이 지나면서 감소하다가 1936~1944년

〈그림 9-1〉 식민지 조선 도(道)의 세입구조

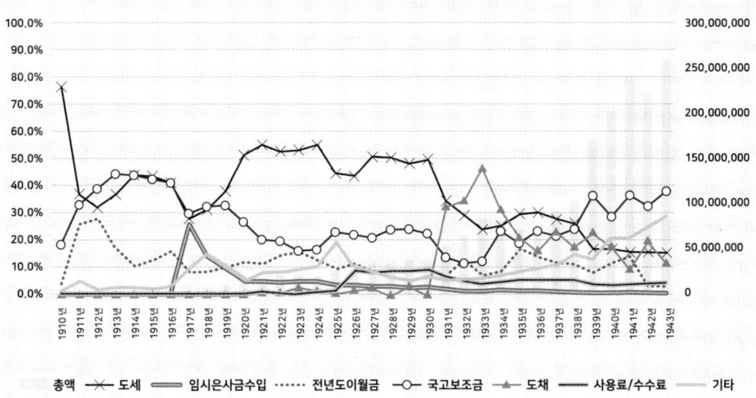

출처: 朝鮮總督府, 1910~1942년판, 『朝鮮總督府統計年報』

〈그림 9-2〉 일본 본국 도부현(都府縣)의 세입구조

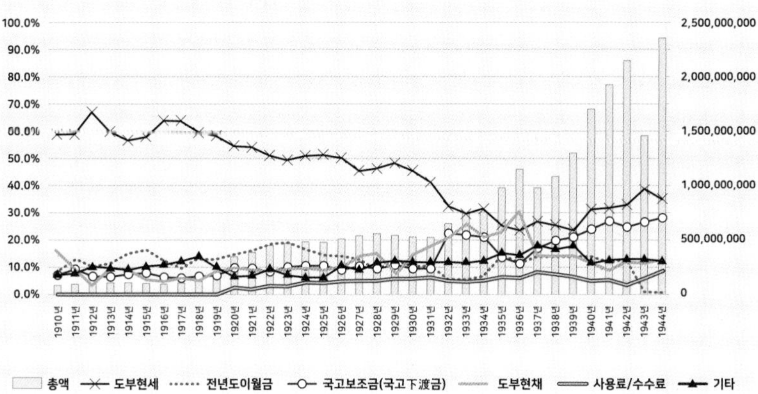

출처: 內務省地方局, 1914 · 1925 · 1927 · 1936 · 1944년판, 『地方財政概要』.
비고: 1943 · 1944년판은 예산액

(23.6~39.1%)에 현상을 유지했다. 1910~1931년에 도 재정이 약 41배, 도(都) · 부(府) · 현(縣) 재정이 약 5.2배, 1930~1931년에 1.5배, 1.0배 증가한

것을 생각하면 재정안정성은 일본이 훨씬 높았다.

한편 1931년 궁민구제토목사업을 위한 도채 발행이 폭증(전년 대비 108.4배)했다. 도세의 비중은 급감한 반면 국고보조금이 뒤를 받쳐주는 가운데 도채 비중이 급증했다. 도세입 중 도채의 비중은 1910~1919년(0%), 1920~1930년(0.0~3.3%), 1931~1935년(16.7~47.0%), 1936~1943년(9.9~23.3%) 등으로 변화했고, 특히 1930년대 이후 급증했다. 국고보조금 비중은 1910~1919년(18.0~43.9%), 1920~1930년(15.5~26.2%), 1931~1935년(11.1~22.8%), 1936~1943년(21.0~37.6%) 등이었다.

일본에서 도·부·현채 비중은 1910~1919년(4.1~16.0%), 1920~1930년(8.2~15.4%), 1931~1935년(17.9~24.8%), 1936~1943년(9.3~31.1%) 등으로 점증 추세를 보였다. 또 국고보조금 비중은 1910~1919년(6.1~9.1%), 1920~1930년(8.4~10.6%), 1931~1935년(10.0~22.6%), 1936~1943년(11.6~28.0%) 등이었다.

정리하면 도세는 일본의 도·부·현세와 비중 면에서 시기별로 유사했으나, 1910~1930년 도채와 도·부·현채 비중 비교에서 알 수 있듯 재정 규모 확장을 위한 세원 역할도 제한적이었다. 따라서 도 재정은 두 가지 특징을 보였다.

첫째, 국고보조금 비중이 일본 도·부·현에 비해 평균 10%p가량 높았다. 그만큼 안정적 세입원이 부족했던 것이다. 간토대지진 직후인 1923~1924년, 제1차 궁민구제토목사업의 도채 폭증으로 인한 1931~1933년을 제외하고는 18% 이상을 차지했다. 그리고 1910년대와 전시체제기에는 30% 이상을 유지했다. 일본 도·부·현에 대한 국고보조가 18% 이상이었던 때는 1932~1934년과 1938~1944년이며, 대개 20% 초·중반대였던 점과 대조적이다(이상 〈그림 9-1〉, 〈그림 9-2〉 참조).

둘째, 1930년대 이후 조선총독부가 산하 지방행정기구에 이관하여 부담을 줄인 궁민구제토목사업에 따라 도 재정 규모가 폭증했다. 제1차 궁민구제토목사업기 도채 비중이 폭증했고, 조선총독부 보조도 있었으나 자체 부담도 급증했다. 자체 부담은 전시체제기까지 누적되었고, 종래의 일반적 세입으로는 부족했다. 즉 일본의 도·부·현과 마찬가지로 광역단체 역할을 해야 했으나, 전시체제기 자체 세원 증징이 한계에 이른 도는 자의적 기부금과 국고보조금·도채에 의존했다. 광역단체로서 수직적 중앙종속성의 심화와 조선총독부의 부담 전가에 따른 자의적 부과(기부금 등)는 도 재정이 가진 양면성이었다.

② 부(府)는 제도상 일본의 시에 해당하는 행정구역이었다. 그러나 조선총독부가 지정한 부는 실제의 도시 분포와 일치하지 않는 경우가 많았다. 이 자체가 식민지성이다. 전통도시 중 지정면(읍)이나 보통면에 속한 경우도 많았다.[6] 부에는 재조일본인이 많아 강제병합 전후 거류민단이 부로 전환되는 과정에서 학교조합과 더불어 이들 사이에 '자치' 논의가 일었다. 이후 공업화·도시화에 따라 전통도시가 부로 전환되면서 1931~1945년에 10개가 추가되어 부는 12개에서 22개로 늘어났다.

도세입과 달리, 부는 1914년 「부제」 시행 때부터 법적 재원으로 사용료·수수료 수입을 명시했다. 그리고 부 세입원으로 1910~1921년에 국세부가세·도세부가세와 독립세로 구성된 부세가 있었다. 이후에는 사용료·수수료 수입이 제한적으로 증대되었다가 전시체제기, 특히 1940년대에는 부채(府債)와 보조금·교부금이 억제되는 가운데 다시 부세 중심으로 돌아가는 추세를 보였다. 즉 해방 때까지 부 재원으로 사용료·수수료

6 염복규, 2019, 「도시 지역에서 3·1운동의 전개와 특징」, 『민족문화연구』 84, 89~96쪽.

수입 역할은 제한적이었다.

일본 시 재정에서 사용료·수수료 수입 규모는 전기사업이 제일 컸고, 수도사업이 그 뒤를 이었다. 전기사업은 수익률이 높아 전기를 많이 사용하는 자본가들과 전기사업으로 채워지는 부 세입으로 특별세를 감면받고자 하는 자본가들, 그리고 전등·전차를 사용하는 시민들의 이해관계가 겹쳤다.[7] 일본 시 재정의 법적 규정을 따온 조선의 부 재정도 제도상 비슷한 규정을 갖고 있었다. 그러나 1927~1937년의 평양을 제외하면, 부의 법적 재원을 보장할 전기사업이 부영(府營)으로 운영된 부는 없었다. 또 수도사업은 본래 수익률이 높지 않았다. 재조일본인의 도시 부산부의 경우 수도사업이 도리어 부 재정에 부담으로 작용했다. 식민도시 운영에서 '약한 고리'의 하나였다.

③ (읍)면은 농촌의 말단 행정기구였다. (읍)면 재정 세입은 사무비 충당에 초점이 두어졌다. 따라서 초기에 사무비를 국고로 지출했던 도 재정이나 사무비 비중이 높지 않은 부 재정과 달랐다. 1912~1944년 사무비는 (읍)면 재정 세출 예·결산의 46.9%(1939)~98.8%(1915)로 두 해(1939·1940)를 제외하면 절반 이상을 점했다. 반면 토목비·권업비·위생비 3종 소계는 통계가 있는 1917~1944년에 10.9%(1943)~22.0%(1923, 1924)을 차지했다.

법적 재원은 재산수입과 면교부금, 기타 수입이었다. 「면경비부담방법」(1913)에 따르면 중추 재원을 재산수입과 면교부금, 기타 면 수입 등으로 하고, 면부과금으로 부족한 부분을 메웠다. 「면제」(1917)도 중추 재원에 사용료·수수료 수입을 추가하고, 면부과금과 부족할 때 '부역·현품'

7 金澤史男, 1995, 「現代政策金融成立期の地方債累積と再編」, 『經濟學論纂』 36-4 참조.

을 징수한다고 규정했다. 「읍·면제」(1931)에서 면부과금을 '읍·면세'로 개칭했을 뿐 내용은 같았다(제39조).

면부과금[이후 (읍)면세]은 세입의 35.4%(1944)~90.4%(1912)를 점했는데 대부분 지세·호세 계통이었다. 1919년 이래 1935년(91.4%)까지 90%를 넘었고, 이후 지속적인 하락세에도 1944년(49.8%) 외에는 절반 이상을 점했다.

(읍)면 담당 업무는 「면제시행규칙」(1917)에서 도로, 교량, 도선, 하천 제방, 관개배수, 시장, 조림, 농사, 양잠, 축산, 기타 산업 개량보급, 해조충 구제, 묘지, 화장장, 도(살)장, 상수, 하수, 전염병 예방, 오물 처치, 소방, 수방 등이었다. 이후 「읍·면제」 시행 이후 세출 구조가 사무비 중심에서 전시체제기를 전후하여 각종 사무 담당으로 확대되었다. 특히 '지방재정조정보급금' 제도가 시행되는 1940년 이후 보조금과 조정보급금의 비중(17.2%~37.7%)이 높아져 중앙종속성이 더욱 심해졌다.

④ 교육재정은 일본인 교육재정(학교조합)과 조선인 교육재정(학교비)로 구분되었다. 전자는 1909년 「학교조합령」 제정과 1914년 개정에 따라 조선인과 별학(別學)으로 운영되었고 법적 재원은 조합비, 사용료·수수료, 재산수입 등이었다. 학교비의 법적 재원은 1910년대에 '공립보통학교비'로서 지방비 보조금, 임시은사금 이자, 향교재산수입 등이었다가 「학교비령」 제정(1920) 시 지방비부가금인 '학교비부과금'으로 전환되었다. 1920년 이후 '1군 1교' 구호는 '3면 1교', '1면 1교'까지 진전되었지만 조선인 교육열을 반영하지는 못했다.

지방제도 개편(1930)에 따라 부 지역의 학교조합과 학교비는 각각 '부 제1부 특별경제', '부 제2부 특별경제'로 개칭되었다. 전자에는 국고보조금을 지급한 반면, 후자에는 도보조금과 지방채를 통해 결과적으로는 여전히 조선인이 부담하는 방식으로 운영되었다.

2) 제도적 의결기구의 미비[8]

각 지방행정기구의 재정에 대한 자문과 의결을 담당한 '지방의회'는 도(평의)회, 부(협의)회, 면협의회(+읍회) 등으로 구성되어 있었다. 이 글에서는 식민지 지방행정기구의 '자문·의결기관'을 '지방의회'로 통칭한다.[9] 물론 계층적 제한성이나, 조선인이 다수를 점할 수밖에 없는 기구(면)가 해방 때까지 자문기관으로 남아 있었다든가, 총독이 임명한 단체장이 당연직 의장으로서 게이트키퍼(gatekeeper) 역할을 했다는 근본적 한계가 있었다. 그러나 조선총독부가 식민통치 차원에서 시기에 따라 제한적으로 '민의를 수용'한 제도적 변화의 실체를 추적할 필요가 있다.

1910년대에 법인으로 인정된 지방단체는 「부제」(1914)에 따른 부와 '자치' 성격을 띤 학교조합뿐이었다. 조선인이 다수였던 도·면·학교비는 제외되었다. 도·면이 법인으로 인정된 것은 각기 「읍·면제」 시행(1931), 「도제」 시행(1933) 이후였다.

지방제도 개정은 두 차례의 큰 분기점(1920·1931)이 있었다. 「조선도지방비령」(1920)에 따라 도지방비에 관한 도지사 자문기구로서 도평의회가 구성되었다. 또한 같은 시기「부제」와 「면제」 개정으로 부협의회와 면

---

8 孫禎睦, 1992,『韓國地方制度·自治史硏究(上): 甲午更張 - 日帝强占期』, 一志社, Ⅱ~Ⅵ장 참조.

9 '지방의회' 연구사에 대해서는 전성현, 2019,「서평: 식민지 조선의 '지방의회'로 본 '정치참여'의 가능성과 한계-(김동명 저, 2018,『지배와 협력』, 역사공간)-」,『한일관계사연구』 63, 295~301쪽; 廉 馥圭, 2021,「韓国における植民地都市史研究の現況と展望」,『歷史評論』 851, 22~23쪽 참조.

협의회가 구성되었다. 12개 부협의회와 24개 (지정)면협의회만 직접선거제였다. 유권자는 부세 또는 면부과금 5엔 이상의 납세자였다. 도평의회 의원의 경우 2/3는 부협의회와 면협의회가 추천한 2배수 중에서 도지사가 임명하고(민선), 1/3은 도지사가 '학식과 명망 있는 자'들 중에서 '자유롭게 임명'(관선)했다. 면협의회원은 임명직이었다. 1920년대 지방의회는 예·결산에 대한 의결권이 없는 자문기구에 불과했다.

「부제」와 「읍·면제」 제정(1931)에 따라 부협의회는 의결기관인 부회로 개칭되고, 「면제」를 「읍·면제」로 개정함에 따라 종전의 (지정)면이 읍으로, (지정)면협의회는 읍회로 개칭되었다. 부회와 읍회는 부 조례, 읍 규칙과 예산안에 대한 의결권을 갖고 있었다. 이 제한적 '자치'는 이후 추천선거제(1943)로 다시 봉쇄되었다. 대부분의 조선인이 사는 (보통)면협의회 의원도 선출직으로 바뀌었으나 면협의회는 계속 의결권이 없는 자문기구로 제한되어 있었다.

「도제」 시행(1933)으로 도평의회는 도회로 개칭되면서 의결기구가 되었다. 각 도 도회 의원의 2/3는 부회·읍회·면협의회가 선출하고, 나머지 1/3은 도지사가 임명했다. 「도제시행규칙」에 따르면 도세의 세목, 세율, 부과방법 등은 도회 의결과 조선총독 인가를 거쳐 도지사가 정한다고 규정되었다. 세·입출 예산 작성, 예산 추가경정안 등은 의결을 거쳐야 했지만, 결산은 보고 의무만 있었다.

일제강점기 임명직 관리였던 도지사(도장관)와 부윤은 도회(도평의회)와 부회(부협의회) 의장까지 겸했다. 지방의회 의장은 부회나 읍회가 의결한 사안에 대해 조선총독부의 정책이 침해받지 않도록 '예외적' 결정을 내릴 수 있었다. 예를 들어 부의장이 '강경한 조선인'으로 선출되었더라도, 또 조선인 의원들의 반발과 같은 돌발사태가 일어나더라도 '예외조항'

을 통해 임명직 관료인 의장이 그 문을 다시 잠가버리면 그만이었다.

지방제도 개정 시행 두 달 전(1920.8.12) 윤치호는 조선총독부가 "돈을 모으는 방법"에 대해서만 지방의회의 의견을 모을 뿐이라고 비판했다.

> "총독부가 지방자치를 구현하기 위한 조치로 면·군·부·도 협의회를 도입할 것을 제안했다. 일본인이 면장을 맡고 있는 지정면을 제외하고 면장이 면협의회 의원을 임명한다. 일본에서는 부협의회와 도협의회 의원을 선거를 통해 뽑지만, 조선에서는 부윤이나 도지사가 임명한다. 이른바 협의회에서 의견을 모을 안건은 면·군·부·도에서 돈을 모으는 방법에 국한한다. 웃기는 일이다!"[10]

조선인 대부분은 어떤 형태로든 지방의회에 참여하거나 의견을 개진할 틈이 없었다. 그런 가운데 지방의회는 식민권력의 분할 지배(divide and rule)에 부응한 민족개량주의자나 '2·3류 친일파'들로[11] 구성된 유산층들만의 제한적 공론장으로 활용되었다. '민족·계급·도농·젠더 차별성'[12]에 따라 조선총독부가 '지정'한 조선인과 재조일본인에게 제한적 '동네 정치' 영역을 제공한 셈이다. 그러면서도 지역 공공재의 운영과 분배 문제에 어떤 식으로든 지방의회가 결부된 이상, 지방의회 의원들의 목소리를 일

---

10 윤치호, 박정신·이민원 옮김, 2016, 『(국역) 윤치호 영문일기』 7권, 국사편찬위원회, 1920년 8월 12일조.

11 대표적으로 강동진, 1980, 『일제의 한국침략정책사』, 한길사; 孫禎睦, 1992, 『韓國地方制度·自治史硏究(上): 甲午更張 - 日帝强占期』, 一志社, 참조.

12 이 표현은 전성현, 2019, 「일제강점기 '민의가 있는 바를 표현'하는 장소로서의 읍회와 그 한계: 김해읍의 '지방통치'와 김해읍회」, 『지방사와 지방문화』 22-2, 43쪽 참조.

방적으로 무시하는 것은 식민통치에 효율적일 수 없었다. 특히 지방제도가 제한선거로 전환된 지 20여 년이 지난 1939년 선거에서는 전국적으로 조선인과 일본인의 유권자 수 그리고 당선자 수가 비슷한 상태에 이르렀다.[13]

물론 지방의회가 식민통치에 '협력'하는 기구로 사실상 규정된 기본 틀 안에서 '평등'과 '해방'을 지향하는 것은 불가능했다. 그 한계 내에서 지방의회에서는 일방적인 '동화와 협력'만 작동한 것이 아니며, 자문기관일 때에도 '대립과 갈등'이 공존했다.[14] 1929년 경상남도 도평의회에서 조선인 의원들은 경상남도가 '1면 1교제' 계획(1931년 실현 목표)을 1936년으로 연기하자 예산안 반상(返上 : 자문 불응) 동의안을 제출했다. 도지사가 해임한 14명 조선인 의원들은 보궐선거에 재출마하여 13명이 당선되었다. 의결기관이 된 도회는 예산안, 부과징수규정, 도채와 부역 등에 대한 심의를 통해 지배정책과 차이를 드러내기도 했다.[15]

부에는 일본인 비율이 높아 1939년까지 평양부와 개성부(1931년 편입)를 제외하면 조선인 의원이 다수인 경우는 없었다.[16] 부협의회가 자문

---

13 김동명, 2018, 『지배와 협력』, 선인, 127~128쪽.

14 동선희, 2011, 『식민권력과 조선인 지역유력자』, 선인; 김동명, 2010, 「1929년 경상남도 도평의회 예산안반상(返上)사건 연구」, 『한일관계사연구』 37; 김동명, 2011, 「식민지 조선에서의 도평의회의 정치적 전개 – 김기정 징토(懲討) 시민대회를 중심으로 –」, 『일본문화학보』 50; 김동명, 2013, 「1928년 전라남도 도평의회의 조선인과 일본인 「알력」 사건 연구」, 『한일관계사연구』 46(김동명의 글은 김동명, 2018, 위의 책, 제3부 1~3장 수록); 전성현, 2014, 「일제시기 도평의회와 지역」, 『한일민족문제연구』 27; 전성현, 2020, 「일제강점기 '지방의회'의 '정치적인 것'과 한계 – 경남도회를 통한 식민지배와 지역정치의 마주침」, 『역사연구』 39.

15 전성현, 2020, 위의 글 참조.

16 金濟正, 2000, 「1930년대 초반 京城지역 전기사업 府營化 운동」, 『韓國史論』 43, 서울

기관이었던 1929년 경성의 '신당리 토지 문제'는 경성부가 신당리 일대 부 소유지를 일본인에게 매각하자 부협의회 의원 일부가 사직을 결의했다가 부윤이 사과 후 철회한 사안이었다.[17]

공업화·도시화 과정에서 민족 갈등을 넘어 조선인·일본인 의원들의 합종연횡이 벌어지기도 했다. 근대 도시에서는 주민이 '집합적 소비수단'(전기·가스·수도 및 교육기관 등)을 사회적·집단적으로 소비하는 생활 요소가 많았다.[18] 이에 따라 부에서 '집합적 소비수단' 사용을 둘러싼 쟁투가 벌어진 것이다. 그 대표적 사례가 전기 부영(府營)화 문제였다.

1931년 경성전기사업(전등·전력·전차·가스 포함) 부영화 운동은 경성부의 주 재원이자 전기요금 인하 추진이라는 상충된 이해관계가 동시에 내포된 운동이었다. 경성전기의 독점 영업기한 만료(1932~1933), 부회의 의결기관화라는 두 배경이 작용했다. 부영화를 두고 경성전기와 유관단체인 조선전기협회의 적극 반대, 경성상공회의소와 조선공업협회, 『경성일보』 등의 소극적 반대에 반해 경성부정동총대연합회, 전기와사[가스]부

대 국사학과; 홍순권, 2010, 『근대도시와 지방권력』, 선인; 김동명, 2012, 「식민지 조선에서의 부협의회의 정치적 전개」, 『한일관계사연구』 43; 전성현, 2012, 「일제시기 지역철도 연구」, 『역사와 경계』 84; 염복규, 2013, 「식민지시기 도시문제를 둘러싼 갈등과 '민족적 대립의 정치'」, 『역사와 현실』 88; 김동명, 2014, 「1934년 부산부회 조선인 의원 총사직사건 연구」, 『한일관계사연구』 48; 전성현, 2016, 「일제시기 부산의 전차 운영을 둘러싼 지역 운동과 힘의 역학관계」, 『석당논총』 65; 김윤정, 2017, 「1930년대 함흥부회와 전주부회의 구성과 활동」, 『사림』 60; 염복규 외, 2017, 『일제강점기 경성부윤과 경성부회 연구』, 서울역사편찬원 등을 참조(김동명 논문은 김동명, 2018, 위의 책, 제3부 4~5장 수록, 전성현 논문은 전성현, 2021, 『식민지 도시와 철도』, 선인, 1부 2~3장 수록).

17 김동명, 2018, 위의 책, 296~323쪽(앞의 글, 2012).

18 マニュエル·カステル, 山田操 譯, 1984, 『都市問題 -科學的理論と分析 -』, 東京, 恒星社厚生閣 참조.

영기성회, 부영파 부회 의원, 경성상공협회, 『조선일보』, 『동아일보』 등이 적극적으로 찬성함으로써 일시적으로 민족을 넘은 연대가 이뤄졌다. 결국 정무총감이 사영회사 중심의 배전통제정책을 공식화(1931.12)하면서 경성전기는 영업권을 유지했다. 이에 대한 항의로 사직했던 부회 의원들도 곧 사직을 철회(1932.1)했다.[19]

한편 조선에서 유일하게 부영이었던 평양부영전기(1927~1937년 부영)는 1936년 식민지 전체 부 사용료·수수료 수입의 26.7%를 점할 정도로 대규모 사업이었다. 이 수입은 주민들의 동상이몽, 즉 부 세입 증대에 따른 특별세 인하(Ⓐ), 조선인 자본가가 대다수였던 정미소 및 고무공장주의 요금 인하(Ⓑ), 전등·수도 요금 인하(Ⓒ) 등 이해관계가 상반된 주장이 제기된 것이다. Ⓒ는 인하폭이 크지 않았고, Ⓐ가 1927~1933년 수혜를 입었으며, Ⓑ는 비교적 대형공장에 속하는 조선인 고무공장주가 1934~1937년 동력요금을 소폭 인하받았다.[20]

읍회·면협의회에 대해서는 연구가 많지 않은 가운데 제도적 한계가 지적되었다.[21] 1920년대 (보통)면협의회 의원은 군수 또는 도사(島司)가 임명했고, 선출제였던 1930년대에도 의결기구가 아니었다. 반면 읍회(1931년 지정면에서 읍으로 개칭)는 특히 읍 재정에 대한 의결기관 역할을 했다.

---

19 金濟正, 2000, 앞의 글, 150~187쪽.

20 주동빈, 2020, 「평양부(협의)회의 동상이몽과 부영전기 '재사영화'」, 『역사학보』 248 참조.

21 홍순권, 2010, 「1920~1930년대 동래의 지방선거와 조선인 당선자들」, 『한국근현대사연구』 52; 허영란, 2014, 「일제시기 읍·면협의회와 지역정치」, 『역사문제연구』 31; 전성현, 2019, 앞의 글 참조.

읍회에 대해서는 김해읍회 연구가 있다. 김해는 1931년 11월 1일부터 울산·삼천포와 함께 읍으로 승격되었다. 1933년 초 김해읍회는 보조금이 작고, 읍채가 과중하며, 사용료가 비싸다는 이유로 읍 상수도 설치안을 부결시켰다. 이에 대해 경상남도 도지사가 조선인 면장에서 교체(1932)한 일본인 김해읍장은[22] 「읍·면제」 제24조에 따라 재의를 상정했다. 1939년에는 김해읍회에 사회주의자 출신들도 참여했지만,[23] 읍장의 권한은 읍회의 역동성을 차단하기에 충분했다. 지역 '정치'의 '찻잔 속 역동성'은 거기까지였다.

지방'자치'의 식민지성 속에서도 일상생활을 둘러싼 '공공재' 운영을 두고 지역민들이 의견을 제시하는 방법은 지방의회라는 제도를 활용한 방식과 시민대회나 청원과 같은 제도 외적 방식이 병행되었다. 그러나 유산층에 제한된 '찻잔 속 리그'는 근대 시민권(공민권)을 확대해 가는 밑거름이 되지 못했다. 게다가 자체 재원의 부족과 '자치' 제도의 미비에 따른 제도적 중앙종속성은 지방재정-지방행정의 식민지 유산으로 해방 후까지 이어졌다.

22 慶尙南道知事→內務局長 殿, 1933,「(東萊)邑長任免ノ件報告(地秘第219號, 1932.10.4)」, 內務局地方課,『(昭和八年以降)邑面長關係綴』, CJA0003310, 124쪽.

23 전성현, 2019, 앞의 글, 48~72쪽.

2. 규모: 전체 규모 폭증에 대비되는 부 재정 증대 억제

일제강점기 지방재정의 주체는 5개 지방단체[도·부·(읍)면·학교조합(일본인 교육재정)·학교비]로 설정되었다. 1931년 이후 지정면이 읍으로, 부 단위 학교조합·학교비는 제1부 특별경제, 제2부 특별경제 등으로 재편성되었다. 규모 면에서 1912~1944년에 중앙재정(47배)에 비해 지방재정(96배) 증가가 두드러졌다. 일본에서는 시 재정이 지방재정 급증을 선도했으나 조선에서는 특히 전시체제기에 부 재정의 비중이 오히려 주춤하는 차이를 보였다.

〈그림 9-3〉은 『조선총독부통계연보』와 『조선지방재정요람』의 1939년까지 결산액, 그 이후의 예산액을 통해 세출의 규모와 변화상을 정리한 것이다. 1912년을 기준으로 한 이유는 경성제국대학의 오다와 『조선지방재정요람』의 지수를 참고한 것이다. 후술할 표들에서 나오듯이 주요 통계에 면·학교비 재정이 1912년부터 합산되었기 때문이다. 1912년 기준(100)으로 오다가 정리한 1936년 중앙재정 지수(627)와 지방재정 지수(1,699)는 일본의 일반회계 세출(3.9배), 지방재정(5.7배) 등의 증가보다 절대액은 작았지만 증가률이 매우 높았다.[24]

1944년 예산 세출 기준 조선회계 증가율(47.2배)보다 지방재정 증가율(96.2배)이 두드러졌다(〈그림 9-1〉). 〈그림 9-1〉 일부에는 도 재정 중 부, 읍·면, 학교조합, 학교비 등의 하위 지방단체에 대한 보조비가 중복·합

24 小田忠夫, 1938.8, 「朝鮮財政論」(十一), 『朝鮮行政』 2-8, 167~169쪽,

〈그림 9-3〉 조선총독부 중앙재정 · 지방재정
세출 규모(1910~1944)(단위: 엔(左), 지수(右, 1912=100)

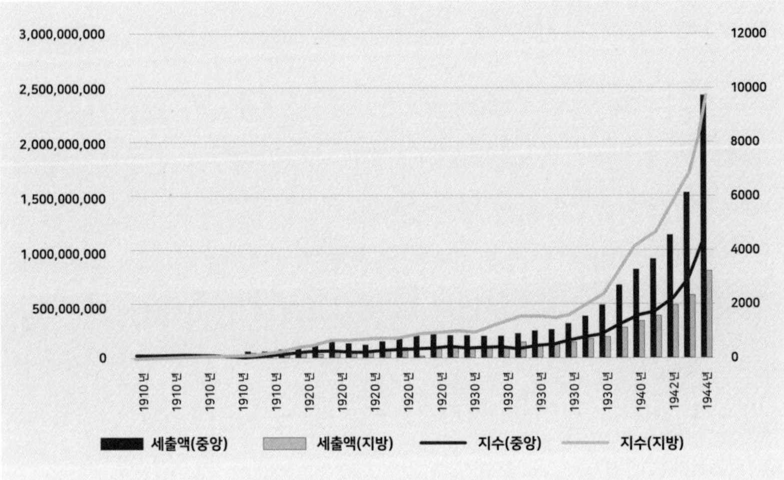

출처: 『朝鮮總督府統計年報』 1910~1942년판; 『朝鮮地方財政要覽』 1930 · 1941년판; 南朝鮮過渡政府, 1948, 『朝鮮統計年鑑』, 國都印刷局, 327~369쪽.
비고: 1939년까지는 결산액, 1940년 이후부터는 예산액.
중앙재정은 통계연보, 지방재정은 지방재정요람을 사용, 1940년대 초반 통계는 『조선통계연감』 참조.

산되어 있다. 예컨대 『조선총독부통계연보』에 보조비 항목이 따로 산정되어 있는 1937~1943년 도 재정의 하위 지방단체 보조비 비중이 약 27.0%였다. 따라서 이 기간 지방재정의 도 재정 비중(45.7%)의 27.0%에 해당하는, 지방재정 총액의 12.3%는 허수인 셈이다. 그러나 후술하듯이 1944년 통계에는 기타 항목이 그만큼 누락되어 1912~1944년 지방재정 증가율이 96배보다 적다고 보기 어렵다.

1910년대 중앙재정과 지방재정의 지수 간 격차는 2배 미만이었다. 이후 1920년(236:497)에 2배 이상 차이가 난 이후, 1932~1933년(3.4~3.7배)을 정점으로 전시체제기까지 꾸준하게 2~3배 정도 차이를 보였다. 지방재정의 증가 속도가 빨랐던 것이다. 1944년 기준 중앙재정(24억 4,100만여 엔)과 지방재정(8억 2,300만여 엔) 실제 액수의 차이는 약 3배 정도였지만(〈그림 9-1〉), 지방재정은 꾸준하게 증가하고 있던 것이다.

〈표 9-1〉 지방단체별 지방재정 세출(1910~1944, 단위: 천 엔, %)

연도	도	부			(읍)면	학교조합	학교비	합계
		일반경제	제1부 특별경제	제2부 특별경제				
1910	746 (36.4)	1,103 (53.8)				201 (9.8)		2,051 (100.0)
1911	1,446 (40.5)	1,946 (54.5)				175 (4.9)		3,567 (100.0)
1912	2,338 (27.3)	1,976 (23.1)			2,904 (33.9)	403 (4.7)	936 (10.9)	8,557 (100.0)
1913	2,396 (26.1)	2,042 (22.2)			3,142 (34.2)	555 (6.0)	1,057 (11.5)	9,192 (100.0)
1914	2,510 (26.1)	2,155 (22.4)			2,615 (27.2)	1,196 (12.4)	1,134 (11.8)	9,610 (100.0)
1915	2,839 (28.3)	1,958 (19.5)			2,675 (26.7)	1,318 (13.2)	1,232 (12.3)	10,022 (100.0)
1916	2,941 (29.3)	1,828 (18.2)			2,571 (25.6)	1,356 (13.5)	1,331 (13.3)	10,027 (100.0)
1917	4,429 (35.7)	1,926 (15.5)			2,953 (23.8)	1,605 (12.9)	1,501 (12.1)	12,414 (100.0)
1918	5,612 (34.9)	1,946 (12.1)			4,542 (28.2)	1,861 (11.6)	2,121 (13.2)	16,082 (100.0)
1919	8,139 (35.1)	2,388 (10.3)			7,087 (30.5)	2,391 (10.3)	3,214 (13.8)	23,219 (100.0)
1920	14,650 (34.5)	3,749 (8.8)			11,596 (27.3)	4,354 (10.2)	8,157 (19.2)	42,506 (100.0)

1921	15,097 (32.1)	4,215 (9.0)			12,991 (27.7)	4,419 (9.4)	10,245 (21.8)	46,967 (100.0)
1922	17,795 (29.9)	7,378 (12.4)			15,431 (25.9)	5,581 (9.4)	13,306 (22.4)	59,491 (100.0)
1923	18,846 (29.9)	7,976 (12.7)			17,529 (27.8)	5,331 (8.5)	13,352 (21.2)	63,034 (100.0)
1924	19,087 (29.9)	8,465 (13.3)			17,568 (27.5)	5,450 (8.5)	13,215 (20.7)	63,785 (100.0)
1925	23,214 (34.8)	8,013 (12.2)			16,978 (25.5)	5,078 (7.6)	13,242 (19.9)	66,525 (100.0)
1926	24,656 (33.6)	10,926 (14.9)			18,106 (24.8)	5,753 (7.9)	13,821 (18.9)	73,262 (100.0)
1927	31,163 (37.9)	10,916 (13.3)			19,166 (23.3)	5,926 (7.2)	14,981 (18.2)	82,152 (100.0)
1928	31,125 (37.3)	11,648 (14.0)			20,160 (24.2)	6,079 (7.3)	14,458 (17.3)	83,470 (100.0)
1929	33,579 (37.0)	16,250 (17.9)			20,026 (22.1)	6,063 (6.7)	14,834 (16.3)	90,752 (100.0)
1930	33,520 (38.7)	11,841 (13.7)			20,301 (23.4)	6,060 (7.0)	14,969 (17.3)	86,691 (100.0)
1931	45,232 (46.2)	11,271 (11.5)	3,054 (3.1)	1,582 (1.6)	20,790 (21.2)	2,972 (3.0)	13,050 (13.3)	97,951 (100.0)
1932	57,814 (48.9)	16,572 (14.0)	3,235 (2.7)	1,671 (1.4)	22,205 (18.8)	3,128 (2.6)	13,696 (11.6)	118,321 (100.0)
1933	77,785 (55.4)	14,293 (10.2)	4,237 (3.0)	2,380 (1.7)	24,285 (17.3)	3,139 (2.2)	14,234 (10.1)	140,353 (100.0)
1934	70,524 (51.2)	17,291 (12.6)	4,194 (3.0)	2,456 (1.8)	23,962 (17.4)	3,367 (2.4)	15,833 (11.5)	137,627 (100.0)
1935	60,954 (45.9)	19,944 (15.0)	4,391 (3.3)	2,676 (2.0)	24,094 (18.1)	3,333 (2.5)	17,487 (13.2)	132,879 (100.0)
1936	66,885 (46.0)	21,581 (14.8)	4,851 (3.3)	3,183 (2.2)	26,512 (18.2)	3,443 (2.4)	18,942 (13.0)	145,397 (100.0)

1937	79,146 (44.7)	32,027 (18.1)	5,216 (2.9)	4,309 (2.4)	28,554 (16.1)	3,895 (2.2)	23,728 (13.4)	176,875 (100.0)
1938	88,756 (43.2)	42,798 (20.9)	5,715 (2.5)	6,119 (3.0)	30,214 (14.7)	3,857 (1.9)	28,331 (13.8)	205,790 (100.0)
1939	143,612 (50.4)	52,417 (18.4)	4,792 (1.7)	6,385 (2.2)	40,027 (14.0)	4,097 (1.4)	33,872 (11.9)	285,202 (100.0)
1940	167,088 (46.3)	87,880 (24.3)	6,463 (1.8)	10,776 (3.0)	43,608 (12.1)	4,619 (1.3)	40,763 (11.3)	361,197 (100.0)
1941	179,292 (44.8)	86,902 (21.7)	8,065 (2.2)	12,091 (3.0)	55,976 (14.0)	5,393 (1.3)	51,614 (12.9)	399,333 (100.0)
1942	222,283 (45.2)	101,945 (20.7)	9,927 (2.0)	16,184 (3.3)	75,762 (15.4)	5,986 (1.2)	59,604 (12.1)	491,691 (100.0)
1943	260,229 (45.1)	102,658 (17.8)	12,644 (2.2)	23,240 (4.0)	99,051 (17.2)	6,996 (1.2)	72,033 (12.5)	576,851 (100.0)
1944	490,608 (59.6)	65,521 (8.0)	11,760 (1.4)	21,365 (2.6)	133,826 (16.3)	7,871 (1.0)	92,471 (11.2)	823,422 (100.0)

출처: 『朝鮮總督府統計年報』 1910~1942년판; 『朝鮮地方財政要覽』 1924~1941년판; 南朝鮮過渡政府, 1948, 『朝鮮統計年鑑』, 國都印刷局, 327~369쪽.

그러면 지방단체별 지방재정 규모는 어떠했을까?

〈표 9-1〉은 5개 지방단체[도·부·(읍)면·학교비·학교조합]의 세출 규모를 대비 정리한 것이다. 1944년 통계는 1948년 남조선과도정부가 정리한 것인데, 몇 가지 누락된 부분이 있다. 도 재정은 상세 항목이 전혀 기록되지 않았고, 부 일반경제는 경상부 기타와 임시부 수도비, 부 제1부 및 제2부 특별경제의 경상부·임시부 기타 항목, (읍)면의 수도비, 기본재산조성비, 학교조합·학교비의 기본재산조성비, 적립금 등이 누락되어 있다.[25] 따

25 南朝鮮過渡政府, 1948, 『朝鮮統計年鑑』, 國都印刷局, 356~367쪽.

라서 1944년 지방재정의 실제 세출은 이 금액 이상일 것이다.

다만 지방단체별 특징은 찾을 수 있다. 도시인 부 재정의 비중이 작고, 전시체제기로 갈수록 그 비중이 억제되었다는 점이다. 1936년 일본 지방재정(18억 9,489만여 엔)에서는 조선의 도에 해당하는 도·부·현(道·府·縣)이 31.9%, 조선의 부에 해당하는 시(市)가 47.1%, 조선의 (읍)면에 해당하는 정촌(町村)이 21.0%를 점했다. 같은 해 조선 지방재정 결산액(+교육비)을 보면 도 46.0%, 부 20.3%, (읍)면 32.8%였다(〈표 9-1〉). 도, (읍)면 비중이 일본보다 높은 반면, 부 비중은 일본의 절반 정도에 불과했다. 그런데 일본에서 시 지역 거주자는 18.0%(1920), 21.0%(1925), 24.0%(1930), 32.7%(1935)로 증가한 반면, 조선의 부 지역 거주자는 3.4%(1920), 4.8%(1925), 5.7%(1930), 7.0%(1935)에 불과했다.[26]

공업화·도시화가 확대되면서 전시체제기에 부 재정 비중이 증가해야 하지만, 식민지 조선은 일본과 경로가 달랐던 것이다. 총인구에서 부 인구의 비중은 1914~1944년에 급증[3.1%→13.7%(흥남 포함)]했다.[27] 그러나 지방재정에서 점하는 부 재정의 비중은 1936년(20.3%)을 지나 1940년(29.1%)에 정점을 찍었으나 1943년(24.0%)에 다시 내림세를 보였다(〈표 9-1〉). 후술하듯이, 1940년 이후 부채 발행이 억제되고 지방재정조정보급금이 상대적으로 적게 지급되었기 때문이다.

반면 1943년에 도 재정은 45.1%, 교육재정을 포함한 (읍)면 재정은 30.9%로서 1936년보다 크게 팽창했다(〈표 9-1〉). 전시체제기에 도가 중앙종속성이 커지면서도 하부 지방단체에 대한 보조기관 기능을 했고, '과

---

26 小田忠夫, 1938.8, 앞의 글, 167~170쪽.

27 손정목, 1996, 『일제강점기 도시화과정연구』, 일지사, 제1·4장.

잉인구의 저수지'로 인식되었던 농촌에서 동원기관 기능이 커져 읍·면 재정이 다시 팽창했기 때문이다. 요컨대 일본에서는 시 재정 규모가 지방재정 규모를 이끌었지만, 조선에서는 도와 (읍)면 재정이 지방재정의 중심을 점했다. 지방재정의 전체 세출·세입 비목의 시기별 추이와 식민지성을 살펴보자.

3. 세출: 높은 교육비·토목비, 낮은 공채비

〈표 9-2〉 지방재정 비목별 세출(1910~1941)

연도	사무비 (+회의비)	토목비/ 신영비	권업비/ 수산비	위생비	교육비/ 사회사업비	보조금/ 기부금	기채비	기타/ 예비비
1910	11.9%	17.7%	5.2%	2.5%	12.9%	0.0%	7.9%	41.8%
1911	6.5%	33.7%	6.2%	2.8%	15.8%	0.0%	11.5%	23.6%
1912	33.3%	15.5%	6.5%	1.4%	19.8%	0.0%	6.5%	16.9%
1913	36.1%	13.9%	6.6%	1.5%	21.2%	0.0%	6.7%	14.0%
1914	29.7%	10.3%	7.9%	9.2%	27.7%	0.0%	5.6%	9.5%
1915	29.0%	11.2%	8.0%	8.4%	28.0%	0.0%	6.7%	8.8%
1916	27.8%	12.6%	7.7%	4.7%	29.6%	0.0%	8.2%	9.3%
1917	23.7%	10.2%	14.6%	4.2%	28.7%	0.0%	7.3%	11.2%
1918	23.3%	11.7%	12.9%	6.9%	27.5%	0.0%	2.4%	15.4%
1919	23.9%	10.8%	11.7%	8.3%	27.0%	0.0%	1.8%	16.5%
1920	23.3%	13.7%	10.9%	5.9%	27.0%	0.0%	0.9%	18.3%
1921	24.1%	11.2%	10.7%	3.8%	29.9%	0.0%	1.1%	19.2%
1922	21.2%	13.0%	10.0%	5.6%	29.6%	0.0%	1.1%	19.7%
1923	21.4%	12.7%	11.4%	7.4%	28.1%	0.0%	1.9%	17.1%
1924	21.5%	12.8%	11.2%	7.3%	33.8%	0.0%	2.4%	10.3%
1925	19.6%	12.3%	10.8%	8.8%	34.2%	0.0%	3.0%	11.3%
1926	18.9%	12.0%	11.2%	9.4%	32.2%	0.0%	4.4%	11.9%
1927	17.6%	11.8%	11.3%	9.1%	33.3%	0.0%	3.4%	13.5%
1928	17.9%	11.8%	11.5%	8.8%	33.3%	0.0%	4.0%	12.7%
1929	16.7%	12.4%	11.2%	8.8%	31.7%	0.0%	6.8%	12.4%

1930	17.5%	11.5%	11.6%	7.9%	33.8%	0.0%	4.4%	13.3%
1931	13.7%	26.6%	11.6%	6.4%	27.0%	0.0%	3.2%	11.5%
1932	4.3%	25.9%	10.9%	6.4%	26.7%	0.0%	5.1%	20.7%
1933	12.4%	24.4%	13.3%	6.2%	26.1%	0.0%	5.4%	12.2%
1934	12.0%	18.0%	14.9%	5.5%	25.2%	0.0%	6.3%	18.1%
1935	13.0%	12.1%	10.6%	4.4%	28.9%	0.0%	8.6%	21.9%
1936	13.4%	14.5%	10.9%	6.4%	29.2%	0.0%	8.3%	19.0%
1937	10.8%	24.9%	11.5%	6.0%	22.5%	0.0%	8.4%	15.9%
1938	11.1%	27.0%	7.9%	6.4%	16.0%	10.6%	9.2%	11.8%
1939	10.1%	27.4%	6.5%	6.1%	15.8%	9.9%	9.4%	14.8%
1940	8.0%	32.1%	5.7%	5.3%	12.2%	9.8%	8.6%	18.3%
1941	9.4%	31.7%	6.5%	5.1%	13.2%	11.0%	8.5%	14.6%

출처: 『朝鮮地方財政要覽』 1924~1941년판

비고: 〈표 9-2〉와 동일하게 1924~1941년은 거의 그대로 전재, 1923년 이전 통계는 1924년 『조선지방재정요람』을 보고 정리. ⓐ 사무비=지방단체별 사무비 및 학교비취급비, 학교비 국고납금 등, 1932년 사무비 비중이 낮은 이유는 사무비 일부가 읍·면에서 「기타 제비」로 합산되었기 때문, ⓑ 토목비=지방단체별 토목비 · 신영비, ⓒ 권업비/수산비=두 항목 합침(단, 1936년 이전 수산비 항목 없음, 있어도 0.4% 수준), ⓓ 위생비=위생비, 부 수도비 및 오물소제비 포함, ⓔ 교육비/사회사업비=도지방비 교육비, 학교비 보통학교경비, 실업보습학교비, 부설학교비(학교비 비목 분류는 「총표」와 「세출」 항목의 「세출종목별표」 대조), ⓕ 경비비=면 경비비, ⓖ 기타/예비비: 경비비, 대부금, 재산비, 예비비, 기타 제비 모두 합산. 기타 제비는 면 지출 중 잡지출, 임야조사비, 전기사업비 포함, ⓗ 보조금/기부금이 1910~1937년 사이 0%인 것은 1924~1941년 세출 예산을 근거로 함.

합계가 안 맞는 해(100% 초과 혹은 미만)는 1924 · 1935 · 1936년.

〈표 9-2〉는 지방재정 비목별 세출을 정리한 것이다. 〈표 9-1〉처럼 면과 학교비 재정이 합산되는 1912년부터 보자. 위 항목은 사무비, 토목비, 교육비 등 '용도별' 비목과 1930년대 이후 증가한 보조금, 기채 등 '형식별' 비목이 혼재되어 있다. 세출의 대략적 추이를 보자.

첫째, 사회사업비(1% 수준)와 합산된 교육비(평균 25.9%)가 최다 비중을 점했다. 교육비는 12.2%(1940)~34.2%(1925)를 점했는데, 1938년 이후 처음 합산된 도 보조금의 상당 부분이 학교조합·학교비, 제1부·제2부 특별경제로 들어갔으므로 교육비 비중은 이보다 높았다.

둘째, 회의비와 합산된 사무비(평균 18.2%)는 일부 기타 제비로 합산된 1932년 통계(4.3%)를 제외하면 8.0%(1940)~36.1%(1913)를 차지했다. 「지방비법」 단계에서 지방비 사무비는 국고지출로 이루어졌다. 사무비 비중이 높은 것은 후술하듯이 1910년대 지방재정의 20~30%를 차지한 면 재정 세출 대부분이 사무비였기 때문이다.

셋째, 토목비·신영비(평균 17.1%)는 1912~1930년[10.2%(1917)~15.5%(1912)]과 달리 분기점이 되는 1931년 이후에는 대공황 여파로 시행된 궁민구제토목사업과 병행된 토목사업 지출로 1935년(12.1%) 일시 하락에도 최고 27.4%(1939)를 점할 정도로 비중이 높았다. 신영비는 영선비로 토목비 범주에 속하는데, 『조선지방재정요람』에서 1936년 이후 표기된 항목이다.

넷째, 권업비와 수산비 중 권업비는 모범농장비, 농사시작장비, 농사강습비, 양잠전습비, 임업강습비, 수산(水産)강습비 등으로 주로 도 단위에서 이루어진 산업 관련 정책에 지출된 항목들이었다. 수산비는 미미한 수준이었다.

오다는 1938년 지방재정 세출 중 도시적 경비로 토목비(도시계획비 포함)·전기가스사업·상하수도·위생비(오물소제비 등 포함)·공채비를, 농촌적 경비로 사무비·권업비·재산비를 거론했다. 그러면서 일본처럼 조선에서도 곧 도시적 경비가 증대할 것이라고 전망했다. 1936년 일본의 지방재정 세출은 교육비 24.8%, 토목비 15.8%, 위생비 7.2%, 권업비 5.6%,

전기 및 가스사업비 6.1%, 공채비 17.9% 등이었다. 〈표 9-2〉와 비교하면 '용도별' 분류로는 유사하다. 그러나 조선에서는 도시적 경비로서 공채 발행의 주요인이 되는 전기·가스를 지방단체가 운영하는 경우가 거의 없어 공채비는 1936년 시점에서 일본의 절반 정도(8.3%)에 불과했다.

조선의 읍·면 재정을 부 재정과 비교해 보면 1936년 기준 부 세출은 토목비(26.0%), 위생비(24.5%), 기채비(13.5%), 사무비(9.0%)였던 데 비해, 읍·면 세출의 해당 항목은 7.6%, 3.1%, 3.2%, 51.2%로 사무비 비중이 절반을 차지했다. 부 세출에서 도시계획, 상·하수도 시설, 그리고 이 제반 시설을 운영하기 위한 지방채 발행이 상대적으로 활발했던 점을 보여준다.

전체 지방재정에 대한 부 재정의 비중은 1936년 20.3%에서 1940년 29.1%로 정점을 찍었으나, 1943년 24.0%로 다시 내림세를 보였다(〈표 9-1〉). 근대 지방재정의 토목비 지출 증대는 일반적으로 '도시적 경비'에 추동되지만, 식민지 조선에서 도시계획, 상하수도 시설 등 도시적 시설 확장을 위한 공채비는 일본의 절반에 불과했다. 즉 도시적 경비 지출의 부진은 조선 지방재정의 특징이었다.[28]

28 小田忠夫, 1938.8, 앞의 글, 167~169쪽; 小田忠夫, 1938.9, 「朝鮮財政論」(十二), 『朝鮮行政』 2-9, 144~151쪽.

4. 세입: 세수입에서 보조금·기채 중심으로

〈표 9-3〉 지방재정 세입 종목별 분류(1910~1941)

	임시은사금 수입	재산 수입	세수입	사용료/수수료	보조금/교부금	기부금	기채	대부금 수입	전년도 이월금	기타 제수입
1910	0.0%	0.1%	68.8%	6.2%	1.7%	0.0%	0.6%		9.2%	13.4%
1911	0.0%	0.1%	41.3%	6.1%	1.3%	0.0%	0.0%		19.4%	31.8%
1912	0.0%	1.7%	54.0%	3.0%	12.3%	0.5%	1.1%		14.5%	12.7%
1913	0.0%	2.1%	53.7%	3.0%	12.3%	0.5%	1.0%		14.9%	12.5%
1914	0.0%	1.9%	47.8%	4.1%	18.2%	1.2%	2.6%		16.2%	7.9%
1915	0.0%	1.6%	43.4%	4.3%	14.3%	0.6%	2.1%		16.0%	17.8%
1916	0.0%	1.8%	46.2%	5.1%	16.6%	0.5%	2.9%		16.5%	10.4%
1917	0.0%	2.0%	37.7%	5.8%	23.1%	0.4%	1.9%		6.3%	22.7%
1918	5.0%	2.0%	40.0%	5.9%	24.6%	1.4%	1.4%		6.3%	13.3%
1919	3.6%	2.1%	43.7%	5.2%	23.3%	1.7%	1.0%		7.2%	12.5%
1920	1.9%	0.7%	55.9%	3.5%	20.3%	1.5%	0.5%		7.5%	8.2%
1921	1.7%	0.9%	54.7%	3.9%	18.0%	1.9%	1.8%		9.7%	7.4%
1922	1.5%	0.9%	49.8%	5.6%	16.0%	1.8%	3.7%		11.2%	9.5%
1923	1.4%	1.1%	53.0%	8.2%	12.3%	1.9%	3.5%		7.9%	10.7%
1924	1.2%	1.3%	52.1%	10.8%	13.8%	3.0%	3.5%		7.4%	6.4%
1925	1.4%	2.0%	50.6%	13.3%	16.1%	2.0%	2.5%		6.6%	5.4%
1926	1.3%	2.0%	47.4%	12.5%	16.6%	2.5%	4.1%		5.6%	8.0%
1927	1.2%	1.9%	45.3%	12.5%	21.4%	2.5%	3.9%		5.2%	6.1%
1928	1.1%	2.0%	45.2%	13.4%	21.0%	2.4%	3.2%		5.0%	6.6%
1929	1.1%	2.0%	43.1%	13.3%	21.5%	1.8%	7.1%		4.9%	5.2%

1930	1.1%	2.2%	45.9%	14.7%	22.1%	1.6%	1.8%		5.2%	5.4%
1931	0.9%	1.6%	35.9%	12.1%	17.7%	1.2%	21.5%		3.8%	5.3%
1932	0.9%	1.7%	35.9%	12.4%	16.8%	1.1%	21.7%		3.5%	6.0%
1933	0.8%	1.6%	33.9%	10.7%	16.5%	1.7%	25.3%		3.7%	5.8%
1934	0.7%	1.6%	32.3%	10.4%	21.8%	1.5%	22.1%		3.6%	6.0%
1935	0.6%	1.6%	33.4%	11.3%	21.2%	2.1%	16.9%		5.2%	6.9%
1936	1.5%	1.6%	34.1%	11.7%	21.9%	2.9%	13.2%	1.4%	6.0%	6.0%
1937	0.5%	1.3%	28.0%	10.1%	19.5%	3.0%	25.3%	1.4%	4.6%	6.3%
1938	0.4%	3.0%	29.8%	9.8%	21.8%	3.2%	20.0%	1.2%	4.1%	6.7%
1939	0.4%	3.1%	27.4%	9.4%	20.8%	3.6%	20.0%	1.0%	4.3%	10.0%
1940	0.2%	1.2%	20.3%	7.4%	22.9%	3.4%	19.2%	1.4%	3.6%	20.4%
1941	0.2%	1.3%	22.3%	7.9%	23.3%	4.0%	17.5%	0.8%	3.8%	18.9%

출처: 『朝鮮地方財政要覽』 1924~1941년판

비고: 1910~1923년은 출처의 1924년판에 나온 총표 항목의 「세입종목별표」와 세입 항목의 누년별 「세입종목별표」 비목을 참조하여 필자가 재분류. 단, 도 재정 사용료·수수료, 읍·면채, 학교조합채 등 1910~1923년 비목 중 지방단체별 일부 항목이 기타수입에 들어가 있음.

ⓐ 임시은사금수입= 도임시은사금수입, ⓑ 재산수입=면유재산 수입, 학교비 기본재산수입, 학교비 향교재산수입, 학교조합 재산수입, ⓒ 조세수입=지방단체별 세수입, ⓓ 사용료/수수료=지방단체별 사용료/수수료, ⓔ 보조금/교부금=지방단체별 보조금/교부금, ⓕ 기부금=도(지방비)기부금, 학교비기부금, ⓖ 기채=도채, 부채, 학교비채, ⓗ 전년도이월금=도(지방비) 이월금, 면이월금, 학교비이월금, 학교비과년도수입, 학교비재산이월금, ⓘ 기타 제수입= 방단체별 기타 수입.

1924~1941년은 예산 항목으로 출처의 매년도판에 수록된 것을 도 재정 특별회계 항목만 기타로 분류하고 그대로 전재(轉載). 1924·1925·1928·1935·1936년 수치가 100%가 아니나 그대로 전재.

『조선총독부통계연보』의 1942~1943년 수입은 『조선지방재정요람』의 분류와 착종하여 통계의 일관성을 위해 미기재.

〈표 9-3〉은 『조선지방재정요람』에 실린 지방재정 세입을 항목별로 정리한 것이다. 통계의 특성상 1910~1923년 일부 지방단체에서 '기타 수입'이 조금 높게 나오는 경우도 있지만, 전체 항목 비중의 추세를 보는

데에는 무리가 없다.

면과 학교비 재정이 합산되는 1912년부터 보면, 세수입[20.3%(1940)~55.9%(1920)]이 가장 많다. 도세, 부세, 읍·면세(면부과금의 개칭), 학교조합부과금, 학교비부과금 등이 이에 해당한다. 제도적으로 부는 사용료·수수료 수입, 읍·면은 재산수입에 의존하도록 규정되었지만 부가세·독립세로 분류될 수 있는 지방단체별 세수입이 여전히 세입의 중추를 점했다. 다만 그 비중은 1940년을 기점으로 20% 조금 넘는 수준으로 격감했다.

보조금·교부금 수입[12.3%(1912)~24.6%(1918)]이 그 뒤를 잇는다. 국고보조금과 도보조금에 의한 하위 지방단체의 수입인데, 꾸준히 국고보조를 받았던 일본인 교육재정인 학교조합이라든가, 도 재정에 대한 국고보조 비중이 높았기 때문이다. 말단 행정단위로서 부나 면 단위에서 도세를 대신 수납하고, 그 일부를 받는 교부금도 이에 포함되어 있다.

지방채 발행은 1930~1931년을 기점으로 큰 변화가 나타났다. 기채는 1912~1930년[0.5%(1920)~7.1%(1929)]에 억제되었는데, 1931년 이후 급증하여 13.2%(1936)~25.3%(1933)을 차지했다. 이것은 궁민구제토목사업에 충당하기 위한 도채 발행에 따른 일시적인 것이었지만, 전시체제기에 다시 조금씩 늘어났다.

사용료·수수료 수입은 1920년대 수도 부영(1922년 부영, 1923년에 『통계연보』에 내역 완전 반영) 및 1927년 평양전기 부영, 기타 지방단체로 사업 이관 등에 따라 늘어났다. 전기·수도 등의 해당 수입은 '자치'를 제한적이나마 발휘했던 부의 재원이 되었다. 그러나 도에서는 잡수입에 불과하여 〈표 9-3〉에서 1930년대 초까지 기타 수입에 합산되어 미미했고, 읍·면, 학교비, 학교조합 등에서 보조적 세원으로 사용되었다.

한편 1936년 재산수입은 미미한 비중(1.6%)을 점했는데, 읍·면의 법적 재원인 점을 감안하면 대단히 낮은 수준이었다. 대신 읍·면세가 읍·면의 중추 세원으로 작동했다.

그 외 항목들을 보자. 임시은사금 수입은 도 재정의 일부로 정액이 들어왔으니 비중 자체는 시간이 지날수록 정체, 감소할 수밖에 없었다. 그런데 기부금은 전시체제기 들어 도와 부 재정에서 자의적 세입원으로 작동하여 1941년 4.0%까지 증가했다. 기타 수입은 1910~1923년에 분류상 한계로 비중이 높았지만 1924~1938년에는 5.2%(1929)~8.0%(1926)로서 『조선지방재정요람』 분류상 1940년 도입된 지방재정조정보급금이 포함되어 배로 증가하는 추이를 보였다.

요컨대 5개 단체(도·부·읍·면·학교조합·학교비)로 구성된 지방재정은 세수입이 중추 세원이었고, 보조금·교부금 수입이 그 뒤를 이었다. 기채(지방채 발행) 수입 비중은 1936년 기준 도, 부 일반경제, 부 제2특별경제 순으로 높았다.[29] 이는 다른 지방단체에 비해 상환 가능한 재원이 있다는 의미이지만 미래의 부담으로 남는 것이기도 했다. 시기별로 보면 세수입에 비해 보조금·교부금, 기채 수입, 기타 수입(보급금 포함)이 많아져 자체 세원보다 중앙종속성이 커지는 특성이 보인다.

반면 부 재정의 비중이 전시체제기 주춤한 것에서 알 수 있듯이, 사용료·수수료 수입 등 일본 시의 법적 재원이었던 세외수입은 식민지 조선의 지방재정에서는 증징의 여지가 적었다.

즉 세입 면에서 각 지방단체의 법적 재원이 달랐지만, 실제로는 세수입이 중심이었다. 다만 세수입은 담세력의 한계에 따라 증징에도 불구하고 그 비중이 줄었고, 1940년대 들어 20% 초반대로 감소했다. 반면 기부

29 小田忠夫, 1938.9, 「朝鮮財政論」(一二), 『朝鮮行政』 2-9, 152~156쪽.

금 등 임시수입, 보조금 등의 비중이 급증하면서 세입상의 임의적 수탈성과 중앙종속성이 강화되었다.

제10장
도(道) 재정의 지방재정 중추로의 전환과 자의적 과세 폭증

도 재정(지방비)은 5개 지방단체 중 다른 4개 단체(부·읍·면·학교비·학교조합)와 조선총독부를 잇는 지방재정의 중추 기능을 했다. 특히 1930년대 이후 조선총독부 토목사업(하천·도시계획·도로·수도·항만)에서 하부 지방단체를 보조하는 역할이 컸다.

기존 연구는 일제강점기 전체를 다룬 연구,[1] 1909년 「지방비법」 시행과 1910년대 시장세 반대투쟁 등 지방자치 없는 증세에 대한 연구,[2] 1930년대 초에 폭증한 도채(道債) 발행의 명목인 궁민구제토목사업에 대한 연구,[3] 1936년 지방세제정리를 통한 도세 증징과 자의적 과세의 증대, 중앙종속성 심화[4]에 대한 연구 등이 있다.

선행 연구를 통해 도 재정의 특징은 지방재정의 중추 역할, 세출 부문에서 기간산업 건설에 소요된 높은 토목비 비중, 세입 부문에서 통감부기

---

1 車轎權, 1984, 『韓國地方財政硏究』, 서울大學校出版部; 青京準, 1990, 『韓國地方財政史論』, 裕豊出版社; 金玉根, 1994, 『日帝下朝鮮財政史論攷』, 一潮閣; 鄭泰憲, 2003a, 「道歲入-道稅의 구성 추이를 통해 본 植民地 道財政의 성격」, 『韓國史學報』 15, 高麗史學會.

2 김대길, 1990, 「1910년 平安道 順川地方의 市場稅反對運動」, 『사학연구』 42; 김대길, 1991, 「1910년 평안도지방의 市場稅 반대 운동」, 『중앙사론』 7; 김태웅, 1991, 「1894~1910년 지방세제의 시행과 일제의 조세수탈」, 『한국사론』 26; 김태웅, 2012, 『한국근대 지방재정 연구: 지방재정의 개편과 지방행정의 변경』, 아카넷, 5~6장.

3 최근 연구로는 서일수, 2010, 「1930년대 전반 窮民救濟土木事業의 대도시 사례와 성격: 京城·釜山·平壤을 중심으로」, 중앙대 사학과 석사학위논문; 金澤史男, 2010, 「預金部地方資金形態における対植民地金融の展開」, 『近代日本地方財政史研究』, 日本經濟評論社; 고태우, 2012, 「1930년대 조선총독부의 궁민구제토목사업과 지역개발」, 『역사와 현실』 86; 박우현, 2022, 「대공황 초기 조선사업공채 정책과 궁민구제토목 사업의 축소(1929~1931)」, 『역사문제연구』 49 참조.

4 鄭泰憲, 2003b, 「일제 말기 道歲入의 構成 변화와 植民地性(1936~1945)」, 『韓國史研究』 123, 韓國史研究會; 정준수, 2021, 「전시체제기 조선총독부의 〈朝鮮罹災救助基金令〉 제정과 기금의 제한적 적립·운용」, 고려대 한국사학과 석사학위논문.

「지방비법」(1909)에 의한 지방비부과금 · 국고보조금 · 임시은사금수입 위주의 1910년대, 「조선도지방비령」(1920) 전후 지세 · 호세 계통 과세 증징, 「도제」(1930) 시행 후 도채 급증과 궁민구제토목사업(1931~1935), 제2차 지방세제 개정(1936) 후 유산층 과세 증대로 나누어지는 시기 등으로 정리할 수 있다.

이렇게 보면 도 재정은 1931~1935년을 분기점으로 구분된다. 1920년대까지 도는 법인이 아닌 지방단체로 세출상 토목, 권업, 교육(실업학교 및 1925년 이후 중등학교) 등을 담당했고, 세입상 지방세(1933년 이후 도세)가 주요 세원이었다. 그중 1910년대까지는 독립세인 시장세 · 도축세 · 도장세가 중요했지만, 1920년을 전후해 지세부가세 · 호세가 중추 세원이 되었다. 강제병합 직전 조세 저항의 성격을 띤 시장세 반대 부생이 평안도 지역을 중심으로 일어났지만, 시장세가 도 재정에서 점하는 비중은 점차 퇴색되었다.

그러다가 가난한 조선인들의 일본 도항을 막아 실업인구의 압박을 낮추기 위한 대증요법인 궁민구제토목사업에 따라 1931년에 도채는 전년보다 폭증(108.4배)했다. 1932~1934년 도채는 그해 도세보다 많았다. '예외적' 결정으로 1931년에 본격 발행된 도채의 원금 상환이 5년 뒤인 1936년에 시작되고, 전시체제기에 '시국' 관련 토목비의 누적은 도 재정을 내파(內破)시켜 갔다. 1936년 이후부터 도채의 토목비 · 권업비 집중, 하위 행정단위에 대한 교육비 · 권업비 집중에 따라 도 세출의 수직계통화가 이루어졌다.

이 과정에서 도세는 증수의 한계를 보였고, 대신 협력적 유산층에 대한 자의적 과세인 기부금이 대폭 증수되었다. 도가 형식상 부, 읍 · 면, 학교비, 학교조합 등 하위 지방단체에 대한 보조기관으로서 중추 역할을 떠

맡았지만, 실질적으로는 궁민구제토목사업을 전후하여 도 재정의 부담이 누적되어 갔다. 지방 '개발'에 대한 '약속의 누적'은 실현될 수 없었다. 본 장의 표에서 활용하는 도 재정 통계는 주로 『조선지방재정요람』 수치로 『조선총독부통계연보』의 그것과 달리 결산액이다. 이에 따라 전체 수치가 존재하는 1941년까지는 결산액을 사용한다.

1. 「지방비법」 제정(1909)과 부과금 세원(稅源) 조사 미완(1909~1919)

1) 통감부기 지방'자치' 배제와 시장세 반대 투쟁

통감부는 갑오·광무 정권기에 정착되어 간 중앙의 지방행정 일원화 방침을 활용하면서 '재정정리'를 통해 지방재정을 장악했다. 초점은 기존의 지방자치 지향 흐름 차단, 재원 확보에 있었다.

「지방비법」 공포(1909.4) 이전 통감부의 지방행정·재정 정책 변화 과정은 다음과 같다.

- 지방행정비 감축을 위한 군 통폐합 시도, 4개월 만에 철회(1906.7) 등 우여곡절 속에 지방행정비는 1905~1907년에 3배 이상 증가했다.
- '국세부가세' 원칙을 추진하기에 앞서 도 관찰사가 내부(內部)·탁지부에 지방세 세목, 세율, 세액 등을 허가받는 '독립세' 방식을 추진했다. 반면 향장제·향회를 폐지·해체하여 중앙정부에 대한 예속을 강화했다.
- 「지방세규칙」(1906.12.19. 칙령 제81호), 「지방세규칙시행세칙」(1907.2.22. 탁지부령 제6호)을 제정하여 지방'자치' 없는 지방세 증징을 시도했다.

그러나 징수기구를 장악하지는 못했고, 내장원이 주요 세목인 포구세·

시장세 징수권을 여전히 갖고 있었다. 이에 따라 통감부는 지방위원회를 설치해 전통적 자치기구를 폐지하면서 징세 장악력을 높였다. 황실재정을 장악하고, 「지방세규칙」의 독립세 방식에 더해 지세부가세 · 호세부가세 등을 추가하면서 「지방세규칙」을 폐지(1909.2)했다.[5]

지방세제 '정리' 후 탁지부는 「지방비법」을 공포(1909.4)하여 부과금 외에 국고보조금 · 재산수입 · 사업수입 · 지방채수입을 지방비 세입으로 해서 토목 · 구휼 · 권업 · 교육 · 위생 및 제반 공공사업 경비에 충당하도록 규정했다.[6] 1910년대에도 적용된 「지방비법」은 지방비에 속한 재산 및 그 수입, 지방비로 지출하는 사업에 속하는 수입과 부과금을 수입 내용으로 설정했다(제1조). 지출 비목은 청사(廳舍), 토목, 위생 · 병원 · 구휼 · 자선, 권업, 교육 · 학예 등이었다(제2조).

지방비 부과금 종류는 기존 제세(諸稅)를 취하고, 과목 · 과율 · 납기, 기타 부과에 관한 규정은 내부대신 · 탁지부대신의 인가를 받아 부령 · 도령으로 정하기로 했다(제3 · 4조). 재무서장이 징수를 담당하고(제5조), 부역 · 현품, 기부금도 부과할 수 있었다(제6~7조). 마지막으로 관찰사가 내부대신에 결산을 보고하고 예산을 인가받도록(제9~12조) 해서, 일본에서 부 · 현회 의결을 거쳐 내부경 · 대장경에 보고하도록 한 것과 달리 자치를 부정하고 중앙에 예속시켰다.[7]

내부 지방국장의 「지방비법」에 대한 설명은 그 의도를 잘 보여준다. 즉 신세(新稅)를 부과하는 것 같은 인상을 줄 수 있는 '지방세' 용어 대신

---

5 김태웅, 2012, 앞의 책, 347~374쪽.

6 金玉根, 1994, 앞의 책, 224쪽.

7 「地方費法」(법률 제12호, 1909.4.2), 『官報』 제4340호, 1909.4.2, 법령 분석은 김태웅, 2012, 위의 책, 374~376쪽 참조.

'지방비부과금', 징수를 금한 '잡세' 대신 '제세' 용어를 사용했다.[8] 통감부는 이러한 기조 아래 「지방비법」에 누락된 세목을 정하여 안정적인 세원 확보에 주력했다. 종래 국세였던 전당세나 포사세(庖肆稅, 이후 도축세) 등은 폐해가 적지만 신세인 시장세, 보세, 기타 제세 등은 신중을 기해야 한다고 보았다. 두 방식(부가세와 독립세)을 절충하여 지세부가세는 본세의 5/100, 호세부가세는 가호마다 15전, 시장세는 상황에 따라 각 부와 도에서 결정하고, 포사세는 1원 50전 이하로 하고 징수방법은 도가 정하며, 돈도세(豚屠稅), 도선세(渡船稅), 주막세, 객주세 등은 관례대로 부과하기로 결정했다. 이에 따라 경기도를 시작으로 도별로 「지방비부과금규칙」이 제정되었다.[9]

「지방비법」 시행은 대한제국이 추진했던 징수 일원화를 활용하여 사의적 징수 여지를 줄였다. 청부 방식으로 징수된 시장세는 일본인 재무감독국장 승인을 받은 시장관리인이 징수를 담당했다. 그러나 시장세는 같은 물품에 여러 시장에서 중복 부과했다. 1909년 4/4분기의 경우 지방세부과금 총액(115,466원) 중 시장세가 54.7%(63,170원)나 되었고, 충북은 67%를 차지했다. 또한 민회를 혁파하고 1907년 설치한 지방위원회를 활용하는 등 지방'자치'의 여지를 철저하게 봉쇄했다. 방회 · 동계 기부금, 동 · 리유재산, 시장세 및 포구 구전 등 비(非)관립학교 재원으로 충당되던 세목을 「지방비법」 세목으로 이전시켜 사립학교 재정을 위축시켰다.[10]

「지방비법」 시행으로 상인들의 시장세 반대 투쟁이 영변, 안주, 용천

8 內部地方局, 1909, 「地方費法制定ノ理由竝ニ立法ノ趣旨ニ付テ(隆熙三年六月二日道書記官會議席上ニ於ケル澤田地方局長演述筆記要領)」, 『地方費法關係法令要錄』

9 김태웅, 2012, 앞의 책, 378~381쪽.

10 김태웅, 2012, 위의 책, 381~385쪽.

등 상공업이 발달한 평안도 곳곳에서 활발하게 일어났다. 대표적으로 강제병합 직후 순천 상인들의 시장세 반대운동(1910.12.19)을 들 수 있다. 당일 2,500명이나 모였는데, 일본인 재무주사가 시장세 과세를 시작하자 일부 상인이 반발하면서 일본인 상점을 습격하는 등 군아·주재소와 우편취급소가 전부 불타거나 파괴되었다.[11] 순천 상인들은 「가옥세법」으로 가옥에 과세하면서 상설점포에 장세까지 부과하는 것이 이중과세이며, 일본인에게만 유리한 시장세가 갈수록 증가할 것이라고 비판했다. 물론 시장세는 이전에 내장원이나 각 군·지역사회에서 징수했다. 그러나 통감부가 징세권을 장악하고 달걀 팔러 나온 가난한 농민에까지 과세하는 것에 대한 반발로 일본인 상점 및 관아를 습격한 것이다.[12] 강제병합을 전후하여 한국인들이 징세 주체의 정당성에 의문을 드러낸, 한국 근대 지방재정사에서 특기할 만한 일이었다.

2) 토지·호구조사 미완에 따른 미미한 지방세 증징과 부역의 제도화

〈표 10-1〉 지방비 세입 결산(1910~1919, 단위: 천 엔, %)

연도	지방비부과금	임시은사금수입	전년도이월금	국고보조금	기타	총액
1910	1,001 (76.4)		56 (4.3)	235 (18.0)	17 (1.3)	1,309 (100.0)
1911	815 (36.7)		578 (26.0)	730 (32.9)	99 (4.5)	2,222 (100.0)
1912	901 (32.3)		777 (27.8)	1,068 (38.3)	44 (1.6)	2,790 (100.0)

11 김대길, 1991, 앞의 글 참조.

12 김태웅, 2012, 앞의 책, 386~409쪽.

1913	989 (36.7)		452 (16.7)	1,184 (43.9)	73 (2.7)	2,698 (100.0)
1914	1,284 (43.8)		301 (10.3)	1,274 (43.5)	71 (2.4)	2,930 (100.0)
1915	1,462 (43.4)		421 (12.5)	1,414 (42.0)	70 (2.1)	3,367 (100.0)
1916	1,361 (40.6)		528 (15.7)	1,370 (40.9)	93 (2.8)	3,352 (100.0)
1917	1,387 (27.9)	1,250 (25.1)	410 (8.3)	1,462 (29.4)	463 (9.3)	4,972 (100.0)
1918	2,059 (31.2)	900 (13.6)	543 (8.2)	2,107 (31.9)	998 (15.1)	6,607 (100.0)
1919	3,823 (37.8)	940 (9.3)	995 (9.8)	3,268 (32.3)	1,078 (10.7)	10,104 (100.0)
총계	15,083 (37.4)	3,089 (7.7)	5,062 (12.5)	14,113 (35.0)	3,007 (7.5)	40,354 (100.0)

출처: 『朝鮮總督府統計年報』 1910~1942년판; 『朝鮮地方財政要覽』 1924~1941년판.

비고: 기타에는 사용료·수수료 포함, 재산수입, 기부금, 대부금수입, 그 외 제수입, 은급특별회계, 아동장학자금특별회계, 기타 특별회계 등 포함.

사용료·수수료 수입은 1926년부터 별도 항목으로 표기되나, 주된 분석 대상이 아니므로 기타 항목으로 표기.

『조선총독부통계연보』의 도 세입·세출 항목은 1941년까지는 결산으로 표기.

〈표 10-2〉 지방비부과금 결산 비목(1910~1919, 단위: 천 엔, %)

연도	지세부가세	시가지세 부가세	호세 (+호별세)	가옥세	시장세	도축세/ 도장세	토지가옥 소유권취득세 저당권취득세	지방비 부과금
1910	605 (60.5)				138 (13.7)	241 (24.1)	16 (1.6)	1,000 (100.0)
1911	362 (44.4)				143 (17.6)	278 (34.1)	32 (3.9)	815 (100.0)

1912	366 (40.6)				166 (18.5)	343 (38.0)	26 (2.9)	901 (100.0)
1913	383 (38.7)				197 (19.9)	392 (39.6)	17 (1.8)	989 (100.0)
1914	551 (42.9)	17 (1.3)			205 (15.9)	512 (39.8)		1,285 (100.0)
1915	550 (37.6)	18 (1.2)			224 (15.3)	670 (45.8)		1,462 (100.0)
1916	534 (39.3)	18 (1.3)			241 (17.7)	568 (41.8)		1,361 (100.0)
1917	540 (38.9)	18 (1.3)			304 (21.9)	525 (37.8)		1,387 (100.0)
1918	541 (26.3)	18 (0.9)	604 (29.4)		437 (21.2)	458 (22.3)		2,058 (100.0)
1919	942 (24.6)	32 (0.8)	1,471 (38.5)	166 (4.4)	532 (13.9)	679 (17.8)		3,822 (100.0)
총계	5,375 (35.6)	121 (0.8)	2,076 (13.8)	166 (1.1)	2,586 (17.1)	4,666 (30.9)	92 (0.6)	15,082 (100.0)

출처: 『朝鮮總督府統計年報』 1910~1942년판; 『朝鮮地方財政要覽』 1924~1941년판.

〈표 10-3〉 지방비 세출 결산(1910~1919, 단위: 천 엔, %)

연도	토목비	위생비	권업비/수산비	교육비/사회구제비	지방비 취급비	예비비/기타	총액
1910	303 (40.7)	35 (4.7)	104 (14.0)	168 (22.5)		135 (18.1)	745 (100.0)
1911	635 (43.9)	81 (5.6)	206 (14.2)	421 (29.1)		103 (7.1)	1,446 (100.0)
1912	984 (42.1)	90 (3.8)	556 (23.8)	649 (27.8)		60 (2.5)	2,339 (100.0)
1913	927 (38.7)	87 (3.6)	613 (25.6)	704 (29.4)		65 (2.7)	2,396 (100.0)

1914	804 (32.0)	101 (4.0)	762 (30.4)	757 (30.2)		86 (3.4)	2,510 (100.0)
1915	933 (32.9)	89 (3.1)	797 (28.1)	843 (29.7)		178 (6.3)	2,840 (100.0)
1916	1,050 (35.7)	104 (3.5)	768 (26.1)	932 (31.7)	78 (2.7)	9 (0.3)	2,941 (100.0)
1917	1,075 (24.3)	79 (1.8)	1,799 (40.6)	1,274 (28.8)	73 (1.6)	130 (2.9)	4,430 (100.0)
1918	1,348 (28.1)	69 (1.4)	1,095 (22.8)	1,670 (34.8)	91 (1.9)	528 (11.0)	4,801 (100.0)
1919	1,929 (23.7)	319 (3.9)	2,484 (30.5)	2,593 (31.9)	124 (1.5)	690 (8.5)	8,139 (100.0)
총계	9,990 (29.9)	1,054 (3.2)	9,995 (29.9)	10,010 (30.0)	366 (1.1)	1,983 (5.9)	33,398 (100.0)

출처: 『朝鮮總督府統計年報』 1910~1942년판; 『朝鮮地方財政要覽』 1924~1941년판.

비고: 「은사금상환금(繰戻金)」은 기타에 포함.

강제병합 직후 조선총독부 내무부는 「부제」, 「면제」 등 지방재정 관련 법률과 「지방비법」 개정을 논의했다. 처음에는 "제국의회의 협찬을 거쳐야 하는 번거로움"을 피하는 데 중점을 두고 오로지 행정 '효율성'을 높이기 위해 도에 자치권을 부여하고 법인으로 전환하여 재원을 늘리자는 구상도 했다. 그러나 일본 내각 법제국이 자치권 부여를 반대하자 조선총독부도 지방비 규모가 적다며 결국 동조했다. 즉 지방비 법인화를 미룬다는 생각은 같았다.[13]

지방비는 도-부-면으로 이어지는 식민지 지방행정의 중추로서 강점 초기인 1910~1919년에 세입 결산(7.7배), 세출 결산(10.9배) 모두 급증

13 朝鮮總督府內務部, 1911, 『朝鮮地方制度改正ニ關スル意見』, 9~11, 30~32쪽.

했다(〈표 10-1〉, 〈표 10-3〉). 세 시기(1910~1913, 1914~1916, 1917~1919)로 나누어 볼 수 있다.[14]

① 먼저 부역을 보자. 「지방비법」은 부역 부과를 명시했는데, 지방토목비의 50%를 차지한 것으로 추산되는 부역 환산액은 세입 결산에 포함되어 있지 않았다. 부역 환산액은 세입 결산의 13.2%(1910)~35.3%(1912)나 되었다. 1914~1916년(23.8~27.8%)과 1917~1919년(20.1~29.3%)에도 비슷했다.[15] 「지방비법」 개정(1911)에 따른 부역·현품 환산액(1,272,693엔)은 지방비부과금(1,470,769엔)의 87%나 되었다. '부과 부역' 외에 「도로규칙」에 따른 '관행 부역'까지 있었다. 「도로규칙」 개정(1915)으로 도장관이 부를 제외하고, 관내 1~3등 도로의 유지·수선을 인근 마을에 담당구역을 정해 시행하도록 했다. 이후 「도지방비령」(1920)에 따라 '부과 부역'의 권한은 여전히 도에 있었지만, 1920년대에는 대개 면이 '부과 부역'과 '관행 부역'을 담당했다. 1930년대에 '관행 부역'은 궁민구제사업으로 일부 전환되었다.[16]

② 지방비부과금의 세목별 추이를 보자. 1910년 부과금 수입이 많은 이유는 회계연도가 강제병합으로 3개월 연장되었고, 지세부가세는 2개년분 수입을 합산한 것이기 때문이다.

■ 지세부가세가 주 세원이었다. 지방비부과금에서 지세부가세의 비중은 1910~1919년 평균 35.6%였다(24.6~60.5%, 〈표 10-2〉). 1913년까지 정체되다가 「지세령」 제정(1914)으로 결당 2~11엔을 부과하면서 증징

---

14 이 분류는 김태웅, 2012, 앞의 책, 435~444쪽, 480~484쪽, 503~506쪽 참조.

15 김태웅, 2012, 위의 책, 438~441쪽, 482~483쪽, 504쪽, 507~509쪽.

16 박이택, 2002, 「植民地期 赴役의 推移와 그 制度的 特質」, 『경제사학』 33, 37~41쪽, 49~58쪽.

(44%) 효과를 거두었다. 이때 「시가지세령」이 제정되어 시가지세부가세도 부과되기 시작했다. 1919년부터는 토지조사사업 완료와 지세부가세 세율 증징[본세의 5/100→9/100(북부 6도 10/100→12/100)]으로 세액이 2배 정도 급증했다.

■ 호별세를 신설(1918)했다. 각 호의 소득 자산이나 생계 정도에 따른 차등 과세(호당 20전 이내) 방식이었다. 국고보조를 줄이기 위해 국세인 호세·가옥세를 지방세로 이전(1919)했다. 1918~1919년 두 세목의 비중(29.4~38.5%)은 지세부가세를 상회했다.[17]

■ 시장세는 1910~1913년 지방비부과금에서의 비중(13.7%→19.9%)이 증가했다. 조선총독부의 시장 장악력이 그만큼 높아진 것인데[18] 1914년 이후에는 비중이 줄어 지방비 세입원으로서의 의미는 축소되었다(〈표 10-2〉).

■ 도장세는 「지방비법」 제정 당시 도별로 부과액이 달랐지만[도우(屠牛) 1두에 50전~1엔 50전] 계속 증징되어 1916년에 2엔 정도가 되었고(충남, 강원, 평남, 함남 등), 부(府)를 안고 있는 경기도(1911), 평남도 및 함남도(1914)에서는 도축세가 과세되고, 도돈(屠豚, 1두 20전) 과세가 추가되면서 급증했다(〈표 10-2〉).[19]

요컨대 1910~1919년 지방비부과금은 지세부가세(평균 35.6%, 1위)가 주요 세목이었다. 도축세·도장세(30.9%, 2위)와 시장세(17.1%, 3위)가 그 뒤를 이었다. 호별세는 2년 부과된 것에 불과했으나 13.8%(4위)나 차지했

---

17 金玉根, 1994, 앞의 책, 230~232쪽; 김태웅, 2012, 앞의 책, 503~504쪽.

18 김태웅, 2012, 위의 책, 441~442쪽.

19 정태헌, 2003a, 앞의 글, 208~211쪽.

고, 1918~1919년 두 해 동안의 비중(29.4~38.5%)이 지세부가세보다 커서 이후 지방비(도)의 주요 세입원이 되었다(〈표 10-2〉).

③ 국고보조비가 점증한 것은 1912년 국비로 경영하던 임업, 묘포, 종묘장, 실업학교 등이 도로 이관되었기 때문이다. 국고보조금은 중앙-조선총독부의 업무를 위탁 운영하는 토목·권업·교육에 대부분 지출되었다.[20] 지방비에서 점하는 국고보조비 비중이 40%대에서 1917~1919년에 축소(29.4~32.3%)된 것은 1917년 임시은사금 수입이 지방비로 편입되었기 때문이다. 임시은사금 사업은 강제병합 후 일본 천황 이름으로 발행한 공채(3천만 엔 상당)에 대한 이자수입을 지방의 '수산(授產), 교육, 흉겸구제 등'에 활용했다. 지방비로 편입된 후 운전자금 수급이 안정화되어 갔지만[21] 고정액에 대한 이자수입이어서 증가하지는 못했다.

지방비 세출의 중추 비목은 토목비였다. 도로비, 치수비, 시가지정리비, 어항수축비, 상하수도시설비, 도선비 등이었는데, 그중 도로비 비중이 높았다. 1910~1919년 세출에서 점하는 토목비 비중(43.9~23.7%)은 부역환산액을 포함하면 1910~1913년의 경우 50%가 넘었다.

지방비가 담당한 도로란 어떤 도로였는가?

실제로 시행되지는 않았지만 「평양대안(對岸)시가계획」(1919)의 경우 지방비 세출은 의정부-평양 간 2등 도로, 평양-삼등(三登) 간 3등 도로에 지출될 예정이었다. 1등 도로 및 시구개수비는 조선총독부 지출로, 그리고 등외 도로는 면 사무비, 간선·지선 도로는 부비(府費)로 분류되었다.

20 김태웅, 2012, 앞의 책, 443쪽.

21 배민재, 2009, 「1910년대 조선총독부 임시은사금사업의 운영방향과 그 실제」, 『한국사론』 55 참조.

부 담당 사업이지만 총독부 지출은 33.4%, 부비 비용이 64.2%였던 데 반해 지방비 비중은 2.3%에 불과했다.[22] 치도사업에서 지방비는 2등·3등 도로를 담당했다.

교육비(사회구제비 포함)의 높은 비중(22.5~31.9%)은 공립보통학교 증설, 간이농업학교 신·증설에 따른 보조금 증가 때문이었다. 한 예로 1911년 공립실업학교는 총 36개교(농업, 상업, 간이실업 포함)였으나, 1920년 66개교로 늘어났다. 실업학교 경비는 모두 지방비로 지출했다.

권업비·수산(授産)비(14.0~40.6%)도 큰 비중을 차지했다. 권업비는 모범농장비, 농사시작장비, 농사강습비, 양잠전습비, 임업강습비, 수산(水産)강습비 등이었다. 수산비는 1917년 임시은사금 사업으로 새로 포함되어 대부분 양잠 사업에 지출되었다.[23] 위생비(1.2~5.6%)는 큰 비중을 차지하지 않았다(〈표 10-3〉).

도·부·군의 인건비(봉급), 청비(廳費), 잡급, 역둔토관리비, 조림비, 수도사업비 등은 한동안 국고에서 지출했다. 〈표 10-3〉의 세출은 국고 지출을 포함하지 않은 것인데, 세출의 81~37%가 국고에서 지출되었다. 초기와 달리 이후 국고 지출 비중은 작아져 1918년 38%(2,126,704엔)로 떨어졌다.[24] 도 인건비를 지방비에서 지출하는 방식으로 바뀐 것이다.[25]

요컨대 지방비는 「지방비법」(1909)에 따라 1919년까지 운영되었다. 조선총독부는 토목·권업·위생 업무를 도에 위임하면서 지방비 세입을

22 주동빈, 2021, 「「平壤對岸市街計畫」의 중단(1919~1923)과 조선인 시가 우선 개발로의 귀결」, 『도시연구: 역사·사회·문화』 28, 87~88쪽 참조.

23 金玉根, 1994, 앞의 책, 232~235쪽; 김태웅, 2012, 앞의 책, 443쪽.

24 朝鮮總督府, 1917년판, 『朝鮮總督府施政年報』, 349~350쪽.

25 金玉根, 1994, 위의 책, 237~240쪽.

늘려갔다. 공식 세입 결산에 잡히지 않는 부역(환산액 추산)은 13.2~35.3%에 달했다. 부과금의 경우 기존의 시장세, 도장세 · 도축세 등의 비중이 작아진 반면, 지세부가세와 호(별)세가 주요 세목으로 정착되었다. 토지조사사업이 진행되고 호구조사가 이루어지면서 지세 · 호세 계통 중심으로 전환되어 간 것이다.

2. 「조선도지방비령」 시행(1920)과 세목의 제한적 다변화(1920~1930)

1) 자문기구 설치와 지세·호세 중심의 지방세

〈표 10-4〉 도지방비 세입 결산(1920~1930, 단위: 천 엔)

연도	지방세	임시은사금수입	전년도 이월금	국고보조금	도채	기타	총액
1920	8,628 (51.7)	878 (5.3)	1,965 (11.8)	4,372 (26.2)		859 (5.1)	16,702 (100.0)
1921	9,945 (55.0)	913 (5.0)	2,051 (11.3)	3,586 (19.8)	184 (1.0)	1,405 (7.8)	18,084 (100.0)
1922	11,125 (52.8)	986 (4.7)	2,988 (14.2)	3,989 (18.9)	236 (1.1)	1,728 (8.2)	21,052 (100.0)
1923	11,397 (53.3)	1,034 (4.8)	3,259 (15.2)	3,320 (15.5)	477 (2.2)	1,890 (8.8)	21,377 (100.0)
1924	11,515 (55.1)	1,020 (4.9)	2,534 (12.1)	3,321 (15.9)	377 (1.8)	2,149 (10.3)	20,916 (100.0)
1925	11,687 (44.4)	934 (3.6)	2,508 (9.5)	5,928 (22.5)	215 (0.8)	5,043 (19.2)	26,315 (100.0)
1926	11,861 (43.4)	973 (3.6)	3,080 (11.3)	5,905 (21.6)	562 (2.1)	4,963 (18.1)	27,344 (100.0)
1927	17,220 (50.8)	947 (2.8)	2,773 (8.2)	6,867 (20.3)	826 (2.4)	5,246 (15.5)	33,879 (100.0)
1928	17,338 (50.4)	1,008 (2.9)	2,818 (8.2)	8,087 (23.4)	59 (0.2)	5,164 (15.0)	34,474 (100.0)
1929	17,874 (48.2)	989 (2.7)	3,369 (9.1)	8,719 (23.5)	1,206 (3.3)	4,892 (13.2)	37,049 (100.0)
1930	18,310 (49.8)	999 (2.7)	3,434 (9.3)	8,050 (21.9)	163 (0.4)	5,826 (15.8)	36,782 (100.0)
합계	146,900 (50.0)	10,681 (3.6)	30,779 (10.5)	62,144 (21.1)	4,305 (1.5)	39,165 (13.3)	293,974 (100.0)

출처: 『朝鮮總督府統計年報』 1910~1942년판; 『朝鮮地方財政要覽』 1924~1941년판.
비고: 사용료·수수료 수입은 이 시기 비목 통일을 위해 기타에 합산.

1920년대는 도 재정(도지방비) 운영에 큰 변화를 불러온 「조선도지방비령」 제정(1920.7.29) 이후 「도제」(1930.12.1) 공포에 이르는 동안 도가 지방통치의 중심으로 자리 잡아가는 시기였다. 제령인 「조선도지방비령」과 (조선총독)부령인 「조선도지방비령시행규칙」에 따라 세입과 지출 비목이 규정되었다.[26]

도평의회는 도지사 자문기구로 설치되었는데 자문 사항은 세입출 예산 결정, 지방세·사용료 및 수수료·부역·현품의 부과징수, 기채 사무, 새로운 의무 부담이나 권리 포기 사무 등이었다. 의결권은 없었고, 도지사(도평의회 의장 겸직)가 전적으로 도지방비의 사무 권한과 책임을 갖고 조선총독 인가를 거쳐 지방세 세목, 과율, 부과방법 등을 결정했다. 도평의회 의원의 2/3는 하위 지방단체인 부·면 협의회가 선출한 2배수 중 도지사가 임명하고(민선), 1/3은 '학식과 명망'을 기준으로 도지사가 임명했다(관선).[27]

지방세, 부역·현품 및 세입·세출 규정과 그 요점은 다음과 같다.

① '지방비부과금'을 '지방세'로 개칭하여 명목상 '자치'를 투영했다. 지방세는 2종(국세부가세·특별세)으로 분류되었고, 도지방비에 속한 영조물 사용 시 사용료를, 개인 사무에 대해서는 수수료를 징수했다.
② 부역·현품은 특별한 필요가 있을 때 부과하며, 1920년 해당 법령 시행 이후 대부분 읍·면 단위에서 부과했다.
③ 지방채 발행 용도를 "영구히 이익이 될 만한 사업, 구채 상환 혹은

26 「朝鮮道地方費令」(制令第15號, 1920.7.29); 「朝鮮道地方費令施行規則」(朝鮮總督府令第105號, 1920.7.29)」, 『朝鮮總督府官報』 號外, 1920.7.29.

27 동선희, 2010, 『식민권력과 조선인 지역유력자』, 선인, 45, 74~75쪽.

천재지변"으로 한정한 결과, 1920~1930년 도채 발행(평균 1.5%)은 억제되었다(〈표 10-4〉).

④ 8개 세출 비목(토목비·권업비·교육비·위생비·구제비·보조비·도평의회비·도지방비취급비)는 세입 항목보다 상대적으로 구체적이었다.

〈표 10-5〉 지방세 세목별 결산(1920~1930, 단위: 천 엔)

연도	지세부가세 (+시가지세부가세)	소득세부가세+ 특별소득세	호세	가옥세	시장세 (1926~특별시장세)	도장세 도축세
1920	3,338 (38.7)		3,848 (44.6)	356 (4.1)	476 (5.5)	560 (6.5)
1921	3,470 (34.9)		4,253 (42.8)	378 (3.8)	535 (5.4)	791 (8.0)
1922	4,359 (39.2)		4,364 (39.2)	404 (3.6)	647 (5.8)	689 (6.2)
1923	4,392 (38.5)		4,399 (38.6)	419 (3.7)	704 (6.2)	750 (6.6)
1924	4,325 (37.6)		4,416 (38.3)	427 (3.7)	734 (6.4)	818 (7.1)
1925	4,490 (38.4)		4,461 (38.2)	441 (3.8)	677 (5.8)	737 (6.3)
1926	4,580 (38.6)		4,545 (38.3)	467 (3.9)	647 (5.5)	672 (5.7)
1927	9,445 (54.8)		4,570 (26.5)	475 (2.8)	67 (0.4)	687 (4.0)
1928	8,924 (51.3)		4,637 (26.7)	482 (2.8)	68 (0.4)	760 (4.4)
1929	9,071 (50.8)	119 (0.7)	4,650 (26.0)	537 (3.0)	53 (0.3)	667 (3.7)
1930	9,527 (52.0)	208 (1.1)	4,677 (25.5)	571 (3.1)	39 (0.2)	534 (3.1)
합세	65,921 (44.9)	327 (0.2)	48,819 (33.2)	4,958 (3.4)	4,646 (3.2)	7,704 (5.2)

연도	어업세	선세	차량세	부동산취득세부가세	지방세 총액
1920	67 (0.8)	3 (0.0)			8,648 (100.0)
1921	128 (1.3)	4 (0.0)	392 (3.9)		9,951 (100.0)
1922	149 (1.3)	3 (0.0)	519 (4.7)		11,134 (100.0)
1923	157 (1.4)	1 (0.0)	590 (5.2)		11,412 (100.0)
1924	173 (1.5)	2 (0.0)	641 (5.6)		11,536 (100.0)
1925	186 (1.6)	2 (0.0)	703 (6.0)		11,697 (100.0)
1926	198 (1.7)	2 (0.0)	762 (6.4)		11,873 (100.0)
1927	210 (1.2)	1 (0.0)	854 (5.0)	928 (5.4)	17,237 (100.0)
1928	215 (1.2)	1 (0.0)	944 (5.4)	1,355 (7.8)	17,386 (100.0)
1929	236 (1.3)	1 (0.0)	998 (5.6)	1,542 (8.6)	17,874 (100.0)
1930	222 (1.2)	1 (0.0)	1,045 (5.7)	1,446 (7.9)	18,270 (100.0)
합계	1,941 (1.3)	22 (0.0)	7,447 (5.1)	5,271 (3.6)	147,056 (100.0)

출처: 『朝鮮總督府統計年報』 1910~1942년판; 『朝鮮地方財政要覽』 1924~1941년판.

세입 부문에서는 늘어난 지출에 대응하기 위한 두 가지 변화가 있었다. 첫째, 앞 시기(1910~1919)보다 세입에서 지방세 비중(37.4%→50.0%)이 급증했다(〈표 10-1〉, 〈표 10-4〉). 세입에서 지방세만 증징할 수 있었기 때문이다.

① 임시은사금 (이자)수입은 고정액이어서 비중이 작아(7.7%→3.6%)질 수밖에 없었다.

② 국고보조금 비중(35.0%→21.1%)이 앞 시기보다 작아졌다. 토목비, 권업비, 교육비, 사회구제비, 위생비 등에 지출되었고, 도 소속 관리(官吏)의 봉급, 청비(廳費), 여비, 잡급, 잡비 등은 포함되지 않았다.[28]

국고보조금은 어떤 비목이 대상이었나?

1925~1930년 『조선지방재정요람』 비목 기준 6년(39,915,622엔)간 교육비 50.2%, 권업비 25.3%, 위생비 12.9%, 토목비 9.0%, 기타(임시특별수당, 소방비, 측후소비, 수산비 등) 2.7% 등이었다.[29] 뒤의 세출에서 언급될 비목 순위와 비슷한데 교육비·권업비가 강조되었다.

③ 도채 비중(1.5%)은 미미했다. 1920년까지 발행된 적이 없는 도채는 영구히 이익이 될 사업, 구채 상환, 천재지변 시에만 발행할 수 있도록 해서 궁민구제토목사업으로 폭증하기 전까지 도채 발행은 세입에서 미미한 수준이었다.

④ 기타 항목(+사용료·수수료)은 본래 재산수입, 기부금, 대부금수입, 그 외 제수입, 특별회계 수입(은급, 아동장학자금, 기타)로 구성되었는데 『조선총독부통계연보』와 『조선지방재정요람』에서 기타 항목(1926년부터 구분)은 대부분 사용료·수수료 수입이었다. 기타 항목 수입은 1925년 이전에도 수납되었기 때문에 1930년까지 사용료·수수료 수입을 기타 항목에 포함하면 이 시기에 기타 항목 비중(7.5→15.8%)이 커졌다.

---

28 金玉根, 1994, 앞의 책, 307쪽.

29 『朝鮮地方財政要覽』 1925~1930년판 비목을 필자가 환산.

다른 지방단체와 달리, 도 예산서에 사용료·수수료 수입은 '잡수입'으로 잡혀 있었다. 1926~1930년 사용료·수수료 비중(4.9~9.1%)은 기타 항목의 절반이 넘는다. 1925년부터 고등보통학교, 중학교, 도립병원 등의 경영을 조선총독부에서 도로 이관했기 때문이다.[30] 예컨대 1923·1926년 경상남도지방비 예산을 보면, 사용료·수수료는 대부분 학교수입이었고(1923년 공립상업학교, 1926년 고등보통학교·중학교 추가), 그 외 병원수입, 하천·도로 사용료 등이 있었다.[31] 이 수입들은 대부분 해당 항목의 세출에 충당되었다. 즉 다른 지방단체와 달리 도지방비에서 사용료·수수료 수입은 지방세보다 중요한 증징 요소가 아니었다.

둘째, 지방세 세목이 다변화되었지만(1919년 5종→1929년 11종),[32] 부가세율 증징에 따라 중추 세목이 된 지세·호세 계열 비중(44.9%→78.1%)이 앞 시기보다 커졌다.

① 우선 지세부가세와 시가지세부가세(1928년 시가지세령은 폐지, 지세령으로 통일)가 통합 정리되었다. 이 시기 지세 계열 수입(지방세의 44.9%)은 앞 시기(지방비부과금의 36.4%)보다 확대되었다. 특히 1919~1920년에 3.4배가, 1920~1930년에 2.9배 증징되었다. 부가액은 예컨대 1919~1920년에 충청남도 1엔당 9전, 평안남도 1엔당 12전에서 모두 30전으로 2.5~3.3배 증징되었다.[33] 1927년에도 각각 2배 이상(60전, 70전으로) 증징

---

30 金玉根, 1994, 앞의 책, 310~311쪽; 박윤재, 2009, 앞의 글, 173~174쪽.

31 「大正十二年度慶尙南道地方費歲入歲出豫算案」, 『(大正十二年)實業學校關係書』, CJA0004689, 1923, 180~220쪽; 「大正十五年度慶尙南道地方費歲入歲出豫算」, 『(大正十五年)實業學校關係書』, CJA0004695, 57~165쪽.

32 金玉根, 1994, 위의 책, 303쪽.

33 「平安南道地方費賦課金賦課規程左ノ通改正ス(朝鮮總督府平安南道令第1號, 1919.4.5)」, 『朝鮮總督府官報』 제1994호, 1919.4.5; 「忠淸南道地方費賦課金賦課規則

되었다.[34] 이에 따라 1920~1930년 지세 계열 지방세는 5~6배 증가하여 국세 지세(본세)보다 훨씬 빠르게 증징되었다. 국세 지세율은 1918년「조선지세령」개정(지가의 13/1000) 이후 1922년 개정(17/1000)을 제외하고 그대로여서 증가율도 정체(1.4배)[35]되었기 때문이다.

② 호세와 호별세를 호세로 통일(1920)했다. 호세는 통감부가 시가지 밖 농촌의 호에 부과(30전)한 세목이었다. 1918년까지 조선총독부는 호세(국세)와 호별세(도세)를 동시에 징수하려 했지만, 호세를 도세로 이전(1919)해서 증징하는 방식이 효율적이라 보았다.[36] 또 1919년에 충남과 평남이 합계 70전(호당 호세 50전, 호별세 20전)을 거두었다면, 1920년에 각각 (1엔 30전, 1엔 50전)으로, 1921년에는 충남도 1엔 50전으로 통일했다.[37] 호세는 이 시기 지방세 수입의 33.2%를 점하는 두 번째 중추 세목이었다. 지세·호세가 (도)지방비 세입의 중추가 된 추세는 전시체제기까지 이어졌다.

1909년부터 시가지(부)의 가옥에 부과한 가옥세는 도세로 이관(1919)

左ノ通改正ス(朝鮮總督府忠淸南道令第3號, 1919.4.14)」,『朝鮮總督府官報』제2001호, 1919.4.14;「平安南道地方費賦課金賦課規程左ノ通改正ス(朝鮮總督府平安南道令第2號, 1920.4.8)」,『朝鮮總督府官報』제2295호, 1920.4.8;「忠淸南道地方費賦課金賦課規制中左ノ通改正ス(朝鮮總督府忠淸南道令第2號, 1920.4.12)」,『朝鮮總督府官報』제2302호, 1920.4.16. 세율은 북선 각 도(10/100→12/100), 중부 이남(5/100→8~9/100) 증징되었다(金玉根, 1994, 앞의 책, 230쪽).

34 「平安南道地方稅賦課規則中左ノ通改正ス(朝鮮總督府平安南道令第11號, 1927.3.31)」,『朝鮮總督府官報』제79호, 1927.4.7;「忠淸南道地方稅賦課規則中左ノ通改正ス(朝鮮總督府忠淸南道令第6號, 1927.4.1)」,『朝鮮總督府官報』제93호, 1927.4.23.

35 정태헌, 1996,『일제의 경제정책과 조선 사회』, 역사비평사, 37~62쪽. 이후 1934년 개인소득세 과세 시작에 따른 지주의 부담 완화 명분으로 15/1000으로 감소했고, 1943년「신조선지세령」에서는 임대가격을 과세표준으로 규정했다.

36 정태헌, 2003a, 앞의 글, 213~214쪽.

37 1929년 호세는 도별 차이 없이 호당 1엔 50전이다(金玉根, 1994, 앞의 책, 303~307쪽).

된 후 과세대상이 대부분 도시 가옥이어서 세액은 지방세의 3.4% 정도에 불과했다(〈표 10-5〉). 다만 유산층이 주요 과세대상이어서 1929년에 부과총액 예산에 따른 평균과세액을 현재 거주자 호수 1호당 2엔으로 규정했고, 제2차 지방세제정리(1936)에서 과세대상의 전국화에 따라 도세의 주요 세목으로 확장되었다.[38]

③ 1910년대 지방비부과금의 중추 세목이었던 시장세, 도장세·도축세 등의 비중이 급감했다. 시장세는 제1차 세제정리(1927) 때 폐지되었다. 신설된 영업세와 과세대상이 중복되거니와 1910년 시장세 반대투쟁 때 지적되었던 이중과세, 세민과세 문제 때문이었다. 대신 특별시장세가 신설되었지만 전년도 시장세의 1/10로 축소되었고, 세입의 3.2%에 불과했다(〈표 10-2〉, 〈표 10-5〉). 도장세·도축세도 1919~1920년에 도장(屠場) 수 감소(2489개→1121개)[39]로 앞 시기보다 이 시기 지방비부과금에서 점하는 비중(평균 30.9%→5.2%)이 급감했다.

④ 지방세 세목은 1919년 6개(지세부가세, 호별세, 호세, 가옥세, 시장세, 도장·도축세)에서 1929년 11개로 늘어났다. 1920년 선세, 1921년 차량세(자동차·마차·인력거·자전거에 대한 과세), 제1차 세제정리 이후 부동산취득세부가세(토지·건물·선박 취득시)와 특별시장세(대신 시장세 폐지), 1929년에 부과하기 시작(1927년 신설)한 소득세부가세와 특별소득세를 포함한 결과였다.[40] 차량세와 부동산취득세는 일본의 부·현에서 부과한 10/1000 세율을 따랐는데 일부 도에서만 부과되었다.[41] 그러나 이 기간

38 정태헌, 2003a, 앞의 글, 214~215, 218~219쪽.

39 『朝鮮總督府統計年報』, 1923년판.

40 金玉根, 1994, 앞의 책, 297~307쪽.

41 정태헌, 2003a, 위의 글, 216~217쪽.

에 신설된 6개 세목의 비중(10.1%)은 1919년까지 존재하던 기존 6개 세목의 비중보다 크게 떨어졌다(〈표 10-5〉).

즉 1920년대를 지나면서 도지방비 세입구조는 지세 · 호세 계통 세목을 중추로 한 지방세 중심으로 정착되었다. 도지방비 세입의 절반이 지방세였다. 그러나 도지방비는 제도적으로 독자적 법인의 위상을 부여받지 못했고, 도평의회 자문 권한도 형식적 수준이었다. 지방세 이외의 미미한 세외수입(이월금, 임시은사금, 도채수입, 국고보조금, 기타수입 등)은 증징 여지가 적었다. 도채 발행이 억제된 이 시기 도지방비의 위상은 제한적이었고, 대규모 사업이나 하부 행정단위 감독에 필요한 재원도 크게 부족했다.

2) 중등학교·병원의 도 이관(1925)과 교육비·위생비 증가

〈표 10-6〉 도지방비 세출 결산(1920~1930, 단위: 천 엔)

연도	토목비	위생비	권업비/수산비	교육비/사회구세비	지방비취급비/도평의회비	도채비	예비비/기타	총액
1920	4,798 (32.8)	685 (4.7)	4,259 (29.1)	4,309 (29.4)	324 (2.2)		275 (1.9)	14,650 (100.0)
1921	4,226 (28.0)	199 (1.3)	4,642 (30.8)	5,392 (35.7)	494 (3.3)	4 (0.0)	139 (0.9)	15,096 (100.0)
1922	4,803 (27.0)	234 (1.3)	5,284 (29.7)	6,528 (36.7)	613 (3.4)	45 (0.3)	288 (1.6)	17,795 (100.0)
1923	5,591 (29.7)	274 (1.5)	6,102 (32.4)	5,926 (31.4)	628 (3.3)	84 (0.4)	241 (1.3)	18,846 (100.0)
1924	4,922 (25.8)	303 (1.6)	5,103 (26.7)	5,493 (28.8)	684 (3.6)	131 (0.7)	2,450 (12.8)	19,086 (100.0)
1925	4,550 (19.6)	1,971 (8.5)	5,906 (25.4)	7,691 (33.1)	696 (3.0)	313 (1.3)	2,087 (9.0)	23,214 (100.0)

1926	5,051 (20.6)	2,469 (10.1)	6,873 (28.0)	7,102 (28.9)	740 (3.0)	297 (1.2)	2,013 (8.2)	24,545 (100.0)
1927	5,214 (16.7)	2,647 (8.5)	7,630 (24.5)	11,961 (38.4)	893 (2.9)	898 (2.9)	1,921 (6.2)	31,163 (100.0)
1928	5,477 (17.6)	2,909 (9.3)	8,203 (26.4)	12,192 (39.2)	1,024 (3.3)	320 (1.0)	1,000 (3.2)	31,125 (100.0)
1929	6,543 (19.5)	2,755 (8.2)	8,328 (24.8)	12,372 (36.8)	1,026 (3.1)	1,356 (4.0)	1,199 (3.6)	33,579 (100.0)
1930	6,999 (20.9)	2,807 (8.4)	8,700 (26.0)	12,592 (37.6)	1,022 (3.0)	319 (1.0)	1,083 (3.2)	33,522 (100.0)
총계	58,174 (22.2)	17,253 (6.6)	71,031 (27.0)	91,558 (34.9)	8,141 (3.1)	8,141 (1.4)	8,141 (4.8)	262,439 (100.0)

출처: 『朝鮮總督府統計年報』 1910~1942년판; 『朝鮮地方財政要覽』 1924~1941년판.

1920~1930년 도지방비 세출 증가(2.3배) 배경에는 1925년 행정정리에 따라 관립 중등학교, 도 자혜의원, 측후소 및 소방서를 국고에서 이관한 이유가 컸다.[42] 각 비목의 비중과 증가율은 교육비 〉 권업비 〉 토목비 〉 위생비의 순위를 보였다(〈표 10-6〉). 1930년까지 이러한 세출은 주로 지방세로 충당했다.

① 세출 중 교육비 (및 소액 사회구제비) 비중(평균 34.9%)이 큰 것은 1919~1931년 공립보통학교 1,325개, 소학교 76개, 고등보통학교 10개, 중학교 6개, 여고보 13개, 고등여학교 4개, 실업학교 27개, 실업보습학교 16개 등이 증가했기 때문이다. 1925년 교육비 증가(1.4배 〈표 10-6〉)는 고보와 중학교 운영을 조선총독부에서 각 도로 이관하면서 중등교육기관 대부분에 대한 도지방비 지출이 급증한 것에서 비롯되었다. 초등교육기

42 小田忠夫, 1938.10, 「朝鮮財政論(十三)」, 『朝鮮行政』 2-10, 146~147쪽.

관에 대해서도 부·군·도임시은사금보조금과 지방비보조금을 지출했다. 사회구제비(구제사업보조, 흉겸구제, 빈민구제 등)는 1919~1931년 세출의 0.5~3.9%에 불과했다.

② 권업비(+미미한 수산비) 비중은 평균 27.0%였다. 농업(곡물생산)·잠업·면작·축산·수산업의 1차 산업 개발 및 제지, 기업(機業) 등 특정 공업 장려 항목으로 종묘장, 종마소, 수산시험장 등을 설치하고, 보조금 및 장려금을 지출했다.

③ 토목비는 평균 22.2%를 점했다. 도로·교량 개수, 하천 치수, 항만 수축, 지방 시가지 정리, 사방사업 및 지방 공공건물 건축 등에 지출된 경비였다.

④ 위생비는 종두 시행, 전염병 예방, 도수(屠獸) 검사, 의료기관 경영, 순회진찰, 의학강습소 및 격리병사 설치·운영 등에 지출된 경비였다. 1925년 도자혜의원을 도립의원으로 개칭하면서 경영 주체를 조선총독부에서 각 도로 이관하면서 위생비는 전년보다 급증(6.5배)했다.[43]

⑤ 지방비취급비(1933년부터 사무비)와 도평의회비가 평균 3.1%를 차지했다. 도채 발행 억제로 도채상환비는 1.4%에 불과했고, 예비비·기타 항목[은사금상환금(繰戻金) 포함] 4.8% 정도였다.[44]

---

43 박윤재, 2009, 「조선총독부의 지방 의료정책과 의료 소비」, 『역사문제연구』 21 참조.

44 이상의 내용은 金玉根, 1994, 앞의 책, 307~314쪽.

3. 도의 법인화 및 도채(道債)의 일시적 폭증 (1931~1935)

1931~1935년 짧은 기간에 도의 위상이 제도적으로 바뀌었다. 첫째, 「도제」 시행(1933)으로 도가 법인이 되었다. 법인 · 구역 · 주민으로 이뤄진 '자치'단체의 위상이 부여된 것이다. 그러나 '주민'에 대한 규정은 없었다. 둘째, 세목 변화로 세입에서, 궁민구제토목사업을 위해 대장성 예금부 등에서 소화한 도채가 점하는 비중이 대폭 커졌다. 도채는 궁민구제토목사업 개시 후 5년 뒤(1936)부터 상환이 시작되어 도 재정이 크게 팽창하는 한 원인이 되었다.

1) 「도제」 공포(1930)와 시행(1933)의 지연

「도제」(1930.12.1. 제령 제15호)는 「도제시행규칙(1933.2.1. 부령 제15호)」 공포로 3년이 지나서야 시행(1933.4.1)되었다.[45] 도지방비는 도 재정으로, 지방세는 1933년 도세로 개칭되었다. 도가 지방'자치' 단체가 되기 위해 필요한 규정(법인 지위, 구역 명시, 주민 등) 중 주민 규정이 없는 가운데 법인 지위(제1조)와 구역 명시(제2조, 「시행규칙」 제1조)만 이뤄졌다.

자문기구인 도평의회는 의결기구인 도회로 개칭되었지만, 도의 '자치'

45 「道制(制令第15號, 1930.12.1)」, 『朝鮮總督府官報』 제1174호, 1930.12.1; 「道制ハ昭和8年4月1日ヨリ之ヲ施行ス(朝鮮總督府令第14號, 1933.2.1)」; 「道制施行規則(朝鮮總督府令第15號, 1933.2.1)」; 1933.2.1, 「道制ノ施行ニ關スル件左ノ通定ム(朝鮮總督府令第17號, 1933.2.1)」, 『朝鮮總督府官報』 제1818호.

권은 여전히 제한적이었다. 도회는 예산 결정 및 결산보고 인정, 규정 외 도세·부역·현품·사용료 및 수수료 부과징수, 도채 발행, 재산에 관한 사무 등을 의결할 수 있었다. 임명직 도지사가 의장으로서 도회를 통제하고 무력화시키는 권한을 갖고 발안권과 소집권을 독점했다. 그리고 도회 의결에 대해 재의 요청, 취소, 임의처분, 전결처분 권한 등을 가졌다. 도평의회처럼 도지사가 도회 의원의 1/3을 임명했고, 나머지는 부회의원과 읍회의원, 면협의회원이 간접선거로 선출했다. 도회는 부회의 조례제정권, 읍회의 규칙제정권에 해당하는 권한도 없었다.

도세는 「도제시행규칙」에 의해 부세·읍·면세처럼 세목과 과세 한도가 일괄 규정되었다. 1933년 이후 11차례 개정 중 9차례가 세목과 세율 개정이었다. 세목, 세율, 부과방법 등은 도회 의결 후 조선총독의 인가를 거쳐 도지사가 정한다고 규정되었다. 도는 총독의 감독을 받아야 하고 도채·재산 관련 사무는 총독의 인가를 받아야 했다. 총독의 수직적 감독 아래 도지사는 의결 집행, 사무 담임 등을 담당했다.

〈표 10-7〉 도세입 항목별 결산액(1931~1935, 단위: 천 엔)

연도	지방세(도세)	임시은사금 수입	전도 이월금	국고 보조금	도채	사용료·수수료	기타	총액
1931	18,448 (34.3)	984 (1.8)	3,233 (6.0)	6,930 (12.9)	17,663 (32.9)	3,842 (7.2)	2,630 (4.9)	53,730 (100.0)
1932	18,461 (28.9)	997 (1.6)	8,458 (13.2)	7,116 (11.1)	22,215 (34.8)	3,288 (34.8)	3,357 (5.3)	63,892 (100.0)
1933	20,139 (23.8)	1,024 (1.2)	6,033 (7.1)	9,644 (11.4)	39,803 (47.0)	3,242 (3.8)	4,723 (5.6)	84,608 (100.0)
1934	20,499 (24.9)	956 (1.2)	6,774 (8.2)	18,791 (22.8)	25,792 (31.4)	3,620 (4.4)	5,822 (7.1)	82,254 (100.0)

1935	21,338 (29.8)	941 (1.3)	13,050 (16.3)	13,050 (18.2)	14,921 (20.8)	3,804 (5.3)	5,917 (8.3)	73,021 (100.0)
합계	98,884 (27.8)	4,902 (1.4)	36,181 (10.2)	55,532 (15.6)	120,396 (33.8)	17,797 (5.0)	22,449 (6.3)	356,141 (100.0)

출처: 『朝鮮總督府統計年報』 1910~1942년판; 『朝鮮地方財政要覽』 1924~1941년판.
비고: 1931~1932년은 지방세, 1933년부터는 도세.

〈표 10-8〉 도세 세목별 결산액(1931~1935, 단위: 천 엔)

연도	지세부가세	[제1종]소득세부가세 (+특별소득세)	호세	가옥세	특별시장세	도장세 · 도축세
1931	9,633 (52.2)	190 (1.0)	4,690 (25.4)	590 (3.2)	30 (0.2)	728 (3.9)
1932	9,435 (51.1)	221 (1.2)	4,764 (25.8)	610 (3.3)	6 (0.0)	786 (4.3)
1933	9,702 (48.2)	241 (1.2)	4,810 (23.9)	643 (3.2)		754 (3.7)
1934	9,632 (47.0)	227 (1.1)	4,868 (23.7)	664 (3.2)		643 (3.1)
1935	9,568 (44.8)	305 (1.6)	4,979 (23.3)	705 (3.3)		695 (3.3)
합계	47,970 (48.5)	1,230 (1.2)	24,110 (24.4)	3,212 (3.2)	35 (0.0)	3,606 (3.6)

	어업세	선세	차량세	임야세*	부동산취득세 부가세	도세 총액
1931	226 (1.2)	1 (0.0)	927 (5.0)		1,433 (7.8)	18,448 (100.0)
1932	229 (1.2)		906 (4.9)		1,504 (8.1)	18,461 (100.0)
1933	253 (1.3)		963 (4.8)	1,163 (5.8)	1,611 (8.0)	20,140 (100.0)
1934	239 (1.2)		1,095 (5.3)	1,163 (5.7)	1,968 (9.6)	20,499 (100.0)

1935	695 (1.2)		1,235 (5.8)	1,177 (5.5)	2,364 (11.1)	21,723 (100.0)
합계	3,606 (1.2)	1 (0.0)	5,127 (5.2)	3,503 (3.5)	8,880 (9.0)	101,280 (100.0)

출처: 『朝鮮總督府統計年報』 1910~1942년판; 『朝鮮地方財政要覽』 1924~1941년판.

1933년 부가세(지세 · 소득세)와 특별세(호세 · 가옥세 · 임야세 · 특별소득세 · 도장세 · 도축세 · 어업세 · 차량세 · 부동산취득세)가 지정되었고, 필요에 따라 별도의 특별세를 부과할 수 있었다. 지세부가세는 지세의 70/100(평남북 · 강원 · 함남북 5개 도) 또는 60/100(기타 도)으로 제한을 두었고, 소득세부가세는 17/100, 호세는 1명당 1엔 50전, 가옥세는 1호에 평균 2엔, 임야세는 임야면적 1정보에 평균 25전, 특별소득세는 본점 혹은 주된 사무소 소재지에서 소득세율의 17/100, 부동산취득세는 부동산 가격의 10/1000이었다. 그 외에 임야세가 1933년부터 부과되었고, 부동산취득세가 일부 도(경기도 · 강원도)에서 9~9.5/1000였던 점을 제외하면, 1932년까지의 지방세 과세율과 거의 다르지 않았다.[46]

일반소득세제 도입을 계기로 「도제시행규칙」을 개정(1934.5)하여 소득세부가세는 제1종 소득세부가세로 개칭되었다. 세율은 1934년에 한해 75/100(위에 언급한 북부 5도), 64/100(그 외 도)였고, 1935년에 80/100, 68/100로 증징되었다.[47]

1931~1935년에 지세부가세 제한율 인상 외에 도세 세목 구성에 큰

46 『朝鮮地方財政要覽』, 1932년판.

47 「道制施行規則中左ノ通改正ス(朝鮮總督府令第59號, 1934.5.1)」, 『朝鮮總督府官報』 제2189호, 1934.5.1.

변화는 없었다. 도세에서 점하는 비중 면에서 지세부가세(평균 48.5%)와 호세(평균 24.4%)가 계속 중추세목인 가운데 부동산취득세부가세(평균 9.0%)가 그 뒤를 이었다. 그리고 1933년 이후 특별시장세가 완전히 사라지고, 제1차 지방세제정리(1926) 당시 산림세로 구상되었던 임야세가 신설되고 1932년부터 선세가 사실상 사라졌다.

그러나 도세액은 5년 동안 302만 8천 엔 증가에 그쳐 세입에서의 비중은 1920~1930년(50%)에 비해 절반(27.8%)에 불과했다. 국고보조금도 늘었지만 비중이 줄었고(21.1%→15.6%), 예비비 · 기타 항목 비중(15.8%→4.8%)도 감소했다. 도채가 폭증했기 때문이다(〈표 10-4〉, 〈표 10-7〉).

2) 궁민구제토목사업에 따른 도채 폭증과 '약속의 누적'

대장성 예금부 지방자금은 1920년대 산미증식계획과 1930년대 궁민구제토목사업의 주요 자금원이었다.[48] 대공황기에 농촌 궁핍이 심해지고 빈궁민이 증가하는 상황에서, '과잉인구'의 일본 도항을 막기 위해 각 지방에 '궁민구제토목사업'이 진행되었다.

1930~1931년 도채 잔고가 13배 급증(약 131만 엔→1,695만 엔)한 탓이다. 일본 대장성이 일본 일반회계 공채 발행을 위해 총독부의 조선사업공채 요구를 거절하고, 대신 국내 공채시장에 영향이 비교적 적은 예금부 지방자금을 활용한 것이다.[49] 아래 인용문을 보자.

48 金澤史男, 2010, 앞의 글 참조.

49 박우현, 2022, 앞의 글, 248~253쪽

1931년도 이후 7년간에 걸친 지방재정의 팽창(의)… 주된 원인은, 1931년 당시 경제계가 극심하게 부진하고, 특히 농촌의 부진이 심하였기 때문에… 총독부는 그 해부터 3개년을 기하여 상당히 대규모의 궁민구제사업을 일으켜서 주로 임금 살포에 따라 궁민이 일하여 활동하는 길을 득함과 동시에, 한편 지방교통산업의 시설 확충을 기했고, 이 사업 주체는 주로 도로 이를 담당하게 하고, 국고는 보조금에 따라 이를 조성하는 방침을 채택했다. 그리고 국고·지방비 모두 본래부터 해당년도의 일반재원으로 이를 지출하는 것이 불가능하기 때문에 이 재원의 대부분을 기채에 의존했다. 그 기채는 5개년 거치 15년부 상환 계획이고, 약 3/4은 예금부자금 공급에 의존한 것인데, 그 원금상환 개시기가 1936년도부터 시작했기 때문에, 돌연히 팽창하기에 이른 것이다.… 궁민구제사업이 종료한 후에도 제2차 제3차로, 그 규모만 달리 하여 국고보조에 따른 지방토목사업을 계속 진행… 이들 사업은 주로 도로, 하천, 항만 등의 개·수축과 사방(砂防)을 선택한 것이고, 토목비 및 권업비의 팽창은 이 때문이다.[50](밑줄-필자 강조)

위 내용은 조선총독부 내무국 지방과 이사관 가와무라 마사아키(河村雅亮, 1889~?)가 1938년부터 『조선행정』에 연재한 「조선지방재정의 전망」이다. 1915년 조선에 온 그는 지방재정 팽창의 분기점으로 궁민구제토목사업을 위한 도채 발행 급증을 들었다. 당시 국고와 지방비가 일반재원으로 이 사업을 진행할 수 없었기 때문이다. 도채의 3/4은 대장성 예금부 자금으로 5개년 거치, 15년간 상환이었으므로 1931년 발행 도채는 1936년

50 河村雅亮, 1938.10, 「朝鮮地方財政の展望」(一), 『朝鮮行政』 2-10, 42~43쪽.

부터 상환되어야 했다. 팽창한 도 재정은 토목비와 권업비에 지출되었다.

대장성 예금부 자금의 사용처는 ⓐ 조선회계 공채 인수, ⓑ 조선회계에 대한 대출, ⓒ 도채 중심의 지방채 인수(1931년 이후), ⓓ 동양척식주식회사 · 조선식산은행의 사채(社債) 인수, ⓔ 조선은행 · 동양척식주식회사 · 조선식산은행 · 조선금융조합연합회에 대한 대출로 구분된다. ⓐⓑ는 중앙재정, ⓒⓓ는 지방재정 및 산업자금, ⓔ는 식민지금융기관에 대한 대출이었다. 가와무라가 강조한 것은 ⓒ였다. 기존 연구가 주목한 1930년까지 조선에서 공공대출이나 산업자금의 주요 루트가 된 ⓓ는 1926 · 1930 · 1935 · 1939년 대장성 예금부 조선관계 자금의 각기 39.4 · 39.5 · 32.1 · 32.4%를 차지했다. 1931년에 시작된 ⓒ은 1935 · 1939년에 13.9 · 18.2%를 차지했다. ⓒ, ⓓ를 볼 때 1926~1930년에 수리조합을 통한 산미증식갱신계획 자금이 압도적이었고, 1931~1934년은 궁민구제토목사업 자금이 적지 않았다.[51]

〈표 10-9〉 도 세출 비목별 결산(1931~1935, 단위: 천 엔)

연도	토목비	위생비	권업비/수산비	교육비/사회사업비	사무비/도회의비	신영비	도채비	예비비/기타	총액
1931	16,888 (37.3)	2,965 (6.6)	10,612 (23.5)	11,923 (26.4)	1,097 (2.4)		591 (1.3)	1,157 (2.6)	45,233 (100.0)
1932	24,037 (41.6)	3,241 (5.6)	12,629 (21.8)	13,221 (22.9)	1,104 (1.9)		1,401 (2.4)	2,180 (3.8)	57,813 (100.0)
1933	26,499 (34.1)	3,522 (4.5)	15,500 (19.9)	14,507 (18.7)	1,270 (1.6)		14,119 (18.2)	2,369 (3.0)	77,786 (100.0)
1934	17,883 (25.4)	3,399 (4.8)	19,213 (27.2)	15,166 (21.5)	1,638 (2.3)	1,125 (1.6)	5,043 (7.2)	7,057 (10.0)	70,524 (100.0)

51 金澤史男, 2010, 앞의 글, 327~337쪽.

1935	13,073 (21.4)	3,285 (5.4)	13,672 (22.4)	16,476 (27.0)	1,774 (2.9)	1,450 (2.4)	5,917 (9.7)	5,617 (9.2)	61,264 (100.0)
총계	98,380 (31.5)	16,411 (5.3)	71,626 (22.9)	71,294 (22.8)	6,883 (2.2)	2,575 (0.8)	27,071 (8.7)	18,380 (5.9)	312,620 (100.0)

출처: 『朝鮮總督府統計年報』 1910~1942년판; 『朝鮮地方財政要覽』 1924~1941년판.

비고: 1933년 신영비는 예비비/기타 중 포함, 1936년 이전 보조비는 보조목적별로 해당 비목 중에 포함 (『조선총독부통계연보』 1942년판).

〈표 10-10〉 궁민구제토목사업의 규모(단위: 천 엔)

명칭	실시년도	사업비
제1차 궁민구제토목사업	1931~1933	57,726
제2차 궁민구제토목사업	1934	13,300
제3차 궁민구제토목사업	1935	8,000
지방진흥토목사업	1936	6,000
시국응급시설사업	1932~1934	5,972

출전: 『朝鮮總督府施政年報』 1936년판, 371~372쪽.

대공황의 늪에 빠져있던 1931년부터 대장성 예금부 자금은 조선 공공단체 사업자금의 급증에 따라 발행된 도채를 인수했다. 거치 기간인 1935년 12월 말 기준 '공공단체토목사업자금(조선총독부는 제1차 궁민구제토목사업으로 칭)' 중 4,500만 엔, '궁민구제사업자금(조선총독부는 시국응급시설사업으로 칭)' 중 485만 8천 엔이 융통되었다. 〈표 10-10〉의 총 소요비용에 대비해 3/4 정도가 대장성 예금부 자금이었다. 실업 문제가 심각했던 일본으로 조선인 궁민들이 도항하는 것을 막기 위해서였다. 도채 폭증의 원인이 된 3개년 계속사업(1931~1933) 제1차 궁민구제토목사업(이하 제1차 사업)은 총공사비(6,528만 엔)에서 지방단체 자력 부담 671만여 엔 외에 차입금(국고보조 4,304만여 엔, 지방단체 1,553만여 엔) 중 4,400만 엔을 예금부에서 소화한다는 계획이었다.[52]

그러면 제1차 사업 공사비 배분의 특징을 보자.[53] 조선총독부 내무국은 1931년 11월 "사업의 선택에서는 각 도의 재정 및 사업의 완급에 따라 노력하여 각 도에 보편적으로 분포"한다고 했다. 무슨 말인가?

첫째, 각 도의 재정 능력에 비례하여 사업비를 배분한다는 것이다. 1개년 공사비(2,176만 엔)는 1931년 지방세 결산(1,845만 엔, 〈표 10-7〉)의 1.2배나 되었다. 도지방비(도 재정)만으로 충당할 수 없어 국고보조로 73.5%를 부담하게 되었다. 그러나 지방단체 부담(22,232,700엔)의 1개년 부담(741만 엔) 역시 지방세 결산의 41.5%나 차지했다.

둘째, "사업의 완급"은 토목공사의 중요성에 따라 조정한다는 것이다. 제1차 사업이 어디에 치중하고 있었는지 보여준다. 치수공사(37.2%), 도로공사(36.6%), 사방공사(11.5%), 어항수축, 상하수도, 시가 도로(이상 각각 12.9%), 지방 하천공사(0.8%) 등의 구성대로 세수 대비 공사비 비율은 주로 대규모 하천공사가 필요하다고 판단되는 곳(충남·함남·함북)이 그렇지 않은 곳(전남·충북)에 비해 높았다.

셋째, "보편적" 분포는 표명이었을 뿐 실제로는 위 두 기준에 따라 공사비를 배분했다. 일본에서 농산어촌실업구제사업이나 시국광구토목사업이 당면 구제대상인 양잠호 수와 농가호 수가 지역적 배분의 기준이었던 것과 전혀 달랐다.

52 金澤史男, 2010, 앞의 글, 358~370쪽.

53 아래 내용은 별도로 기술하지 않는 한 朝鮮總督府內務局, 1931.11, 「窮民救濟事業の梗概」, 『朝鮮地方行政』 10-11, 40~41쪽; 金澤史男, 2010, 위의 글, 358~362, 368~370쪽.

제1차 사업의 목표는 연인원 5,992만 명에게 임금을 살포한다는 것이었다. 이 중 노력비 비중은 도로공사 40%, 치수공사 50%, 항만 하천 50%, 사방공사 80% 등이었다. 사업에서 각 공사의 비중을 감안하면 총 사업비 대비 노력비 비중은 48.4%(원사업비 기준 31,594,000엔) 였다. 이 중 10% 정도는 저축'장려'로 환수되었다. 게다가 구제대상은 도별로 춘궁호수의 4.8%(경남)~21.9%(함남)에 불과했다. 노동자 일급(40~60전)으로 1개월에 25일, 1년에 9개월(결빙기 3개월 제외) 일하면 연간 122엔 5전이었다. 1931년 남자 운반업자 임금 1엔 8리, 옥외 인부 86전 2리의 40~50%에 불과했고, 궁민 소득 기준(200~300엔)보다도 낮았다. 실제 시행기간은 전북 5개월, 경남 200일(6~7개월)이었다. 실업 구제에 턱없이 부족했고, 1931~1933년 일본 도항도 줄지 않았다. 우가키 총독이 각도농촌진흥지도주임자타합회(各道農村振興指導主任者打合會)에서 말한 대로 '중환자에 대한 활력소 주사(캠퍼 주사)'에 불과한 대증요법이었다.[54]

지역유력자들은 자신들이 거주하는 군·면에 궁민구제사업을 시행해 달라고 요구했다. 대규모 자금이 유입되는 과정에서 지역유력자들은 '궁민구제', '도의 경제성' 등 '공공성'을 표방했지만, 도로 개수 및 하천 정비를 통해 지주 경영이나 상품유통망을 확충하고자 한 것이다.[55]

한편 제1차 사업은 사업 지연으로 1934년도까지 이월되었다. 또 1932~1934년 시국응급시설사업, 1934년도 1개년의 제2차 궁민구제토목사업, 1935년도 1개년의 제3차 궁민구제토목사업이 시행되었다. 제2차 사업의 경우 조선총독부는 제1차 사업과 비슷한 액수를 산정했다가

---

54 金澤史男, 2010, 앞의 글, 368~370쪽.

55 고태우, 2010, 앞의 글, 262~266쪽.

절반만 신청했는데, 대장성 거부로 크게 삭감(1,600만 엔으로)되었고, 제3차 사업은 그 절반(800만 엔)으로 축소되었다. 여기에 1936년 지방진흥토목사업(600만 엔)까지 포함하여 광의의 궁민구제토목사업이라 불린다. 그러나 예산의 대폭 삭감과 '궁민구제' 단어 삭제, 일부 지역에 한정된 시행에 따라 실업·빈민대책의 의미는 크게 축소되었다.[56]

이에 따라 도세입에서 도채 비중은 전시체제기에 낮아졌지만, 토목비 급증의 관성은 계속 남아 있었다. 대규모 토목공사에 따른 도채의 폭증이 도 재정에 미친 영향을 보자.

첫째, 1931년은 「도제」 시행 이전이어서 「조선도지방비령」에 따라 "영구한 이익이 될 만한 사업, 구채 상환 혹은 천재지변으로 인해 필요한 경우에 한하여 기채"(제8조)하도록 도채 발행이 제한된 때였다. 즉 명목상 '자치'를 표방한 「도제」 시행과 토목사업에 따른 도채 폭증 시기가 엇갈린 가운데 1932~1934년에 지방세(도세)보다 많은 도채가 발행되었다(〈표 10-7〉). 대장성 예금부 지방자금의 융통과 국고보조로 가능했던 '예외적' 조치였다. 그러나 도채 원리금 상환은 물론 자체 부담이 따라 결국 도세 부담의 급증을 불러올 수밖에 없었다.

둘째, 앞 시기(1920~1930)에 비해 세출에서 토목비 비중이 급증했다. 앞 시기에는 교육비·사회구제비(34.9%) 〉 권업비·수산비(27.0%) 〉 토목비(22.2%) 순으로 토목비 비중이 적었다. 그러나 이 시기에는 토목비(31.5%) 〉 권업비·수산비(22.9%) 〉 교육비·사회사업비(22.8%)로 역전되었다(〈표 10-6〉, 〈표 10-9〉). 여기에 대부분 토목비로 지출된 도채 상환비(8.7%)까지 합하면 비중은 더 늘어난다. 국고보조금과 도채는 토목비, 권

56 金澤史男, 2010, 앞의 글, 358~362쪽; 고태우, 2010, 앞의 글, 254~255쪽.

업비 등을 충당하는 주요 '형식'이었다. 또한 1933년 「도제」 및 「도제시행규칙」 시행에 따라 법인화된 도는 점차 하위 지방단체에 대한 보조기관 역할도 커졌다.

도 재정의 확충은 전시체제기에 지키지 못할 '약속의 누적'을 불러왔다. 도채 발행 비중 자체는 줄었지만, 「도제」가 처음 시행된 해이자 제1차 사업이 끝나던 해인 1933년 충청남도 도지사 오카자키 데쓰로(岡崎哲郎)는 다음과 같이 총독에게 건의했다.

> 국고보조에 의한 궁민구제토목사업을 1934년도 이후에도 계속할 것을 희망합니다.
>
> 〈이유〉
> 국고보조하 현재 실시 중인 궁민구제토목사업은 대체로 본년도로 제1차 계획이 종료하는 뜻을 삼가 받듭니다. 그러나 농산어촌의 피폐는 쉽게 여러 해 겪은 고통을 벗어날 수 없는 상황에 있어 아무쪼록 이 고경(苦境)과 이 고난을 민찰(憫察)하시어 1934년 이후에도 계속 조성할 것을 간절히 희망합니다.
> 위 도제 제14조에 따라서 제출합니다.
>
> 충청남도회 의장
> 조선총독부 충청남도지사 오카자키 데쓰로
> 조선총독 우가키 가즈시게 전(殿)[57]

57 忠淸南道會議長·朝鮮總督府忠淸南道知事 岡崎哲郎→朝鮮總督 宇垣一成 殿, 1933,

위 도지사는 지역사회와 조선총독부 사이의 의견 '조정'자 역할에 충실했다. 이 의견은 「도제」 제14조("도의 공익에 관한 사건에 대해 의견서를 도지사, 기타 관청에 제출할 수 있다")에 근거한 것이다. 오카자키는 지역 갈등 문제였던 충남도청 이전 문제[58]를 해결하여 "지방민들의 뱃속에 들어가 해결책을 강구했다"는 평가를 받은 인물이기도 했다.[59] 따라서 토목사업의 지속이라는 실체와 별개로, 지역사회의 개발 열망이 3년 동안의 대증요법으로 해결할 수 없다는 것을 말하는 의견서이기도 했다.

요컨대 궁민구제토목사업 시기 도채의 누적은 도 재정 규모의 폭증과 이후 시기로의 부담 증대를 야기했다. 궁민구제토목사업을 '언 발에 오줌 누기' 식으로 마무리 짓는 것은 어려웠다. '약속'은 제1차 사업 종결 후 도민들에게 도채 상환의 형태로 남아 있었고, 지역사회의 해결되지 않은 개발 현안에 대한 열망까지 그대로 남겨두었기 때문이었다.

「窮民救濟事業實施ニ関スル意見書(1933.6.13)」, 內務局地方課, 『道行政ニ関スル綴』, CJA0003007, 702~703쪽.

58 여기에 대해서는 지수걸, 1996, 「일제하 공주지역 유지집단의 도청 이전 반대운동(1930. 11~1932. 10)」, 『역사와 현실』 20; 岡本真紀子, 2000, 「総督政治と政党政治 - 二大政党期の総督人事と総督府官制·予算」, 『朝鮮史研究会論文集』 38 참조.

59 阿部薰 編, 1935, 『朝鮮功勞者銘鑑』, 民衆時論社, 41~42쪽.

4. 도 재정의 수직계통화와 유산층 부담 심화 (1936~1945)

본 절에서는 도 세출의 '형식별' 분류를 '용도별' 분류로 치환함으로써 비목의 특징을 다시 점검하고, '약속의 누적'으로서 도세입 급증의 맥락을 살펴보고자 한다. 도는 전시체제기에 토목, 권업, 교육 관련 비목, 그중 '시국' 관련 비용 급증에 더해 이전 시기보다 하위 지방단체에 대한 '조정기관'이자 수직계통적으로 '분업'화된 보조기관의 역할이 커졌다. 그리고 사회기반시설에 대한 누적된 경비는 기부금 등 '자의적 과세'를 늘려야 하는 상황으로 이어졌다.

1) '시국' 관련 세출 증가와 보조금을 통한 지방행정 수직계통화

이 기간에 도 세출은 '시국' 관련 경비 급증으로 4.3배 증가(6,095.4만 엔→2억 6,022.9만 엔)했다(〈표 10-9〉, 〈표 10-13〉). 그런데 주요 경비(토목비·위생비·권업비·교육비·사무비, 신영비·보조비·도채비 등) 중 토목비~사무비(및 도회의비)는 '용도별' 분류이고, 도의 기능이 변화하면서 『조선총독부 통계연보』 분류에서 추가된 신영비~도채비는 토목비~사무비의 용도별 분류를 뒷받침하는 '형식별' 분류이다. 두 가지 분류를 구분하지 않으면 1936~1943년 세출의 토목비 비중(16.1%), 권업비·수산비(10.1%), 교육비 (및 사회사업비, 6.3%) 등 실제의 '용도별' 주요 비목이 축소되어(〈표 10-13〉) 전시체제기 도의 역할을 제대로 파악하기 어렵다.

'형식별' 분류 비목을 정리하면, 신영비는 영선비로 토목비에서 분리된 것이다. 보조비는 제2차 세제정리(1936) 이후 부·읍·면에 대한 도의 '조정기관' 역할이 강화되면서 『조선총독부통계연보』에서 별도 비목으로 분류된 것이다. 도채(상환)비는 1931년 이후 도채가 급증하면서 이 시기 11.8%에 달했다. 따라서 '형식별' 분류인 보조비·도채비가 어느 '용도별' 분류에 속하는지 확인해서 '용도별' 지출을 다시 계산할 필요가 있다. 보조비의 경우 『경기도 예산서』(1942)에서 그 비중을, 도채비의 경우 1941년까지 『조선총독부통계연보』에서 상세 비목을 확인할 수 있다. 이에 기초하여 1936~1943년 도 재정의 '용도별' 분류를 추산하고자 한다.

첫째, 보조비는 도의 부·읍·면에 대한 지출로, 도에 대한 국고보조비처럼 대부분 권업비와 교육비로 쓰였다. 1942년 『경기도 예산서』 세출(24,593,850엔)의 임시부 중 부·읍·면 보조비(668만 635엔)에서 토목비(3.5%)는 미미했고, 권업비(29.6%: 농사, 축산, 잠업, 면작, 임업, 수산, 상공, 도시공동조합 등), 교육비(38.8%: 중등학교, 부제1부특별경제, 부제2부특별경제, 실업학교, 사립학교, 청년조련소 등)가 압도적이었다.[60] 1942년 『조선총독부통계연보』의 보조비 비중(25.6%)에 『경기도 예산서』에 실린 보조비의 비목별 분류를 곱하면, 전체 세출에 대한 토목비·권업비·교육비의 비중에 0.8·7.6·10.0%를 각각 더할 수 있다.

---

60 토목비보조(도로·하수)가 3.5%(23만 5천 엔)에 불과하고, 권업비(농사, 축산, 잠업, 면작, 임업, 수산, 상공, 도시공동조합 등)는 29.6%(197만 9,867엔), 시국경제대책비(식량) 3.7%(24만 6,604엔), 교육비(중등학교, 부제1부특별경제, 부제2부특별경제, 실업학교, 사립학교, 청년조련소 등) 38.8%(259만 2,800엔), 위생비 0.8%(6만 5,965엔), 사회사업비 1.7%(11만 3,107엔), 사무 관련 비용(학교비/학교조합 임시수당, 부·읍·면 직원 가족수당 등) 9.6%(64만 2,046엔), 기타(방공비, 국민총력운동비 등 주로 '시국' 관련) 13.7%(91만 8,353엔) 등이다. 京畿道, 1942, 『昭和十七年度道一般會計特別會計歲入出豫算』.

둘째, 도채비 비중은 1936~1943년 11.8%였다. 1941년 도채비(2억 1545.5만 엔) 중 토목비 비중(29.0%)은 궁민구제사업비(25.8%)와 시국응급시설비(1.1%), 토목진흥토목사업비(1.5%)를 더하면 사실상 절반 이상(57.4%)을 차지했다. 권업비(19.8%)가 적지 않았지만, 교육비(0.8%)와 위생비(0.6%)는 미미했다.[61] 즉 도채비 비중(11.8%)에 용도별 비중을 곱하면 대세출 비중에서 토목비는 6.7%, 권업비는 2.3%, 교육비는 0.1%를 추가해야 한다.[62]

두 비용을 합하여 보조비와 도채비 등 '형식별' 분류를 '용도별' 분류로 치환하면, 1936~1943년 평균 대세출 비중에서 토목비는 16.6%→24.1%(보조비 중 토목비 0.8%+도채비 중 토목비 6.7%. 신영비 포함할 경우 29.1%), 권업비는 10.1%→20.0%(보조비 비중 7.6%+도채비 비중 2.3% 포함), 교육비는 6.3%→16.4%(보조비 비중 10.0%+도채비 0.1% 포함)로 늘어난다(〈표 10-13〉).

즉 전시체제기로 들어가는 1936년 이후의 도 세출은 두 가지 특징을 드러냈다.

첫째, '용도별' 분류에 따르면 토목비 〉 권업비 〉 교육비 비중은 이전 시기와 큰 차이가 없었다. 단지 '형식별' 분류가 바뀌어 비중이 급감한 것처럼 보일 뿐이었다. 물론 1931~1935년 토목비가 31.5%, 권업비·수산비가 22.9%, 교육비·사회사업비가 22.8%에 달했던 것을 생각하면(〈표 10-9〉) 비목별 비중은 조금씩 감소했다. 나머지는 방공비 등 '시국' 관련

---

61 『朝鮮總督府統計年報』 1941·1942년판에는 해당 항목이 빠져 있어, 현재 확인할 수 있는 가장 마지막 「도채 현재고」 내용이다.

62 이 시기 도채 대비 높은 토목비 비중은 「江原道債 자꾸 는다」, 『매일신보』, 1942.3.29; 「今年度道債 千五百萬圓來月發行」, 『매일신보』, 1942.10.29를 통해서도 확인된다.

비용이 증가한 것이다.

둘째, 그런데 '형식별' 분류를 정리하면 보조비와 도채비 비중에서 볼 수 있듯이 제2차 지방세제 개정(1936) 및 제3차 지방세제 개정(1940)을 거치는 사이 지방단체 간의 보조금·차입금이 분업화되었다. 이 개정들의 골자는 도세 증징과 도의 부·읍·면 보조금 증가에 있었는데 하위단체 보조비는 주로 권업비와 부·읍·면에 대한 교육비에 집중되었다. 후술하듯이 도보조금 교육비는 국고보조금 비율이 높았던 일본인 (초등)교육재정보다 조선인 교육재정에 대한 보조비율이 높았다. 반면 도채비는 궁민구제토목사업이나 '시국' 관련 사업과 관련하여 토목비 비중이 절반을 훨씬 넘고 권업비 비중이 그 뒤를 이었다. 교육비·위생비 비중은 미미하였다. 이 점은 앞절에서 가와무라(河村雅亮)가 1938년 작성한 내용과 일치한다.

즉 전시체제기 전후 도 재정의 급팽창은, 토목비 〉 권업비 〉 교육비 순의 구조와 하부 행정기관에 대한 '수직계통화'가 함께 나타났다. 이를 충당하기 위한 세입구조 변화를 보자.

2) 도세 비중 감소 속의 유산층 과세부담 증가

〈표 10-11〉 도세입 항목별 결산 · 예산(1936~1943년, 단위: 천 엔)

연도	도세	임시은사금 수입	전년도 이월금	국고보조금	도채	사용료·수수료	기타	총액
1936	23,316 (30.1)	945 (1.2)	10,639 (13.7)	17,688 (22.8)	12,898 (16.7)	4,253 (5.5)	7,710 (10.0)	77,449 (100.0)
1937	24,987 (27.5)	938 (1.0)	10,559 (11.6)	19,097 (21.0)	20,943 (23.0)	4,729 (5.2)	9,716 (10.7)	90,969 (100.0)
1938	26,885 (26.1)	560 (0.8)	11,482 (11.2)	24,472 (23.8)	18,478 (18.0)	5,380 (5.2)	15,286 (14.9)	102,543 (100.0)

1939	27,382 (16.2)	864 (0.5)	13,555 (8.0)	60,931 (36.0)	39,493 (23.3)	6,351 (3.7)	20,826 (12.3)	169,402 (100.0)
1940	33,270 (16.4)	862 (0.4)	23,348 (11.5)	57,520 (28.4)	38,134 (18.8)	7,696 (3.8)	41,852 (20.6)	202,682 (100.0)
1941	37,576 (15.5)	792 (0.3)	33,838 (14.0)	87,822 (36.2)	23,881 (9.9)	8,676 (3.6)	49,806 (20.5)	242,391 (100.0)
1942	35,156 (15.8)	800 (0.4)	6,604 (3.0)	72,131 (32.4)	44,634 (20.1)	9,365 (4.2)	53,593 (24.1)	222,283 (100.0)
1943	39,464 (15.2)	794 (0.3)	7,210 (2.8)	97,936 (37.6)	30,192 (11.6)	10,441 (4.0)	74,191 (28.5)	260,228 (100.0)
합계	248,035 (18.1)	6,855 (0.5)	117,236 (8.6)	437,597 (32.0)	228,653 (16.7)	56,891 (4.2)	272,981 (20.0)	1,368,248 (100.0)

출처: 『朝鮮總督府統計年報』 1910~1942년판; 『朝鮮地方財政要覽』 1924~1941년판.
비고: 1942~1943년은 예산액

〈표 10-12〉 도세 세목별 결산 · 예산(1936~1943년, 단위: 천 엔)

연도	지세부가세	제1종소득세부가세 (+특별소득세)*	호별세	가옥세	영업세 부가세	도장세 · 도축세	어업세
1936	9,253 (39.7)	478 (2.1)	4,051 (17.4)	2,398 (10.3)	446 (1.9)	744 (3.2)	402 (1.7)
1937	9,609 (38.5)	1,173 (4.7)	4,208 (16.8)	2,549 (10.2)	512 (2.0)	726 (2.9)	501 (2.0)
1938	9,948 (37.0)	798 (3.0)	4,686 (17.4)	2,092 (10.8)	908 (3.4)	639 (2.4)	670 (2.5)
1939	7,181 (26.2)	1,671 (6.1)	4,770 (17.4)	3,125 (11.4)	1,138 (4.2)	812 (3.0)	622 (2.3)
1940	10,810 (32.5)	59 (0.2)	5,232 (15.7)	4,175 (12.5)	1,499 (4.5)	947 (2.8)	1,667 (5.0)
1941	11,093 (31.2)	101 (0.3)	7,500 (21.1)	4,474 (12.6)	2,482 (7.0)	1,216 (3.4)	2,057 (5.8)

1942	12,225 (33.8)	153 (0.4)	7,143 (19.7)	4,986 (13.8)	2,364 (6.5)	905 (2.5)	909 (2.5)
1943	12,160 (30.5)	332 (0.8)	9,367 (23.5)	5,149 (12.9)	2,798 (7.0)	942 (2.4)	720 (1.8)
합계	82,279 (33.2)	4,765 (1.9)	46,946 (18.9)	29,758 (12.0)	12,146 (4.9)	6,931 (2.8)	7,549 (3.0)
	취인소세 부가세	**광세부가세**	**차량세**	**임야세**	**부동산취득세 부가세**		**도세 총액**
1936	12 (0.1)	91 (0.4)	1,354 (5.8)	1,240 (5.3)	2,848 (12.2)		23,317 (100.0)
1937	15 (0.1)	136 (0.5)	1,477 (5.9)	1,285 (5.1)	2,795 (11.2)		24,986 (100.0)
1938	11 (0.0)	172 (0.6)	1,621 (6.0)	1,287 (4.8)	3,242 (12.1)		26,074 (100.0)
1939	10 (0.0)	205 (0.7)	1,728 (6.3)	1,309 (4.8)	4,822 (17.6)		27,393 (100.0)
1940	11 (0.0)	252 (0.8)	1,656 (5.0)	1,469 (4.4)	5,492 (16.5)		33,269 (100.0)
1941	11 (0.0)	250 (0.7)	1,597 (4.5)	1,692 (4.8)	3,025 (8.5)		35,498 (100.0)
1942	10 (0.0)	240 (0.7)	1,858 (5.1)	1,858 (5.1)	3,546 (9.8)		36,197 (100.0)
1943	11 (0.0)	259 (0.7)	2,276 (5.7)	2,276 (5.7)	3,546 (8.9)		39,836 (100.0)
합계	90 (0.0)	1,606 (0.6)	13,565 (5.5)	12,416 (5.0)	29,317 (11.8)		247,368 (100.0)

출처: 『朝鮮總督府統計年報』 1910~1942년판; 『朝鮮地方財政要覽』 1924~1941년판.

비고: 1942~1943년은 예산액, 제1종 소득세부가세(+특별소득세)는 1940년부터 특별지세(+면세지특별지세).

1936~1943년 도세입 변화의 특징은 유산층 과세 집중, 도세 비중 격감(30.1%→15.2%), 임시수입-세외수입 급증에 따른 중앙종속성·식민지

성 심화로 정리된다.[63] 이전 시기까지의 중추 세입원 도세가 국고보조금과 기타수입을 보충하는 수준이 된 것이다.

「도제시행규칙」은 1936년부터 해방 전까지 9회(세목 관련 8회) 개정되었는데, 제2차 지방세제정리(1936)와 제3차 세제정리(1940)가 큰 분기점이 된다. 특히 제2차 지방세제정리는 1935년 5월 지방세제조사위원회(정무총감 위원장. 내무, 재무, 식산, 농림, 학무, 경무국장 등이 위원)가 첫째, 부담 공평을 명분으로 과도적으로 부과한 세목 개폐, 세민 과세 폐지·경감, 인세-물세 간 조화 실현, 둘째, 단체 간 재정조정을 명분으로 도 재정 조정, 부세 세율 변경에 따른 도의 보조, 원이 핍박한 면에 대한 도의 보조금 지급 및 도세 증징 등으로 정리한 것을 수용한 것이다.[64]

이에 따라 「도제시행규칙」 개정(1936.1.8)에서 많은 변화가 있었다. 부가세는 3개 세목(영업세부가세·취인소세부가세·광세부가세)이 추가되어 5개 세목이 되었고, 특별세 중 호세는 호별세로 개칭되었다. 이전까지 호세(농촌)와 가옥세(부청 소재지 및 특수 읍·면)의 과세대상 지역을 구분해왔는데 1940년부터 모든 지역에 부과하는 것으로 개정했다.[65] 즉 호별세를 도시 지역에서도, 가옥세를 농촌에도 과세하고, 호별세 과세방식에서 소득·자산 기준을 강화하여 유산층 과세집중도를 높였다. 1938년에는 소득세부가세 세율을 증징(21/100→24/100)했다.[66]

제3차 세제정리(1940)를 통해 조세 증징을 목표로 지방 재원의 지역

---

63 정태헌, 2003b, 앞의 글 참조.

64 金玉根, 1994, 앞의 책, 349~356쪽.

65 「地方稅制의 改正」, 『조선일보』, 1936.1.14.

66 「道制施行規則中左ノ通改正ス(朝鮮總督府令第21號, 1938.2.25)」, 『朝鮮總督府官報』 제3331호, 1938.2.25.

적 조세 부담 불균형 시정, 지방세의 물세 중심 증징, 국세 증수분 일부의 지방 분여 및 지방재정조정보급금제도 확립 등을 골자로 한 지방세제 개정을 시도했다. 이를 통해 호별세 자력(資力) 표준 소득액 1200만 원을 지수 1개(단위)로 해서 부과지수 1개당 도세 호별세는 5엔으로 제한과율을 정하고, 지세부가세는 부가율 10% 증징, 영업세부가세는 부가율 유지에도 국세영업세의 50% 증징을 통한 자연증징, 가옥세부가세도 본세의 40% 증징을 통한 자연 증징을 하였으며, 지방재정조정보급금 제도를 통해 지방단체의 재원 감축을 보충했다.[67]

그리고 「도제시행규칙」 개정(1940.3)으로 부가세 중 제1종 소득세부가세가, 특별세 중 특별소득세가 삭제되었다. 같은 해 4월 특별지세(평남북·강원·함남북 지가의 14/1000, 다른 도 12/1000), 1941년 2월 면세지특별지세(세율은 특별지세와 동일) 등을 규정했다. 1942년에는 특별지세/면세지특별지세 세율을 1/1000씩 올렸다. 1943년에는 일시적으로 지세부가세 세율을 반감시키고 면세지특별지세를 폐지했다. 이후 1945년 4월에는 입정세(入亭稅)가 부과되고 세율을 전반적으로 증징(1.25~2배)했다.[68]

---

67 金玉根, 1994, 앞의 책, 356~357쪽.

68 이상은 「道制施行規則中左ノ通改正ス(朝鮮總督府令第74號, 1940.3.31)」, 『朝鮮總督府官報』 호외, 1940.3.31; 「道制施行規則中左ノ通改正ス(朝鮮總督府令第95號, 1940.4.10)」, 『朝鮮總督府官報』 제3965호, 1940.4.10; 「道制施行規則中左ノ通改正ス(朝鮮總督府令第43號, 1941.2.25)」, 『朝鮮總督府官報』 제4226호, 1941.2.25; 「道制施行規則中左ノ通改正ス(朝鮮總督府令第35號, 1942.2.16)」, 『朝鮮總督府官報』 제4514호, 1942.2.16; 「道制施行規則中左ノ通改正ス(朝鮮總督府令第88號, 1943.3.31)」, 『朝鮮總督府官報』 호외, 1943.3.31; 「道制施行規則外2朝鮮總督府令中改正ノ件左ノ通定ム(朝鮮總督府令第28號, 1945.3.9)」, 『朝鮮總督府官報』 제5426호, 1945.3.9 참조. 이외에 1944년 도회에 대한 예산 보고(제72조), 결산 보고(제85조)의 의결사항을 조선총독에 보고하되 '고시'한다는 내용을 삭제했다. 「行政事務簡捷化實施ノ爲ニスル道制施行規則外10朝鮮總督府令中改正ノ件左ノ通定ム(朝鮮總督府令第31號, 1944.2.8)」,

그러면 이 시기 도세의 세목별 비중이 변화한 원인을 살펴보자. 크게 호별세/가옥세의 자력 기준 과세로의 전환, 유산층 과세집중을 위한 국세 부가세 신설 및 부동산 관련 세목 증징으로 나눠볼 수 있다.[69]

제2차 지방세제정리(1936)의 큰 특징은 호별세(호세에서 개칭)와 가옥세 과세방식이 자력(資力) 기준으로 개편된 점이다. 지방세에서 호세는 1920~1930년(평균 33.2%), 1931~1935년(평균 24.4%, 〈표 10-5〉, 〈표 10-8〉)에 지세부가세에 이은 2번째 중추 세목이었다. 그러나 제1차 세제정리(1927) 때 개인소득세부가세 신설 대신 폐지 세목으로 지적될 정도로 무차별적 대중과세였다. 개인소득세제 도입이 식민정책의 안정 차원에서 1934년으로 미뤄지고 1935년 1월에는 개인소득세부가세 창설, 전 지역 가옥세 실시안과 더불어 호세 폐지안은 거의 확정 단계였다.

그러나 조선총독부는 개인소득세제 도입(1934)으로 새로운 부담을 안게 된 지주층의 과세 반발을 고려해 국세 지세율을 인하(지가의 17/1000→15/1000)하고 개인소득세부가세 도입을 미뤘다. 1936년 개정 호별세(부·읍·면은 호별세부가세)는 부과총액의 절반을 종래 인세(人税) 방식대로 호수별로 부·읍·면에 배당하고, 절반은 유산층 과세집중도를 높이기 위해 국세(지세, 개인소득세, 영업세, 광세 등)와 도세(임야세, 가옥세 등) 납부 실적을 감안해 과세했다. 물론 자력을 감안한 부과방식은 호세가 도세로 이전될 때부터 규정되었으며, 1929년부터 절반은 기존 방식, 나머지 절반은 지세·영업세 등을 통해 소득을 감안하는 방식으로 부과되었다는 점에서 자력을 가늠하는 방식이 이전보다 구체화한 것이다.

『朝鮮總督府官報』, 1944.2.8.

69 이하 서술은 정태헌, 2003b, 앞의 글, Ⅱ장 참조.

그러나 호별세액 자체는 "당분간 현재 재원을 유지하는 한도에 머무른다"는 과도적 기조 때문에 1939년까지 증가하지 않았다. 「도제시행규칙」 개정(1936)에서는 기존 호세의 호당 평균제한액(1엔 50전)보다 호별세 평균제한액(남부 1엔 20전, 북부 1엔 10전)을 낮게 설정했고, 실제 부과액은 1엔 5전(남부), 95전(북부 5개 도)으로 더 낮추었다. 따라서 1935~1936년 도세 대비 호별세 비중은 격감(23.3%→17.4%)했고, 1939년까지 규정된 제한액(1엔 10~20전) 수준까지 완만한 증징에 머물렀다. 1939년 호별세(477만여 엔)는 1935년 호세(498만여 엔)에도 미치지 못했다(〈표 10-8〉, 〈표 10-12〉).

호별세가 급증한 것은 지방세제 개정(1940) 이후부터였다. 유산층 과세집중도를 높이는 방식을 정착시켜 과세표준을 전적으로 납세의무자의 자력에 따라 설정하여 소득세에 준하는 체제로 전환한 것이다. 1939~1943년 호별세는 증가(1.9배), 도세에서의 비중도 급증(17.4%→ 23.7%)했다. 앞 시기 평균 비중보다 감소했으나 이전의 호세와 과세 내용이나 대상은 질적 차이를 보인 것이다.

한편 가옥세가 도세에서 점하는 비중은 1920~1930년(3.4%), 1931~1935년(3.2%)과 달리, 1936년 전국 단위(농촌 포함)로 과세되면서 1936~1943년(12.0%)에 급증했다. 소득과세 성격을 강화하기 위해 과세표준은 임대가격이었으나 임대가격 현황의 조사가 바로 이뤄지지 못해 행정편의상 평수 조사를 생략하고 1칸을 1평으로 간주하였다. 과세표준도 가옥의 구조 종별 외 부지등급과 용도를 추가하여 기존의 8등급보다 세분해 16등급으로 건평 기준 평당 평균 9전(북부)이나 10전(남부)을 과세했다. 물세 성격이 커진 가운데, 세율이 매우 높아 조선보다 평균소득준이 5배가량 높은 일본과 비슷한 수준으로 과세했다. 영세민 과세를 줄이는 궁여지책으로 농촌의 건평 6평(=6칸) 미만 건물은 면세대상으로 설정했다.

유산층 과세집중을 위해 국세부가세가 신설되고 부동산 관련 세목이 증징되었다. 본래 영업세·광세·취인소세부가세는 제1차 세제정리(1927) 때 신설하는 것으로 구상했으나, 국세영업세 신설과 동시에 부가세를 부과하면 식민통치의 안정성을 해친다는 판단 아래 1936년에야 신설되었다. 취인소세부가세는 과세대상이 취인소가 있는 경기도에만 있었으나, 영업세부가세와의 형평성 문제 때문에 신설되었다. 광세부가세는 국세(지세·소득세·영업세)에 대한 부가세, 도세(가옥세·임야세·어업세) 부과에 맞춰 신설되었다.

그러나 과세형평 논리에 따라 신설된 부가세, 가령 1936~1943년에 광세부가세 비중(0.6%)이나 취인소세부가세 비중(평균 0.036%)은 미미한 수준이었다. 반면 1932년 폐지된 (특별)시장세를 대체한 영업세부가세는 전년 대비 1938년(1.8배)과 1941년(1.7배)에 급증하면서 적지 않은 비중(4.9%)을 점했다. 이는 같은 시기 [도세(부가세)/국세] 비율에서 영업세(23.5%)가 광세(5.4%), 취인소세(1.5%)보다 높았던 점에서도 드러난다(〈표 10-12〉).

그 외 부동산 관련 기존 세목이 증징되었다. 1935~1943년에 부동산 취득세(1.5배, 11.8%), 임야세(1.9배, 5.0%)가 세입을 보충한 것이다. 부동산 취득세는 1938년 광업·어업권도 과세대상에 포함하여 1935~1940년에 급증(2.3배)했으나, 1940~1943년에 격감(0.7배)했다. 통제경제 강화에 따른 부동산 거래의 위축을 반영한다. 반면 임야세는 보유 임야에 대한 과세였기에 1939~1943년에 도리어 급증(1.7배)했다(〈표 10-12〉).

한편 도축세·도장세는 공출에 따른 도축업 위축으로 1931~1935년에 비중이 격감(3.6%→2.8%)했고, 어업세도 어업 자체가 위축되면서[70] 1942년부터 감소 추세로 전환되었다. 차량세(5.5%)도 정체 상태였다(〈표 10-8〉, 〈표 10-12〉).

지세부가세는 증징 여지가 거의 없어 1936년 80/100(평남북·강원·함남북), 68/100(기타 도) 비율로 하여 1934년 세율을 유지했고, 1940년에야 증징(88/100, 75/100)했다. 1943년에는 전시경제가 악화하면서 지세 본세의 과세표준을 전환(지가→실수익인 임대가격)했지만, 지세부가세 세액 자체는 오히려 소폭 감소(1,222.5만 엔→1,216만 엔)했다(〈표 10-12〉). 1945년에는 다른 세목과 함께 세율이 증징(1.25배)되었다.

반면에 가옥세, 부동산취득세, 임야세, 소득세부가세 등의 합계액 비중은 1935년(21.5%)에 비해 1936년(29.9%) 이후부터 1939년(39.9%)까지 급증했다. 이후 소득세부가세 폐지와 부동산취득세 격감에 따라 감소했다. 한편 종래 도세의 주요 세목 호별세·가옥세·지세부가세(+시가지세부가세) 비중은 1936~1943년(67.4~67.5%)에 비슷한 수준을 유지했다. 이 기간에 도세는 증징의 한계에 봉착하여 세입에서의 의미나 비중이 떨어진 것이다.

3) 국고보조금과 자의적 과세의 증가

증징에 한계가 큰 도세의 자리를 메운 도세입원은 ① 중앙종속성이

---

70 조선총독부에 따르면, 어획고는 1939년을 정점으로 1944년까지 계속 감소했는데 이것은 연료난과 어망 수급 부족 때문이었다. 朝鮮總督府, 「昭和19年第86回帝國議會說明資料(農商)」, 민족문제연구소 편, 2000, 『일제하 전시체제기 정책사료총서 제24권』, 한국학술정보(주), 319~499쪽.

강화되면서 국세 집중에 따라 증가한 국고보조금, ② 자의적 과세인 기타 수입, ③ 도채 발행과 사용료·수수료 수입 등이었다.[71]

① 국고보조금은 1910년대(35.0%), 1920~1930년(21.1%), 1931~1935년(15.6%)을 지나면서 계속 감소하다가 이 시기에 급증 추세로 반전하면서(〈표 10-1〉, 〈표 10-4〉, 〈표 10-7〉, 〈표 10-10〉) 도세입의 중추를 점하게 되었다. 식민지 전 기간에 걸쳐 중앙 및 도 재정이 하급 지방재정에 교부한 보조금은 세입 총액의 23.1%를 차지할 정도로 지방재정의 중앙종속성은 강했다. 특히 도세입에서 국고보조금은 교육, 토목, 권업, 항만, 지방개량 장려 보조 등 조선총독부로부터 용도를 특정해 충당한 것으로 식민지 지방재정의 강한 중앙종속성을 의미했다.

중앙재정이 부담을 안으면서 도에 국고보조금을 늘린 이유는 무엇일까?

조선총독부가 세원을 국세에 집중했기 때문이다. 제2차 세제정리(1934)로 개인소득세 과세가 시작되어 국세가 증수되면서 제2차 지방세제정리(1936)에 따라 지방재정교부금 제도가 신설되었다. 호당 호별세 평균세액이 도별로 큰 차이가 나 주민 이동도 우려했다. 1939년부터 구매력 흡수와 소비억제책에 따라 국세로 유흥음식세를 신설하고, 도로 환원하는 형식을 취하는 등 전시체제기에 국세 증징, 그중 일부를 도로 환원해 주는 추이는 더욱 두드러졌다. 즉 국고보조는 1936년에 급증했고, 1939년 대가뭄 등으로 2.5배나 급증했다. 1939~1943년 4개년의 국고보조금은 전 기간(1910~1943) 총액의 73.9%나 집중되었다.

제3차 세제정리(1940)에서는 지방재정조정비(중앙재정 세수입 증가액의 1/3을 지방으로 환원)를 설정했다. 정액 형식의 보조금-교부금을 국세 증징

71 아래 ①~③의 내용은, 정태헌, 2003b, 앞의 글, 156~166쪽 참조.

(소득세, 유흥음식세 등)과 연동시켜 지방분여액을 늘려 (국고보조금/도세입) 비율이 1939년 이후 1/3 정도나 차지했다.

〈표 10-13〉 도 세출 비목별 결산 · 예산(1936~1943년, 단위: 천 엔)

	토목비	위생비	권업비/수산비	교육비/사회사업비	사무비/도회의비	신영비	보조비	도채비	예비비/기타	총액
1936	12,750 (19.1)	3,429 (5.1)	14,912 (22.3)	18,476 (27.6)	2,086 (3.1)	3,230 (4.8)		7,581 (11.3)	4,426 (6.6)	66,890 (100.0)
1937	15,851 (20.0)	3,697 (4.7)	11,282 (14.2)	5,784 (7.3)	2,305 (2.9)	3,442 (4.3)	19,445 (24.6)	9,528 (12.0)	7,811 (9.9)	79,199 (100.0)
1938	17,298 (19.5)	4,018 (4.5)	13,660 (15.4)	6,250 (7.0)	2,493 (2.8)	3,433 (3.9)	20,189 (22.7)	11,357 (12.8)	10,059 (11.3)	88,757 (100.0)
1939	21,774 (15.2)	4,548 (3.2)	14,409 (10.0)	7,321 (5.1)	2,695 (1.9)	3,808 (2.7)	27,867 (19.4)	13,845 (9.6)	47,425 (33.0)	143,692 (100.0)
1940	26,556 (15.9)	5,239 (3.1)	12,422 (7.4)	7,546 (4.5)	2,925 (1.8)	6,731 (4.0)	35,020 (21.0)	30,048 (18.0)	40,368 (24.2)	166,855 (100.0)
1941	28,232 (14.2)	6,004 (3.0)	15,417 (7.8)	9,110 (4.6)	3,488 (1.8)	7,813 (3.9)	67,208 (33.9)	19,695 (9.9)	41,400 (20.9)	198,367 (100.0)
1942	43,237 (19.5)	6,501 (2.9)	20,332 (9.1)	10,131 (4.6)	3,713 (1.7)	15,327 (6.9)	60,931 (27.4)	22,940 (10.3)	39,170 (17.6)	222,282 (100.0)
1943	37,365 (14.4)	7,088 (2.7)	21,155 (8.1)	12,940 (5.0)	4,316 (1.7)	17,595 (6.8)	82,808 (31.8)	29,650 (11.4)	47,312 (18.2)	260,229 (100.0)
총계	203,063 (16.6)	40,524 (3.3)	123,589 (10.1)	77,558 (6.3)	24,021 (2.0)	61,379 (5.0)	313,468 (25.6)	144,644 (11.8)	237,971 (19.4)	1,226,217 (100.0)

출처: 1910~1942년판, 『朝鮮總督府統計年報』; 1924~1941년판, 『朝鮮地方財政要覽』.
비고: 1942~1943년은 예산액, 신영비는 신축·영선에 대한 비용으로, 사무비와 영선비로 분류. 1933년부터 예비/기타비에서 별도 분류.

1937년부터 도 세출의 1/4~1/3에 달한 국고보조금은 도를 매개로 하부 지방단체(부·읍·면)에 전달하여 지방재정을 통제하는 수단이기도 했다

(〈표 10-13〉). 도 재정의 중앙종속 강화는 도가 수행하는 사업(지출)의 중앙종속, 즉 지방의 독자적 계획이나 도민 요구를 반영하기보다 조선총독부나 일본 정부의 식민정책과 전시체제 운영에 종속되었음을 의미했다.

② 1936~1943년의 높은 기타수입 비중(20%)이 주목된다. 기타수입 비중은 1910~1919년(7.5%), 1920~1930년(15.8%), 1931~1935년(6.3%)에도 작은 것이 아니었지만 이 시기에 급증하여 1943년의 경우 도세(15.2%)의 2배(28.5%)나 되는 '기현상'을 드러낸 것이다(〈표 10-1〉, 〈표 10-4〉, 〈표 10-7〉, 〈표 10-11〉).

기타수입이란 「지방비법」(1909)에서부터 규정된 부역·현품이나 기부금, 각종 잡수입 등을 말한다. 제2차 지방세제정리(1936)와 제3차 세제정리(1940)를 거치면서 호별세가 소득세에 준하게 되었지만, 노세는 호별세 중심으로 재편되지 못했다. 과세 반발로 전시체제 안정을 해칠 우려 때문에 친일협력성이 큰 상위계층에게만 부담을 집중시킨 것이다.

자의적 수탈인 부역·현품은 위 표에 공식적 액수가 반영되어 있지 않다. 물론 「지방비법」에 따른 부역·현품 부과는 1920년대 이후 점감하였지만, 1930년대 이후 사방사업과 1938년 「조선도로령」과 「조선도로령 시행규칙」에 따라 도로의 유지·수선을 위해 행정기관이 수시로 부과했다. 부역 인원은 조선 인구의 1/2~2/3에 달하는 1,400~1,600만 명이 매년 동원되었다.[72] 기부금은 기타수입 중 가장 큰 수입원이었다. 1936년 경기도에서는 기부금이 "지방세 총액을 돌파"했고, 평남에서는 1939년 도립공업학교 신설 예산의 37%가 기부금으로 책정되어 국고보조금이나 도비를 넘어설 정도였다.

---

72 박이택, 2001, 앞의 글, 47~48쪽.

③ 도세입에서 도채의 비중은 1931~1935년에 비해 1936~1943년에 절반 수준(16.7%)으로 줄었다. 도채는 원리금 상환을 전제(대개 5년 거치, 15년 연부상환 조건)로, 그의 3/4 정도는 대장성 예금부 자금이 소화했다. 다만 도채 발행은 매년 등락을 반복하는 불안정성을 보였다(〈표 10-11〉). 이는 원리금 상환을 위한 일관된 계획하에 도채를 발행하기 어려웠던 지방재정정책 때문이었다. 실제로 도는 도세를 넘어 기부금 등의 자의적 조세로 유산층에게 과세집중을 꾀했지만, 증수의 한계가 뚜렷했다.

그러나 1940년 이후 부 재정에서 부채(府債) 억제 분위기에도 불구하고, 도채는 다른 지방채에 비해 꾸준하게 발행되었다. 1930년대 초 궁민구제토목사업이라는 예외적 상황이 토목비 '누적'에 따라 관성화된 것이다. 이 시기의 도는 도채 발행에 따른 토목사업(하천 정비 및 재해복구, 사방사업 등), 권업사업(농림·수산), 주로 국고보조를 통한 중등학교·실업학교의 교육사업, 초등교육의 보조를 담당하는 중추기관이었다. 이 시기 사용료·수수료 수입(도로 및 도립의원 사용료, 학교 수업료 등) 비중(4.2%)은 앞 시기(5.0%)보다 감소하여 전시 재정의 폭증을 메우기는 어려웠다.

즉 전시체제기에는 도세 증수가 한계를 보인 가운데, '시국' 관련 비용이 폭증하면서 임시수입·세외수입이 그 자리를 메웠다. ① 이런 상황에서 국고보조금은 도 및 하위 행정단위 재정의 중앙종속성을 더욱 심화시켰다. ② 자의적 부역·현품 부과가 강화되었으며, 유산층에 대한 보편과세보다 체제협력적 유산층에 대한 자의(강제)적 과세인 기부금이 급증했다. ③ 도채 발행은 원리금 상환이 어려운 상황에서 매년 불규칙하게 발행되었다.

제11장
'식민도시' 부(府) 재정의 차별적 사회개발

부 재정에 대한 연구는 전 시기를 다룬 연구,[1] 1910년대 지방제도 변화 속에서 1914년 「부제」 시행 전후 거류민단 해소에 따른 법인격 부여와 민족 차별적 성격을 다룬 연구,[2] 1920~1930년대 지방제도 개정에 따라 제한적 '자치' 문제가 불거지면서 나타난 부(협의)회 및 법적 세원인 수도·전기 사업의 부영(府營) 문제를 다룬 연구,[3] 전시체제기에 부세(府稅)가 확대

---

1 車轉權, 1984, 『韓國地方財政硏究』, 서울大學校出版部; 曺京準, 1990, 『韓國地方財政史論』, 裕豊出版社; 金玉根, 1994, 『日帝下朝鮮財政史論攷』, 一潮閣; 鄭泰憲, 2006, 「京城府 財政의 歲入構成과 시기별 特徵」, 『韓國史學報』 24, 高麗史學會.

2 김대래·김호범, 2006, 「부산일본거류민단 재정 연구(1907~1914)-부산부 재정의 성립과 관련하여」, 『지방정부연구』 10-2; 김태웅, 2012, 『한국 근대 지방재정 연구: 지방재정의 개편과 지방행정의 변경』, 아카넷.

3 김경림, 1996, 「1920년대 電氣事業 府營化運動-平壤電氣 府營化를 중심으로-」, 『백산학보』 46; 金濟正, 2000, 「1930년대 초반 京城지역 전기사업 府營化 운동」, 『韓國史論』 43, 서울대 국사학과; 오진석, 2006, 「한국 근대 電力産業의 발전과 京城電氣」, 연세대 경제학과 박사학위논문; 김제정, 2007, 「일제 식민지기 경성부 교외 지역의 전차 문제와 지역 운동: 1932~1933년 전차 교외선 폐지 반대 운동을 중심으로」, 『서울학연구』 29; 오진석, 2009, 「1930년대 초 전력산업 公營化運動과 京城電氣」, 『사학연구』 94; 전성현, 2012, 「일제시기 지역철도 연구」, 『역사와 경계』 84; 김승, 2013, 「1920년대 부산의 電氣府營 운동과 그 의미」, 『지역과 역사』 32; 전성현, 2016, 「일제시기 부산의 전차 운영을 둘러싼 지역 운동과 힘의 역학관계」, 『석당논총』 65; 주동빈, 2016, 「1920년대 경성부 상수도 생활용수 계량제 시행과정과 식민지'공공성'」, 『한국사연구』 173; 이다솜, 2017, 「1926년 평양전기주식회사 전기요금 인하운동」, 성균관대 사학과 석사학위논문; 주동빈, 2017, 「수돗물 분배의 정치경제학-1920년대 경성의 계층별 수돗물 사용량 변화와 수돗물 필수재 담론의 정치성-」, 『역사문제연구』 38; 유다영, 2018, 「1930년대 중반 平壤府營電氣 요금 인하 시도와 총독부의 電力 統制 政策」, 명지대 사학과 석사학위논문; 이형식, 2018, 「'조선의 전기왕' 오구라 다케노스케(小倉武之助)와 조선사회」, 『동양사학연구』 145; 조명근, 2019a, 「1920~1930년대 대구·함흥 지역의 전기 공영화 운동」, 『사총』 97; 조명근, 2019b, 「일제시기 대구부 도시 개발과 부(협의)회의 활동」, 『민족문화논총』 71-1; 주동빈, 2020, 「평양부(협의)회의 동상이몽과 부영전기 '재사영화'」, 『역사학보』 248; 김예주, 2020, 「식민지 시기 부산의 일본 기업인 사카타 분키치[坂田文吉]의 사회활동과 전기 부영운동」, 『인문사회과학연구』 21-3; 김희진, 2020, 「1910~20년대 대구상업회의

되면서 진행된 민족·계급 차별적 사회'개발'에 대한 연구[4] 등으로 구분된다.

부는 (일본인)거류민단 해소와 함께 해당 지역에 세워졌다. 이 때문에 단위와 달리 상대적으로 '자치'성이 높은 편이었다. 그러나 관련 연구는 경성부와 세입에 집중되었고 세출에 관한 연구는 논문 1편 밖에 없다.[5] 최근 논점은 민족적·계층적 차별이 식민도시에서 세입·세출에 어떻게 반영되는가, 일본의 시(市)재정과 같은 법적 재원인 사용료·수수료 수입이 어떻게 부 재정을 채우는가 등이며, 구체적으로 수도·전기 사업 부영(府營) 여부와 관련이 있다.

여기서는 부의 법적 재원인 사용료·수수료 수입을 중심으로 3시기로 나눠 서술한다.

① 1914년 「부제」 시행 전후 거류민단 부채를 조선인에게 전가하고, 부 세입을 법적 재원(사용료·수수료 및 재산 수입)보다 부세와 부채 발행에 의존한 시기(1910~1919).

② 법적 재원으로 수도·전기 사업의 정비 과정과 수요자의 계층별 특징이 두드러진 시기(1920~1936). 이 시기는 1931년 「부제」 개정을 분기점으로 나눈다. 일본의 「시제(市制)」처럼 주요 재원이 되어야 할 사용료·수수료 수입의 원천인 전기사업이 거의 공영이 되지 않고, 증징이 어려운

소 구성원의 연대와 갈등」, 『역사교육』 153; 주동빈, 2023, 「1927년 평양전기 부영화와 조선인 주도 부 예산정치로의 전환」, 『역사문제연구』 52

4 이명학, 2012a, 「총동원체제기(1940~1945) 경성부 歲入構造의 변화와 府稅 확대」, 『역사문제연구』 28; 이명학, 2012b, 「총동원체제기(1940~1945) 경성부의 세출 운영과 특성」, 『韓國史硏究』 159

5 이명학, 2012b, 위의 글.

수도만 부영이 되었다. 부채 발행 증가 추이도 일본의 시채 발행보다 크게 떨어졌다.

③ 전시체제기 대중과세를 통한 부세 확대 시기(1937~1945). 일본 지방재정에서는 시가 지방재정 확대를 이끌었지만, 조선에서 부는 그 역할을 못 했다. 부 재정의 식민지성과 중앙종속성을 잘 보여준다.

시기별·지역별로 자료도 연구도 불균등해서 『조선총독부통계연보』 등을 기반으로 전체 통계와 추이를 다루고, 필요한 경우 경성부 등을 다룬 연구에 의존해서 보충하기로 한다.

1. 일본인 거류민단을 계승한 부의 법인화 (1910~1919)

1) 거류민단 구채(舊債)의 조선인 전가

조선시대에 한성부, 4개 유수부(留守府, 개성·강화·화성·광주), 부윤이 배치된 5개 부(경주·전주·평양·의주·함흥) 등은 큰 고을이자 지역의 중심 도회지였다. 그러나 1895년 5월 지방제도 개정에서 5개 유수부가 폐지되고 8도를 23부로 바꾸는 과정에서 부는 군으로 격하되었다. 다음 해 1896년 8월에는 1부 13도로 바꾸고, 도 아래 1목(牧)·7부·331군을 두었는데 유수부가 있던 광주·개성·강화와 개항장·개시장인 인천·동래·덕원·경흥을 부로 했다.[6]

통감부기에 부는 '일본인 도시' 성격이 강한 행정단위였다. 1906년 9월 개항장·개시장 소재 인천·옥구(군산)·무안(목포)·창원(마산)·동래(부산)·덕원(원산)·성진·삼화(진남포)·경흥·의주·용천(용암포) 11개 지역은 모두 부가 되었다. 반면 경기도의 전통적 중심지 3개 부(광주·강화·개성)는 군으로 강등되었고, 평양도 부에서 빠졌다. 강제병합 후 12개 부[경성·인천·군산·목포·대구·부산·마산·평양·진남포·(신)의주·원산·청진]는 모두 통감부기에 일본이사청과 일본거류민단이 있던 곳이었고, 부 명

6 孫禎睦, 1992,『韓國地方制度·自治史硏究(上): 甲午更張-日帝强占期』, 一志社, 35~61쪽. 4개 유수부 외에 1888년 부로 승격된 춘천이 추가되었다.

칭도 이사청이나 거류민단 명칭을 그대로 따서 명명했다.[7] 경성부는 수도(한성부)의 이미지나 권위가 제거된 채 개칭되었고, 독자적 관제가 박탈되면서 징세권도 경기도로 이관되었다.[8]

조선총독부는 조선인과 일본인의 융화, 일본인 자치회의 분쟁 해소, 외국인 거류지 해체를 통한 주권 행사 등의 명분을 내세워 거류민단이 존재하던 지역에 부를 설치했다. 외국인 거류지는 영국·미국·독일과 협의해서 처리해야 했다. 지방행정기관으로 편입된 거류민단은 1910년 9월 경성부 민단, 1911년 7월 부산 민단 사례처럼 종래 자신들이 행사하던 '자치' 기능이 박탈된다며 반발하기도 했다.[9] 조선총독부는 재조일본인들의 반발을 무마하기 위해 부를 법인으로 만들어(1911.8) 재산능력을 갖게 하고, 자문기관으로서 부(府) 참여를 주민 중 선택하게 하며, 거류민단 재산 중 교육 관련 재산은 '학교조합'으로 승계하도록 했다.[10]

〈표 11-1〉 부 세출 비목(1914~1919년, 단위: 천 엔, %)

연도	사무비	토목비	수도비	오물소제비	예비비	부채상환액	기타	총액
1914	161 (7.5)	187 (8.7)	529 (24.5)	252 (11.7)	36 (1.7)	543 (25.2)	447 (20.8)	2,155 (100)
1915	142 (7.2)	185 (9.5)	545 (27.8)	206 (10.5)	35 (1.8)	557 (28.5)	289 (14.7)	1,959 (100)

7 孫禎睦, 1992, 앞의 책, 61~121쪽.

8 鄭泰憲, 2006, 앞의 글, 201~202쪽.

9 홍순권, 2010, 『근대 도시와 지방 권력: 한말·일제하 부산의 도시 발전과 지방세력의 형성』, 선인, 192~193쪽; 김태웅, 2012, 앞의 책, 432~435, 462쪽.

10 內務部 編, 1911, 『朝鮮地方制度改正ニ關スル意見』, 11~13, 42~45쪽.

1916	141 (7.7)	216 (11.8)	172 (9.4)	199 (10.9)	28 (1.5)	706 (38.6)	367 (20.1)	1,829 (100)
1917	144 (7.5)	187 (9.7)	132 (6.9)	197 (10.2)	28 (1.5)	818 (42.5)	419 (21.8)	1,925 (100)
1918	153 (7.8)	397 (20.4)	454 (23.3)	230 (11.8)	29 (1.3)	283 (14.6)	400 (20.5)	1,946 (100)
1919	168 (7.0)	434 (18.2)	586 (24.5)	305 (12.8)	31 (1.8)	324 (13.6)	540 (22.6)	2,388 (100)

출처: 朝鮮總督府, 1914~1942년판, 『朝鮮總督府統計年報』.

비고: 『조선총독부통계연보』만 활용한 본 표는 엄밀한 '용도별' 분류가 아니며, 본래 분류는 다음과 같음.
경상부: 사무비, 토목비, 수도비, 오물소제비, 예비비, 기타.
임시부: 토목비, 수도비, 부채비, 기타.

〈표 11-2〉 부 세입 항목(1914~1919년, 단위: 천 엔, %)

연도	경상부				임시부				총액
	부세	사용료 수수료	기타	계	보조금	부채	기타	계	
1914	537 (24.9)	193 (9.0)	85 (3.9)	815 (37.8)	572 (26.6)	261 (12.1)	507 (23.5)	1,340 (62.2)	2,155 (100)
1915	622 (31.8)	250 (12.8)	64 (3.3)	936 (47.8)	269 (13.7)	237 (12.1)	516 (26.4)	1,022 (52.2)	1,958 (100)
1916	624 (34.1)	248 (13.6)	74 (4.1)	946 (51.8)	286 (15.6)	39 (2.1)	557 (30.5)	882 (48.2)	1,828 (100)
1917	645 (33.5)	273 (14.2)	96 (5.0)	1,014 (52.7)	99 (5.1)	253 (13.1)	560 (29.1)	912 (47.3)	1,926 (100)
1918	750 (38.6)	306 (15.7)	127 (6.5)	1,183 (60.8)	306 (15.7)	257 (13.2)	200 (10.3)	763 (39.2)	1,946 (100)
1919	890 (37.3)	426 (17.9)	130 (5.4)	1,446 (60.6)	400 (16.8)	260 (10.9)	282 (11.8)	942 (39.4)	2,388 (100)

출처: 朝鮮總督府, 1914~1942년판, 『朝鮮總督府統計年報』.

비고: 세입 경상부 기타는 재산수입, 교부금, 잡수입, 부담금. 임시부 기타는 보상금, 재산매각대, 이월금, 과년도수입, 기부금 등을 가리킴(京城府, 1943, 『昭和十八年度京城府一般經濟特別經濟歲入出豫算書』 참조).

〈표 11-3〉 재조선 일본인 거류민단채(1914년 3월 말 현재, 단위: 엔)

민단	기채목적	債入額	이율	상환액	부채 잔액	상환기한
경성	구채상환	137,350	7%	9,941	127,409	1922
	교육비	139,400	7%	-	139,400	1930
	합계	276,750		9,941	266,809	
인천	구채상환	150,000	7%	6,652	143,348	1926
군산	구채상환	24,400	7%	12,200	12,200	1915
	수도부설비	150,000	7%	-	150,000	1924
	합계	174,000		12,200	162,000	
목포	수도부설비	120,000	7.3%	10,665	109,335	1924
	수도부설비	30,000	무이자	-	30,000	1930
	수도부설비 (수도부설비가 중복)	21,000	7.3%	1,068	19,932	1924
	수도확장비	43,000	7.5%	-	43,000	1930
	임시급수설비 및 구채상환	10,000	9%	-	10,000	1924
	교육비	35,000	7.5%	4,832	30,168	1918
	합계	259,000		16,565	242,435	
대구	교육비	17,000	7%	2,956	14,044	1917
부산	丘阜굴착·해면매립	1,070,000	6%	200,000	870,000	1916
	구채상환	240,000	6%	67,000	173,000	1919
	구채상환(수도사업)	900,000	6%	89,000	811,000	1921
	합계	2,210,000		356,000	1,854,000	
마산	교육비	30,000	7%	15,500	14,500	1917
	교육비·役所費	15,000	7%	9,000	6,000	1915
	토목비	14,000	8%	-	14,000	1914
	합계	59,000		24,500	34,500	
평양	교육비·구채상환·도로개수 기타	47,000	7%	24,113	22,887	1916
	교육비·토목비	45,000	7%	5,515	39,485	1918
	합계	92,000		29,628	62,372	
진남포	교육비	16,000	7%	3,600	12,400	1916

신의주	방수제 축조비	30,000	7%	6,000	24,000	1917
원산	교육비·병원 및 도(수)장건축비	39,856	7%	11,656	28,200	1918
	수도부설비	46,150	7%	-	46,150	1929
	합계	86,006		11,656	74,350	
총계		3,370,156		479,697	2,890,459	

출처: 朝鮮總督府, 1913년판, 『朝鮮總督府統計年報』, 815~816쪽.

조선총독부는 다른 지방제도보다 먼저 「부제」를 제정하면서 거류민단 폐지, 행정구역 개편과 부 재정 확보 등 두 가지에 초점을 두었다. 행정구역을 군·면과 달리 일본인 거류지 중심으로 획정했기 때문에 부는 토지조사사업 추진 일정과 큰 관련이 없었다.[11] 「부제」 및 「부제시행규칙」 시행(1914)으로 지방단체 중 유일하게 부는 구역·주민·법인의 지위와 조례 제정권을 가졌다. 또 기본 재원(영조물·개인 사무에 대한 사용료·수수료와 재산수입)과 보조 재원(부세·부역·현품)을 갖고 부채 발행 및 차입 권한을 부여받았다.[12]

그런데 부의 법인화 과정에서 기존 거류민단 부채가 부 재정에 부담으로 돌아왔다. 1914년 3월의 내역을 보면 '구채(舊債) 상환'의 주 내역은 대개 토목비(그중에서도 수도사업비)였고, 나머지는 학교조합으로 이관될 교육비였다(〈표 11-3〉). 1914년 4월 거류민단 부채 원리금의 63%(309만여 엔)가 미상환 상태였다. 이 중 85.6%를 부가 승계했는데 일본인이 특히 많은

11 김태웅, 2012, 앞의 책, 462~463쪽.

12 「府制(제령 제7호, 1913.10.30)」, 『朝鮮總督府官報』 號外, 1913.10.30; 「府制施行規則(조선총독부령 제3호, 1914.1.25)」, 『朝鮮總督府官報』 號外, 1914.1.25. 「府制」의 발포는 1913년이었지만, 실제 시행은 1914년 4월 1일이었다(「府制及改正學校組合令ハ大正3年4月1日ヨリ之ヲ施行ス(朝鮮總督府令第28號, 1914.3.31)」, 『朝鮮總督府官報』 號外, 1914.3.31).

부산부는 95.6%를 승계했다. 즉 거류민단 부채가 조선인들에게도 전가된 것이다. 당시 부 거주자는 조선인 33만 552명, 일본인 14만 2,733명, 외국인 7,187명이었다.[13] 쓴 사람과 갚는 사람이 달랐으니, 냉소적으로 말하면 일본인들 부채 부담만큼은 '일·선(日·鮮)'이 공유한 셈이다.

「부제」의 특징은 종래 12개 부가 관할하던 농촌 면(面)을 분리하여 별도 군의 독립과 시가지에 의한 부의 창설. 부의 일본인 교육을 제외한 일반 공공사무 담당. 거류민단, 각국 공동조계, 청국 전관조계 및 한성위생회 폐지 및 부·학교조합의 사무 승계. 자치조직·입법·재정권이 없는 허구적 '자치' 표방. 이렇게 정리할 수 있다.[14] 즉 일본인 거류민단 지역에 설치된 부는 다른 지방단체와 달리 구역·주민·법인의 지위를 인정받았지만 실질적인 '자치' 범위는 매우 제한적이었다.

2) 세출의 토목비·수도비 집중, 세입의 부세 집중

부 세출 항목은 『조선총독부통계연보』에 따르면 사무비, 토목비, 수도비, 오물소제비, 예비비, 부채, 기타 등으로 구성되었다.

1914~1919년 사무비 비중(7.0~7.7%)은 절반 가까이 차지했던 (읍)면 재정과 달리 높지 않았다(〈표 11-2〉).

토목비 비중은 1914~1917년(8.7~11.8%)과 달리, "도시설비"가 강조된 1918~1919년(18.2~20.4%)에 증가했다. 도시설비란 상수도, 하수도

13 孫禎睦, 1992, 앞의 책, 129~154쪽; 김대래·김호범, 2006, 앞의 글, 199쪽; 김태웅, 2012, 앞의 책, 462~480쪽.

14 孫禎睦, 1992, 위의 책, 122~129쪽.

병원·전염병원·격리병사, 사회구제사업(공설시장·공동숙박소, 공설욕장, 인사상담소, 직업소개소, 간이식당, 공동세탁소 등), 그 외 시구 개정, 도로 교량 등의 개수, 제예(除穢), 도장(屠場), 묘지, 화장장, 시장, 공원, 공회당, 도서관, 소방, 구제 등의 시설 등을 지칭했다.[15] 그중 증가액은 제1기 경성하수개수계획(1918~1924년, 공비 161.8만여 엔)과 관련이 있다.[16]

수도비는 아직 4개 부(경성·인천·평양·진남포)의 수도가 부영(府營)이 되지 않았지만,[17] 나머지 부는 부영이어서 높은 비중(6.9~27.8%)을 보였다.

오물소제비의 높은 비중(10.2~12.8%)은 1914~1943년 평균(3.7%)에 비춰 높은 편이었다. 이는 지출이 고정적이었으며, 차후 재정 규모가 확장되면서 그 비중이 줄고 있었다.

부채는 거류민단 채권 상환비로써 높은 비중(13.6~42.5%)을 짐했다. 1914~1943년(평균(12.4%)에 비해 매우 높은 것은 식민지 초기에 부로 승계된 구채 상환 부담이 컸기 때문이다.

기타 항목(14.7~22.6%)은 1914~1943년 평균(40.6%)보다 낮았다(〈표 11-2〉).

또한 부 세입은 경상부와 임시부 수입으로 구성되었다.

경상부 세입으로 부의 법적 재원은 재산수입과 사용료·수수료 수입이었다. 그러나 일본의 시와 달리, 부는 이 수입이 빈약했다.[18] 가령 1914~1919년 부 세입 중 사용료·수수료 수입 비중(9.0~17.9%)은 부세 비중

15 『朝鮮總督府施政年報』 1918~1920년판, 327쪽.

16 염복규, 2019, 「차별인가 한계인가? - 식민지 시기 경성 하수도 정비의 '좌절'」, 『역사비평』 126, 287~289쪽.

17 이 내막에 대해서는 주동빈, 2016, 앞의 글, Ⅱ장 1절 참조.

18 「市制(法律 제1호, 1888.4.17)」, 『官報』 제1143호, 1888.4.25.

(24.9~37.3%)보다 크게 적었다. 1922년 이전까지 조선총독부가 대도시인 4개 부(경성·인천·평양·진남포)의 수도를 도에 위탁·경영하고 있었기 때문이다(〈표 11-1〉).

위 재원으로 충당되지 않으면 부세 혹은 부역·현품을 부과했다. 부역·현품 부과에 대한 법적인 근거는 「부제시행규칙」 개정(1934) 시 "특별한 필요가 있을 때만 도지사의 인가를 받아 부역·현품을 부과한다"고 처음 규정되었다. 이전까지는 자의적으로 부과되고 있었다.[19]

부세는 부의 법적 재원으로 규정되지 않았지만, 경상부 세입에서 가장 큰 수입원이었다. 1914~1943년 경상부 세입의 43.4%, 총세입의 17.2%를 차지했다. 경성부의 경우 경상부 세입의 48.8%, 총세입의 22.0%를 점했다.[20] 특히 「부제」 시행 후 3·1운동 이전까지는 부 세입의 중추 재원(24.9~37.3%)이었다.

부세는 국세부가세(시가지세부가세·가옥세부가세)와 특별세로 구분되었다. 시가지세부가세는 시가지세(국세)의 1/2, 가옥세부가세는 가옥세액(국세)을 초과할 수 없었다. 1914년 경성부는 시가지세부가세를 본세인 국세 1엔에 35전, 가옥세부가세를 본세 1엔에 70전으로 과세해 과세한도보다 30% 낮게 부과했다. 그러나 예외 규정(부채 상환, 영구 이익 지출의 필요, 천재지변으로 인한 피해 복구, 전염병 예방 등)을 명분으로 조선총독 허가를 받아 이 과세 한도를 초과할 수 있었다.

특별세는 특별호별세, 영업세(부가세), 잡종세(조흥세, 수익세, 토지평수

19 「府制施行規則(조선총독부령 제60호, 1934.5.1)」, 『朝鮮總督府官報』 제2189호, 1934.5.1; 鄭泰憲, 2006, 앞의 글, 207~210쪽.

20 『朝鮮總督府統計年報』, 1914~1942년판; 鄭泰憲, 2006, 위의 글, 204~205, 210~213쪽.

할, 특별소득세 등)가 있었다. 그밖에 소득세(청진), 호별세(경성·인천·신의주), 양조세(부산), 전주세(경성) 등이 있었고, 조흥(助興)세가 신설(1919)되었다.[21] 경성부 부세 중 1916년 69.8%, 1918년 67.1%가 특별세였다는 것은 부세 수취가 세무행정의 자의성에 크게 의존했음을 보여준다.[22]

임시부 세입으로는 부채(府債), 보조금, 기타수입이 있었다.

첫째, 부채는 부의 중추 재원이었다. 1914~1943년 부채 비중은 경성부(27.0%)가 전체 부(24.0%)보다 높았다. 다만 1914~1919년에는 거류민단 구채 상환 때문에 부채 발행의 초점인 수도·도로·하수 개수사업이 많지 않아 비중(2.1~13.2%)은 높지 않았다(〈표 11-1〉).

둘째, 보조금 비중은 높지 않았다. 이는 보조금을 최소화하기 위해 「부제」에 따라 부가 "부세, 사용료·수수료 및 부역·현품 및 그 부과징수에 관한 사항"을 조선총독이 정한 틀 내에서 수입원을 운영해야 했기 때문이다. 그 와중에 경성부는 1914년 국고보조금을 많이 받아 총세입에서 보조금 비중(24.7%)이 높았는데, 조선총독부의 '재정자립계획'에 따라 1915년 중지되었다가 1916년부터 다시 받았지만 그 비중은 격감했다. 전체 부도 1914년(26.6%)과 달리 1915~1919년(5.1~16.8%)에 격감했다(〈표 11-1〉).

셋째, 임시부 기타수입(재산매각, 사실상 '부과'된 기부금, 과년도 수입 등)은 보조금, 부채 추이와 반비례했다. 1914~1919년에는 비중이 높은 진폭(10.3~30.5%)을 보였다(〈표 11-1〉).

1910년대 부 세출은 토목비·수도비 비목이 높았지만, 재원 부족으로 대규모 신규 사업이나 확장은 어려웠다. 법적 재원, 특히 사용료·수수료

---

21 金玉根, 1994, 앞의 책, 243쪽.

22 鄭泰憲, 2006, 앞의 글, 210~213쪽.

수입이 뒷받침되지 못했기 때문이다. 그래서 수도 부영화 이전인 1919년 도시 지역 세출의 핵심인 도시계획 관련 비용의 주요 재원을 세율 제한이 없는 부 영업세로 하려 할 정도였다. 최근 종래 일제강점기 최초의 시가계획으로 알려진 「원산도시계획안」(1921)보다 2년 앞선 평양부의 위성도시 계획인 「평양대안(對岸)시가계획」(1919)이 발굴되었다. 이 계획은 무산되었지만, 1919년 이후 부 세출에 입각한 시가계획 구상을 보여주는 사례이다. 내막은 다음과 같다.

> 동평양 일대를 대상으로 한 시가계획(1919)이 세워졌다. 광업·전기·황산암모늄 생산을 목적으로 하는 동양척식주식회사 계열 조선전기흥업 창업과 남만주철도주식회사의 조선철도 위탁 경영 시기 평원선 부설의 동평양 기점을 기반으로 하는 계획이었다. 그런데 이 계획의 중심지인 동척의 토지가 많았던 선교리의 지가가 높아 보상비용도 높을 수밖에 없었다. 시가계획 지출의 64.2%를 평양부가 담당하기로 하고, 재원은 부세 중 제한 외 규정이 없던 부 영업세에서 찾았다. 이렇게 되면 부역(府域)에 편입될 예정이던 대일본제당이 영업세를 가장 많이 부담하게 되었다. 그러나 대일본제당의 수익이 낮았고, 평원선 기점도 바뀌자(동평양→서평양) 선교리 부역 편입을 거부한다고 조선총독부에 청원했다. 결국 이 계획은 무산되었고 1929년에야 부역 편입이 이루어졌다. 즉 대규모 사업은 일본 대기업과의 공조 속에 세율이 제한된 부가세가 아니라 독립세(특별세) 증징으로 이루어져야 가능했다.[23]

23 주동빈, 2021, 「「平壤對岸市街計畫」의 중단(1919~1923)과 조선인 시가 우선 개발로의 귀결」, 『도시연구: 역사·사회·문화』 28, 87~94쪽 참조.

2. 수도·전기 부영(府營) 논의와 수요자의 계층적 특징(1920~1936)

지방제도 개정(1920·1930)에 따라 부(협의)회가 선출 자문기관, 선출 의결기관으로 변화했다. 부(협의)회는 부윤이 의장으로서 통제했고, 그 권한도 제한적이었으나 지역민 입장을 미미하게나마 대변하기도 했다.

법적 재원(수도·전기 사용료)도 제한적이나마 채워졌다. 1922년 4개 부(경성·인천·평양·진남포)의 수도를 조선총독부에서 부로 이관, 1927~1937년 평양전기 부영화에 따라 사용료·수수료 수입이 앞 시기보다 늘었다. 그러나 경성부 전기부영화 운동의 실패로 부 재성은 너 확징되지 못했다. 일본 시 재정의 주 수입원인 전기사업이 조선의 부 재정에서는 평양부를 제외하고 부영이 아니었고, 평양조차 동척계 회사에 비용을 지불하고 받은 전력을 지역 사회에 배전했을 뿐이었다.

제한적으로 발행되었던 부채는 부 고유사무의 넓은 범주를 보여준다. 그러나 부채 발행은 3개 부(경성·평양·부산)에 집중되었으며, 평양(총액 4위)보다 총액이 많은 청진이 예외였다.

1) 「부제」 개정에 따른 자문(의결)기관 설치와 부세 항목 수정

12개로 출발한 부는 1930년(함흥·개성), 1935년(대전·전주·광주), 1936년(나진), 1938년(해주), 1939년(진주), 1941년(성진), 1944년(흥남)까지 22개로 늘어났다.[24] 이들 지역은 읍·면일 때보다 행정적·재정적 '자치'를

24 孫禎睦, 1992, 앞의 책, 251 ~ 252쪽.

누리게 되었는데 그 수준은 어느 정도였을까?

우선 「부제」 개정(1920.7.29. 제령 제12호)과 「부제시행규칙」(부령 제102호)으로 자문기구인 부협의회 회원을 임명에서 선거 방식으로 전환했다. 당시 일본에서는 '다이쇼 데모크라시' 분위기에서 19세기 말부터 선거권 자격 조건인 국세 납부액이 크게 인하(1889년 15엔, 1900년 10엔, 1919년 3엔)되는 추세를 이어 '보통선거권' 운동이 한창 진행 중이었고, 1925년 '보통선거법'(25세 이상 남성)이 제정되었다. 그런데 일본과 소득 수준이 5배 정도 차이가 나는 조선에서는 부회 의원 (피)선거권을 부세 연 5엔 이상 납부자로 제한한 것이다.

1930년에는 「부제」 개정(12.1. 제령 제11호), 「부제시행규칙」 개정(12.29. 부령 제104호)으로 이제까지 분리 운영되었던 교육재정이 부로 편입되었고, 부회(부협의회에서 개칭)가 의결기구로 전환되었다. 그러나 세 가지 점에서 부의 '자치'는 여전히 큰 제한을 받았다.

첫째, 부는 조선총독과 도지사가 감독한다고 규정되었다. 「부제시행규칙」에서 부세·사용료·수수료에 관한 조례 제정 및 개폐, 부채 사무는 조선총독의 인가를 받아야 했고, 그 외의 조례 개정 및 개폐, 재산 관련 사무는 도지사 인가를 받아야 했다. 부의 자율성이 크게 제한된 것이었다.

둘째, 부회는 필요할 경우 조선총독이 언제든지 해산할 수 있었고, 부회 의장인 부윤의 통제 아래 있었다. 부회는 조례 제정권도 없는 읍회와 달리 의결권이 있었지만 세출·세입 예산 및 결산 보고 외에 나머지는 대부분 조선총독 및 도지사의 인가를 받아야 했다.[25] (피)선거권 제한 규정

25 부산부회에서는 1934년 예산안 심의 중 조선인 의원이 총사직했는데, 김동명은 부윤이 회유와 압박을 가해 사직을 철회했다고 본다(홍순권, 2010, 앞의 책, 422~425쪽; 김동명, 2018, 『지배와 협력』, 역사공간, 324~344쪽).

(부세 연 5엔 이상 납부자)은 이전과 같았고 이후에도 바뀌지 않았다.

셋째, 부세에 관해서는 「부제시행규칙」에서 일괄 규정되었다. 우선 과세 한도가 별도로 명시되었다. 1914년에 부가세(시가지세부가세 · 가옥세부가세)와 특별세를 규정한 이후 가옥세부가세를 「지방비부과금가옥세부가세」로 개칭했다(1919.3). 1921년 개정에서는 1월에 소득세부가세와 지방세선세부가세, 4월에 취인소세부가세를, 2년 후 지방세차량세부가세(1923.7)와 영업세부가세(1927.3)를 신설했다. 1929년 2월에는 시가지세부가세를 지방세부가세로 개칭하고, 지방세특별소득세부가세를 신설했다.[26]

「부제시행규칙」 개정(1930.12)에 따라 부세는 부가세(단일세율), 호별세(누진세율), 특별세 등으로 규정되었다. 부가세로 지세부가세, 소득세부가세, 영업세부가세, 취인소세부가세, 가옥세부가세, 차량세부가세, 특별소득세부가세 등을 규정했다. 국세인 일반소득세제가 시행되자 소득세부가세는 제1종 소득세부가세로 개칭(1934.5)되었다.[27]

제2차 지방세제정리(1936)에서 부가세를 증징(지세부가세 · 제1종소득세부가세 · 영업세부가세 · 가옥세부가세 · 특별소득세부가세 · 차량세부가세)하거나 새로운 세목(광세부가세 · 호별세부가세 · 부동산취득세부가세)을 신설(호별세에

---

26 「府制施行規則改正(朝鮮總督府令第32號, 1919.3.19)」, 『朝鮮總督府官報』 제1981호, 1919.3.19; 「府制施行規則改正(朝鮮總督府令第16號, 1921.1.22)」, 『朝鮮總督府官報』 제2532호, 1921.1.22; 「府制施行規則改正(朝鮮總督府令第19號, 1921.1.31)」, 『朝鮮總督府官報』 제2539호, 1921.1.31; 「府制施行規則改正(朝鮮總督府令第63號, 1921.4.22)」, 『朝鮮總督府官報』 제2607호, 1921.4.22; 「府制施行規則改正(朝鮮總督府令第96號, 1923.7.18)」, 『朝鮮總督府官報』 제3281호, 1923.7.18; 「府制施行規則改正(朝鮮總督府令第30號, 1927.3.31)」, 『朝鮮總督府官報』 號外, 1927.3.31; 「府制施行規則改正(朝鮮總督府令第11號, 1929.2.7)」, 『朝鮮總督府官報』 제629호, 1929.2.7.

27 「府制施行規則改正(朝鮮總督府令第104號, 1930.12.29)」, 『朝鮮總督府官報』 제1197호, 1930.12.19; 「府制施行規則改正(朝鮮總督府令第60號, 1934.5.1)」, 『朝鮮總督府官報』 제2189호, 1934.5.1.

서 호별세부가세로 개칭)했다. 이때 소득·자산 기준의 과세방식을 강화한 것이 주목된다. 1940년 4월 특별지세부가세, 1941년 2월 면세지특별지세부가세, 1945년 3월 "부 내에 1호를 구성한 개인 또는 1호를 구성하지 않아도 독립의 생계를 운영하는 개인 및 부 내 사무소 또는 사업장을 가진 법인"에게 부과하는 부민세(府民稅)가 추가되었다.[28] 이렇게 증징되거나 신설된 세금은 무엇에 쓰였나. 3대 도시(경성·평양·부산) 중심으로 세출 비목을 살펴보자.

2) 토목비·수도비 증가와 특정 지역·용도에 집중된 부채

부의 고유 업무에 따른 토목비·수도비 증가, 부채 발행 증가를 살펴보자. (읍)면 재정은 사무비 비중이 절반을 상회했다. 이와 달리 1920~1936년 부의 세출 가운데 사무비 비중(5.4~10.2%)은 크지 않았고, 토목비 비중(16.6~39.2%)과 수도비 비중(8.7~26.0%)이 높았다. 거의 고정액으로 지출된 오물소제비는 비중이 급감(14.6%→3.8%)했다. 한편 기타 항목 비중(24.4~46.5%)이 높았는데, 부마다 차이가 있지만 병원비, 도장비(도살장비), 시장비, 공설운동장비, 도서관 및 박물관비, 전기전차비, 도로살수비, 재산관리비, 공설질옥비 등이 이에 속했다(〈표 11-2〉).[29]

---

28 「府制施行規則改正(朝鮮總督府令第2號, 1936.1.8)」, 『朝鮮總督府官報』 제2693호, 1936.1.8; 「府制施行規則改正(朝鮮總督府令第116號, 1937.8.16)」, 『朝鮮總督府官報』 제3183호, 1937.8.16; 「府制施行規則改正(朝鮮總督府令第96號, 1940.4.10)」, 『朝鮮總督府官報』 제3965호, 1940.4.10; 「府制施行規則改正(朝鮮總督府令第44號, 1941.2.25)」, 『朝鮮總督府官報』 제4226호, 1941.2.25; 「道制施行規則外2朝鮮總督府令中改正ノ件左ノ通定ム(朝鮮總督府令第28號, 1945.3.9)」, 『朝鮮總督府官報』 제5426호, 1945.3.9.

29 金玉根, 1994, 앞의 책, 315~316쪽.

〈표 11-4〉 부 세출 비목(1920~1936년, 단위: 천 엔, %)

	사무비	토목비	수도비	오물소제비	예비비	부채상환액	기타	총액
1920	383 (10.2)	626 (16.7)	325 (8.7)	547 (14.6)	66 (1.8)	242 (6.5)	1,560 (41.6)	3,749 (100)
1921	460 (10.9)	542 (12.9)	393 (9.3)	496 (11.8)	76 (1.0)	298 (7.1)	1,960 (46.5)	4,225 (100)
1922	541 (8.4)	2,536 (39.2)	857 (13.3)	564 (8.7)	63 (0.8)	312 (4.8)	1,592 (24.6)	6,465 (100)
1923	598 (7.5)	1,932 (24.2)	2,076 (26.0)	657 (8.2)	66 (0.8)	593 (7.4)	2,055 (25.8)	7,977 (100)
1924	658 (7.8)	2,040 (24.1)	1,850 (21.9)	669 (7.9)	69 (1.0)	785 (9.3)	2,393 (28.3)	8,464 (100)
1925	631 (7.8)	2,379 (29.4)	1,408 (17.4)	587 (7.2)	85 (1.3)	890 (11.0)	2,123 (26.2)	8,103 (100)
1926	753 (6.9)	2,454 (22.5)	2,127 (19.5)	580 (5.3)	145 (1.1)	2,196 (20.1)	2,669 (24.4)	10,924 (100)
1927	809 (7.4)	2,804 (25.7)	1,949 (17.9)	602 (5.5)	115 (1.4)	1,803 (16.5)	2,833 (25.9)	10,915 (100)
1928	834 (7.2)	2,425 (20.8)	2,279 (19.6)	627 (5.4)	163 (0.9)	2,244 (19.3)	3,076 (26.4)	11,648 (100)
1929	878 (5.4)	3,361 (20.7)	2,561 (15.8)	638 (3.9)	148 (1.5)	4,823 (29.7)	3,841 (23.6)	16,250 (100)
1930	861 (7.1)	2,670 (22.2)	1,966 (16.3)	609 (5.1)	182 (1.3)	2,372 (19.7)	3,378 (28.1)	12,038 (100)
1931	977 (7.3)	3,994 (29.9)	1,887 (14.1)	610 (4.6)	177 (1.2)	2,158 (16.2)	3,555 (26.6)	13,358 (100)
1932	1,007 (7.7)	3,635 (27.7)	1,489 (11.4)	598 (4.6)	160 (1.1)	2,484 (19.0)	3,729 (28.5)	13,102 (100)
1933	1,074 (7.1)	3,839 (25.3)	1,568 (10.4)	608 (4.0)	164 (1.1)	2,391 (15.8)	5,501 (36.3)	15,145 (100)
1934	1,117 (7.4)	3,219 (21.4)	1,714 (11.4)	615 (4.1)	179 (1.2)	2,521 (16.8)	5,677 (37.7)	15,042 (100)

1935	1,270 (7.3)	2,867 (16.6)	1,575 (9.1)	653 (3.8)	184 (1.1)	4,165 (24.1)	6,598 (38.1)	17,312 (100)
1936	1,621 (8.0)	5,230 (26.0)	2,858 (14.2)	762 (3.8)	219 (1.1)	2,718 (13.5)	6,742 (33.5)	20,150 (100)

출처: 朝鮮總督府, 1914~1942년판, 『朝鮮總督府統計年報』.
비고: 『조선총독부통계연보』만 활용한 본 표는 엄밀한 '용도별' 분류가 아니며, 본래 분류는 다음과 같음.
경상부: 사무비, 토목비, 수도비, 오물소제비, 예비비, 기타.
임시부: 토목비, 수도비, 부채비, 기타.

한편 1920~1936년 임시부 세입의 부채 발행액(23만 엔→397만 엔)과 비중(6.2%→19.7%)이 급증했다. 『조선총독부통계연보』 예산액을 통해 추이를 보면 특히 1929년의 일시적 급증이 주목된다. 그런데 1937년에 다시 급증하여 1,741만여 엔(45.5%)이나 되었다(〈표 11-1〉, 〈그림 11-1〉). 이에 따라 임시부 부채상환액은 1920~1936년 세출의 4.8~29.7%를 차지했다(〈표 11-2〉). 수도·전기 사업 등 부의 고유 업무가 많아졌기 때문이다.

그런데 그림에서 확인되듯이 부채는 특정 시기와 특정 부에 집중되었다. 3대 도시(경성·평양·부산)를 중심으로 살펴보자.

1922년까지는 부채 발행 자체가 많지 않은 가운데 경성부가 1919년 전체 발행액의 대부분(68.9%)을 발행했다. 이 시기 1919~1936년에 1923년(44.3%)[30], 1934년(48.7%)[31] 두 해를 제외하면 3개 부가 절반 이상

30 대구 17.3%, 신의주 15.2%, 청진 10.4%를 차지했다. 청진은 강안 매립과 포항동의 잔교축조 등을 위한 토목비(상수도비와 주택건축비 포함), 대구는 상수도 확장 및 주택건설비, 신의주는 상수도 등 때문이었다. 「十六萬圓で大邱水道擴張に決定」, 『朝鮮時報』, 1923.5.30; 「清津府は借金大關, 全鮮十二府中で一番負債が多い」, 『京城日報』, 1924.6.18; 『朝鮮地方財政要覽』, 1924년.

31 목포에서 구채상환자금채 24만 엔을 포함, 시장개축, 병원개축, 상수도 확장 등을 위해 36만 2천 엔(총 부채의 10.2%)를 발행했다. 木浦府, 1934, 『昭和九年度木浦府一般

〈그림 11-1〉 부채 발행 예산액 중 경성 · 평양 · 부산의 비중(1914~1943)

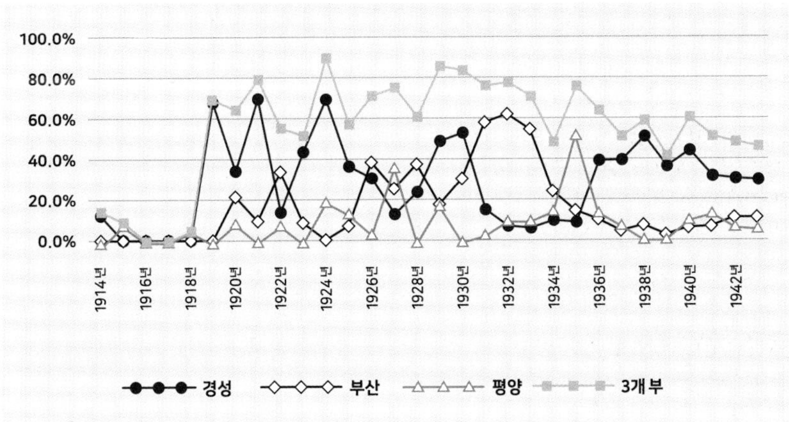

출처: 『朝鮮總督府統計年報』, 1914~1942년판.

〈그림 11-2〉 부채(1930년 이후 일반회계만) 발행 예산액(1914~1943년, 단위: 엔)

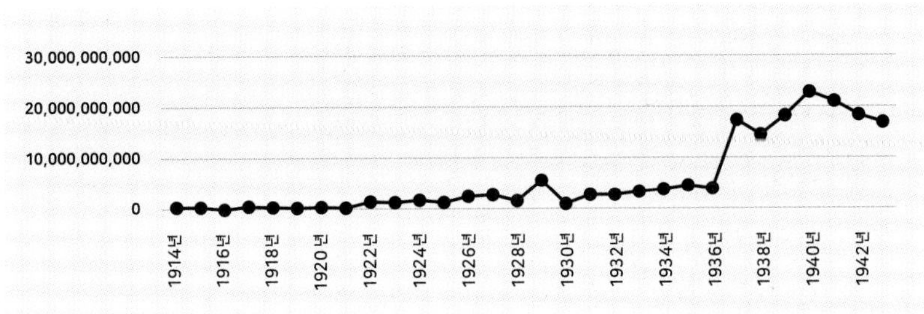

출처: 『朝鮮總督府統計年報』, 1914~1942년판.

(55.0~90.3%)을 발행했다. 특히 경성부의 부채 발행은 1914~1943년(예산) 총발행액의 34.5%를 차지하여 21개 부(1943) 중 가장 많았다. 1922년

經濟歲入歲出豫算』.

(13.5%), 1927년(13.0%) 외에는 1920년대 부의 총부채(임시부 부채 항목)의 23.3~70.5%를 차지했다. 예산서와 교차 검토하면, 1924년 경성부 '신청사'(현 서울시청 구청사) 건설비를 중심으로 한 86만 엔(전체 부채 대비 52.8%),[32] 1929년 정리공채를 중심으로 269만 엔(47.9%),[33] 1930년 시구개정·수도확장비 중심의 54만 7,500여 엔(53.4%)[34] 등 큰 비용을 차지했다. 1930~1935년에는 비중이 낮아졌지만(6.6~14.7%), 1936년에 제3기 수도확장공사, 시구개수비 등으로 159만 2천 엔(40.1%)[35] 발행 후 1937~1943년 29.7~51.1%를 유지했다(〈그림 11-1〉, 〈그림 11-2〉).

평양부 부채 발행액은 1914~1943년(예산) 총발행액의 9.5%였다. 제2의 도시라는 명성과 달리 1943년까지 초기 12개 부 중 4번째로 많았다. 3위인 청진(10.8%)[36]에 뒤진 것이다. 1927년 95만 엔(부채 총발행 대비

32 〈그림 11-1〉의 전거인 『조선총독부통계연보』에는 114만 8천 엔(70.5%)으로 되어 있다. 상세 항목은 부청사신축비 해당년도 차입액 53만 4천 엔, 간선도로개수공사비 본년도 차입액 23만 엔, 하수개수공사비 본년도 차입액 9만 6천 엔 등이었다(京城府, 1924, 『大正十三年度京城府歲入出豫算書』).

33 『조선총독부통계연보』에는 276만 9천 엔(49.4%)으로 되어 있다. 1929년 경성부 예산서 상세 항목에 따르면 제2회 (정리)공채 185만 7천 엔 외에 운동장비, 소주택건축비, 용산출장소건축비충당채, 수도확장공사비, 제2기 하수개수비, 경성부시구개수비 본년도 차입액 등으로 구성되어 있었다(京城府, 1929, 『昭和四年度京城府(一般會計特別會計)歲入出豫算書』).

34 『조선총독부통계연보』 액수와 일치한다. 상세액은 시구개수충당채 24만 엔, 수도확장공사비 본년도 차입액 25만 7,500엔, 제2기 하수공사개수비 본년도 차입액 5만 엔 등이었다(京城府, 1930, 『昭和五年度京城府(一般會計特別會計)歲入出豫算書』).

35 『조선총독부통계연보』 액수와 일치한다. 상세액은 경성부 제3기 수도확장공사비채 64만 엔, 시구개수비채 39만 엔, 남산주회도로개수비채 20만 엔, 임시하수개수비채 19만 6천 엔, 그 외 전염병원증축비채와 공동묘지시설 및 개수비 등이었다(京城府, 1936, 『昭和十一年度京城府一般會計歲入出豫算』).

36 식민지기 청진에 대해서는, 송규진, 2013, 「일제의 대륙침략기 '북선루트'·'북선3항'」,

37.0%)[37], 1929년 102만 8천 엔(18.3%)[38], 1935년 237만 2천 엔(57.0%)[39]이 발행되었다.

부산부 부채 발행액은 1914~1943년(예산)에 총발행액의 11.8%로 2위였으나 절대 규모는 경성부의 1/3에 불과했다. 부채 발행은 1922년, 1926~1928년, 1931~1933년에 집중되었다. 1922년은 시장설비비와 시구개정비, 1926~1931년 6개년 계속사업의 195만 2천 엔(본래 4개년계속사업, 216만 엔)의 수도확장비 발행, 1931~1933년 간선도로 도진교(渡津橋) 및 선류(船溜) 정리공사비(영도 지역)[40] 부채 발행액 3,825,951엔(1934년 21만 엔 추가 발행) 등의 내역이었다. 특히 부산에서는 1929년 이후 3개 도시 전체에서 부채 발행액이 급감했던 1930~1934년에 항만 정비와 관련해 발행된 점이 주목된다.[41] 해당 항목에 대한 채무 상환은 북빈

『한국사연구』 163 참조.

37 상세액은 구채차환비채 71만 5천 엔, 전기궤도 확장비채 23만 5천 엔이었다. 1927, 「昭和二年度平壤府歲入歲出豫算」, 『平壤府豫算書類』, CJA0002592, 411~456쪽.

38 시가건설비채 본년도 차입금 14만 5천 엔, 공익질옥대부자금채 2만 엔, 제2회 정리공채 86만 3천 엔이었다(平壤府, 1929, 「昭和四年度平壤府歲入歲出豫算」, 內務局地方課編, 『(昭和四年度)平壤府豫算書類』, CJA0002707, 225~270쪽).

39 도로포장공사비채 9만 엔, 궁민구제토목사업비채 11만 엔, 대동강보통강합류점부근개수공사비부담금비채 5만 3천 엔, 전기궤도비채 27만 엔, 수도공사비채 3만 3천 엔, 제5회 전기사업 및 시장공채 151만 8천 엔, 수도정리공채 29만 8천 엔이었다. 『조선총독부통계연보』는 2,215,813엔으로 소폭 차이가 난다. 平壤府, 1935, 『昭和十年度平壤府一般會計歲入出豫算』 참조.

40 해당 공사의 개관은 김홍관, 1998, 「일제강점기 부산의 도시개발과 그 성격 - 도시계획, 항만개발을 중심으로 -」, 『항도부산』 15, 304쪽 참조.

41 釜山府, 1926, 『大正一五年度釜山府歲入出豫算書』; 慶尙南道知事→內務局長 殿, 1927, 「釜山府負債償還表ニ関スル件(1927.5.7)」, 『釜山府關係書類』, CJA0002614, 340쪽; 釜山府, 1928, 『昭和三年度釜山府歲入出豫算』; 釜山府, 1931, 『昭和六年度釜山府歲入出豫算』; 釜山府, 1934, 『昭和九年度釜山府歲入出豫算』 등을 참조. 도진교·

(北濱) 매축지 매각과 목도대로, 남빈(南濱) 도로 연변에 수익세를 받는 것으로 했다.[42]

3개 부의 부채 발행 용도는 도시 성격에 따라 큰 차이를 보였다. 경성은 수도확장비를 포함한 도로·하수·시구 개정 등 제반 시설에, 평양은 전기사업에, 부산은 수도·항만 사업에 집중되었다. 이 점을 '전통도시'와 '개항도시' 유형, 항만도시 여부, 부가 대부분 운영했던 상수도 사업의 원료인 원수(原水) 채취 문제와 결부해서 살펴보자.

경성은 강제병합 후 일개 부로 격하되었지만, 조선총독부 청사 등이 있는 수부(首府)에 필요한 다양한 사업을 운영했다. 1920년대 생활용수 계량제와 함께 일본인 급수율은 거의 100%에 달했으나, 1937년까지 조선인 급수율은 절반도 되지 않았다. 수돗물 대체재로 우물, 강물 등이 생활용수로 여전히 폭넓게 사용되었다.

평양은 전통도시로서 전기사업 관련 공채를 제외하면 발행액이 많지 않았다. 물론 전기사업 자체도 평양전기가 중소기업이어서 인수 및 부영이 용이했으나, 동양척식 계열 회사로부터 전력을 공급받아서 배전해야 하는 한계 때문에 요금 인하보다 세입 확충을 위한 수익사업에 초점을 맞추었다.

반면에 부산은 일본 정부의 '기채 불인가'(1929.9)로 조선와사전기를 인수하지 못했지만, 특정 시기에 수도 확장과 항만 정비를 위해 대규모 공채를 발행했다. 수도 확장은 재조일본인 급수 문제가 식민도시의 약한

선류 공사가 1934년까지 미뤄진 것에 대해서는 「地主反對로 受益稅案保留」, 『동아일보』, 1934.1.24 참조.

42 「北濱幹線道路와 渡津橋實施計劃」, 『동아일보』, 1930.9.17; 「釜山渡津橋 受益稅輕減運動」, 『조선일보』, 1934.3.20.

고리로 작동한 사례를 보여준다. 부산은 의주와 함께 '유이(有二)'하게 수돗물 원수(原水)가 더러워 급수를 위협한다는 평을 받았다.[43] 본래 부산은 자연수 급수가 가능한 지역에 자리를 잡았던 전통도시와 달리 일본의 침략을 위한 교통 편의에 따라 개발된 전형적인 식민도시였다. 그렇기에 수돗물을 필수재로 여겼던 일본인들을 위한 안정적 급수 확보가 중요했던 '개항도시'로서 전형적인 입지적 한계를 안고 있었다.[44] 대공황 여파로 부채 발행이 억제되던 1931~1934년에 부채 발행을 통한 항만 정비는 "조선의 현관"[45] 식민도시 부산항의 특성을 보여준다.

한편 부산의 전기 부영화는 왜 무산되었는가? 조선와사전기의 부영이 부협의회에서 결정되었음에도 부채 발행이 불허(1929)된 이유는 평양전기 부영화(1927)에 소요된 146만 엔의 5배(매수가격 642만여 엔+위로금 30만 엔)[46]나 되는 가격이 문제였다. 하지만 비슷한 시기 수도설비 확장과 항만 정비에 부채가 발행되었던 만큼, 앞서 언급한 '기채 불인가' 및 총독부 배전정책상의 변화를 엿볼 수 있다.

43 樋下田謙治郎, 1921.4, 「朝鮮各地水道の水質概觀」, 『朝鮮』 75, 52~53쪽.

44 상수도 부설의 절박성을 기준으로 한 식민도시의 '전통도시 유형'과 '개항도시 유형' 분류에 대해서는 주동빈, 2017, 앞의 글, 147~152쪽 참조.

45 「道廳移轉問題는 愼重考慮할 必要가 有하다」, 『동아일보』, 1921.12.27; 「朝鮮의 玄關에서 藥業界의 受附 노릇」, 『동아일보』, 1930.1.10; 「大型船運航에 따라 釜山棧橋大改良」, 『동아일보』, 1935.1.25.

46 김승, 2013, 앞의 글, 395~402쪽; 주동빈, 2020, 앞의 글, 234쪽.

3) 사용료·수수료 증가의 계층성

〈표 11-5〉 부 세입 항목(1920~1936년, 단위: 천 엔, %)

	경상부				임시부				총액
	부세	사용료 수수료	기타	계	보조금	부채	기타	계	
1920	1,676 (44.7)	649 (17.3)	308 (8.2)	2,633 (70.3)	611 (16.3)	234 (6.2)	270 (7.2)	1,115 (29.7)	3,748 (100)
1921	1,861 (44.2)	725 (17.2)	304 (7.2)	2,890 (68.6)	703 (16.7)	325 (7.7)	296 (7.0)	1,324 (31.4)	4,214 (100)
1922	2,123 (32.8)	0.959 (14.8)	401 (6.2)	3,382 (53.9)	838 (13.0)	1,265 (19.6)	880 (13.6)	2,983 (46.1)	6,465 (100)
1923	2,192 (27.5)	2,077 (26.0)	433 (5.4)	4,702 (58.9)	811 (10.2)	1,350 (16.9)	1,114 (14.0)	3,275 (41.1)	7,977 (100)
1924	2,259 (26.7)	2,155 (25.5)	496 (5.9)	4,910 (58.0)	767 (9.1)	1,629 (19.2)	1,159 (13.7)	3,555 (42.0)	8,465 (100)
1925	2,203 (27.2)	2,075 (25.6)	583 (7.2)	4,861 (60.0)	877 (10.8)	1,070 (13.2)	1,294 (16.0)	3,241 (40.0)	8,102 (100)
1926	2,285 (20.9)	2,404 (22.0)	445 (4.1)	5,134 (47.0)	1,223 (11.2)	2,171 (19.9)	2,397 (21.9)	5,791 (53.0)	10,925 (100)
1927	2,514 (23.0)	2,877 (26.4)	557 (5.1)	5,948 (54.5)	1,178 (10.8)	2,566 (23.5)	1,225 (11.2)	4,969 (45.5)	10,917 (100)
1928	2,541 (21.8)	3,382 (29.0)	548 (4.7)	6,471 (55.6)	1,013 (8.7)	1,699 (14.6)	2,463 (21.1)	5,175 (44.4)	11,646 (100)
1929	2,778 (17.1)	3,796 (23.4)	583 (3.6)	7,157 (44.0)	1,500 (9.2)	5,611 (34.5)	1,983 (12.2)	9,094 (56.0)	16,251 (100)
1930	2,703 (22.4)	* 2,710 (22.5)	* 1,941 (16.1)	7,354 (61.1)	1,318 (10.9)	1,025 (8.5)	2,342 (19.5)	4,685 (40.6)	12,039 (100)
1931	2,671 (20.0)	4,367 (32.7)	506 (3.8)	7,544 (56.5)	1,314 (9.8)	2,594 (19.4)	1,905 (14.3)	5,813 (43.5)	13,357 (100)
1932	2,650 (20.2)	4,471 (34.1)	445 (3.4)	7,566 (57.8)	1,249 (9.5)	2,527 (19.3)	1,759 (13.4)	5,535 (42.2)	13,101 (100)
1933	2,791 (18.4)	4,390 (29.0)	464 (3.1)	7,645 (50.5)	1,071 (7.1)	3,271 (21.6)	3,157 (20.8)	7,499 (49.5)	15,144 (100)
1934	3,204 (21.3)	4,445 (29.6)	935 (6.2)	8,584 (57.1)	956 (6.4)	3,557 (23.6)	1,946 (12.9)	6,459 (42.9)	15,043 (100)

1935	3,416 (19.7)	4,938 (28.5)	1,025 (5.9)	9,379 (54.2)	932 (5.4)	4,500 (26.0)	2,501 (14.4)	7,933 (45.8)	17,312 (100)
1936	4,413 (21.9)	5,883 (29.2)	1,205 (6.0)	11,501 (57.1)	1,207 (6.0)	3,975 (19.7)	3,467 (17.2)	8,649 (42.9)	20,150 (100)

출처: 朝鮮總督府, 1914~1942년판,『朝鮮總督府統計年報』.

비고: 세입 경상부 기타는 재산수입, 교부금, 잡수입, 부담금. 임시부 기타는 보상금, 재산매각대, 이월금, 과년도수입, 기부금 등을 가리킴(京城府, 1943,『昭和十八年度京城府一般經濟特別經濟歲入出豫算書』 참조).

* 1930년의 경우, 평년과 달리 전기수입이 경상부 사용료·수수료가 아닌 기타수입에 포함되어 있다. 이것을 다른 연도와 마찬가지로 조정하면, 경상부 사용료·수수료와 경상부 기타수입의 비중은 각각 30.0%, 8.7%가 됨(平壤府, 1930,『昭和五年度平壤府歲入歲出豫算』)

그렇다면 토목비 등 부의 고유사무를 위한 지출은 무엇으로 충당되었나? 법적 재원과 실제 재원이 괴리된 가운데 부세 비중이 커졌지만, 1920~1936년에 부세 수입만으로 세입 상황을 설명하기는 어렵다. 부세 수입이 2.6배 증가(170만 엔→440만 엔)했지만, 비중은 오히려 격감(44.7%→21.9%)했기 때문이다.

반면 사용료·수수료 수입이 9.8배나 급증(60만 엔→590만 엔)했고 비중도 급증(17.3%→29.2%)했다(〈표 11-1〉). 이는 수도사업 운영의 본격화, 평양전기 부영화(1927)에 따른 부영화 운동의 전국화 과정에서 나타난 특징이었다. 일본의 시 재정에서도 세외수입의 중심인 사용료·수수료 수입의 두 축은 (상)수도사업과 전기사업이었다. 특히 전자도 수익사업적 성격이 있었지만 후자에 비해서 증징의 여지가 적었다.[47] 하지만 조선에서 전기사업은 대부분 부영이 아니었다.

경성부에서 사용료·수수료를 거두는 주된 사업은 1914년 전염병원·

47 金澤史男, 1995,「現代政策金融成立期の地方債累積と再編」,『経済学論纂』36-4, 中央大学経済学研究会, 370~374쪽.

묘지·도장(도살장), 1919년 공설시장, 1922년 상수도, 1929년 공익질옥, 1933년 부민병원 설립 등에 따라 점차 늘어났다.[48] 평양부는 1922년 상수도, 1923년 전차, 1927년 전기 일부 부영화와 1929년 사업권 완전 이양, 1934년 버스(승합자동차) 신설 등으로 늘어났다.[49]

조선의 부가 거의 공통적으로 가졌던 수도사업의 변화과정을 살펴보자.

수도는 강제병합 이전 한성에서 영미인 수도회사가 세워지거나, 재조일본인이 부설했다. 이후 조선총독부는 「수도상수보호규칙」(1910.9)을 제정하고, 「관영수도급수규칙」에 따라 부의 '미발달'을 이유로 4개 부(경성·인천·평양·진남포)의 '관영'수도를 경기도와 평안남도에 위탁·경영하였다.[50]

조선총독부는 1920년 들어 상수도 운영을 하부 행정단위가 담당하는 것이 적절하다면서 4개 부로 이관(1922.4)했다. 경성부의 상수도 사용료·수수료는 1922~1928년 51~70만 엔, 세입의 14.1~20.6%, 경상부 세입의 29.2~32.1%, 사용료·수수료 수입의 65~83.7%를 차지했다.[51] 이 추세를 반영하여 『조선총독부통계연보』에 수도 사용료·수수료가 공식 포함되는 1923년에는 전년보다 해당 항목이 2.1배로 증가(100만 여엔→210만 여엔)했고, 비중도 거의 2배로 증가(14.8%→26.0%)했다(〈표 11-1〉).

그런데 1922~1928년 경성부의 급수(給水) 호수는 총호수의 절반(41~51%)에 불과했다. 생활용수 계량제가 모든 수도꼭지에 시행(1924.9)된 이후 재조일본인 급수율은 거의 100%에 달했지만, 조선인 급수율이 낮았기 때문이다. 게다가 사용량이 평시의 1.5배나 되는 여름을 포함해서

---

48 이명학, 2012a, 앞의 글, 271쪽.

49 주동빈, 2020, 앞의 글, 232쪽.

50 주동빈, 2016, 앞의 글, 258~259쪽.

51 주동빈, 2016, 위의 글, 266~267쪽, 273~275쪽, 282~283쪽.

급수량은 항상 모자랐다. 상수도 확장이 필수적이었다. 일본에서는 1910년대 중반부터 급수량 부족 원인으로 목욕탕, 화장실 등 중산층의 '남용(濫用)'이 문제시되었다. 이와 달리 조선총독부는 노상 공용전에서 이루어지는 세민층의 '도용(盜用)'을 문제시했다. 그러다가 일본에서 급수호 비율이 100%에 육박하던 주요 시에서 막 보급되기 시작한 수도계량기를 이용하기로 했다. 경성부는 수도 부영화 직후 바로 2개년 사업(18만 6천여 엔)을 통해 생활용수 계량제를 완료(1924.9)했다.[52] 조선총독부와 경성부가 계층차별적 사용량 조정 정책을 강행한 것이다. 이후 수도는 확장되었지만 1937년 경성부에서 일본인은 98%, 조선인은 35.4%만 수돗물을 이용하고 있었다.[53]

상수도 생활용수 계량제는 1922~1928년 11개 부(상수도가 설치되지 않은 마산부 제외) 중 6개 부(경성·인천·진남포·원산·부산·목포)에 순차적으로 시행되었다. 생활용수 계량제의 경우 평양은 1925년 공설공용전 대상에서 1933년 전체 시행으로, 군산은 1928년, 청진은 1931년에 완료되었다. 대구는 실패한 것으로 보인다.[54] 수도설비 신설, 확장을 위해 부채를 발행해도 상환에 필요한 재원 마련을 위해 계층차별 정책을 시행한 것이다.

일본에서 전기사업은 지방단체의 법적 재원으로 세외수입의 주요 재원이었다. 수익률이 낮은 수도사업과 달리 전기사업은 빠르게 '수익사업'으로 전환되었다.[55] 이와 달리 전기 부영이 거의 이루어지지 않은 조선에

52 주동빈, 2016, 앞의 글, 267~281쪽.

53 이명학, 2012b, 앞의 글, 210~212쪽.

54 朱東彬, 2013, 「京城府의 상수도 생활용수 계량제 시행과 계층별 給水量 변화(1922~1928)」, 고려대 한국사학과 석사학위논문, 4~5쪽.

55 金澤史男, 1995, 앞의 글, 370~374쪽 참조.

서는 재정 '자치' 여지가 그만큼 제한되었다. 전기사업은 운영 주체에 따라 관영(조선총독부), 공영(지방단체), 사영(민영) 등이었다. 당대에는 사영과 민영 개념이 혼용된 가운데 재조일본인이 운영하는 회사를 민영이라 표현했다. 그러나 이는 해당 사안을 충분히 설명해 주지 못한다. 『조선일보』가 당대 사영 전기회사란 표현을 쓴 것도 그 이유로 보인다.[56]

조선에서 전기사업 부영화는 평양전기(1927)가 유일한 사례였다. 1929년 부산·대구, 1931년 경성·함흥에서 전기부영화 운동이 일어났다. 그러나 부산에서는 일본 정부의 지방채 발행 불허, 대구에서는 부영화 운동의 소극성, 경성과 함흥에서는 배전사업을 사영으로 하는 것이 좋겠다는 정무총감 발표에 따라 사영회사 매수가 실현되지 못했다.[57]

평양전기 부영화는 평양부의 사용료·수수료 수입에 큰 영향을 미쳤다. 평양부영전기는 1936년 예산 기준 전체 부 사용료·수수료 수입의 26.7%(1,573,655엔)를 차지했다.[58] 전기수입의 부 재정 편입액은 평균 10만여 엔(1927~1933), 15~17만여 엔(1934~1936)으로 부영을 위해 발행한 부채 상환 후 연 100만여 엔 수입이 기대되었다.[59] 평양부영전기 세입액은 부 세입 증대에 따른 특별세 인하, 조선인 자본가가 대다수였던 정미소 및 고무공장주의 요금 인하, 전등, 수도 등 사회정책 성격을 지닌 공공요금 인하 등을 둘러싼 대립된 이해관계도 불러왔다.

---

56 武者練三, 1927.8, 「電氣事業發達の歸趨と公營問題」, 『朝鮮公論』 15-8, 10~15쪽; 「公營에서 私營으로」, 『조선일보』, 1937.10.31.

57 金濟正, 1999, 앞의 글, 168~187쪽; 김승, 2013, 앞의 글, 379~402쪽; 조명근, 2019a, 앞의 글, 83~103쪽.

58 小田忠夫, 1938.12, 「朝鮮財政論(十五)」, 『朝鮮行政』 2-12, 110~111쪽.

59 이하 이 사례가 평양 지역사회에 미친 영향에 대한 서술은 주동빈, 2020, 앞의 글 참조.

즉 1927~1933년에는 '재원주의' 기조가 유지되어 전기요금은 그대로 둔 채 대좌부업(貸座敷業) 등 유흥업 대상의 부 특별영업세를 1930년 인하했다. 반면 평양 고무공업계가 불황을 겪은 이후인 1934~1937년에는 전기요금이 김동원의 평안고무를 포함한 대량 사용자를 중심으로 소폭 인하되었다. 반면 전등요금은 그다지 인하되지 않았다.

그러나 조선총독부 전력정책이 발전·송전의 사영 중심 통제방안, 수력발전소 중심 전원개발, '국가' 감독 강화 등 세 가지 내용을 중심으로 전환되었다. 1931년 말 체신성 관료 출신의 정무총감 이마이다 기요노리(今井田清德)가 '사영'으로 배전사업 통제를 언급한 것이다. 이 과정에서 1937년까지 6년간 부영을 유지하던 평양전기는 결국 1938년 초 동양척식 계열의 서선합동전기가 인수했다.

평양부는 1927년 평양전기 부영, 1929년 조선전기흥업 영업권 인수에도 불구하고, 서전→평양부→부내 전기수요자로 이어진 '이중배전' 구조를 통해 지역사회 부담을 해소하지 못했다. 평양부 지역사회는 배전사업을 직영하고 화력발전을 할 수 있도록 조선총독부에 청원했다. 그러나 우가키 총독이 화력발전소 안을 비판하고, 전기요금은 수력발전소를 통해 대폭 인하하겠다며 사영화를 공식화(1935.9)했다. 그러자 평양부회 의원과 구성원이 겹친 평양상공회의소도 사영화 입장으로(1936.4) 돌아섰다. 결국 평양부회는 사영화를 결정(1937.11)했다.

물론 평양부가 서전 주식의 20%(7만 주/35만 5,000주)를 갖고 주주배당금과 부세수입 등을 포함해 추가수입(매년 32만 6천 엔)을 예상했다. 그러나 부채 상환 후의 수입을 생각하면 장기적으로는 손해였다. 즉 이 사례는 식민지배하 부의 재정 '자치'에 내재된 한계를 보여준다.

3. 전시체제기 대중과세 확대와 군사비 성격의 '사회개발'(1937~1945)

1937년 이후 전시체제기 부 세입의 특징은 우선 1940년에 시작된 지방재정조정보급금이 다른 지방단체, 특히 읍·면에 비해 큰 비중을 차지하지 못했다는 점이다. 부채 발행도 1940년 이후 억제되었다. 사용료·수수료 수입도 제한되었다. 일본 시에서는 주 재원이었지만 평양에서만 부영이었던 전기사업은 1938년 다시 동척계 회사로 이관되어 1937~1938년 부의 사용료·수수료 비중도 낮아졌다(17.6%→13.8%, -180만여 엔). 또 경성부처럼 수도사업과 위생사업 등 각종 사회사업 사용료·수수료가 대폭 인상되어 사용자의 문턱을 높였다.

이 과정에서 전시체제기 부의 급증한 재정 수요를 충족시킨 것은 1910년대 주 세원이었던 부세였다. 특히 특별세(10.2배) 및 중복과세인 목적세가 대폭 증징되었다. 이에 따라 부세 증가율은 1940~1943년 전체 부(2.3배), 특히 경성부(4.1배)가 높았으며 공장노동자들까지 포함한 호별세부가세가 증징되었다.

반면에 세출 구조를 보면 집합적 소비수단(주택 공급, 수도 확장, 오물 제거, 인보관·공익질옥 증설 등)의 제공에 계층적 차별성이 뚜렷하게 드러났다. 여기에 방공망 구축비가 태평양전쟁 도발과 맞물려 증가하여 일본군이 져야 할 재정 부담까지 떠안았다. 전시행정 강화를 위해 구제(區制) 실시와 말단행정구역 침투를 위해 역소(役所)비가 증가했다.

1) 군사비 성격의 세출 급증과 계층차별적 사회개발

〈표 11-6〉 부 세출 비목(1914~1943년, 단위: 천 엔, %)

	사무비	토목비	수도비	오물소제비	예비비	부채상환액	기타	총액
1937	1,922 (5.0)	16,926 (44.2)	4,419 (11.5)	915 (2.4)	269 (0.7)	3,832 (10.0)	9,976 (26.1)	38,259 (100)
1938	2,300 (6.4)	14,940 (41.4)	4,673 (13.0)	1,050 (2.9)	277 (0.8)	4,338 (12.0)	8,499 (23.6)	36,077 (100)
1939	2,681 (5.5)	10,509 (21.6)	4,843 (10.0)	1,298 (2.7)	313 (0.6)	5,553 (11.4)	23,400 (48.2)	48,597 (100)
1940	3,201 (3.6)	23,414 (26.6)	6,493 (7.4)	1,714 (1.9)	367 (0.4)	7,119 (8.1)	45,572 (51.9)	87,880 (100)
1941	4,016 (4.6)	17,833 (20.4)	5,912 (6.8)	2,729 (3.1)	622 (0.7)	8,235 (9.4)	47,976 (54.9)	87,323 (100)
1942	5,339 (5.2)	24,881 (24.4)	7,472 (7.3)	3,227 (3.2)	945 (0.9)	10,457 (10.3)	49,625 (48.7)	101,946 (100)
1943	5,733 (5.6)	28,104 (27.4)	10,666 (10.4)	3,762 (3.7)	1,353 (1.3)	11,865 (11.6)	41,174 (40.1)	102,657 (100)

출처: 朝鮮總督府, 1914~1942년판, 『朝鮮總督府統計年報』.
비고: 『조선총독부통계연보』만 활용한 본 표는 엄밀한 '용도별' 분류가 아니며, 본래 분류는 다음과 같음.
　경상부: 사무비, 토목비, 수도비, 오물소제비, 예비비, 기타.
　임시부: 토목비, 수도비, 부채비, 기타.

1937~1943년 부 세출은 사무비(3.6~6.4%), 토목비(20.5~44.2%), 수도비(6.3~11.5%), 오물소제비(1.9~3.7%), 부채상환비(8.1~10.0%), 기타항목(23.6~55.2%) 등으로 소요되었다. 그런데 기타항목이 1940~1943년에 거의 절반 또는 그 이상(40.1~55.2%)을 점해(〈표 11-6〉) 세출 구조의 실상을 알기가 어렵다. 따라서 1940~1944년 경성부 세출 구조를 통해 태평양전쟁기 세출 구조의 일단을 보면, 이 기간 경성부 세출 증가율(2.68배)은 같은

기간 일본 전체 시(1.25배), 도쿄(1.61배) 등 1940~1943년 조선 전체 부의 증가율(1.11배)보다 훨씬 높았다.[60] 이는 1940년 이후 경성부가 노동력 재생산을 위한 집합적 소비수단 확충, 즉 '사회개발'을 통한 노동생산성 향상, 실질임금 하락으로 높아진 주민 불만 진정, 병력 충실화에 주력한 것이다. 그러나 도시계획비(43.6~9.8%), 수도비(8.2~21.3%), 위생비(8.7~10.5%) 등에 반영된 집합적 소비수단 제공은 민족·계층적 차별성이 심했다.

경성부는 부역(府域) 확장과 인구 증가(1936)를 계기로 가로망 정비, 토지구획정리사업 실시, 제3기 수도확장공사 제2차 사업 추진, 분뇨설비 등을 추진했다. 구체적으로 5천 호 주택 공급을 위한 토지구획정리사업과 택지조성사업 추진 과정에서 자금 회수가 어려운 토막민과 '하급노동자'용 '세민주택지구'는 제외되었다. 수도 확장공사에서도 조선인 절반이 식수로 사용하는 우물 개선은 제외되었고, 수도 요금 인상으로 수도 사용을 더 어렵게 했다. 오물 범람을 막기 위해 청소노동자의 안정적 확보, 청소 도구 완비·대체, 저장시설 개선·확대를 실시했지만 청소용 자동차는 일본인 거주지인 용산에 배치했다. 인보관(隣保館)과 공익질옥을 증설하고 「조선구호령」(1944) 대상자를 부조했으나, 인보관 사용료 인상 등 사회사업 대상자의 부담을 높이고 사회사업용 기부금을 전용했다.

전쟁이 수세에 몰리면서 세출에서 방공망 구축비 비중(7.3~11.7%)이 급증했다. 방화선과 피난처로 기능할 수 있는 공원·광장 조성, 소방차 출입을 위한 골목 정비, 소화전·우물을 증설해 소방용수 확보, 종합방공단체인 경방단 운영비가 이에 속했다. 재정 여유가 없는 상황에서 일본군 방공포 진지로 사용할 보건광장 조성까지 담당했다. 일본의 군사비 부담

---

60 이하의 서술은 이명학, 2012b, 앞의 글, 201~226쪽.

까지 떠안은 것이다.

역소비 비중(8.9~19.0%)도 적지 않았다. 1936년 부역 확장 후 경성부는 출장소를 설치하고, 자치조직인 정회를 하부조직화했다. 그러나 출장소는 독자적 사무처리가 불가능했다. 이에 따라 일본 정부의 승인 아래 구제(區制)를 실시(1943)했는데, 7개 구에 구역소를 설치하여 조세, 호적·기류, 배급, 공출·징용 등 행정력을 강화했다.

2) 대중과세 확대, 부세와 사용료·수수료 증징

〈표 11-7〉 부 세입 항목(1937~1943년, 단위: 천 엔, %)

	경상부				임시부				총액
	부세	사용료 수수료	기타	계	보조금	부채	기타	계	
1937	5,498 (14.4)	6,737 (17.6)	2,743 (7.2)	14,978 (39.1)	1,398 (3.7)	17,414 (45.5)	4,471 (11.7)	23,283 (60.9)	38,261 (100)
1938	5,948 (16.5)	4,856 (13.5)	3,220 (8.9)	14,024 (38.9)	1,630 (4.5)	14,738 (40.9)	5,685 (15.8)	22,053 (61.1)	36,077 (100)
1939	6,695 (13.8)	6,749 (13.9)	3,047 (6.3)	16,491 (33.9)	1,752 (3.6)	18,464 (38.0)	11,889 (24.5)	32,105 (66.1)	48,596 (100)
1940	8,624 (9.8)	8,045 (9.2)	3,861 (4.4)	20,530 (23.4)	2,675 (3.0)	22,698 (25.8)	41,977 (47.8)	67,350 (76.6)	87,880 (100)
1941	11,587 (13.3)	9,988 (11.5)	5,100 (5.9)	26,675 (30.7)	3,723 (4.3)	20,998 (24.2)	35,506 (40.9)	60,227 (69.3)	86,902 (100)
1942	15,133 (14.8)	11,627 (11.4)	6,162 (6.0)	32,922 (32.3)	5,319 (5.2)	18,285 (17.9)	45,420 (44.6)	69,024 (67.7)	101,946 (100)
1943	20,191 (19.7)	14,725 (14.3)	6,301 (6.1)	41,217 (40.1)	9,129 (8.9)	16,840 (16.4)	35,472 (34.6)	61,441 (59.9)	102,658 (100)

출처: 朝鮮總督府, 1914~1942년판, 『朝鮮總督府統計年報』.
비고: 세입 경상부 기타는 재산수입, 교부금, 잡수입, 부담금. 임시부 기타는 보상금, 재산매각대, 이월금, 과년도수입, 기부금 등을 가리킴(京城府, 1943, 『昭和十八年度京城府一般經濟特別經濟歲入出豫算書』 참조).

전시체제기 세입의 특징은 임시부 세입 증가, 사용료·수수료 증징, 부세 증징(1940년대)으로 정리된다.

첫째, 1936~1943년 부 예산은 5배 증가했다. 그런데 경상부와 임시부 세입 비중이 1936년(57:43)과 달리 1937년(39:61)에 역전되었고, 이후 임시부 세입 비중은 더욱 높아졌다(60~76%).

① 부채, 증가 후 격감

부 세입에서의 비중이 1937~1939년(38.0~ 45.5%)에 1930~1936년(8.5~26.0%)보다 급증했다. 그러나 부채 증가는 1937~1939년에 한정되었고, 1940년대 부채 비중은 1930년대 초 수준으로 감소했다(〈표 11-7〉). 경성부도 부채 비중은 1940년(45.6%)을 정점으로 1944년(11.5%)에 격감했다. 1940년대에는 조선에 국채 할당량이 급증하고 지방채 주요 매입처였던 대장성 예금부가 국채 소화에 집중하면서 사회개발 필요에 따른 지방채 발행을 억제했기 때문이다.[61]

② 보조금·교부금, 지방재정조정보급금의 격감

세입에서의 비중은 1937~1943년(3.6~8.9%)에 미미한 수준이었다(〈표 11-7〉). 1943년 예산 기준으로 부(8.9%)의 경우 도(38%), 읍·면(36%)보다 현격히 낮았다.[62] 상급단체의 지원금, 즉 보조금·교부금은 경성부의 경우 1940~1944년 최저(3.7~6%)였다. 반면에 경성부와 재정 규모가 비슷했던 나고야, 고베, 요코하마, 교토 등의 상급단체 지원금 비중은 급증

---

61 이하 경성부 세입에 대한 서술은 이명학, 2012a, 앞의 글 참조.

62 『朝鮮總督府統計年報』, 1942년판.

(3.8%→12.2%)했다.

특히 지방재정조정보급금은 부에 적게 지급되었다. 조선총독부는 일본의 지방분여세와 유사한 지방재정조정보급금을 도입(1940)했다. 4개 종류, 즉 폐·감세액, 호별세액 감소를 보전하는 감수보전보급금, 재정 수요를 지원하는 일반재정수요보급금, 재원이 취약한 지방자치단체를 지원하는 특수보급금이 있었다. 경성부에는 폐·감세액과 일반재정수요보급금이 지급되었으나, 다른 지방단체에 비해 재원이 풍부하다는 이유로 1940~1944년 세입의 1.2~1.8% 수준에 그쳤다.

③ 임시부 기타수입

1937~1939년(11.7~24.5%)에 비해 1940~1943년(34.6~47.8%)에 급증(2~3배)했다(〈표 11-7〉). 경성부는 1940~1944년 전년도 이월금이 2.7~10.2%, '기타수입[이월금, 기부금, 재산매각대(토지·건물), 보상금, 잡수입 등 포함]'이 7.2~15.5%를 차지했다.

둘째, 부채 발행이 억제되고, 상급단체의 지원금이 부족한 상황에서 사용료·수수료 수입을 증징했다.

① 전체 부 세입 중 사용료·수수료

1937~1938년에 180만여 엔이 감소(670만 엔→490만 엔)했다. 1936년(예산) 사용료·수수료 수입의 26.7%였던 평양 부영전기가 '재사영화'되면서 사용료·수수료 수입도 급감한 것이다(〈표 11-7〉).

그러나 1940년대 부영사업의 사용료·수수료 인상에도 불구하고 비중은 크게 늘지 않았다. 경성부는 1939년까지 상수도 등 부영사업 건설비를 도채 발행으로 조달하고, 이자 및 원리금 상환을 준비하는 '부족경영주의'를 택했다.

일본에서 시 공익사업에 '수익주의'를 결정(1939.11)함에 따라 조선의 부도 사용료·수수료의 최다 비중을 차지하는 수도 사용료가 인상(4~10%)되었다(1943). 최저사용량 축소로 실제 인상률(12~16%)은 훨씬 높았다. 오물 수거 수수료, 전염병 전문병원인 순화병원 요금, 화장장·도장 사용료 및 부민병원 사용료 등 사회사업 관련 요금도 거의 매년 인상되었다. 그 결과 경성부 사용료·수수료 비중은 1940~1944년(12.2%→15.5%)에 증가했다. 전체 부의 추이도 비슷해서 1937~1940년에 감소(17.6%→9.2%)했던 사용료·수수료 수입은 1943년(14.3%)까지 계속 증가했다(〈표 11-7〉).

② 기존 토지구획정리사업(영등포·돈암·대현 지구)에 수익자 부담금을 부과했다. 이전까지 경성부는 도시계획의 중점인 도로 정비·신설과 토지구획정리사업 자금을 수익자 부담금과 도채 발행(장기상환)으로 마련했지만, 지방채 발행 억제책(1940)에 따라 수익자 부담금으로 이를 충당한 것이다. 1940년 수익자 부담금은 전년 대비 7배 이상 폭증하여 10.3%가 되었다.

셋째, 1940년대에는 부세가 집중 증징되었다. 1940~1943년 부세는 2.3배 증가(860만 엔→2,020만 엔)하면서 부 세입에서 점하는 비중(9.8%→19.7%)도 급증했다(〈표 11-7〉). 같은 기간 경성부에서도 부세는 4.1배(부가세 3.4배, 독립세 6.9배)나 증가했다.

경성부의 1940~1944년 부세 구조를 보자.

① 부가세

세원 확대에 더해 본세의 과세표준 개정과 부가세율 인상으로 증가했다. 부가세는 국세부가세로 지세·영업세(사업세)·취인소세·광세·특별지세부가세(1941년 신설), 도세부가세로 호별세·특별사업세(1944년 신설)·가옥세·차량세·부동산취득세부가세가 있었다. 이 10개 세목 부가세의 90% 정도를 영업세(사업세)·호별세·가옥세·지세부가세에서 거뒀다.

부가세의 중추 세목인 영업세부가세는 상공업과 서비스업에 부과되었다. 이 기간 부가세에서의 비중(51.6%→40.8%)은 줄었다. 목욕업, 이발미용업, 예기치옥업, 유곽업, 환전업, 연극흥행업, 유기장업, 유람소업 등과 영업세를 대체한 사업세 신설(1944)로 영업세 면세대상이었던 의료업과 법무업 등으로 과세대상 업종을 계속 확대했다.

호별세부가세는 주민 소득에 부과되었고 부가세에서의 비중도 증가(16.9%→28.2%)했다. 1940년 이후 면세점(300엔), 부양가족 공제를 감안한 최저소득(480~540엔)을 기준하면, 조선인 공장노동자(1인당 임금 1941년 418~467엔, 1942년 570~636엔) 대다수가 1942년부터 과세대상이 되었다. 그 외에 명목소득 증가에 대해 세율의 대폭 인상[과세표준 1개당 2.09→6.6(1940→1944년)], 1940년 소득을 중심으로 한 과세표준 개정, 호별세 면세점을 유지한 가운데 세무서 지서를 신설하여 과세행정력을 강화했다.

가옥세부가세도 큰 비중(10.7~13.9%)을 점했다. 1940년 기준 주택 부족자 비중이 25.9%였으므로, 조선총독부와 경성부는 택지 조성과 조선주택영단 분양을 통해 주택을 더 공급하고자 했다. 이 해 조선총독부는 조세 불균형 시정 명목으로 조선식 건물 평수를 실측으로 변경하고 각 도의 가옥세 부과등급, 부과개수를 통일시켰다. 이 과정에서 조선식 건물이 많은 지방자치단체의 가옥세부가세가 감소하자 제한율을 1941~1943년 인상하고 1944년에야 인하했다.

지세부가세는 다른 세목과 달리 감소(8.7%→5.8%)했다. 경성부는 부역 확장(1936) 이후 연희면 일부를 흡수(1944)했지만 도로 신설, 토지구획정리사업과 택지조성사업 등의 관·공유지 증가로 지세부가세가 적용되는 사유지가 줄었다. 그러나 논밭을 대지로 전환하고, 과세표준을 임대가격으로 변경(1943)하면서 지세부가세가 다시 증가했다.

② 특별세

특별세는 기존 세원의 축소에도 불구하고 교통세가 추가되어 높은 증가율(10.2배)을 보였고 비중 역시 증가(1.5%→9.1%)했다. 우선 잡종세 과세대상을 늘리고 특별영업세율을 인상했지만, 태평양전쟁 시기 흥행의 '공익화'와 예기(藝妓) 수의 감소, 특별영업세 과세대상의 영업세 납세자로의 전환에 따라 세원이 감소하였다. 반면 특별호별세를 일률적으로 2엔씩 부과(면세점 없이)하고, 전차·버스 이용자에게 교통세를 부과하면서 특별세가 증가했다.

③ 목적세

목적세는 동일한 성격의 사업에 하나의 세목만 설정한다는 일반론과 달리 '무분별하게' 진행된 토목사업비 마련을 위해 중복과세하였다. 1935년 토지평수할이 제정되어 도로·광장·하수도 공사 등을 대상으로 지역 주민에 부과했다. 또 1937년 시가지특별세를 제정하여 도로공사 시 지세, 영업세, 가옥세, 차량세, 부동산취득세, 특별영업세 등을 대상으로 유산층에 부과하였는데, 본세 증징과 시가지계획특별세율 인상을 통해 세율을 급증시켰다.

경성부를 통해 본 전시체제기 부 재정의 특징은 다음과 같다.

세입 구조상 1940년 지방채 발행이 억제되고, 기본구조상 보조금·교부금과 보급금이 억제되었다. 이에 따라 1940년부터 부세가 증징되었다. 또 세출 구조상 집합적 소비수단(주택 공급, 수도 확장, 오물 제거, 인보관·공익질옥 증설 등)이 제공되었으나 계층차별적으로 운영되었다. 방공망 구축비가 태평양전쟁 도발과 맞물려 증가했는데, 일본군의 재정 부담까지 떠안은 것이었다. 전시행정 강화 차원에서 구제 실시와 말단행정구역 침투를 위해 역소비가 증가했다.

제12장
말단 지방단체 읍면의 사무비 증대와 읍면세·부역 증가

「조선총독부지방관관제」에 따르면 읍·면은 최말단 행정단위로 대부분 조선인이 거주하는 농촌 지역이었다. 면 재정은 행정구역상 강제병합 이전의 군(郡)을 폐지하고 면을 지렛대로 통치 효율성을 높인다는 식민정책 의도에 따라 전개되었다.

선행연구에 따르면 읍·면 재정의 특징은 다음과 같다. 먼저 법적 재원(국세·지방비부과금 교부금과 면유재산, 잡수입, 기부금 등)이 아닌 면부과금(1931년 이후 읍·면세)이 읍·면 세입의 50% 이상을 차지했다. 그리고 높은 비중의 사무비, 호세 계통의 증징으로 대지주들이 도시로 이동하면서 '부재지주' 증가에 따른 만성적 세입 부족,[1] 「읍·면제」와 「도로규칙」 등에 따라 전근대적 부역이 면민들에게 계속 부과되었다.[2]

「읍·면제」 제정(1931)을 통해 읍·면에 대한 법인격 부여, 읍(종래의 지정면)과 면(종래의 보통면)의 구분, 일본인이 많은 읍을 중심으로 읍·면채가 제한적으로 발행되는 등 읍·면은 부담 증대를 의미하는 재정 주체로서의 측면도 부각되었다. 즉 중앙재정 부담을 최소화하면서 '수익자 부담'을 통해 지방 사업을 운용하고, 도 단위의 읍·면 폐치분합 정책을 통해 빈면(貧面)의 부담을 부면(富面)으로 전가한 것이다.[3] 읍회와 달리 조선인이 대부분인 면협의회는 의결권이 없었고, 강한 중앙집중적 세출 구조와 독자성이 결핍된 세입 구조, 그리고 과다한 경직성 위임사무비가 지적되었다.[4] 지방재정조정보급금의 분여와 보조금 증가(1940)는 중앙으로 집

1 松本武祝, 1998,『植民地権力と朝鮮農民』, 東京: 社会評論社, 2장 참조.

2 박이택, 2002,「植民地期 赴役의 推移와 그 制度的 特質」,『경제사학』 33.

3 정미성, 2005.「1920년대 후반~1930년대 전반기 조선총독부의 면 재정 정비 과정과 그 의미」,『역사와 현실』 56, 면제 관련 기존 연구는 본 논문의 서문을 참조.

4 朴魯保, 1991,「日本統治時代の朝鮮地方財政に関する考察」,『明治大学大学院紀要(政

중된 세입을 도를 통해 분여한 것에 불과했다.

면 세출에서 사무비는 1910년대에 대부분(90%), 이후에도 절반 이상을 점했다. 즉 식민지 말단행정기구 역할에 집중되었음을 의미한다. 3개 비목(토목·권업·위생) 비중은 상급 지방단체보다 미미했다. 1930년대를 전후해 3개 비목 비중이 늘어났지만, 전시 읍·면 행정 강화 속에서 사무비 비중은 다시 50%를 넘어섰다. 식민지기 읍·면 재정은 지역사회 갈등 조정, '공공재' 배분 등 본연의 역할을 할 수 없었다.

면 재정은 비교적 구조가 단순한 세출 구조의 시기별 변화상을 개관하면서, 세입 구조를 중심으로 살펴보겠다. 시기 구분은 지방제도 개정을 따라 「면제」로의 과도기(1910~1919), 정비기(1920~1930), 읍·면제 시행기(1931~1935), 읍·면 행정 강화기(1936~1945) 등으로 나눈다. 통계자료는 통일성을 위해 전 시기를 사용할 수 있는 자료를 우선으로 했다.

治経済学篇)」28; 朴魯保, 1992,「日本統治時代の邑面行財政に関する研究」,『明治大学大学院紀要(政治経済学篇)」29, 73쪽; 金玉根, 1994『日帝下朝鮮財政史論攷』, 一潮閣 참조. 지방제도와 면 재정 변화 과정에 대한 최근 연구로 姜再鎬, 2001,『植民地朝鮮の地方制度』, 東京大學出版會; 정미성, 2006, 위의 글; 윤해동, 2006,『지배와 자치』, 역사비평사; 김태웅, 2012,『한국근대 지방재정 연구: 지방재정의 개편과 지방행정의 변경』, 아카넷, 제6장이 상세하다.

1. 세출: 사무비 중심 경직성과 전시동원에 따른 증액

〈표 12-1〉 (읍)면 재정 세출 예·결산(1912~1944년, 단위: 천 엔, %)

연도	총계	비목별 구성비					
		사무비	토목비	권업비	위생비	3종소계	기타
1912	2,904 (100)	2,575 (88.7)					329 (11.3)
1913	3,142 (100)	3,028 (96.4)					114 (3.6)
1914	2,615 (100)	2,573 (98.4)					41 (1.6)
1915	2,675 (100)	2,643 (98.8)					32 (1.2)
1916	2,571 (100)	2,525 (98.2)					45 (1.8)
1917	2,953 (100)	2,663 (90.2)	10 (0.3)	18 (0.6)	110 (3.7)	138 (4.7)	152 (5.2)
1918	4,542 (100)	3,448 (75.9)	130 (2.9)	172 (3.8)	350 (7.7)	652 (14.4)	443 (9.8)
1919	7,087 (100)	5,220 (73.7)	156 (2.2)	226 (3.2)	718 (10.1)	1,100 (15.5)	767 (10.8)
1920	11,596 (100)	8,683 (74.9)	408 (3.5)	383 (3.3)	940 (8.1)	1,731 (14.9)	1,182 (10.2)
1921	12,991 (100)	9,857 (75.9)	502 (3.9)	406 (3.1)	674 (5.2)	1,582 (12.2)	1,552 (11.9)
1922	15,431 (100)	10,790 (69.9)	764 (5.0)	640 (4.1)	723 (4.7)	2,128 (13.8)	2,513 (16.3)
1923	17,529 (100)	11,471 (65.4)	1,214 (6.9)	1,002 (5.7)	1,638 (9.3)	3,854 (22.0)	2,204 (12.6)
1924	17,568 (100)	11,525 (65.6)	1,500 (8.5)	1,148 (6.5)	1,209 (6.9)	3,857 (22.0)	2,186 (12.4)

1925	16,978 (100)	10,952 (64.5)	1,227 (7.2)	1,023 (6.0)	864 (5.1)	3,114 (18.3)	2,912 (17.2)
1926	18,106 (100)	11,495 (63.5)	1,534 (8.5)	1,227 (6.8)	865 (4.8)	3,625 (20.0)	2,986 (16.5)
1927	19,166 (100)	11,843 (61.8)	2,086 (10.9)	1,415 (7.4)	921 (4.8)	4,421 (23.1)	2,901 (15.1)
1928	20,160 (100)	12,050 (59.8)	1,967 (9.8)	1,410 (7.0)	626 (3.1)	3,999 (19.8)	4,111 (20.4)
1929	20,026 (100)	12,043 (60.1)	1,589 (7.9)	1,327 (6.6)	1,181 (5.9)	4,097 (20.5)	3,886 (19.4)
1930	20,301 (100)	12,081 (59.5)	1,376 (6.8)	1,334 (6.6)	872 (4.3)	3,581 (17.6)	4,638 (22.8)
1931	20,790 (100)	12,221 (58.8)	1,724 (8.3)	1,240 (6.0)	1,247 (6.0)	4,210 (20.3)	4,358 (21.0)
1932	22,205 (100)	12,092 (54.5)	2,134 (9.6)	1,350 (6.1)	1,467 (6.6)	4,950 (22.3)	5,162 (23.2)
1933	24,285 (100)	12,212 (50.3)	1,900 (7.8)	1,465 (6.0)	1,479 (6.1)	4,844 (19.9)	7,230 (29.8)
1934	23,962 (100)	12,628 (52.7)	1,995 (8.3)	1,476 (6.2)	1,309 (5.5)	4,780 (19.9)	6,555 (27.4)
1935	24,094 (100)	13,092 (54.3)	1,790 (7.4)	1,310 (5.4)	1,522 (6.3)	4,622 (19.2)	6,380 (26.5)
1936	26,512 (100)	14,365 (54.2)	2,017 (7.6)	1,569 (5.9)	2,031 (7.7)	5,617 (21.2)	6,530 (24.6)
1937	28,554 (100)	15,626 (54.7)	2,280 (8.0)	1,569 (5.5)	1,687 (5.9)	5,535 (19.4)	7,393 (25.9)
1938	30,214 (100)	16,338 (54.1)	2,403 (8.0)	1,612 (5.3)	2,036 (6.7)	6,061 (20.0)	7,825 (25.9)
1939	40,027 (100)	18,767 (46.9)	2,317 (5.8)	2,218 (5.5)	1,774 (4.4)	6,308 (15.8)	14,952 (37.4)
1940	43,608 (100)	21,276 (48.8)	2,637 (6.0)	2,743 (6.3)	2,934 (6.7)	8,315 (19.1)	14,028 (32.2)
1941	55,976 (100)	28,064 (50.1)	3,001 (5.4)	3,347 (6.0)	4,028 (7.2)	10,376 (18.5)	17,535 (31.3)

1942	75,762 (100)	44,304 (58.5)	3,320 (4.4)	3,360 (4.4)	3,902 (5.2)	10,582 (14.0)	20,875 (27.6)
1943	99,051 (100)	50,903 (51.4)	3,235 (3.3)	3,432 (3.5)	4,175 (4.2)	10,842 (10.9)	36,306 (36.7)
1944	133,829 (100)	79,076 (59.1)	7,339 (5.5)	11,218 (8.4)	4,370 (3.3)	22,928 (17.1)	31,823 (23.8)

출처: 朝鮮總督府, 1938·1941년판, 『朝鮮地方財政要覽』; 南朝鮮過渡政府, 1948, 『朝鮮統計年鑑』, 國都印刷局, 362~363쪽.

비고: 기본적으로 결산 베이스이지만, 1940년부터는 예산. 단, 표기 방식의 문제로 합산 숫자가 안 맞는 경우가 있음.
수합 방식은 松本武祝, 1998, 앞의 책, 65쪽 방식을 따름(다만, 마쓰모토는 1935년까지만 정리)
위생비는 수도비와 나뉘어 있는 경우가 있으나, 통일성을 위해 합쳤음. 또한 ②와의 통일성을 기하기 위해 기타 세목은 사무비와 3대 비목을 제외한 신영비, 경비비, 신사비, 회의비, 기본재산조성비, 청년훈련소비, 적립금, 읍·면 채비 등을 모두 포함함.

읍·면 재정 세출은 사무비, 3개 비목(토목비·권업비·위생비)[5], 기타항목으로 구성되었다.

우선 사무비 비중이 식민지기에 대부분 50%를 넘었고, 3개 비목 비중이 「면제」 실시(1917) 이후 1918년부터 20% 전후를 차지했다. 시기별로 「면제」로의 과도기(1910~1919)에는 사무비 비중이 압도적이고, 1917년 이후 3개 비목이 약간 증가했다. 정비기(1920~1930)에는 3개 비목이 제한적으로 증가·유지되었다. 시행기(1931~1935)에는 읍·면채 증가로 기타항목이 소폭 증가했다. 그러나 읍·면 행정 강화기(1936~1945)에는 정비기 이후 점감하던 사무비 비중이 1938년부터 다시 증가하고, 말단 행정단위인 면이 전시 업무까지 수행하면서 기타항목이 증가했다.

5 비목에 대해서는 金玉根, 1994, 앞의 책, 329~331쪽 참조.

〈그림 12-1〉 (읍)면 이원(吏員) 수(1912~1943)

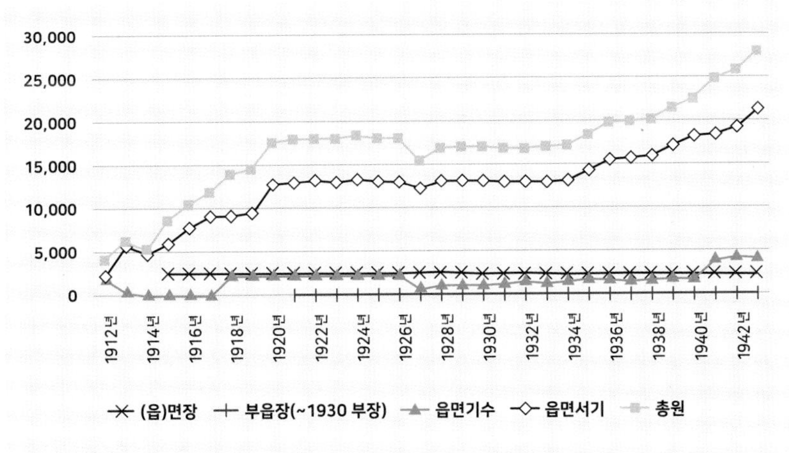

출처: 朝鮮總督府, 1919, 『(大正七年度)面經費ニ關する調査』; 1924·1926·1929·1942년판, 『朝鮮總督府統計年報』.

비고: 1910년대 면서기 수는 면서기 전체 수에서 회계원을 제외한 것.
1927년 면 기수 제정 전후 『조선총독부통계연보』 통계가 다르나 차후 통계인 1929년 통계를 적용함.

위 내용을 시기별로 조금 더 자세하게 다루어보자.

첫째, 「면제」로의 과도기에는 세입 구조상 면부과금 비중이 높은 반면, 재정 주체로서 면의 법적 지위는 불명확했다. 1912~1917년에 사무비가 대부분(88.7~98.8%)을 차지하여(〈표 12-1〉) 면장 및 동·리장 수당, 회계원, 면서기, 면주인·면하인 급료 등에 지출되었다.[6]

이후 「면제」 시행(1917)으로 주요 3개 비목과 경비비, 전기사업비, 기본재산조성비, 재산관리비, 임야조사비 등이 신설되었고, 차입금상환금, 보조금, 기부금, 보상비, 적립금 등이 설정되었다. 3개 비목은 토목비[도로·교

6 金玉根, 1994, 앞의 책, 260~261쪽.

량·어항·상항(商港)수축비·도선비·하천제방비], 권업비[임업비·묘포(苗圃)비·잠업비·축산비·산업장려비], 위생비[소독비·전염병예방비·오물청소비·화장장비·공동변소비·도장비]를 말한다. 경비비는 소방·수방에 관한 지출이고, 특수한 경우 제방, 배수, 하양장(荷揚場), 계선장(繫船場), 항만, 전등, 행려병사 등의 사업을 경영했다.[7] 그럼에도 1918~1919년 사무비가 세출의 절대적 비중(73.7~75.9%)을 차지했다(〈표 12-1〉).

둘째, 「면제」 정비기, 특히 1920년 재정 규모는 「면제」 시행 전보다 2~3배 늘어나면서 1920~1930년 세출도 2배 가까이 급증(1,160만여 엔→2,030만여 엔)했다. 면 이원 급여비, 그 외 수용비와 청비(廳費) 등 사무비 비중(59.5~75.9%)은 다소 줄었다. 1920년 사무비는 전년 대비 450만여 엔 증가했는데(〈표 12-5〉), 면 이원(면장·회계원·면서기) 중 1920년에 면서기가 1.3배 증가(9,477명→12,691명)했기 때문일 것이다(〈그림 12-1〉). 면 직원 인원 정체로 사무비 비중은 1921년(75.9%)을 정점으로 1933년까지 계속 하락했다(〈표 12-1〉).

3개 비목은 10.2~22.8%를 차지했다. 보통면의 지방채 발행이 허가(1927.11)되면서 기타항목 비중이 1920~1927년(10.2~17.2%)보다 1928~1930년(19.4~22.8%)에 증가했다(〈표 12-5〉). 이는 1920년대 들어 농가경영 상품화, 인적·물적 교류 확대, '교육열'에 따라 도로·교량·제방·방수 등의 토목사업, 농사개량사업, 조림·임야보호 등 임야사업, 전염병 예방을 위한 계몽 및 시설 확충 등 위생사업, 다음 장에서 다룰 교육사업 등이 면 단위를 매개로 이루어진 상황을 반영한다.[8] 즉 사무비가 줄

7 『朝鮮總督府施政年報』, 1918~1920년판, 328~330쪽.

8 松本武祝, 1998, 앞의 책, 70~79쪽.

고 사회간접시설을 위한 3개 비목이 상대적으로 증가했지만, 여전히 답보상태에 있었다.

셋째, 1931~1935년 「읍·면제」 시행기에 1920년 이후 면 이원 수 정체로 사무비는 1921년(75.9%)에 정점을 찍은 후 1938년까지 절대적 증가 속에 비율 자체는 계속 감소했다(〈표 12-6〉, 〈그림 12-3〉). 3개 비목 비중(19.2~20.3%)은 1920년대와 비슷한 추이를 보였다. 다만 기타항목 비중(21.0~29.8%)은 읍·면채 발행이 급증(1933)하면서 증가했다. 읍·면채 용도는 하천정비사업 등 토목공사, 상수도·항만 등 단독 면이 부설하기 어려운 사업, 도장 등 각종 수익사업, 면 행정설비 등이었다.

넷째, 1936년 이후 전시체제기에 사무비 비중이 다시 증가했다. '시국'의 급박함을 반영하여 1935~1943년에 읍·면 서기가 1.5배로 증가(14,135명→21,168명), 읍·면 기수가 2.5배로 급증(1,723명→4,298명)하여 읍·면 이원이 1.5배로 증가(18,302명→27,905명)했기 때문이다. 이에 따라 감소하던 사무비 비중은 1939년 최저점(46.9%) 이후 다시 1944년(59.1%)까지 증가세를 보였다(〈표 12-6〉). 3개 비목(15.8~21.2%)은 큰 변화가 없었지만, 기타항목(23.8~37.4%)이 많이 늘어났다. 그 내역은 세출 대비 경비비(경방단 관련 비용) 1.5~3.0%, 기본재산조성금(면유재산) 2.8~6.7%, 적립금 0.7~1.8%, 재산관리비 0.7~3.3%, 보조금·기부금 1.3~2.3%, 읍·면채비 1.4~3.6%, 기타 11.3~25.6% 등이었다.

세출 내역 중 보조금·기부금과 기타항목은 무엇일까?

1941년 전남 영암군 신북면 예산서를 보면,[9] 보조금·기부금은 면이

---

9 地方課, 1941, 「昭和一六年度新北面歲入出豫算」, 『(昭和一六年度)邑面長任免關係綴』, CJA0003773, 293~307쪽.

예하 기구에 보조하거나 '시국'에 따라 기부한 내역이었다. 예컨대 세출 예산(18,906엔) 중 보조금·기부금 473엔(2.5%) 중 기부금 20엔이 경성·나남의 호국신사 조영비 기부금으로 쓰였다. 보조금은 지방직원상조회조성금(보험급부, 퇴직금급부 등) 188엔, 국민총력면연맹 80엔, 청년대(青年隊) 50엔, 간이강습회 60엔, 탁아소 신설비 5엔, 재향군인분회 10엔, 호적사무협의회 10엔씩 보조되었다. 신북면 예산서에서 기타항목은 신사비, 회의비, 청년훈련소비, 사회사업비(지방개량비, 부락중견자교양비, 시국관계제비, 궁민구료비, 식량대책비 등), 접대비, 잡지출(노무 및 기술통계실시조사비, 미곡조사비, 체납처분비, 이월금, 납세선전비, 일시차입금이자, 부역대납금 불출, 잡출 등), 노무자원조사비, 예비비 등으로 지출되었다. 사무비 증대뿐 아니라 대개 '시국'용 지출로 전환된 것이다.

그러면 이 비용은 어디에서 나왔을까?

2. 세입: 자체재원 부족과 읍면세 및 부역 증가

〈표 12-2〉 읍·면 재정 세입 결산·예산(1911~1944년, 단위: 천 엔, %)

	총세입	부과금 (읍 면세)(%)	재산수입 (%)	사용료·수수료(%)	교부금(%)	이월금(%)	기타
1912	3,017 (100)	2,728 (90.4)			195 (6.4)	62 (2.0)	33 (1.1)
1913	3,397 (100)	3,039 (89.5)	22 (0.6)		184 (5.4)	113 (3.3)	39 (1.2)
1914	2,944 (100)	2,346 (79.7)	19 (0.6)		233 (7.9)	255 (8.7)	92 (3.1)
1915	2,961 (100)	2,267 (76.6)	21 (0.7)		217 (7.3)	335 (11.3)	122 (4.1)
1916	2,918 (100)	2,235 (76.6)	29 (1.0)		229 (7.9)	287 (9.8)	138 (4.7)
1917	3,894 (100)	2,284 (58.7)	65 (1.7)	134 (3.4)	238 (6.1)	345 (8.9)	328 (8.4)
1918	5,221 (100)	3,378 (64.7)	111 (2.1)	394 (7.5)	306 (5.9)	439 (8.4)	593 (11.4)
1919	7,822 (100)	5,080 (64.9)	156 (2.0)	556 (7.1)	347 (4.4)	676 (8.6)	1,007 (12.9)
1920	13,092 (100)	10,013 (76.5)	193 (1.5)	516 (3.9)	416 (3.2)	751 (5.7)	1,203 (9.2)
1921	15,283 (100)	10,876 (71.2)	272 (1.8)	652 (4.3)	748 (4.9)	1,490 (9.7)	1,246 (8.2)
1922	18,174 (100)	11,587 (63.8)	355 (2.0)	652 (3.6)	1,062 (5.8)	2,262 (12.4)	2,256 (12.4)
1923	19,985 (100)	11,693 (58.5)	458 (2.3)	851 (4.3)	1,114 (5.6)	2,824 (14.1)	3,046 (15.2)
1924	19,791 (100)	11,690 (59.1)	563 (2.8)	1,040 (5.3)	1,117 (5.6)	2,444 (12.3)	2,938 (14.8)
1925	18,941 (100)	11,349 (59.9)	674 (3.6)	1,069 (5.6)	1,135 (5.9)	2,215 (11.7)	2,517 (13.3)

1926	20,281 (100)	12,183 (60.1)	772 (3.8)	1,176 (5.8)	1,221 (5.6)	1,955 (9.6)	3,060 (15.1)
1927	21,251 (100)	12,511 (58.9)	844 (4.0)	1,252 (5.9)	1,170 (5.7)	2,252 (10.6)	3,270 (15.4)
1928	22,195 (100)	12,633 (56.9)	950 (4.3)	1,411 (6.4)	1,200 (5.3)	2,049 (9.2)	3,984 (17.9)
1929	22,179 (100)	13,033 (58.8)	994 (4.5)	1,411 (6.4)	1,205 (5.4)	2,011 (9.1)	3,532 (15.9)
1930	22,479 (100)	13,219 (58.8)	999 (4.4)	1,298 (5.8)	1,197 (5.4)	2,107 (9.4)	3,652 (16.2)
1931	23,162 (100)	13,312 (57.5)	1,080 (4.7)	1,424 (6.1)	1,329 (5.3)	2,178 (9.4)	3,939 (17.0)
1932	24,326 (100)	13,305 (54.7)	1,157 (4.8)	1,547 (6.4)	1,270 (4.8)	2,373 (9.8)	4,870 (20.0)
1933	26,787 (100)	13,631 (50.9)	1,289 (4.8)	1,708 (6.4)	1,292 (4.5)	2,121 (7.9)	6,841 (25.5)
1934	26,745 (100)	14,080 (52.6)	1,381 (5.2)	1,727 (6.5)	1,335 (5.0)	2,512 (9.4)	5,709 (21.3)
1935	27,148 (100)	14,379 (53.0)	1,402 (5.2)	1,939 (7.1)	1,270 (4.7)	2,757 (10.2)	5,400 (19.9)
1936	29,505 (100)	16,059 (54.4)	1,368 (4.6)	2,093 (7.1)	1,292 (4.4)	2,825 (9.6)	5,868 (18.9)
1937	30,733 (100)	17,460 (56.8)	1,533 (5.0)	2,296 (7.5)	1,335 (4.3)	2,969 (9.7)	5,139 (21.3)
1938	31,417 (100)	17,852 (56.8)	1,574 (5.0)	2,542 (8.1)	1,390 (4.4)	2,090 (6.7)	5,969 (19.0)
1939	34,280 (100)	19,366 (56.5)	1,785 (5.2)	2,783 (8.1)	1,535 (4.5)	2,347 (6.8)	6,463 (18.9)
1940	43,608 (100)	20,784 (47.7)	1,960 (4.5)	3,010 (6.9)	1,643 (3.8)	2,354 (5.4)	13,858 (31.8)
1941	55,976 (100)	24,396 (43.6)	2,092 (3.7)	3,475 (6.2)	2,013 (3.6)	3,080 (5.5)	20,921 (37.4)

1942	75,762 (100)	34,795 (45.9)	2,204 (2.9)	3,732 (4.9)	2,446 (3.2)	4,296 (5.7)	28,259 (37.3)
1943	99,051 (100)	38,820 (39.2)	2,456 (2.5)	4,221 (4.3)	2,945 (3.0)	4,898 (4.9)	45,712 (46.2)
1944	133,827 (100)	47,379 (35.4)	3,057 (2.3)	5,373 (4.0)	3,533 (2.6)	9,986 (7.5)	65,400 (48.9)

출처: 朝鮮總督府, 1938·1941년판, 『朝鮮地方財政要覽』; 南朝鮮過渡政府, 1948, 『朝鮮統計年鑑』, 國都印刷局, 362~363쪽.

비고: 기타 분류는 1938년판 『조선지방재정요람』 기준 상기 5항목을 제외한 보조금, 기부금, 과년도수입, 이월금, 재산매각대, 잡수입, 읍·면채, 기타수입 등을 포괄함.

1938~1939년의 결산액이 있으나(1941년판) 교부금-보조금 액수가 총합되어 있어 통계 통일을 위해서 예산으로 입력함.

편의상 10만 엔(소수점 1자리 이하)은 사사오입함.

1) 과도기(1910~1919): 「면제」 실시와 법인화 배제

면 재정을 통해 세 가지 쟁점을 볼 수 있다.

첫째, 지방제도 상 최말단 행정단위였던 면의 제도적 위상이다(법인격 여부). 이에 따라 면장, 면협의회 위상도 쟁점이 된다. 둘째, 면이 독자적 사업을 수행하고 수입을 거둘 수 있는지 여부이다. 이에 따라 지역민 중 누가 부담을 지는지가 쟁점이 된다. 셋째, 세출 비목의 문제이다.

과도기는 「면제」 시행을 위한 재원 '정비' 및 지출통제기(1910~1914), 면 폐합 및 면유재산 정비기(1914~1917), 「면제」 시행과 면 세입 급증(1917~1919)으로 구분된다.[10]

10 이 시기 구분은 김태웅, 2012, 앞의 책, 6장 참조.

① 재원 '정비' 및 지출 통제기(1910~1914)

이 시기는 「면제」 시행을 위한 재원 '정비' 및 지출 통제기이다. 강제병합 직후 제정된 「조선총독부지방관관제」[11]는 각 부·군에 면을, 면장(판임관 대우)은 부윤·군수의 지휘·감독에 따라 면 행정사무를 보조 집행한다고 규정했다. 「면에 관한 규정」[12]은 사(社)·방(坊)·부(部)로 불리던 「병합」 이전의 행정구역을 면으로 통일했다. 면장의 수당과 사무집행 비용은 면 부담으로 하고, 지출과 부담 방법은 도장관 인가를 얻어 부윤 또는 군수가 정했다.

면 경비는 도·부·군 경비와 달리 전액 면 부담으로 충당했다. 즉 도 지방비 사무비는 조선회계에서 부담한 반면, 면 사무비는 면 부담이었다. 조선총독부 내무부 장관은 각 도 장관에 대한 통첩(1910.12)으로 면 경비는 국세 및 지방부과금 징수, 수수료 및 기타 면 소속의 수입으로 충당하고, 나머지는 면민 부담으로 하여 지세 및 호세 등을 기준으로 부과하여 면장 수당 및 사무집행비를 지출하라고 규정했다.[13]

이 통첩에 따르면 면 경비의 기본 구성은 국세 및 지방비부과금(도세 등) 징수에 의한 교부금(징세액의 2/100), 면유재산(임야 등) 수입, 잡수입, 기부금 등으로 이뤄졌다. 그 외에는 면부과금(호별할, 지세할, 단별할, 가옥세할, 현품부과, 부역 등)으로 충당했다.[14] 부역의 경우 도에서는 「지방비법」에

---

11 「朝鮮總督府地方官官制(勅令第357號, 1910.9.30)」, 『朝鮮總督府官報』 第28號, 1910.9.30.

12 「面に関する規定(朝鮮總督府令第8號, 1910.10.1)」, 『朝鮮總督府官報』 第29號, 1910.10.1, .

13 『朝鮮總督府施政年報』, 1910년판, 75쪽; 河村雅亮[內務局地方課, 1940.10, 「朝鮮地方制度三十年略史」, 『朝鮮行政』 19-10, 2~3쪽.

14 金玉根, 1994, 앞의 책, 251쪽; 김태웅, 2012, 앞의 책, 418쪽.

근거를 두었지만, 면·동·리에서는 「면제」 시행 이전까지 '관행'으로 동원했다.[15]

조선총독부가 지방단체의 '법인화', 즉 지방통치기구의 사업을 위한 법적 근거를 구상할 때 가장 주목한 대상이 면이었다. 조선인의 90% 이상이 거주하고, 조세 부담의 주요 지역으로 식민통치 확립에 중요했기 때문이다.[16] 조선총독부는 내무부의 「지방제도개정안」이 조율(1912.9)되면서 「부제」·「면제」의 동시 시행을 시도하면서 면에 재산을 경영할 수 있는 재정권을 부여해 국고·지방비 부담을 줄이고, 면에서 토목비·위생비·권업비를 조달하고자 했다. 그리고 일본인이 다수 거주하는 1급 면에는 자문기관인 면 참여(參與)를 두고, 면은 면부과금(면세)을 징수하고 결수할, 호별할, 가옥할 외에 필요한 경우 특별세를 부과한다는 구상을 했다.[17]

그러나 「면제」 시행은 두 가지 문제로 유보되었다. 토지조사사업이 진행 중이어서 면의 면적을 정확하게 파악할 수 없어 면에 재산 관리 및 사업 운영권(재정권) 부여가 어려웠다.[18] 또한 의병전쟁 진압 직후 식민통치에 활용할 수 있는 면장을 구하기 어려웠다.[19] 따라서 면장은 군수·도사(島司) 사무의 보조적 집행에 그치고, 조합이나 계를 신설해 재원을 마련하고자 했다.[20] 조선총독부는 면 법인화 시도를 중단하고 면 재원 '정비'

---

15 박이택, 2002, 앞의 글, 37~39, 41~42쪽.

16 김태웅, 2012, 앞의 책, 420~421쪽.

17 姜再鎬, 2001, 『植民地朝鮮の地方制度』, 東京大學出版會, 123~143쪽; 윤해동, 2007, 『지배와 자치』, 역사비평사, 90~92쪽.

18 최원규, 2019, 『한말 일제 초기 국유지 조사와 토지조사사업』, 혜안, 250~257쪽.

19 염인호, 1983, 「日帝下 地方統治에 관한 硏究 - '朝鮮面制'의 형성과 운영을 중심으로」, 연세대 사학과 석사학위논문, 9~13쪽.

20 姜再鎬, 2001, 위의 책, 162쪽.

를 통한 세원 확보와 지출 통제에 초점을 뒀다.

첫째, 「면경비부담방법」(1913.3)[21]을 공포하여 면 수입(재산수입과 면교부금 등)을 기본으로 하되, 1910년 12월 통첩과 달리 면부과금을 명확히 설정했다.[22] 또 「면재무취급심득」(1913.3)은[23] 면 재무를 회계연도에 따라 예산 편성·집행하도록 규정했다. 그동안 면부과금은 법적 규정도 없이 1912~1913년 면 세입의 대부분(90% 전후)을 차지했다(〈표 12-2〉). 부역도 법적 규정 없이 「지방비법」이나 「도로유지수선규정」에 따라 "면장의 지휘"로 부과되었다.[24] 재무의 법적 근거를 마련한 것이다.

둘째, 독자적 사업 추진이 제한된 가운데, 면사무소 지출을 통제하는 법적 근거는 마련된 셈이었다.[25] 예컨대 충청북도 훈령 「면경비지출방법준칙」(1913.3)에 따르면[26] 면 경비 항목은 면장 수당, 면 이원 급료, 용인 급료, 여비, 사무소비(수용비, 건물비, 잡비 등) 등으로 제한되었다.

셋째, 조선시대 최말단 행정단위인 동·리유재산을 면유재산으로 장

---

21 「面經費負擔方法(朝鮮總督府令第16號, 1913.3.6. 공포, 1914.4.1. 시행)」, 『朝鮮總督府官報』 號外, 1913.3.6. 상세 내역은 ① 면 경비는 재산수입, 면교부금, 기타 면에 속한 수입 충당 및 부족할 경우 면부과금을 징수, ② 면부과금 제한은 호별할 평균 1호에 30전 이내, 지세부가금 본세 1엔에 80전 이내(평남북, 강원, 함남북)와 50전 이내(나머지 도), ③ 도장관 허가를 얻어 제한 초과 부과 가능, ④ 호별할은 면 내 거주 독립생계 영위자에게 소득 및 자산 표준으로 등급 설정 및 부과, ⑤ 면주인, 면하인(面下人)의 수당, 급료 지급에 필요할 경우 부윤·군수 허가를 얻어 현품 부과 가능 등이었다.

22 김태웅, 2012, 앞의 책, 425쪽.

23 「面財務取扱心得(朝鮮總督府訓令第10號, 1913.3.6)」, 『朝鮮總督府官報』 號外, 1913.3.6.

24 小林拓矢, 2010, 「일제하 도로 사업과 노동력 동원」, 『한국사론』 56, 287~297쪽.

25 김태웅, 2012, 위의 책, 428쪽.

26 「面經費支出方法準則(朝鮮總督府忠清北道訓令第5號, 1913.3.20)」, 『朝鮮總督府官報』 第194號, 1913.3.27.

악하려 했지만 동·리민 저항에 부딪치거나, 토지조사사업 완료 전 동·리민이 은닉하고 동계를 해산하는 일이 벌어져 성공적이지 못했다. 결국 도장관에 대한 정무총감 통첩(1912.10)으로,[27] 동리유재산은 면장이 관리하되 수입은 부윤·군수 인가를 받아 동·리민 공동의 이익에 충당한다고 규정했다. 1913년 3월 말 면유재산 수입(1,578만 엔)은 동·리유재산 수입(9,202만 엔)의 1/6 정도에 불과했다. 동·리유재산은 「면제」 실시(1917) 이후에도 파악하지 못한 경우가 있었다.[28]

즉 1910~1914년에는 재원 조성에 주력하여 면은 위임사무만 담당했고, 이를 위한 재원 확보는 토지조사사업의 미비 등으로 어려웠으며, 독자적 사업 추진도 어려웠다.

② 면 폐합 및 면유재산 정비기(1914~1917)

이 시기에는 두 가지(면 폐합과 면부과금 축소, 면유재산 정비) 정리가 진행되었다.

첫째, 면 폐합과 면부과금 부담 축소는 중앙재정-조선회계의 수입 증대와 맞물린 것이었다. 조선총독부는 1914년 이후 중앙재정 경상수입 증대를 위해 새로운 세목을 신설(지세, 주세, 연초세, 역둔토세 등)하면서 지방통치 안정을 높이기 위해 지방행정 경비 절약 차원에서 행정구역 폐합을 서둘렀다. 강제병합 전부터 추진하려다가 유력자들 반발과 의병전쟁으로

27 「面洞里有財産管理ニ關スル件(官通牒第106號, 1912.10.25)」, 『朝鮮總督府官報』 第71號, 1912.10.25.

28 姜再鎬, 2001, 앞의 책, 158~159쪽; 이용기, 2007, 「19세기 후반-20세기 중반 洞契와 마을자치: 전남 長興郡 蓉山面 語西里 사례를 중심으로」, 서울대 국사학과 박사학위논문; 김태웅, 2012, 앞의 책, 430~431쪽.

미뤄진 것을 토지조사사업으로 작성된 과세지견취도 등을 통해 실행한 것이다.[29]

데라우치 조선총독은 각 도 내무부장회의(1913.1)에서 군·면의 면적 및 호구 편차가 커서 군은 면적 40만 평방리(方里)와 인구 1만 명 정도를 기준으로 그 이하는 인접 군에 병합하고, 면은 호수 800호와 면적 4방리를 기준으로 그 이하는 병합한다는 방침을 정했다. 이에 따라 도장관이 1914년 3월 1일부터 부·군 폐합을, 4월 1일부터 면 폐합을 시행하여 군(317군→220군)과 면(4,322면→2,521면)이 대폭 축소되었다.[30]

1914년 3월 면 폐합을 앞두고 면의 자력(資力) 및 지세 증가를 감안해 해당년도부터 지세부가금 과율을 1/2로 낮췄다.[31] 충청북도 「면처무규정」(1914.5)[32] 문서취급규정을 보면 면 경비, 권업, 교육·토목·위생, 통계, 징세, 민적·부동산 증명 등이 포함되어 있다. 즉 이 시기는 지방단체 사무가 중앙의 위임사무 중심에서 지방단체의 고유사무(토목·위생·사회사업·교통)를[33] 제한적으로 포함해 가는 과정이었다.

1912~1916년 호별할 기준 최고면 6엔→70전, 최저면 1전 3리→3전, 평균 42전 4리→23전 3리, 1913~1916년 지세부가금 기준 최고

---

29 김태웅, 2012, 앞의 책, 449~452쪽.

30 『朝鮮總督府施政年報』, 1914년판, 29~31쪽; 金翼漢, 1996, 『植民地期朝鮮における地方支配体制の構築過程と農村社会変動』, 東京大學 博士學位論文, 62~67쪽.

31 「面經費負擔方法中左ノ通改正ス(朝鮮總督府令第20號, 1914.3.16)」, 『朝鮮總督府官報』 號外 第1號, 1914.3.16. 평남북, 강원, 함남북은 40전 이내, 나머지 도는 20전 이내로 바뀌었다.

32 「面處務規定(朝鮮總督府忠清北道訓令第10號, 1914.5.20)」, 『朝鮮總督府官報』 第545號, 1914.5.28, .

33 小田忠夫, 1938.8, 「朝鮮財政論」(一一), 『朝鮮行政』 2-8, 110~111쪽.

면 1엔 57전 3리→40전, 최저면 8전 5리→2전, 평균 31전 8리→16전으로 전환되어 면 사이의 편차가 점차 줄고 면부과금 비중이 줄었다.[34]

둘째, 동·리유재산을 면유재산으로 전환했다. 이에 따라 면 세입의 90%를 차지한 면부과금은 지세부가금 인하 시점을 기준으로 1913~1914년에 23% 감소(3백만여 엔→235만여 엔)했다(〈표 12-2〉). 면유재산 조성에는 면 경비에서 일부를 떼어내 조성하는 방법, 동리 폐합 등을 명목으로 동리유 및 계 등의 단체소유 재산을 면으로 편입시키는 방법이 있었는데, 1917년 「면제」 시행 과정에서 후자의 비중이 점차 늘어났다.[35]

③ 「면제」 시행에 따른 면 세입 급증(1917~1919)

조선총독부는 「면제」와 「면제시행규칙」을 발포(1917.6)했다.[36] 「면제」의 특징은 일본인이 많이 거주하는 지정면에 한정된 자문기관 및 지방채 발행 등 '자치' 업무의 부여, 재원 확보를 위한 법적 규정, 위탁사무에서 토목·위생·권업의 제반 사무로의 확대 등이다.

원래 조선총독부의 「면제」 안은 중앙통치의 효율성을 높이기 위해 면을 법인화한다는 것이었다. 그러나 일본 내각 법제국이 면에 '법인격'을 포함한 주민의 권리·의무를 포함하면 민족적 자각을 불러일으킨다고 반

34 朝鮮總督府, 1916년판, 『面經費ニ關スル調査書』; 김태웅, 2012, 앞의 책, 459~460쪽.

35 염인호, 1983, 앞의 글, 22쪽.

36 「面制(制令第1號, 1917.6.9)」; 「面制施行規則(朝鮮總督府令第34號, 1917.6.9)」, 『朝鮮總督府官報』 第1,454號, 1917.6.9; 「面制施行規則左ノ通定ム(朝鮮總督府令第37號, 1917.7.11)」, 『朝鮮總督府官報』 第1,481號, 1917.7.11.

대하자 재원 색출에 중점을 둔 「면비령」 안을 강조했다.[37] 결국 「면제」는 법인격 부여를 배제하고, '자치'제를 민족에 따라 제한하면서도 면이 사회간접시설에 필요한 재원을 자체 조달하고, 면 사무를 처리한다(「면제」 제1조)는 내용으로 정리되었다. 핵심 내용을 보면 다음과 같다.

첫째, 면 사무는 위임사무에 한정되지 않고, 사회간접시설[도로, 교량, 도선, 하천, 제방, 관개, 배수, 시장, 조림, 농사, 양잠, 축산, 기타 산업의 개량보급, 해조충(害鳥蟲) 구제, 묘지, 화장장, 도살장, 상수, 하수, 전염병 예방, 오물 처치, 소방, 수방 등]에 자금을 투자하는 법적 규정에 따라 그에 필요한 재원을 확보해야 했다.

둘째, 면의 기본수입(면유재산 수익, 사용료·수수료 등)을 규정하고, 부족할 경우 면부과금과 부역·현품을 부과할 수 있도록 했다. 이에 따라 1919년에 파악한 동·리유재산이 기존 면유재산 규모를 넘어섰고, 1920년대에는 면유재산이 급증했다. 「면제시행규칙」 제48조에 의해 동·리유재산으로서 임야를 대거 면유림으로 전환했기 때문이다. 재원 확보를 위해 사용료(영조물 사용에 징수)와 수수료(개인처리사무에 대한 징수)가 부과되었다.[38]

그런데 기본수입에 포함되지 않은 면부과금이 식민지기 면 세입의 50% 이상을 차지했다(〈표 12-2〉). 면은 부과금(지세할·시가지세할·호별할)과 조선총독 인가를 거친 특별부과금 징수권이 주어졌다. 특히 면부과금은 1913년에 비해 증가했는데(〈표 12-2〉), 호별할은 납세의무자(독립 생계

---

37 조선총독부와 일본 법제국 간 논쟁에 대한 내용은 姜再鎬, 2001, 앞의 책, 165~168쪽 참조.

38 김태웅, 2012, 앞의 책, 491~493쪽.

영위하는 자) 1명당 45전으로 1.5배가 증징되었다. 지세할은 46전(평남북, 강원, 함남북)과 23전(그 외 도)으로 약간 올랐고, 시가지세 1엔에 40전을 부가하여 소폭 증가했다. 호별할과 지세할은 "수 명 또는 면 일부에 대해 특히 이익이 있는 사건에 관해" 도장관 인가를 받아 제한 과율 이상을 부과할 수 있었다. 특별부과금(영업할, 잡종할, 어업세할, 광업할, 임야할 등) 설정이 가능했다.

부역·현품도 기존의 '관행' 부역을 넘어, 면에서 군수·도사 허가를 받아 부과하도록 규정한 「면제」와 「면제시행규칙」에 따라 제도적 보장을 받는 '부과' 부역이 되었다. 이에 따라 면은 토목, 산업, 위생, 소방 등 다방면에 걸쳐서 부역과 현품을 부과할 수 있었다.[39]

특히 도로 부설에 부역이 부과되었다. 지역민들에게는 '신작로' 부설이라고 하는 욕망과 '부역 부과'라는 부담이 동시에 작동했다. 그러나 지역민은 부담을 더 심하게 느꼈다. 부역은 헌병경찰이 부과하던 것에서 「면제」 정비에 따라 면이 부과하기 시작했는데, 충청남도 헌병경찰이 민정을 기록한 자료(1911~1915) 『주막담총』에는 다음과 같은 내용이 기록되어 있다.[40]

> "도로를 이처럼 바쁜(多忙) 때에 수선하여 인부를 쓰면 인민은 어떻게 살 수 있는가. 죽을 수밖에 없다(천안헌병분대 관내, 1912년판)."[41]

---

39 박이택, 2001, 앞의 글, 41~42쪽.

40 『주막담총』에 대해서는 마쓰다 도시히코, 「『주막담총(酒幕談叢)』을 통해 본 1910년대 조선의 사회상황과 민중」, 김동노 편, 2006 『일제 식민지 시기의 통치체제 형성』, 혜안 참조.

41 「天安憲兵分隊管內 天安郡 稷山郡 全義郡 燕岐郡 木川郡 平澤郡」, 『酒幕談叢』 第一卷(?), 1912, 14丁(한국국회도서관 소장본 기준 381쪽, 1권은 판권지 없음).

"(「병합」이 되어-번역자 주) 뭐가 좋다는 거냐. 매일 부역에 나가서 도로공사에 뼈가 부서질 지경인데(천안헌병분대 관내, 1914년판)."[42]

"엄동설한에 사정도 생각하지 않고 부역을 부과하면 언제 가옥을 고치고, 방한(防寒)을 하고, 땔나무(柴草)를 베어 따뜻하게 하는가. 처자(妻子)가 이를 대신하면 방적(紡績)을 할 수 없고, 유아는 밤낮으로 배고프다고 울고 있다(강경경찰서 관내, 1914년판)."[43]

"관(官)에서 부역을 부과하는 것은 뭐라 할 수 없으나 우리가 부역에 나가는 날에는 20~30전은 손해를 보는 날로 단념할 수밖에 없다(공주경찰서 관내, 1915년판)."[44]

셋째, 일본인이 많이 사는 면은 지정면으로 설정하고, 부(일본인이 다수)에 가까운 면에 한하여 일본인을 면장으로 임명할 수 있으며, 면장 자문기관으로 도장관이 임명하는 상담역을 둘 수 있고, 조선총독 인가를 통해 차입금과 기채가 가능했다. 지정면은 총 2,512면의 1%도 안 되는 23개 면(수원·송도·영등포·청주·공주·대전·강경·조치원·전주·익산·광주·김천·포항·진주·진해·통영·해주·의주·춘천·함흥·나남·성진·회령)[45]만 설정되었다.[46]

---

42 公州憲兵隊本部·忠清南道警察部, 1914,「天安憲兵分隊管內 天安郡 稷山郡 平澤郡 全義郡 木川郡 燕岐郡」,『酒幕談叢』第三卷, 67丁(국회도서관 소장본 기준 144~145쪽).

43 公州憲兵隊本部·忠清南道警察部, 1914,「江景警察署管內 恩津郡 林川郡 韓山郡」,『酒幕談叢』第三卷, 67丁(국회도서관 소장본 기준 144~145쪽).

44 公州憲兵隊本部·忠清南道警察部, 1915,「公州警察署管內 公州郡」,『酒幕談叢』第四卷, 1丁(국회도서관 소장본 기준 152쪽).

45 「面制第4條ニ依リ相談役ヲ置ク面左ノ通之ヲ指定ス(朝鮮總督府令第67號, 1917.9.19)」,『朝鮮總督府官報』第1,539號, 1917.9.19.

46 孫禎睦, 1992,『韓國地方制度·自治史研究(上): 甲午更張-日帝强占期』, 一志社,

2) 정비기(1920~1930): 면부과금 증대에 의한 '부재지주' 이동과 과다한 부역

3·1운동 이후 부임한 사이토 마코토(齋藤實) 조선총독은 '신시정(新施政)' 5개 정책 중 하나로 지방제도 '개혁'을 내걸었다. 특히 「면제」 및 「면제시행규칙」 개정을 통해 면협의회(면 세입·출 예산과 부과징수에 관한 면장 자문기구) 신설, 선거(지정면) 또는 군수와 도사가 임명(보통면)하는 협의회원은 명예직이며(임기 3년), (피)선거권자 범주(1년 내 면 내에 주소를 두고 면부과금 연 5엔 이상 납부하고 독립적 생계를 영위하는 25세 이상 남자)가 정해졌다.[47]

〈표 12-3〉 면부과금 누년 비교표(1919~1930년, 단위: 천 엔, %))

연도	지세 계통	호세 계통	영업세 계통	어업세 (할)	임야할	잡종세 (할)	광업할	반별할 기타	합계
1919	3,096 (68.2)	1,068 (23.5)	17 (0.4)	0 (0.0)	306 (6.7)	51 (1.1)	0 (0.0)		4,538
1920	5,532 (55.2)	3,992 (39.9)	35 (0.3)	1 (0.0)	404 (4.0)	49 (0.5)	0 (0.0)		10,013
1921	5,948 (54.7)	4,416 (40.6)	77 (0.7)	1 (0.0)	376 (3.5)	57 (0.5)	1 (0.0)		10,876
1922	6,465 (55.8)	4,498 (38.8)	93 (0.8)	2 (0.0)	471 (4.1)	59 (0.5)	1 (0.0)		11,589

164~170쪽; 姜再鎬, 2001, 앞의 책, 169쪽.

47 「面制中改正(制令第13號, 1920.7.29)」; 「面制施行規則中改正(朝鮮總督府令第103號, 1920.7.29)」, 『朝鮮總督府官報』 號外, 1920.7.29.

1923	6,401 (54.7)	4,869 (41.6)	111 (0.9)	2 (0.0)	242 (2.1)	67 (0.6)	1 (0.0)		11,693
1924	6,358 (54.4)	5,100 (43.6)	134 (1.1)	4 (0.0)	17 (0.1)	74 (0.6)	0 (0.0)	3 (0.0)	11,690
1925	6,350 (56.0)	4,706 (41.5)	139 (1.2)	2 (0.0)	1 (0.0)	76 (0.7)	0 (0.0)	76 (0.7)	11,350
1926	6,642 (54.5)	5,166 (42.4)	150 (1.2)	2 (0.0)	4 (0.0)	82 (0.7)	0 (0.0)	137 (1.1)	12,183
1927	6,718 (53.7)	5,356 (42.8)	249 (2.0)	1 (0.0)	1 (0.0)	96 (0.8)		90 (0.7)	12,511
1928	6,804 (52.2)	5,637 (43.2)	371 (2.8)	2 (0.0)		111 (0.9)		110 (0.8)	13,035
1929	6,858 (51.2)	5,795 (43.3)	458 (3.4)	2 (0.0)		129 (1.0)		145 (1.1)	13,387
1930	6,918 (51.3)	5,758 (42.7)	464 (3.4)	2 (0.0)		142 (1.1)		200 (1.5)	13,484

출처: 『朝鮮地方財政要覽』, 1932년판.
비고: '0'은 단위 천 엔에서 사사오입한 것으로 미표기된 항목과 다름.

이 시기 면부과금 구조는 두 가지 특징을 보였다.

첫째, 호별할·지세할 증징이다. 1917~1920년 평균 호별할은 7배(22전 7리→1엔 46전 2리), 지세할은 3배(15전 8리→48전 3리) 증징되었다. 이는 두 차례(1919·1920) 과율 제한 상승,[48] 1918년 이후 제한 외 부과 때문이었다.[49] 이는 면 세출에서 3개 비목(토목·권업·위생) 및 급여비의 2배

48 「面制施行規則中改正(朝鮮總督府令第23號, 1919.2.19)」, 『朝鮮總督府官報』 第1958號, 1919.2.19; 「面制施行規則中改正(朝鮮總督府令第1號, 1920.1.12)」, 『朝鮮總督府官報』 第2222號, 1920.1.12.

49 윤해동, 2006, 앞의 책, 164~165쪽.

〈그림 12-2〉 (읍)면 부역 부과 상황(1922~1937년, 단위: 명, %)

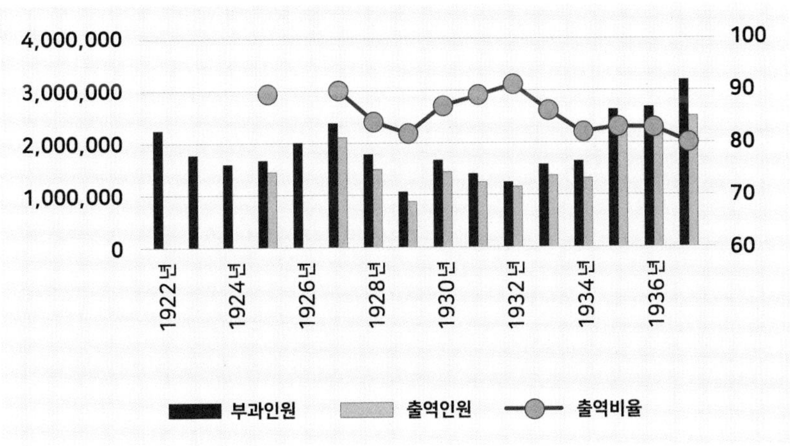

출처: 각년도판, 『朝鮮地方財政要覽』.

이상 증가 때문이었다.

제1차 세제정리(1927) 당시 국세·지방세 체계 정리에 따라 면부과금 구성이 바뀌었다. 중추 세목은 여전히 호별할이었지만, 국세부가세로 지세할(시가지세) 유지, 어업할·광업할·영업할·임야할 폐지, 대신 국세에 대한 부가세 신설(영업세할·법인소득세할·광세할), 지방세부가세로 기존의 가옥세할에 더해 새로운 세목을 신설(차량세할·특별소득세할·수산세할)한 것이다. 특별영업세(국세 영업세 면세점 이하의 영업에 대해)도 부과할 수 있었다.[50]

그러나 면부과금 수입에서 지세·호세 계통의 비중이 여전히 높아 제

50 「面制施行規則中改正(朝鮮總督府令第29號, 1927.3.31)」, 『朝鮮總督府官報』 號外 第1號, 1927.3.31; 松田金一郎, 1936, 『道府邑面稅の賦課と徵收』, 財務硏究會, 17쪽; 金玉根, 1994, 앞의 책, 297~303, 329~331쪽.

1차 세제정리 전후인 1919~1926년(91.7~96.9%)과 1927~1930년(94.0~96.5%) 사이에 큰 차이가 없었다(〈표 12-3〉). 면부과금은 1940년 이전까지 면 세입의 절반 이상이었고(〈표 12-2〉), 1936년 이전까지 호별할·지세할 비중이 면부과금의 90% 이상을 차지했다.[51]

둘째, 면 단위 부역·현품 부과가 일상화되고 제도화되었다. 부역·현품은 세입액 '명목상' 미미했지만, 전통적 '관습'을 법제화하여 면민에게는 큰 부담이었다. 현품 부과는 주로 부유층을 대상으로, 부역은 빈곤층의 노동력을 동원한 것이었다.

'관행' 부역은 자료상 확인이 어렵고 법제적 '부과' 부역만 부분적으로 확인될 뿐이다. 부역은 「도지방비」에서 명목상 폐지(1927)되었지만, 정작 실제 실행단위인 면에서는 계속 유지되었다. 1922~1937년에 동원된 부역 인원은 매년 1백만~2백만 명에 달했다(〈그림 12-2〉). 1938년 이후에도 부역이란 표현만 쓰지 않았을 뿐 전시체제를 빌미로 꾸준히 도로 개수 등에 노동력을 무상 동원했다.

부역 부과 인원은 1930년대에 총 1,400만~1,600만여 명 정도로 추정된다. 1929년의 경우 부과 인원 기준 83.8%가 '도로' 부역이었다. 여기에 제방·교량 건설과 면사무소 건설, 식림, 사방사업, 묘포 설치, 해충 구제 등 다양한 명분으로도 부역이 동원되었다. 빈곤층에게 면부과금은 몰라도 부역은 실로 큰 부담이었다. 1927년 폐지된 「도지방비」와 면 단위의 토목·위생·권업 및 고유사무 관련 부과 부역, 「도로규칙」에 따른 '관행' 부역으로 분류되는 부역의 대납금(대체) 비율(100%에서 〈그림 12-2〉의 출역

51 『朝鮮總督府統計年報』, 1914~1942년판.

비율을 뺀 비율)은 1930년대 후반까지 20% 미만인 것으로 보인다.[52]

주로 부유층에 부과된 현품은 1920~1937년, 특히 1930년대에 증가한 것으로 보이나, 명목 액수만 보면 면 세입에 미치는 영향은 기록이 불명확해 자료상으로는 미미했다. 현품 종류는 대개 곡물(대맥, 벼 등)이나 건축재료[사리(砂利), 목재 등]로 면사무소 신축이나 보통학교 설립 등에 필요한 자재를 부과했다.[53]

면부과금의 담세력 부족 문제는 후술할 지방재정보조보급금 도입(1940) 이전까지 전혀 해결되지 않았다. 예컨대 1925년 황해도의 223개 면 중 면부과금 총액이 면사무비를 밑도는 사례가 73개 면이나 되었다.[54]

면민 부담을 부유층(현품·호세 계통)과 빈곤층(부역)으로 구분한다면, 호세 계통의 높은 부담은 면 내 부유층이 인근 도시나 경성으로 이주하는 큰 요인이 되었다. 당시 한 군(郡) 관료는 부재지주의 도시 이주 이유를 호세 계통 부담, 기부금 요구, 부역(대납금), 친척·근친의 도움 요구, 도시 향락시설 등이라고 지적했다.[55] 재촌지주도 대지주를 따라 자식들에게 학력자본을 제공하기 위해 도시로 유학을 보내는 경우가 많아졌다.[56] 즉, 지역단위의 공동체성을 담보할 지역유력자들의 다수가 도시로 이출된 것이다.

한편 조선총독부는 「면제」 개정을 통해 지정면에 한해 지방채 발행을

---

52 박이택, 2002, 앞의 글, 39~56쪽; 윤해동, 2006, 앞의 책, 172~176쪽.

53 윤해동, 2006, 위의 책, 172~177쪽.

54 「大正十五年自六月二十九日至七月三日道知事会議諮問事項答申書」(신주백 편, 1993, 『日帝下支配政策資料集』 5, 고려서림, 62~64쪽).

55 北畠良弘, 1935.12, 「地方税制改革に對する私見」, 『朝鮮地方行政』 14-12, 44~45쪽.

56 松本武祝, 1998, 앞의 책, 85~87쪽.

허용(1927.11)하면서 계속비를 보통면까지 확대했으며, 면의 특별회계 편성을 가능하게(1928.7) 했다.[57] 이에 따라 중장기적 계속사업 업무가 제도화되면서 자체적 재원 확보의 요구가 더욱 커졌다. 물론 1928 · 1929 · 1930년 지방채를 발행한 보통면은 총 19개 면(11개, 5개, 3개 면)에 불과했지만, 「읍 · 면제」 개정의 마중물 역할을 한 것이다.[58]

3) 「읍 · 면제」 시행기(1931~1936): 법인화를 통한 읍 · 면채 발행과 부담 증대

1931년 4월 시행된 「읍 · 면제」는 읍(종래 지정면)과 면(종래 보통면)으로 구분하고, 면부과금을 '읍 · 면세'로 개칭하면서 몇 가지 행정적 변화를 보였다. 면에 재정 주체로서 사업 추진과 재산 소유가 가능한 '법인격' 부여, 면장의 권한을 확대하여 이전에 없던 면 이원 임면 · 감독 · 지휘권과 면내 규칙 제정권 부여(면협의회는 민선 '자문'기관), 면장은 권한이 강화되었지만 여전히 판임관(일부 주임관) '대우관리'로서 면 재정에서 급여 지급, 면장은 "면을 통할하고 면을 대표"하는 권한, 읍 · 면 주민은 읍 · 면 내 "영조물을 공용하는 권리와 부담을 분임해야 할 의무"를 가진다는 등의 권리 · 의무를 규정했다.[59]

면이 제도적으로 사업능력을 가진 '독립적' 주체가 된 이 시기 읍 · 면

---

57 「面制中改正(制令第15號, 1927.11.7)」, 『朝鮮總督府官報』 第257號, 1927.11.7; 「面制中改正(制令第5號, 1928.7.19)」, 『朝鮮總督府官報』 第467號, 1928.7.19.

58 정미성, 2005, 앞의 글, 213~215쪽.

59 「邑面制(制令第12號, 1930.12.1, 1931.4.1 시행)」; 「邑面制施行規則(朝鮮總督府令第105號, 1930.12.19, 1931.4.1. 시행)」, 『朝鮮總督府官報』 第1174號, 1930.12.1.

〈그림 12-3〉 읍 · 면채 발행 현황(1918~1940)

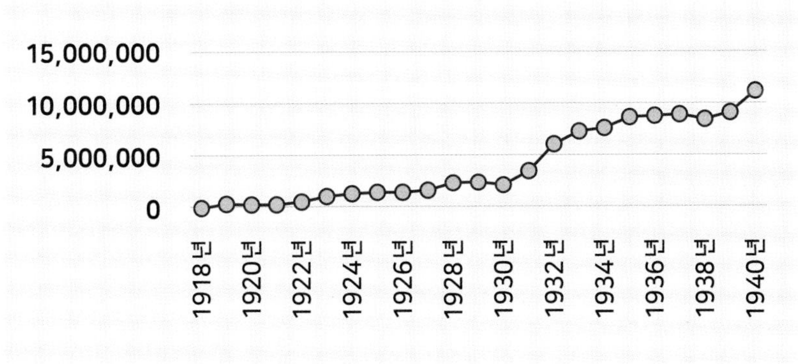

출처: 각년도판, 『朝鮮地方財政要覽』

재정에 두 가지 변화가 수반되었다.

첫째, 1927년 이래 면 폐치분합 정책이다. 면은 1919~1927년에 6개만 줄었지만, 1927~1936년에 읍·면은 132개가 줄었다. 1930년에 부로 승격된 6개 면을 제외해도 읍·면 폐합이 적극 진행된 것이다. 재정이 취약한 '부실면'을 정리한 것이다.[60]

둘째, 읍·면채 발행에 기초한 읍·면 사업의 확대이다. 세입에 대한 읍·면채 발행액 비중은 1919~1930년(0.2~2.0%)과 달리 1931~1935년(4.7~7.9%)에 급증했다.[61] 특히 1930~1933년에 3배 이상 증가(206.6만여 엔→742.2만여 엔)했다(〈그림 12-3〉). 이는 보통면에 대한 기채권 부여(1927),

60 정미성, 2005, 앞의 글, 216~223쪽.

61 金玉根, 1994, 앞의 책, 328쪽, 376쪽. 모두 『조선총독부통계연보』의 읍·면 세입 예산액 기준이다.

지방제도 개정에 따른 면과 면장의 재정적·행정적 권한 확대(1931), 1931년 이후 도지방비와 부·읍·면 사업으로 추진된 궁민구제토목사업 때문이었다. 실제 읍·면채는 대부분 토목·권업·위생(및 상수도)에 지출되었고, 궁민구제토목사업 실시 다음 해인 1932년부터는 하천부담금도 포함되었다.[62]

읍·면채 발행은 상환 및 사업 계획이 확실한 면에 우선 배분되었다. 특히 하천정비공사, 상수도공사 등 큰 단위 공사는 5~8개 면이 합해 조선식산은행이나 도를 차입처로 하여 합동 지방채를 발행하거나, 도지방비 보조를 통한 단독 기채 형태로 이루어졌다. 소규모 단독 기채는 주로 면사무소 신축 등 통치기구 정비 목적이나 시장, 공동욕장, 도살장 건설 등에 소요되었다.

즉 1931년 이후 읍·면채는 자연재해가 심한 지방의 하천 정비를 위한 대규모 토목사업(대개 복수 면이 참여하여 읍·면채 발행)과 상수도, 항만 등 면이 단독으로 하기 어려운 대규모 공사, 면 재정 확충을 위한 수익시설로 시장, 공동욕장, 도살장, 부두 공사, 그리고 면 행정시설의 확충 등에 지출되었다. 읍·면채는 발행 이유, 상환계획, 세입·세출 내역, 면협의회 회의록 제출 후 발행되었다. 이 과정에서 최종 승인권자는 조선총독이었고, 면협의회는 자문기관에 불과했다.

---

62 이하 읍·면채에 대한 서술은 정미성, 2005, 앞의 글, 223~231쪽.

〈표 12-4〉 읍 · 면세 예산의 비율(1931~1944년, 단위: 천 엔, %)

연도	지세 계통	호세 계통	양 계통 외 항목	읍 면세 총액
1931	6,915 (51.9)	5,611 (42.2)	786 (5.9)	13,312 (100)
1932	6,745 (51.1)	5,628 (42.6)	832 (6.3)	13,205 (100)
1933	6,965 (51.1)	5,824 (42.7)	842 (6.2)	13,631 (100)
1934	7,031 (49.9)	6,021 (42.7)	1,035 (7.3)	14,087 (100)
1935	6,964 (48.4)	6,186 (43.0)	1,229 (8.6)	14,379 (100)
1936	6,699 (41.7)	6,292 (39.2)	3,069 (19.1)	16,060 (100)
1937	7,027 (40.2)	6,302 (36.1)	4,132 (23.7)	17,461 (100)
1938	6,981 (38.7)	6,602 (36.6)	4,474 (24.8)	18,057 (100)
1939	5,544 (30.6)	6,799 (37.5)	5,782 (31.9)	18,125 (100)
1940	9,517 (45.8)	5,387 (25.9)	5,880 (28.3)	20,784 (100)
1941	9,637 (39.3)	6,662 (27.2)	8,207 (33.5)	24,506 (100)
1942	10,802 (31.0)	7,982 (22.9)	16,012 (46.0)	34,796 (100)
1943	11,465 (29.5)	8,819 (22.7)	18,536 (47.7)	38,820 (100)
1944	13,395 (28.3)	10,164 (21.5)	23,819 (50.3)	47,378 (100)

출처: 朝鮮總督府, 1938·1941년판, 『朝鮮地方財政要覽』; 南朝鮮過渡政府, 1948, 『朝鮮統計年鑑』, 國都印刷局, 362~363쪽.

그러면 읍·면세와 부역 추이를 보자.

읍·면세 중 지세·호세 계통 비중이 1931~1935년(94.1~91.4%)에 대부분을 점했다(〈표 12-2〉). 「읍·면제」(1931)는 읍·면세를 6개 세목(지세부가세·소득세부가세·영업세부가세·차량세부가세·특별소득세부가세·호별세)과 특별세로 한정하여 명시했고 1927~1935년에 광세할, 가옥세할 등은 실질적으로 부과되지 않았다.[63] 그런데 부역 부과가 1930년대 중반 이후 오히려 급증했다(〈그림 12-3〉). 읍·면은 1931년 면의 폐치분합 정책과 읍·면채 발행 과정에서 이전보다 제한적 '독립성'을 부여받았지만 이는 곧 부담 증대를 의미했다.

4) 전시체제 읍·면 행정 강화기(1936~1945): 보조금·보급금 증가와 전방위적 증징

전시체제기 직전부터 읍·면 재정은 제2차 지방세제정리(1936)와 제3차 세제정리(1940)를 분기점으로 구분된다. 1936~1944년에 확인되는 큰 변화로는 담세력 한계로 인해 종래의 지세·호세 계통이 아닌 읍·면세의 증징, 반면 세입의 중추였던 읍·면세 비중의 급감(54.4%→35.4%), 읍·면 단위의 증징에 한계를 안고 지방재정조정보급금을 중심으로 한 기타 항목의 급증(19.9%→48.9%)을 들 수 있다(〈표 12-2〉). 즉 전시체제기 들어 말단 행정단위인 읍·면 사무의 증대에 대응하기 위해 늘어난 세출 수요를 읍·면세나 재산수입, 사용료·수수료 등 자체 재원의 증징으로 충당하는 데 한계가 있었고, 읍·면은 지방재정조정보급금(1940)을 통한 직접적 통제력을 더욱 강하게 받게 되었다.

---

63 『朝鮮地方財政要覽』, 1938년판.

〈표 12-5〉 기타항목의 상세 구성(1936~1944년, 단위: 천 엔, %)

	보조금	조정보급금	기부금	이월금	읍·면채	기타	총 기타
1936	2,199 (7.5)		622 (2.1)	333 (1.1)	1,002 (3.4)	1,183 (4.0)	5,339 (18.9)
1937	2,230 (7.3)		708 (2.3)	307 (1.0)	1,680 (5.5)	1,567 (5.1)	6,492 (21.3)
1938	2,170 (6.9)		847 (2.7)	325 (1.0)	1,083 (3.4)	1,544 (4.9)	5,969 (19.0)
1939	2,575 (7.5)		1,081 (3.2)	326 (1.0)	393 (1.1)	2,088 (6.1)	6,463 (18.9)
1940	4,355 (10.0)	3,154 (7.2)	1,568 (3.6)	227 (0.5)	1,298 (3.0)	3,257 (7.5)	13,858 (31.8)
1941	7,119 (12.7)	5,244 (9.4)	2,233 (4.0)	608 (1.1)	2,569 (4.6)	3,148 (5.6)	20,921 (37.4)
1942	12,388 (16.4)	8,181 (10.8)	2,652 (3.5)	417 (0.6)	1,494 (2.0)	3,126 (4.1)	28,259 (37.3)
1943	21,737 (21.9)	11,344 (11.5)	1,958 (2.0)	3,050 (3.1)	1,727 (1.7)	5,896 (6.0)	45,712 (46.2)
1944	34,686 (25.9)	15,776 (11.8)	1,806 (1.3)	4,485 (3.4)	2,186 (1.6)	6,460 (4.8)	65,400 (48.9)

출처: 南朝鮮過渡政府, 1948, 『朝鮮統計年鑑』, 國都印刷局, 362~363쪽.

비고: 총 기타는 본 표의 모든 항목을 총합한 것이고, 〈표 12-2〉의 기타 항목을 말함. 비율은 전체 세입 항목에 대한 비율임.
1940년 이전 총액이 합치하지 않는 이유는 〈표 12-2〉의 경우 1939년까지 『조선지방재정요람』의 결산액을 사용했기 때문임.

첫째, 지세·호세 계통의 읍·면세 변화를 보자. 제2차 세제정리(1934)에 이어 제2차 지방세제정리(1936)가 진행될 때 초점은 부담 공평, 지방단체 간 조정을 기한다는 명분으로 재원이 약한 면에 도보조금 지급, 재원 조달을 위한 도세 증징에 맞춰졌다. 유산층 과세부담이 가중된다는 이유로 세3종 소득세(개인소득세)부가세를 신설하지 않고 도세부가세인 호별세부가세를 중추세로 삼았다. 따라서 호별세 부과등급, 부과액 배당방법, 호당 평균부과액을 통일하고, 재정 부족은 지방재정조정교부금 제도로 조절한다는 것이었다.[64]

이 시점에 부세와 읍·면세는 세목이 대부분 통일되어 보완세-부가세인 국세부가세(지세·제1종 소득세·영업세·거래소세·광세)와 도세부가세(가옥세·특별소득세·차량세·부동산취득세)인 호별세부가세(호별할에서 개칭) 등이, 그리고 보완세-특별세(독립세)인 조흥세, 잡종세, 토지평수할 등이 부과되었다. 1936년 읍·면세 중 지세·호세 두 계통 외 세목 비중(19.1%, 310만여 엔)이 전년도(8.6%)보다 급증한 것은(〈표 12-4〉) 가옥세부가세·광세부가세·부동산부가세 신설과 차량세부가세 증징 때문이었다.[65]

그러나 〈표 12-4〉를 보면 읍·면세에서 1935~1944년 호세 계통(1.6배), 지세 계통(1.9배) 증가는 '시국'에 비춰 크지 않았다. 그만큼 증징에 한계가 있던 것이다. 반면 두 계통 외의 세목은 급증(19.8배)했다. 이는 영업세, 가옥세, 광세, 차량세, 부동산취득세 등에 대한 부가세 증징 때문이며, 특히 광세부가세는 1944년 한 해에만 39.5배나 폭증했다.[66]

물론 이는 제2차 지방세제정리(1936) 당시 호세 계통 증징을 줄여 도에서 일원적으로 거두고 재원이 부족한 읍·면에 보조금을 제공한다는 정책 때문이기도 했다. 당시 조선총독부 내무국은 대부분 '국가'나 상급 지방단체 사무라 면세 징수 외 면의 고유사무가 거의 없고, 면적, 지세 등의 관계로 면 폐합에 따른 부담 완화를 도모하기 어려워 제한 외 부과를 계

---

64 松田金一郎, 1936,『道府邑面稅の賦課と徵收』, 財務硏究會, 28~36쪽.

65 〈표 12-4〉 출처; 朝鮮總督府內務局 編, 1937,『朝鮮ニ於ケル地方稅制整理經過概要』, 37~38쪽.

66 南朝鮮過渡政府, 1948,『朝鮮統計年鑑』, 國都印刷局, 362~363쪽.

속해야 했기 때문에, 도에서 재정보조를 받아 호별세의 제한 외 부과를 전폐하고 도 재정은 가능한 한 국고보조에 따를 것을 고려했다.[67]

그러나 면의 호별세부가세 제한 외 부과는 폐지되지 않았다.[68] 호세 계통 세액도 제3차 지방세제정리(1940)에 와서야 140만여 엔이 감소했을 뿐이다(〈표 12-4〉). 이는 개정 「읍·면제시행규칙」에서 「도제시행규칙」 제46조의 3 제2항의 지수 1개에 대해 10엔을 부과하게 된 결과물이었다.[69] 대신 후술할 지방재정조정분급금으로 감소분을 보전받아, 해당년도에 감소분을 상회하는 320만 엔 지급을 확인할 수 있다(〈표 12-5〉).[70] 요컨대 호세 계통은 지방재정조정분급금을 통해 1940년 이후에도 여전히 면 재정의 중추였다.

또한 1940년 지세 계통에 「특별지세부가세」로 특별지역으로 지성된 곳 중 본 세의 77/100(평남북·강원·함남북)과 90/100(기타 도)을 부과했다. 1941년에는 면세지특별지세부가세를 부과해 위와 같은 부과율을 적용했다. 이후 두 차례(1942·1943) 지세 계통이 증징되었다. 여타 세금들은 부과율이 한 차례 증징(1941)되었을 뿐이지만[71] 대폭 증가했다.

---

67 朝鮮總督府內務局 編, 1937, 『朝鮮ニ於ケル地方稅制整理經過概要』, 34~35쪽; 윤해동, 2006, 앞의 책, 182~183쪽.

68 「邑面制施行規則中改正(朝鮮總督府令第3號, 1936.1.8, 1936.4.1. 시행)」, 『朝鮮總督府官報』 第2693號, 1936.1.8.

69 「邑面制施行規則中改正(朝鮮總督府令第76號, 1940.3.31, 1940.4.1. 시행)」, 『朝鮮總督府官報』 號外, 1940.3.31.

70 1941년 전남 영암군 신북면 예산서상 지방재정조정분급금 총액 1,162엔의 절반 이상인 694엔이 「호별세부가세부담조정보급금」으로 지급되었다. 1941, 「昭和一六年度新北面歲入出豫算」, 地方課, 『(昭和一六年度)邑面長任免關係綴』, CJA0003773, 293~307쪽.

71 「邑面制施行規則中改正(朝鮮總督府令第97號, 1940.4.10, 1940년도분부터 시행)」, 『朝鮮

둘째, 기타항목(보조금·보급금·기부금 등)은 1936~1939년(18.9~21.3%)에 비해 1940~1944년(31.8~48.9%)에 급증했다.

보조금은 기타항목의 31.4~53.0%를 차지했다. 1936년 이후 국고보조보다 도비보조에 입각하겠다는 지방정책, 학교조합·학교비 등과 달리 국고보조·도비보조가 『조선지방재정요람』 및 『조선총독부통계연보』에서 분리 기술되지 않는 점에 비춰 도비보조가 많았을 것이다.

지방재정조정보급금은 조선총독부가 각 지방단체의 불균형을 시정한다는 명분으로 일본의 지방분여세와 비슷한 형태로 도입(1940)한 것이다. 보급금에는 감수보전보급금(폐세·감세액과 호별세 감소 보전 목적), 일반재정수요보급금(재정 수요 지원 목적), 특수보급금(세원이 취약한 지방단체 지원 목적) 등이 있었다. 경성부 세입의 경우 지방재정조정보급금은 1940~1944년 미미(1.2~1.8%)했지만[72] 읍·면 세입에서는 큰 비중(22.8~29.0%)를 차지해 기타항목 증가의 가장 큰 원인이었다(〈표 12-5〉).

면 재정을 채우기 위해 유력자에게 받은 기부금 비중(1.3~4.0%)은 읍·면세 증징과 연동되어 절대액 자체는 1942년을 정점으로 '명목상' 감소 추이를 보였다.

읍·면채 비중은 1941년(4.6%, 256만 8,541엔)을 정점으로 비중이 줄었

總督府官報』 第3965號, 1940.4.10; 「邑面制施行規則中改正(朝鮮總督府令第45號, 1941.2.25; 1941.4.1. 시행)」, 『朝鮮總督府官報』 第4226號, 1941.2.25; 「邑面制施行規則中改正(朝鮮總督府令第37號, 1942.2.16; 1942.4.1. 시행)」, 『朝鮮總督府官報』 第4514號, 1942.2.16; 「邑面制施行規則中改正(朝鮮總督府令第90號, 1943.3.31; 1943.4.1. 시행)」, 『朝鮮總督府官報』 號外第1號, 1943.3.31.

72 이명학, 2012, 「총동원체제기(1940~1945) 경성부 歲入構造의 변화와 府稅 확대」, 『역사문제연구』 28, 266~270쪽.

는데, 1940년 이후의 지방채 억제책[73] 때문이었다. 대신 도 재정에 나타나듯이 1940년 이후에도 상대적으로 비중이 덜 줄어든 도채 발행을 통해도 보조를 받는 형태로 전환되었다.

즉 1936년 이후 주로 지세·호세 계통 외의 읍·면세 증징과 1940년 이후 지방재정조정보급금의 분배는, 전시체제기에 말단 행정단위인 읍·면의 재정 '안정성'을 높이고 동원 행정을 강화하는 역할을 했다.[74] 이는 앞서 보았듯 면 세출의 절대적 증가에도 불구하고 절반 이상을 점했던 사무비 비중이 1939년 최저점(46.9%) 이후 다시 1944년(59.1%)까지 증가세를 보인 것과 관련이 있다(〈표 12-6〉). '시국'의 급박함을 반영하여 1935~1943년 읍·면 이원 총수가 1.5배로 급증했기 때문이다(〈그림 12-1〉). 즉 읍·면세 증징은 기본적으로 전시체제기 동원과 관련하여 읍·면 행정이 비대해지면서 사무비 지출이 늘어난 것과 관련이 있었다.

73 이명학, 2012, 앞의 글, 265~267쪽.

74 전시체제기 읍·면 행정 강화에 대해서는 한긍희, 2000, 「일제하 전시체제기 지방행정강화정책 - 邑面行政을 중심으로 -」, 『國史館論叢』 88, 213~239쪽 참조.

제13장
조선인 '교육열'에 반한 학교재정의 민족별 분리

식민지하 의무교육의 부재 속에서 조선인의 교육 열망이 교육재정상 어떻게 차단되거나 제한적으로 반영되었는지, 그리고 초등교육의 제도적 민족별 분리가 세입구조에 어떻게 반영되었는지 살펴보자.[1]

조선의 초등교육 재정은 타이완, 사할린, 관동주 등과는 달리 민족별로 분리·운영되었다. 세입원도 달랐다. 1910년대에는 지방비보조금·임시은사금이자·향교재산수입을 중심으로 하는 조선인 교육재정(공립보통학교 비용), 일본인 거류민단이 개편되어 조합비, 사용료·수수료, 재산수입 등 안정적 수입원을 토대로 일본인의 이주·정착을 지원하는 바탕이 된 일본인 교육재정(학교조합)으로 나뉘어 있었다.

3·1운동 후 조선인들의 교육열이 높아짐에 따라[2] 조선총독부도 1910년대 학교 설립을 제한했던 정책에서 방향을 바꿔 1920년대 '3면 1교'제에서 1930년대 '1면 1교'제를 선전했고, 학교 시설은 조금씩 확충되었다. 그러나 조선인들의 교육열을 온전히 반영할 의도는 없었고 학교재정도 계속 민족별로 분리·운영했다.[3] 도·농 간 시설 격차까지 큰 가운데 조선인 교육재정은 지방제도 변화와 함께 학교비로 전환되었지만 직접적 국고보조보다 지방유력자를 대상으로 한 누진세 부과와 지방비부가

---

1 간략한 개괄은 金玉根, 1994, 『日帝下朝鮮財政史論攷』, 一潮閣, 참조.

2 오성철, 2000, 『식민지 초등교육의 형성』, 교육과학사; 정병욱, 「3·1운동과 학력주의의 제도화」, 박헌호·류준필 편, 2009, 『1919년 3월 1일에 묻다』, 성균관대학교출판부; 정병욱, 2014, 「1922년 '제2차 조선교육령'과 현행 한국사 교과서」, 『역사비평』 109 등을 참조.

3 조미은, 2010, 「일제강점기 재조선 일본인 학교와 학교조합 연구」, 성균관대학교 사학과 박사학위논문; 조미은, 2012, 「일제시기 재조선 일본인 학교조합제도의 변천과 성격」, 『사림』 41.

금 중심의 학교비부과금을 주 수입원으로 운영되었다.[4]

1930년대 들어 지방제도 개편으로 부의 조선인 교육재정도 부 재정으로 통합되었지만, '제1부 특별경제(일본인 교육재정)'와 '제2부 특별경제(조선인 교육재정)'로 여전히 민족 간 교육재정은 분리 · 운영되었다. 효율적 전시동원을 위한 「제2차 조선인 초등교육 보급 확충계획」(1936)에 따라 조선인 초등교육 의무교육화가 구상되기도 했다. 반면 조선총독부 정무총감 이마이다 기요노리(今井田清德)의 조선인 교육재정에 대한 국고보조 약속은 지켜지지 않았다. 반면 일본인 교육재정은 꾸준하게, 그리고 1930년대 후반 더 증액된 형태로 국고보조금을 받았다.

4 조선인 교육재정을 통해 최병택은 주로 지역사회를 다루었다(최병택, 2013, 「일제하 학교비 재정 운영의 성격」, 『역사와현실』 90; 최병택, 2017, 「1920년대 부 학교평의회의 구성과 학교비 논란」, 『한국문화』 77). 윤현상은 교육재정에 초점을 맞추고 있다. 윤현상, 2015, 「일제시기 공립보통학교 재정 운영」, 『한국사론』 61, 서울대학교 국사학과; 윤현상, 2016, 「1920년대 총독부 교육재정 정책의 변화와 공립보통학교 설립열의 확산」, 『역사문제연구』 35; 윤현상, 2018, 「일제하 교육재정 국고보조금의 지급과 '국민교육'」, 『역사와 담론』 86; 윤현상, 2022, 「일제하 초등교육 재정의 구조와 변동」, 서울대 국사학과 박사학위논문. 두 논자는 국고보조금과 교육재정 세입구조를 통해 초등교육 재정구조의 '내선별학' 구조라는 식민지성을 다루고 있다. 최근 중앙 교육재정에서 전시체제기 조선인 초등교육의 몫이 일본인 초등교육에 비해 늘어난 점이 주목받고 있다(정덕희, 2020, 「일제강점기 중앙교육재정의 민족별 배분 추이」, 『한국교육사학』 42-3). 그러나 신설학교 보조금이나 일회성 지출에 초점이 맞춰지고 있어서 학급별 보조금 사이의 성격 차이라는 기존 연구의 해석을 상대화했다고 보기 어렵다(윤현상, 2022, 위의 글, 280~285쪽 참조).

1. 1910~1920년대 교육재정의 민족별 분리와 교육 격차

1) 교육비 조달 방식 변화와 조선인 초등교육 정책의 제한적 전환

① 1910년대 제한된 보조금 중심 운영과 보통학교 증설 억제

〈표 13-1〉 공립보통학교 수입(1912~1919년, 단위: %, 천 엔)

연도	재산수입	사용료 수수료	이월금	보조금	기부금	부과금	학교비채	기타	합계
1912	14.2%	0.2%	8.8%	70.4%	4.1%	0.1%	0.0%	2.3%	1,037
1913	15.3%	1.2%	8.9%	65.8%	4.3%	2.1%	0.0%	2.4%	1,159
1914	14.3%	2.1%	8.2%	60.3%	9.3%	3.6%	0.0%	1.3%	1,217
1915	12.0%	2.9%	7.2%	66.9%	5.1%	4.0%	0.0%	2.0%	1,323
1916	11.4%	3.5%	6.3%	67.2%	4.1%	5.5%	0.0%	2.2%	1,426
1917	12.5%	5.3%	5.8%	58.4%	3.7%	11.1%	0.0%	3.2%	1,648
1918	10.8%	4.0%	6.3%	54.8%	11.1%	9.0%	0.0%	3.9%	2,340
1919	10.3%	2.6%	5.6%	46.2%	11.7%	19.3%	0.0%	4.4%	3,757

출처: 朝鮮總督府, 1924·1938년판,『朝鮮地方財政要覽』.

조선총독부는「공립보통학교비용령」(1911.10. 이하「비용령」)을 공포하고, "공립보통학교 설립과 유지에 관한 비용"을 "임시은사금 이자·향교 재산과 기본재산 수입·수업료·기부금·국고보조금 및 지방비보조금"으로 충당한다고 규정했다. 여기에 "공립보통학교 설립 유지에 필요한 비용은 학교 설립구역 내 조선인의 부담"으로 한다는 중요한 단서를 추가했다. 같은 날 공포된 「비용령시행규칙」은 공립보통학교 부담금은 "호세, 가옥세 및 지세 중 하나 또는 둘 이상에 부가하여" 징수하는 것으로 규정했다. 다만 호세 및 가옥세 한도는 본 세의 1/10, 지세 한도는 본 세의 2/100(평안남북도 및 함경남북도) 또는 1/100(그 외의 도)을 넘을 수 없다고 규정했다.[5]

부과금은 세금이나 비용 등을 정해 부담시킨 금액, 부가금은 본 세에 덧붙인 세금으로 예컨대 지세에 학교비부과금 명목으로 일정 금액을 덧붙인 세금을 말한다. 부가금 징수의 경우 본 세의 1/10~1/100 수준이어서 조선인들이 다니는 공립보통학교 비용을 충당하는 주 수입원이 될 수는 없었다. 이는 도세인 지세부가세(본 세의 5/100~10/100)와 같은 맥락에서 이해할 수 있다. 토지조사사업 과정에서 지세가 '새로운' 과세로 인식될 가능성 때문에 과세반발 최소화 차원에서 지세·지세부가세 세율을 낮게 설정한 것이다.[6]

실제 「비용령」에 따라 부과금이 1912년부터 학교 설립 구역 내 조선인에게 부과되었지만, 공립보통학교 수입에서의 비중은 1912~1916년(0.1%~5.5%)에 미미한 수준이었고, 1917년(11.1%) 이후 1919년(19.3%)에 급증했다(〈표 13-1〉). 이유는 두 가지였다.

첫째, 부과금 부과 지역이 늘어났기 때문이다. 1915년 5개 도(경기·전

---

5 「公立普通學校費用令(制令第12號, 1911.10.28)」, 『朝鮮總督府官報』 號外, 1911.10.28; 「公立普通學校費用令施行規則(朝鮮總督府令第125號, 1911.10.28)」, 『朝鮮總督府官報』 號外, 1911.10.28.

6 윤현상, 2015, 앞의 글, 249쪽; 최병택, 2013, 앞의 글, 270쪽; 정태헌, 2003, 「도세입-도세 구성 추이를 통해 본 식민지 도 재정의 성격」, 『한국사학보』 15, 209쪽.

남북·평남북) 내 2개 부 71개 군에서, 1916년에 7개 도(경북·강원도 추가) 내 4개 부 112개 군, 1917년에 10개 도(충남북·황해 추가)에서 13만 엔을 거둘 예정이었다.[7]

둘째, 부과금 세율이 증징(1919.3)되었기 때문이다. 「비용령시행규칙」 개정으로 지세·시가지세부가세가 본 세의 4/100, 지방비부과금 호세·가옥세부가세가 각각 1엔에 대해 30전·45전을 거두는 것으로 증징되었다.[8]

공립보통학교 재정의 절대 비중을 차지한 것은 보조금(54.8~70.4%)이었다. 보조금은 국고보조금, 지방비보조금, 임시은사금 이자 등으로 이루어졌다. 이 중 국고보조금은 1930년대에도 조선인 교육재정에서 점하는 비중이 미미했다. 반면 지방비보조금은 1918년 공립보통학교 세입 예산 총액의 57.1%(104.8만여 엔)를 점했고, 1910년대에 절반 가까운 비중을 차지했다.[9] 지방비보조금은 지방비(도 재정)에서 지출하는 교육비로 공립실업학교 경비 및 공립보통학교 시설, 교원 수당 보조비에 충당되었다. 1910~1920년 지방비 세출에서 교육비(22.0~31.4%)는 토목비·위생비와 함께 지방비의 3대 세출 항목이었다.[10]

임시은사금 이자는 강제병합 직후 정치적 의도로 일본 황실이 준 임시은사금 공채의 이자를 말한다. 조선총독부는 임시은사금 총액(3천만 엔) 중 1,739만 8천 엔을 '수산(授産), 교육 및 흉겸(凶歉) 구제' 자금으로

---

7 『朝鮮總督府施政年報』, 1915년판, 343~344쪽; 1916년판, 263~264쪽; 1917년판, 263~264쪽.

8 『朝鮮總督府官報』 第1990號, 1919.3.31.

9 최병택, 2013, 앞의 글, 271쪽.

10 金玉根, 1994, 앞의 책, 232~234쪽.

쓴다는 방침을 정했다. 교육 보조는 일부 사립학교 및 외국인 선교사가 운영하는 학교에서 '불순한' 교육이 이루어질 수 있다는 이유로 시설이 양호한 기존 사립학교를 인수하는 방식으로 세워진 공립보통학교 지원에 집중되었다. 예컨대 1911년 임시은사금 이자 중 교육보조비를 기초로 134개 공립보통학교가, 1912년 107개 교(이 중 88개 교가 사립학교를 조직 변경)가 증설되었다.[11]

그 외에 1910년대 공립보통학교 재정 중 특기 사항으로 향교재산수입(1912~1918년 재정의 6.4~10.1%)을 들 수 있다.[12] 1907년부터 향교 소유지를 실측한 통감부는 「향교재산관리규정」(1910.4. 학부령 제2호)을 통해 향교재산수입을 향교 소재 군 내 공립학교 및 관찰사 지정 학교 경비로 사용하도록 규정했다. 대한제국기에 신식교육을 도입하고 있던 향교 교육을 부정하고, 향교재산을 '관유화'하여 공립학교 경비로 충당한 것이다. 관찰사가 사립보통학교 경비 지원을 지정할 수 있었지만, 「사립학교규칙」(1911.10)에 따른 사립학교 위축과 '1군 1교' 정책(1912)에 따라 사립학교 지원은 축소되었다.[13]

1910년대 공립보통학교 재정의 특징은 다음과 같다.

첫째, 부과금은 강제병합 초기의 지방비 세입원 불안과 낮은 징수액으로 충분한 재원이 되지 못했다. 둘째, 임시은사금 이자는 매년 고정액인 반면, 보통학교 수의 증가(1911년 344개 교→1916년 426개 교)로 1개 교에

---

11 裵民才, 2009, 「1910年代 朝鮮總督府 臨時恩賜金事業의 운영방향과 그 실제」, 『한국사론』 55, 208쪽, 216~219쪽, 236~237쪽.

12 윤현상, 2015, 앞의 글, 250쪽.

13 김정인, 2006, 「일제강점기 향교의 변동 추이」, 『한국민족운동사연구』 47, 88~96쪽.

지급하는 평균 액수는 매년 줄었다.[14] 셋째, 향교재산수입도 고정적이어서 1개 교 지급액은 감소할 수밖에 없었다.

이러한 재정적 한계 속에서 1910년대 조선총독부의 기본방침은 '시세와 민도'를 운운하며 '간이 실용' 교육 수준에서 초등교육을 운용하여 학교 수와 시설을 최소한도로 유지하고자 했다. 이 때문에 명칭도 소학교로 칭한 일본과 달리 '보통'학교로 칭했다. 이 기조에서 '1군 1교' 방침이 나온 것이다. 조선총독부 학무국장 세키야 데이사부로(関屋貞三郎)는 "보통학교를 다수 증설하는 것은 재정이 허락하지 않"고 "입학 권유, 학급 설비와 같은 것은 지방 실정에 따라 완급을 꾀해야 하며, 민도를 제대로 확인하지도 않고 학교 설비를 늘리거나 하는 일은 불가하다"고 했다.[15]

② 1920년대 조선인들의 보통학교 설립 요구에 대한 학교비부과금 증징

〈표 13-2〉 1920~1930년 학교비 세입 예산(단위: %, 천 엔)

	재산수입	사용료·수수료	이월금	보조금	기부금	부과금	학교비채	기타	합계
1920	1.4%	1.5%	6.3%	34.4%	7.1%	45.6%	0.2%	3.5%	9,219
1921	1.2%	2.7%	8.9%	29.7%	7.6%	39.7%	4.0%	6.2%	11,847
1922	0.8%	5.5%	10.5%	23.0%	6.2%	42.4%	5.5%	6.2%	15,282
1923	0.9%	10.7%	13.0%	17.0%	7.8%	44.9%	1.6%	4.0%	15,114
1924	1.1%	14.6%	11.6%	16.4%	6.8%	45.8%	0.0%	3.6%	14,787
1925	1.3%	16.1%	11.0%	15.8%	5.7%	47.0%	0.1%	3.1%	14,579

14 裵民才, 2009, 앞의 글, 249~250쪽.

15 윤현상, 2015, 앞의 글, 249~251쪽.

1926	1.3%	16.9%	8.9%	15.6%	6.7%	46.2%	1.3%	3.2%	15,072
1927	1.3%	16.8%	7.8%	40.5%	6.8%	18.8%	4.7%	3.4%	16,097
1928	1.3%	18.7%	7.4%	43.3%	5.2%	20.5%	0.7%	2.8%	15,066
1929	1.1%	17.4%	6.6%	39.4%	5.7%	18.7%	8.0%	3.2%	16,820
1930	1.1%	18.8%	7.9%	43.4%	4.9%	21.4%	0.0%	2.5%	15,954

출처: 朝鮮總督府, 1924 · 1938년판, 『朝鮮地方財政要覽』.

강제병합 초기 조선인들은 식민지 교육기관인 공립보통학교 진학을 거부하고 전통 교육기관인 서당을 택하는 경우가 많았다.[16] 그러나 1910년대 중반이 되자 상황이 변했다. 1916년 『매일신보』는 보통학교 입학식을 소개하며 5~6년 전(강제병합 당시)에는 입학 권유를 해야 했지만, 현재는 모두 정원 초과라고 지적했다. 학생들은 1914년에 수업료로 매월 4.6전에서 1917년 10전 이상 내야 했는데,[17] 학교 수가 절대적으로 부족했기 때문이다.

조선총독부는 조선인들이 공립보통학교를 제한적으로 수용하기 시작하자 부과금 증징(1919.4)에 이어 1920년 새 법령 제정으로 부과금을 대폭 증징했다. 반면 재산수입은 향교재산수입 분리로 크게 감소했다. 즉 1920년 지방제도 개정으로 「조선학교비령」(1920.7.29. 제령 제14호), 「조선학교비령시행규칙」(부령 제104호)에 따라 「비용령」을 폐지하고, 각 부 · 군

16 오성철, 2000, 『식민지 초등 교육의 형성』, 교육과학사, 22 ~ 23쪽. 1912년(기준 시점은 1913년 3월) 조선인 중 취학자 수는 공립보통학교 43,562명, 사립 각종학교 55,313명, 서당 169,077명 등이었고, 1942년에는 보통학교(관립 · 공립 초등학교, 도지사인정학교 제2부 학생) 1,779,661명, 사립 각종학교 65,745명, 서당 153,784명 등이었다. 朝鮮總督府, 1912 · 1942년판, 『朝鮮總督府統計年報』.

17 윤현상, 2015, 앞의 글, 251 ~ 252쪽.

·도(島) 단위에 「학교비」를 설치하여 "부과금, 사용료, 보조금, 재산수입 그 외 학교비에 속하는 수입으로" 조선인 교육비용을 충당하도록 규정했다.[18] 동시에 「향교재산관리규칙」(1920.6)을 새로 시행·공포하여 1910년대 주 수입원 중 하나였던 향교재산은 공립보통학교 재정이 아닌 문묘향사와 교화사업에 쓰이게 되었다.[19]

학교비 세입은 각종 부과금 증징을 통해 꾸준히 증가했다. 「조선학교비령시행규칙」에 따르면 학교비 부과금을 지세·시가지세 부가금, 호세·가옥세 부가금, 특별부과금으로 규정했다(제17조). 지세·시가지세 부가금은 본 세의 30/100, 세부가금은 납입 의무자 평균 1인당 40전, 가옥세 부가금은 가옥세 시행지 조선인 1호당 40전으로 부가금 한도를 인상했다. 이후 이 한도 제한을 평균 80전으로 증징(1922.2)하여 1929년까지 유지되었다. 특별부과금은 조선총독 인가 후 이 제한을 초과하여 부과할 수 있었다(제18조).[20]

1920년대 초반 학교비 재정의 주요 증징 대상은 지세·시가지세 부가금과 호세·가옥세 부가금 등이었다. 부과금 합계는 1919~1920년 세입(예산) 기준 8.3배(527,716엔→4,377,223엔), 그중 지세·시가지세 부가금 12.3배, 호세 부가금 4.6배, 가옥세부가금은 3.8배 증가했다. 학교비에서 부과금 비중은 9.0%(1918)→19.3%(1919)→45.6%(1920), 절대액으로도 1918~1920년 19.9배(211,450엔→4,702,576엔)나 폭증했다(〈표 13-1〉, 〈표 13-2〉).[21]

---

18 『朝鮮總督府官報』 號外, 1920.7.29; 第2411號, 1920.8.23.

19 김정인, 2006, 앞의 글, 96~97쪽.

20 윤현상, 2015, 앞의 글, 254~255쪽.

21 『朝鮮總督府統計年報』, 1932년판; 『朝鮮地方財政要覽』, 1938년판.

그런데 도시지역 중심으로 부과금 과세에 문제가 나타났다.

첫째, 1920년대 도시 인구 증가에 따른 빈민 과세였다. 농촌(지세·호세)과 도시(시가지세·가옥세)에서 과세 세목이 달랐는데 호세는 호, 가옥세는 가옥 크기에 따른 과세로 조세 형평성의 문제가 있었다. 학교비 간 경제력 격차에 따른 증징 효과 차이를 상쇄하기 위해 호세·가옥세 부가금의 경우 본 세에 부가한 1910년대와 달리, 호당 평균 금액으로 부과했다. 즉 학교비부과금으로 가옥세부가세 과세대상을 '가옥세 부과대상자'가 아닌 '가옥세 부과지역'에서 가옥세를 내지 않는 "움막 같은 초가"에 대해서도 과세한 것이다.

둘째, 그런 상황에서도 지세·시가지세 부가금과 호세·가옥세 부가금에 대해 '제한 외 부과' 조항을 시행하였다. 경성부의 경우 1920년 4월 시가지세부가세에 '본 세의 75/100', 가옥세부가세는 '총 호수에 1엔 50전을 곱한 금액을 가옥세 총액으로, 제한율을 본세에 곱한 금액'을 거둬 각각 「조선학교비령」에서 규정한 한도 제한의 2.5배, 3.75배나 거두었다.

그러나 증징에는 한계가 있었고, 1928년 기준 12개 부와 전통도시(개성, 전주, 광주 등) 지역에서 특별부과금[호의 재력에 따라 부과하는 호별할(호수할)로 불림]을 과세했다. 즉 도시지역은 부과 기준 제한이 없거나(경성, 부산, 대구 등) 부과 기준이 정해지지 않은 특별부과금을 통해 군 지역 학교비와 동일한 세원을 마련했다. 부 지역 조선인이 군 지역 거주 조선인보다 높은 부담을 진 것이다.[22]

결국 조세저항이 나타났다. 조선총독부는 저소득층(호당 연소득 300엔 이하)에 호별할을 부과하면 체납률이 높아져 비효율적이라 보고 과세대

22 이상의 내용에 대해서는 윤현상, 2015, 앞의 글, 254~272쪽.

상을 점차 고소득층으로 집중해갔다. 실제로 1926년 경성부 학교비 호별할 납세율은 65%에 불과했다. 이완용의 경우 1925년 호별할 등급 사정에서 5등급이 되어 4,300엔을 부담하게 되자 부윤을 만나 반액을 탕감받기도 했다.

결국 기부금 강제징수가 행해졌다. '명목상' 비중은 작았지만(4.9~7.1%, 〈표 13-2〉), 조선총독부는 '수익자 부담' 원칙 명분으로 기부금을 부·면 전역에 균일하게 부과하지 않고 학교 신설 인근 동리 지역에 부과했다. 기부금은 면민대회 형식을 통해 조직된 기성회가 호별할 등급에 준해 지역주민에 징수 금액을 할당한 것이었다. 그러나 사실상 강제적 '준조세' 성격을 띠었고, 모집액도 학교비의 책정액 거의 그대로 수납되었다. 조선인들의 불만이 고조될 수밖에 없었다.

또한 1927년에 지세·시가지세 부가금을 (도)지방비로 이관하고, 보조금 형태로 학교비에 지원하는 방식으로 전환되었다. 1927년 제1차 세제정리에서 (도)지방세의 지세부가세를 대폭 증징(본 세의 8/100→60/100)했다. 따라서 도 보조금 비율도 1923~1926년(15.6%~17.0%)보다 1927~1930년(39.4%~43.4%)에 명목상 급증했다. 그러나 학교비부과금에 속했던 지세·시가지세 부가금 항목이 증징되어 보조금으로 이전된 것에 불과했다(〈표 13-2〉).[23]

학교비 설치 과정에서 1920년대 초반 조선인들의 공립보통학교 설립 요구가 급증했다. 조선총독부는 1918년 12월 '3면 1교'를 지향했으나, 조선인들의 높은 교육열에 동반하여 1922년 '3면 1교', 1927년 '2면 1교'를 넘어섰다. 다만 입학 지원자 수는 1922~1932년에 정체되었다. 이는 징

---

23 상기 3개 문단은 최병택, 2013, 앞의 글, 286~313쪽.

세단위(군)가 넓은데 반해 학교 설립 시에는 모든 군민이 비용을 부담하되 교육 기회는 특정 지역민에게만 제공되었기 때문이다. 징수된 재원에 따라 가까운 지역에 학교를 설립하라는 지역민들의 요구가 당연히 제기될 수밖에 없었다.[24]

요컨대 1920년대 조선인 교육재정은 학교비 설립에 따라 과거의 보조금·임시은사금 이자·향교 재산수입의 기반이 아닌 부과금 기반으로 전환되어 각종 부가금, 부과 기준이 없는 특별부과금, 기부금 징수를 통해 이루어졌다. 또한 군 단위 징세를 통해 부과금은 모든 군민이 부담했던 것에 반해, 다수의 조선인에게 학교는 대개 수 km의 먼 거리에 있었다.

2) 일본인들만 누린 '교육 자치'와 조선 정착 장려

〈표 13-3〉 학교조합 세입 예산(1910~1930년, 단위: %, 천 엔)

	조합비	사용료 수수료	재산수입	국고보조금	도보조금	기타	합계
1910	53.4%	7.5%	1.8%	17.5%	0.0%	19.9%	201
1911	52.6%	6.2%	1.3%	27.5%	0.0%	17.5%	175
1912	48.1%	0.0%	0.0%	22.7%	0.0%	27.8%	403
1913	39.7%	0.0%	0.0%	21.2%	0.0%	39.1%	555
1914	50.3%	15.9%	0.0%	24.6%	0.0%	9.2%	1,196
1915	44.6%	16.0%	0.0%	20.7%	0.0%	18.6%	1,318
1916	44.9%	18.0%	0.0%	21.6%	0.0%	15.5%	1,356
1917	41.6%	18.0%	0.0%	21.3%	0.0%	19.1%	1,605

24 윤현상, 2016, 앞의 글, 357~370쪽.

1918	42.1%	14.8%	0.0%	23.1%	0.0%	20.0%	1,862
1919	42.1%	11.6%	0.0%	16.2%	0.0%	30.1%	2,391
1920	41.8%	8.0%	2.1%	15.8%	6.6%	25.8%	4,354
1921	46.4%	9.5%	1.9%	17.7%	8.0%	16.4%	4,419
1922	40.3%	8.7%	1.7%	17.0%	8.0%	24.3%	5,581
1923	44.7%	9.6%	2.0%	16.1%	8.0%	18.6%	5,331
1924	45.2%	10.5%	2.0%	17.0%	8.2%	17.1%	5,450
1925	47.3%	12.6%	2.3%	15.2%	14.3%	14.1%	5,078
1926	42.7%	12.0%	2.1%	13.9%	7.6%	21.7%	5,753
1927	37.0%	10.9%	1.6%	13.8%	11.5%	25.1%	6,729
1928	39.3%	11.8%	1.7%	14.5%	11.1%	21.5%	6,496
1929	35.8%	10.8%	1.6%	12.9%	10.3%	28.5%	7,316
1930	39.1%	12.2%	1.8%	14.4%	11.6%	20.9%	6,625

출처: 朝鮮總督府, 1924 · 1938년판, 『朝鮮地方財政要覽』.

「학교조합령」(1909)은 재조일본인들이 공공단체로 학교조합을 조직해 자녀들이 다닐 학교를 설립 · 운용하도록 규정했다. 「부제」 시행(1914) 시 초점은 교육시설과 학교재정의 민족별 분리 여부였다. 타이완, 관동주, 사할린 등에서는 교육시설을 분리하더라도 학교재정은 통합해서 운영했다.[25]

조선은 어떠했나?

25 姜再鎬, 「植民地朝鮮における地方制度と初等教育」, 『群馬大学社会情報学部研究論集』 4, 1997, 193~195쪽.

첫째, 교육시설을 민족별로 분리(別學)했다. 당시 조선에 서당 및 조선인 학교가 존재했거니와 조선총독부는 '민도와 시세'를 명분으로 애초부터 '일선공학(日鮮共學)'을 고려하지 않았다. 공학을 하면 경비가 절감되더라도, 일본인 학생이 소수가 되어 원기가 죽을 것이라 우려했기 때문이다.[26] 조선인 학생-학교에 대해서는 재정 지원을 하지 않겠다는 뜻이다.

둘째, 학교재정을 민족별로 분리했다. 타이완, 사할린, 관동주 등에서는 식민지 행정기구가 교육재정을 일원적으로 통합 운영했다. 그러나 조선에서는 일본인과 조선인 학교재정을 따로 운영했다. 강제병합 이전 자치제로 운영되던 일본인 거류민단이 부에 흡수되는 과정에서 조선총독부가 거류민단 재정의 대부분을 차지했던 학교 사무·사업을 분리해 설치한 학교조합에 대해서만 '자치'를 인정한 것이다. 이로써 학교조합은 조선인 학생에 대한 재정 부담에서 벗어날 수 있었다.[27]

즉 「학교조합령」은 학교조합에만 법인격을 부여하여 조합장(해당 지역 일본인)이 조합비를 징수할 수 있도록 했다. 부대사업(도축장, 수도, 묘지, 화장장 등) 경영으로 수입도 거둘 수 있었다. 게다가 「부제」 시행(1914)으로 거류민단 채무는 부로 이전되어 조선인과 부담을 나눈 반면, 거류민단 재산 중 가치가 있는 것은 학교조합으로 승계해 일본인 교육재정은 더욱 충실해졌다.[28]

예산 기준 학교조합비 수입 중 조합비부과금(40% 전후)이 최다 비중을

26 조미은, 2012, 앞의 글, 213~214쪽.

27 姜再鎬, 1997, 앞의 글, 195~198쪽.

28 조미은, 2012, 위의 글, 212~225쪽.

점했다. 조선인 보통학교 재정의 부과금 비중(1910년대에 10% 미만)과 달리, 일본인 학교조합의 높은 조합비부과금 비중은 경제력 차이를 반영한다. 또 재산수입, 수업료 등을 포함한 사용료·수수료, 기타수입을 합하면 30~40% 비중이 된다. 수익성 좋은 사업들이 학교조합에 이관되었기 때문이다. 이 역시 조선인 보통학교 재정과 대조적이었다. 보조금은 조선인 학교재정과 상반되게 대부분 국고보조금이었고, 그 비중은 1910~1919년 16.2~27.5%나 되었다. 1920~1930년 국고보조금과 도보조금을 합하면 21.6~29.5%나 되었다.

〈표 13-4〉 학교조합·학교비 세입 및 학교별·학생별 사용액(1915~1940년)

	학교조합					공립보통학교(학교비)				
연도	학교 수	학생 수	총액	1학교당 사용액	학생 1인당 사용액	학교 수	학생 수	총액	1학교당 사용액	학생 1인당 사용액
1915	348	33,971	1,318,030	3,787	39	397	61,733	1,332,698	3,357	22
1916	366	36,037	1,355,746	3,704	38	416	71,708	1,425,966	3,428	20
1917	390	40,307	1,604,833	4,115	40	441	81,845	1,648,196	3,737	20
1918		42,310	1,861,580		44	492	87,379	2,339,925	4,756	27
1919		46,715	2,391,245		51	482	84,305	3,757,255	7,795	45
1920	432	50,655	4,354,070	10,079	86	559	102,735	9,219,273	16,492	90
1921	440	53,088	4,418,749	10,043	83	675	150,041	11,846,745	17,551	79
1922	453	53,112	5,580,526	12,319	105	890	215,916	15,281,456	17,170	71
1923	464	58,075	5,331,326	11,490	92	1,043	315,721	15,113,571	14,490	48
1924	477	60,265	5,449,527	11,425	90	1,158	376,690	14,787,081	12,770	39
1925	482	61,460	5,078,227	10,536	83	1,226	398,106	14,579,282	11,892	37
1926	447	63,226	5,753,111	12,870	91	1,308	424,976	15,071,842	11,523	35
1927	492	66,553	6,729,179	13,677	101	1,395	445,464	16,096,615	11,539	36

1928	499	68,470	6,495,654	13,017	95	1,478	444,342	15,068,068	10,195	34
1929	501	72,471	7,315,609	14,602	101	1,596	454,116	16,819,637	10,539	37
1930	504	76,645	6,071,979	12,048	79	1,740	462,046	15,953,530	9,169	35
1931		34,969	3,139,187		90	1,822	429,309	14,164,730	7,774	33
1932	451	36,887	3,080,546	6,830	84	1,921	435,866	14,914,069	7,764	34
1933	455	37,252	3,232,882	7,105	87	1,975	467,591	15,644,486	7,921	33
1934	464	38,549	3,413,242	7,356	89	2,128	526,755	17,576,801	8,260	33
1935	473	37,120	3,813,022	8,061	103	2,269	615,118	19,214,475	8,468	31
1936	471	36,958	3,752,480	7,967	102	2,338	675,418	20,912,023	8,944	31
1937	478	37,565	4,156,045	8,695	111	2,426	763,658	26,181,288	10,792	34
1938	488	39,122	4,221,991	8,652	108	2,508	873,964	29,286,334	11,677	34
1939	491	39,941	4,319,500	8,797	108	2,618	1,015,703	35,481,445	13,553	35
1940	486	39,873	4,619,212	9,505	116	2,726	1,151,918	40,762,556	14,953	35

출처: 『朝鮮地方財政要覽』, 1938~1941년판; 조미은, 2010, 앞의 글, 230~231쪽.
비고: 1937년까지는 결산액, 1940년까지는 예산액.

〈표 13-4〉는 민족별 학교재정을 비교한 것이다. 1917년 이후 학교당 평균 사용액은 비슷했다. 그러나 보통학교 학생 수가 학교당 2배 정도 많아 1인당 평균 사용액도 그만큼 차이가 났다. 3·1운동 직후인 1920년만 예외였다. 그 외에는 일본인 학생 1명에 투입되는 비용의 1/2~1/3 정도만 조선인 학생에 투입되었다. 이 점은 전시체제기에도 큰 변화가 없었다.

2. 1930년대 이후 조선인 교육 확대에 반한 국고보조금의 민족별 격차 확대

1) 조선인 학교재정: 허구적 초등교육 의무화 선언과 교육비 증징

조선총독부는 제2차 지방제도 개정(1930.12)을 통해 도·부·읍에 '자치'제를 도입하고 의결기관을 설치했다. 이때 개정된 「조선학교비령」·「학교조합령」·「부제」는 함께 시행(1931.4.1)되어 부의 일본인 학교는 '제1부 특별경제', 조선인 학교는 '제2부 특별경제'로 개칭되어 형식상 「부제」 및 「부제시행규칙」이란 동일한 법령 아래 부에서 통합 운영되었다. 그러나 이원적 제도인 점은 변함이 없었다. 읍·면은 종전대로 학교비와 학교조합을 별도로 운영했다.[29]

그렇다면 교육재정의 세제는 어떻게 바뀌었는가.

첫째, 도세로 호별세가 신설되고, 부·읍·면에서는 호별세부가금을 징수했다. 제2차 지방세제 개정(1936)으로 부·읍·면에서 각자 설정하여 부과하던 호세·호별세가 폐지된 것이다. 학교재정에서도 학교비 호세부가금은 호별세부가금으로, 부 특별경제의 호별세도 호별세부가금으로 개칭되었다. 그러나 명칭은 같아졌지만 학교비 호별세부가금은 부과 제한이 있었다. 반면 본래 호세가 없어 특별부과금에서 기원한 '제2부 특별경제' 호별세부가금은 부과 제한이 없었다. 부과율만 도에서 지정한 비율에 맞춰 징수하는 것으로 바뀌었다.

---

29 오성철, 2000, 앞의 책, 101~104쪽.

둘째, 가옥세는 도시지역에서만 부과하다가 농촌 지역까지 부과하는 것으로 변화했다. 조선인 학교재정에서 부과하던 가옥세부가세는 폐지되고, 대신 호별세부가세가 증액되었다. 즉 제2차 지방세제 개정으로 조선인 공립보통학교 재정에는 호세 계통 부과금만 남았다.[30]

〈표 13-5〉 1931~1943년 조선인 학교재정 세입 예산(단위: 천 엔)

	부 제2부 특별경제(府 지역)						학교비(郡島 지역)					
연도	부세	사용료 및 수수료	보조금 및 기부금	부채	기타	합계	부과금	사용료 및 수수료	보조금 및 기부금	학교 비채	기타	합계
1931	596 (36.7)	455 (28.0)	381 (23.4)		193 (11.9)	1,625 (100.0)	2,904 (21.1)	2,804 (20.4)	7,020 (51.1)	98 (0.7)	926 (6.7)	13,752 (100.0)
1932	659 (38.5)	481 (28.1)	390 (22.8)	50 (2.9)	132 (7.7)	1,712 (100.0)	3,202 (22.7)	2,811 (19.9)	6,906 (48.9)	87 (0.6)	1,129 (8.0)	14,135 (100.0)
1933	687 (35.2)	502 (25.7)	440 (22.6)	182 (9.3)	141 (7.3)	1,952 (100.0)	3,246 (22.4)	2,919 (20.2)	7,125 (49.3)	36 (0.2)	1,136 (7.9)	14,462 (100.0)
1934	725 (31.5)	539 (25.7)	435 (18.9)	455 (19.8)	148 (6.4)	2,302 (100.0)	3,358 (20.7)	3,046 (18.9)	8,283 (51.3)	158 (1.0)	1,307 (8.1)	16,152 (100.0)
1935	747 (28.6)	530 (20.3)	543 (20.8)	514 (19.7)	280 (10.6)	2,614 (100.0)	3,298 (18.2)	3,043 (16.8)	9,884 (54.5)	206 (1.1)	1,702 (9.4)	18,133 (100.0)
1936	893 (26.9)	612 (18.4)	745 (22.4)	751 (22.6)	317 (9.7)	3,318 (100.0)	3,865 (19.8)	3,282 (16.8)	10,119 (51.9)	497 (2.6)	1,719 (8.8)	19,482 (100.0)
1937	1,113 (21.5)	713 (13.8)	1,003 (19.3)	1,867 (36.0)	490 (9.5)	5,186 (100.0)	5,395 (22.3)	3,829 (15.8)	11,714 (48.3)	1,287 (5.3)	2,015 (8.3)	24,240 (100.0)
1938	1,401 (23.5)	958 (16.1)	1,024 (17.2)	2,094 (35.2)	476 (8.0)	5,953 (100.0)	7,960 (27.1)	4,586 (15.7)	12,288 (42.0)	1,436 (4.9)	3,016 (10.3)	29,286 (100.0)
1939	1,823 (25.0)	1,139 (15.6)	1,213 (16.6)	2,489 (34.1)	630 (8.7)	7,294 (100.0)	10,315 (29.1)	5,421 (15.3)	14,486 (40.8)	2,000 (5.6)	3,260 (9.2)	35,482 (100.0)
1940	2,414 (22.4)	1,312 (12.2)	1,299 (12.0)	5,217 (48.4)	534 (5.0)	10,776 (100.0)	10,189 (25.0)	6,332 (15.5)	17,838 (43.8)	2,740 (6.7)	3,664 (9.0)	40,763 (100.0)

30 위의 두 문단은 윤현상, 2015, 앞의 글, 285~286쪽 참조.

1941	3,450 (28.5)	1,580 (13.1)	1,552 (12.8)	4,557 (37.7)	952 (7.9)	12,091 (100.0)	14,171 (27.5)	7,285 (14.1)	19,222 (37.2)	3,696 (7.2)	7,240 (14.0)	51,614 (100.0)
1942	5,041 (31.1)	1,850 (11.4)	2,253 (13.9)	5,839 (36.1)	1,201 (7.5)	16,184 (100.0)	17,489 (29.4)	8,198 (13.8)	23,143 (38.8)	1,661 (2.8)	8,813 (14.9)	59,304 (100.0)
1943	7,460 (32.2)	2,250 (9.7)	3,250 (14.0)	8,088 (34.8)	2,193 (9.5)	23,241 (100.0)	23,207 (32.2)	9,212 (12.8)	24,785 (34.4)	4,393 (6.1)	10,436 (14.5)	72,033 (100.0)

출처: 『朝鮮總督府統計年報』, 1931 · 1932 · 1940 · 1942년판.

비고: 괄호 안은 %.

학교비 기타 항목은 재산수입 · 잡수입 · 이월금 · 재산이월 · 기타를 모두 포함함.

'제2차 조선인 보통교육 보급 확충계획'(이하 '확충계획')이 발표(1936.2)되었다. 이 해에 '1면 1교'가 이뤄졌지만, 학교시설 부족으로 입학난은 해소되지 않았다. 이런 상황에서 '확충계획' 목표는 해당년도 보통학교 입학지원자 32만여 명을 전원 수용할 수 있는 규모로 학급을 증설한다는 것이었다. 정무총감 이마이다는 10년 뒤 취학률이 60%(남자 80%, 여자 40%)에 이르게 할 계획이라고 발표했다. 필요액 4,900만 엔(경상비 1,600만, 임시비 3,300만) 중 경상비의 50%는 국고로, 나머지는 수업료 · 부세 · 학교비부과금으로 충당한다는 것이었다. 특히 학교비부과금은 호당 매년 10전 정도 징수하여 10년 동안 현재의 2.5배인 1엔 50전 조금 넘는 정도로 부과한다는 구상이었다. 임시비는 도비, 부 '제2부 특별경제' 및 군 · 도 학교비, 기부금 등으로 충당한다는 계획이었다. 조선총독부는 2년 뒤 1938년 1월, 당초 10년 계획을 4년 앞당긴 1942년에 '확충계획'을 완수하고, 1946년까지 조선인 의무교육을 시행한다는 계획을 세웠다.[31]

'확충계획'에 따라 조선인 학교재정은 급팽창했다. 1935~1940년 부

31 오성철, 2000, 앞의 책, 95~101쪽.

'제2부 특별경제' 세출은 4배(267.6만여 엔→1,077.7만여 엔), 학교비 세출은 2.3배(1,748,7만여 엔→4,076.3만여 엔) 증가했다. 주원인은 교사신축비(신영비)였다. 부 '제2부 특별경제' 신영비(세출의 31.1%→56.7%)는 7.4배(83.1만여 엔→611만여 엔), 학교비 신영비(세출의 10.8%→30.3%)는 6.2배(188.8만여 엔→1,161.1만여 엔) 증가했다.[32]

특히 높은 보조금 비율을 어떻게 이해할 것인가. 보조금이 농촌 지역의 경우 54.5~34.4%를 차지해서 팽창한 학교비 반절을 충당한 것같이 보이는(〈표 13-5〉) 착시현상을 일으키기 때문이다. 그러나 제1차 세제정리(1927) 후 지방비보조금 대부분은 기존의 학교비부과금이다. 이 부과금이 도를 통해 부과되는 것으로 바뀐 후 이를 다시 도보조금(이전의 '지방비보조금')으로 전환된 것이다.[33]

또한 전시체제기 이후 도보조금 절대액은 증가했지만, 기존 학교에 대해서는 동일한 액수를 지급한 반면 신설학교에만 증액했다. 이마이다 정무총감이 조선인 교육재정의 교원 인건비의 50%를 충당하겠다고(1936) 강조했지만, 실제로는 27.0% 수준이었다. 조선인 교육재정 국고보조금은 대개 퇴직금 및 단기 현역 교원비 보조로, 조선인과 일본인 초등교육재정 국고보조금 격차는 점차 커져 갔다.[34]

대공황이 시작된 1929년 수업료 부담이 농촌(50~60전)과 부(80~90전) 모두 급증하여 1931~1934년 수업료 체납이 매년 12만여 건이나 되었다. 이는 1931년 공립보통학교 재학생의 1/4에 이르는 수치였다.[35]

---

32 윤현상, 2015, 앞의 글, 273~279쪽, 286~287쪽.

33 윤현상, 2015, 위의 글, 273~279쪽, 286~287쪽.

34 윤현상, 2022, 앞의 글, 280~285쪽.

35 윤현상, 2015, 위의 글, 273~279쪽, 286~287쪽.

1931년 이후 부 '제2부 특별경제'는 부채 발행과 호별세부가금 증액을 통해 학교재정을 감당했다. 기부금은 가장 높을 때도 '명목상' 전체 예산의 3.3%에 불과했는데, 이는 부의 학교 건축비가 군 지역보다 많이 들었기 때문이다. 부채 발행 비중은 1932~1940년에 급증(3.9%→48.4%)했다(〈표 13-5〉). 부채 상환은 호별세부가금 증징으로 이루어졌는데, 본래 특별부과금을 기원으로 한 호별세부가금은 1931년 지방제도 개편으로 부과 제한이 사라져 증액이 가능했다.[36] 이에 따라 조선인 1인당 학교비 부과금도 1931~1942년에 급증(3엔 3전→ 9엔 74전)했다.[37]

읍·면 학교비의 경우 기부금과 특별부과금 비중 증가가 두드러졌다.

첫째, 학교비 수입 대비 기부금 비중은 1931~1940년에 급증(4.2%→ 9.9%)했고, 총액도 52배나 증가했다. 학교비채(債) 역시 1935년까지 1% 전후에 불과했으나 1940년(6.7%)에 급증했다(〈표 13-5〉).

둘째, 특별부과금은 부 지역과 달리 군·도(郡·島) 지역에는 없다가 기채 상환을 위해 신설되어 1936년 96,286엔에 불과하던 것이 1937년 964,996엔(이상 결산), 1940년(예산) 4,636,461엔(전체의 11.4%)으로 폭증(48.2배)했다.

셋째, 기부금과 특별부과금은 학교 건축 경비를 징수한 것이어서 학교 운영은 별도 수입이 필요했다.

결국 학교비 세입구조의 근본적 한계 때문에 국고보조금, 도보조금(구 지방비보조금), 호별세부가금 등이 늘어나야 했다. 그러나 국고보조금은 감소 추세로, 도보조금은 늘었지만 건축비 보조로 상당 부분 소요되어 호

36 윤현상, 2015, 앞의 글, 287~290쪽.

37 金玉根, 1994, 앞의 책, 374쪽.

별세부가금 증징에 집중하게 되었다. 「조선학교비령시행규칙」 발포(1920) 이후 16년간 세 차례(1922·1930·1932) 개정된 학교비부과금 제한율 상한은 1936년 이후 '확충계획'대로 매년 개정되었다. 1엔 10전(1936)이던 호별세부가금은 1엔 38전(1937), 1엔 59전(1938), 1엔 90전(1939)으로 매년 급증해, 징수액도 1.7배(374.6만여 엔→650.7만여 엔) 증가했다. 이 사이 농촌에서 학교비부과금 납세율은 99.6%(1935)에서 92.6%(1941)로 떨어졌다. 미나미 조선총독의 "산업 및 경제의 발흥"에 따른 "교육기관 확충"이란 설명(1937)과 달리, 농민의 학교비부과금 부담이 컸던 것이다.[38]

2) 일본인 학교재정: 국고보조금의 편중

〈표 13-6〉 1931~1943년 일본인 학교재정 세입 예산(단위: 천 엔)

	부 제1부 특별경제(府 지역)						학교조합(郡 島 지역)					
연도	부세	사용료 및 수수료	보조금 및 기부금	부채	기타	합계	조합비	사용료 및 수수료	보조금 및 기부금	조합채	기타	합계
1931	1,409 (44.5)	553 (17.5)	601 (19.0)	159 (5.0)	443 (14.0)	3,165 (100.0)	1,156 (36.8)	306 (9.7)	1,095 (34.9)		582 (18.5)	3,139 (100.0)
1932	1,400 (42.0)	572 (17.2)	546 (16.4)	424 (12.7)	391 (11.7)	3,333 (100.0)	1,183 (38.4)	312 (10.1)	1,069 (34.7)		517 (16.8)	3,081 (100.0)
1933	1,438 (41.5)	561 (16.2)	581 (16.8)	503 (14.5)	384 (11.0)	3,467 (100.0)	1,228 (38.0)	343 (10.6)	1,196 (37.0)	160 (4.9)	232 (7.2)	3,159 (100.0)
1934	1,484 (41.9)	582 (16.5)	597 (16.9)	527 (14.9)	348 (10.0)	3,538 (100.0)	1,265 (37.1)	359 (10.5)	1,285 (37.7)	197 (5.8)	218 (6.4)	3,324 (100.0)
1935	1,241 (29.5)	609 (14.5)	1,059 (25.1)	888 (21.1)	348 (9.8)	4,145 (100.0)	911 (23.9)	389 (10.2)	1,944 (51.0)	215 (5.7)	260 (6.8)	3,719 (100.0)

38 윤현상, 2015, 앞의 글, 290~296쪽.

1936	1,173 (24.4)	708 (14.7)	1,668 (34.7)	478 (9.9)	779 (16.2)	4,806 (100.0)	861 (22.9)	348 (9.2)	1,863 (49.7)	224 (6.0)	369 (9.8)	3,665 (100.0)
1937	1,251 (24.4)	772 (15.1)	1,705 (33.3)	771 (15.0)	627 (12.2)	5,126 (100.0)	947 (22.8)	380 (9.1)	1,969 (47.4)	414 (10.0)	352 (8.4)	4,062 (100.0)
1938	1,364 (28.0)	806 (16.6)	1,454 (29.9)	666 (13.7)	579 (11.9)	4,869 (100.0)	1,061 (25.1)	411 (9.7)	2,077 (49.2)	224 (5.3)	351 (8.3)	4,124 (100.0)
1939	1,612 (29.3)	828 (15.1)	1,480 (27.0)	638 (11.6)	936 (17.0)	5,494 (100.0)	1,135 (26.3)	416 (9.6)	1,930 (44.8)	344 (8.0)	403 (9.3)	4,228 (100.0)
1940	1,869 (29.3)	880 (13.6)	1,864 (28.9)	1,236 (19.1)	604 (9.4)	6,453 (100.0)	1,144 (24.8)	426 (9.2)	2,204 (47.7)	329 (7.2)	404 (8.7)	4,507 (100.0)
1941	2,678 (31.1)	948 (11.0)	1,951 (22.7)	2,282 (26.5)	746 (8.7)	8,605 (100.0)	1,401 (25.9)	437 (8.0)	2,251 (41.7)	346 (6.4)	847 (15.7)	5,282 (100.0)
1942	3,740 (37.7)	1,027 (10.3)	2,084 (20.7)	1,833 (18.5)	1,243 (12.5)	9,927 (100.0)	1,515 (25.3)	430 (7.1)	2,452 (41.0)	319 (5.3)	1,154 (19.3)	5,870 (100.0)
1943	4,989 (39.5)	1,078 (8.5)	2,311 (18.3)	2,618 (20.7)	1,646 (13.0)	12,642 (100.0)	1,820 (26.0)	435 (6.2)	2,688 (38.4)	788 (11.3)	1,142 (16.3)	6,873 (100.0)

출처: 『朝鮮總督府統計年報』, 1931 · 1940 · 1942년판; 『朝鮮地方財政要覽』, 1931~1932년판.
비고: 괄호 안은 %.
학교비 기타 항목은 재산수입 · 이월금 · 기타를 모두 포함함.
학교조합의 1931~1932년 사용료 · 수수료 수입은 본래 기타수입에 포함된 것을 『지방재정요람』에서 추출했으나, 조합채는 미미하여 추출하지 못함.
학교조합의 1931~1932년 보조금 · 기부금 항목에는 기부금이 누락, 기타 항목으로 포함되어 있음.

1930년 지방제도 개편 과정에서 「학교조합령」도 개정되어 부 내의 학교조합은 폐지되었다. 조선총독부는 이 과정에서 부 의원 수를 줄여 선거 비용도 줄이고, 교육행정을 부에 통합하는 효과를 얻을 수 있다고 판단했다. 대신 부 재정 하에 '제1부 특별경제', 부 내에 '부 제1교육부회'를 설치했다. 그러나 '제1부 특별경제'의 비용은 그에 속하는 재산에서 생기는 수입, 사용료 · 수수료, 기타수입 등으로 충당하고, 부족할 경우 부세와 부역 · 현품을 부과할 수 있었다. 이 경우 조선인이 납부한 것은 조선인 교육을 위한 것, 일본인이 납부한 것은 일본인 교육을 위한 것으로 하였다. 학교 재정의 '내선 분리'는 지속된 것이다.[39]

〈표 13-6〉은 1931~1943년 일본인 교육재정 세입(예산)을 정리한 것이다. 3배 정도 증가했다. 주력은 일본인들이 납부한 부세('제1부 특별경제' 세입의 24.4~44.5%)와 조합비(학교조합 세입의 22.8~38.4%), 보조금·기부금('제1부 특별경제'의 16.4~34.7%, 학교조합의 34.7~51.0%) 등이었다. 1930년대 초반과 1940년대 초반에는 부세·조합비 비중이 컸지만, 1935~1941년에는 보조금·기부금 비중이 높았다. 1934~1943년 부 '제1부 특별경제'에서 부채 비중(14.9%~20.7%)은 부 '제2부 특별경제'의 그것(19.8~48.4%)과 큰 차이를 드러냈다. 또한 학교조합은 보조금·기부금 비중이 높은 학교비와 유사했지만, 국고보조금 비중이 1934년 이후 도보조금 비율보다 높아져서 1941년 예산 기준 국고보조금이 도보조금보다 2.25배 많았다.[40] 반면 조선인 학교재정에는 국고보조금이 거의 지급되지 않았다.

즉 민족별 학교재정의 가장 큰 차이는 국고보조금에서 비롯되었다. 학교조합은 국고보조금 비중이 1920년대 줄곧 10% 중후반 이상이었고(〈표 13-3〉), 1930년대 중반 이후 증가하여 1938년에 21.5%에 달했다. 또한 부과금(호별세)이 가장 큰 비중을 차지하다가 1935년부터 감소하는데, 이때를 전후해 국고보조금을 중심으로 보조금·기부금이 증대했다(〈표 13-6〉). 재조일본인에 대한 '국민교육' 강화라는 명분이었다. 반면 학교비의 경우 국고보조금 비중은 가장 높았던 1936년에도 0.3%에 불과할 정도로

39 조미은, 2012, 앞의 글, 229~231쪽.

40 『朝鮮地方財政要覽』 1941년판.

사실상 전무했다.[41]

1938년 보통학교를 '소학교'로 개칭했다. 제3차 조선교육령은 '내선융화'를 명목으로 조선인 학교의 명칭을 일본인의 그것과 동일하게 한 법령이었다. 그러나 학교재정 격차는 여전했고 심지어 더 벌어졌다. '확충계획'에서 이마이다 정무총감은 조선인 의무교육을 위해 국고보조를 주겠다고 약속했지만, 추가 지급은 이뤄지지 않았다. 1936~1938년 경성의 조선인 교육비 예산은 2년 사이에 24.6만여 엔이 증가(62.8만여 엔→87.4만여 엔)했지만, 국고보조금은 불과 1,080엔 증가(4,200엔→5,280엔)에 그쳤다[도보조금은 21,751엔 증가(266,635엔→288,386엔)].[42] "내선일체", "내선공학" 슬로건에도 불구하고 1인당 교육비 지출액 격차는 1910년대 2배에서 1940년 학교비·학교조합 예산액 기준 3배 정도로 더 벌어졌다(〈표 13-4〉).

41 윤현상, 2018, 앞의 글, 8~21쪽.

42 윤현상, 2018, 위의 글, 21~26쪽.

제4부
한국 재정의 식민지 유산과 냉전적 재편

해방 후 미군정은 조선총독부가 남기고 간 식민지 재정제도를 상당 부분 그대로 활용했다. 제4부에서는 미군정기와 정부 수립 초기, 부분적으로는 1950년대를 개관함으로써 중앙재정과 지방재정에 깊이 드리워진 식민지 유산을 살펴본다.

전시체제기를 겪은 후 해방을 맞은 한국 경제는 물가 폭등, 물자난, 자금난 등이 겹쳐 생산경제-평화산업이 몰락한 상황이었다. 세원이 고갈되고, 세무행정력은 무너져 납세실적 또한 크게 축소된 상태였다.[1] 이런 상황에서 미군정은 조세포착력이 약한 간접세보다 직접세 징수에 주력했지만, 조세수입은 세입의 10%대에 불과했다. 세입의 절반이 관업수입이었던 점에서 조선회계와 비슷했지만, 미군정이 재정적자를 조선은행권 발행(차입)으로 메운 점은 큰 차이였다. 정부 수립 후에도 조세 중 무차별적 대중과세인 소비세, 자산·자본 소득보다 급여에 집중된 소득세, 그리고 지세의 중요성이 다시 강조되었다. 식민지 유산으로 세원 고갈과 세무행정 미비로 오히려 조세구조의 '퇴행' 현상을 겪게 된 것이다.

미군정기의 세출도 일제강점기의 높은 치안비·군사비 비중이 연속되고 있었다. 치안비·군사비는 세출의 20% 전후, 1954~1960년에는 31~42%였다. 군사비 절반은 미국의 직접적 군사원조에 의존하고 있었지만, 여전히 세출에서 절대 비중을 차지할 정도로 군사비 비중이 컸다. 국방비는 점차 자체 재원으로 대체되어 갔지만, 산업정책 시행은 대충자금의 규정에 갇혀 1950년대까지 제한적으로 전개될 수밖에 없었다. 냉전기 전선국가(frontier state)로서 한국의 모습이 세출에 반영된 것이다.

1 정태헌, 2011, 「한국의 근대 조세 100년사와 국가, 민주화, 조세 공평의 과제」, 『역사비평』 94, 38~43쪽.

냉전이 주조되던 시기에 해방 후 한국 재정구조는 치안·국방에 치중된 세출구조, 담세력 한계로 인한 차입금·원조 의존도가 높은 세입구조, 강력한 중앙집중에 종속되어 지방자치 없는 지방재정이라는 식민지 유산을 그대로 안은 채 새 출발을 모색해야 했다.

제14장
중앙재정: 군사비 집중과 조세구조의 퇴행

1. 세출: 치안비·군사비 집중의 연속성

중앙재정 세출구조는 국가가 어떤 부분에 재정 능력을 집중하거나 투여했는지를 보여주는 지표로 국가의 성격을 보여주는 것이다. 미군정기 남한의 중앙재정 세출구조는 군사(관련)비에 집중되었던 일제 말기 전시체제기와 유사했다. 1910~1943년 식민통치비 중 형무경찰비의 대세출 비중은 6.7%, 10.5%였고 군사비는 1940~1945년에 폭증(6.6%→19.2%)했다.[1]

미군정기 중앙재정 세출은 통계마다 다르지만, 치안비 비중(19.8~33.5%)과 군사비 비중(34.1~49.7%)이 워낙 커서 재정적자에 따른 행정·관료 조직 감축과 대조적인 모습을 보였다. 이러한 추이는 한국전쟁 후까지 계속되었다. 식민지배에서 벗어났지만 세계 최빈국 상태에 놓여 있던 한국은 세출에서 국방비를 한국전쟁기(44.0~61.9%)와 1953~1961년(53.7~ 29.0%)에 이르는 동안 심한 경우에는 62%까지 지출하는 상황이었다.

1962년 국가별 세출·GNP에 대한 국방비 비율은 미국(47.8%·9.3%)을 제외하면, 영국(18.9%·6.6%), 프랑스(22.5%·4.9%), 서독(11.2%·4.2%) 등은 그리 높은 편이 아니었다. 전후 독립국 인도(14.6%·1.9%), 파키스탄(25.3%·0.3%), 필리핀(14.0%·1.4%) 등과 비교하면 한국(30.4%·6.5%)은 버마(미얀마)와 함께 GNP 대비 국방비 비율이 6%를 넘는 '유이'한 국가

---

1 정태헌, 1996, 「식민지 재정기구를 통한 세출의 용도와 성격」, 중앙일보 통일문화연구소 편, 『일본의 본질을 다시 묻는다』, 한길사, 94~95쪽, 101~105쪽.

였다.[2] 이런 세출구조는 '과대성장'한 강력한 반공국가 기구의 특징과 재정 기반의 취약성을 동시에 드러냈다.

1) 미군정기: 치안비·군사비의 높은 비중

국가의 정책 추구 방향을 그대로 반영하는 세출구조를 보면 일제강점기에 높아졌던 치안비·군사비 비중이 해방 후에도 이어졌다. 미군정기의 세출 변화도 정책 변화와 이를 둘러싼 이해관계 속에서 파악할 필요가 있다. 미군정기는 국가기구와 권력집단 형성, 이를 둘러싼 경쟁 규칙과 정당화 기제 형성 차원에서 점령통치기구 성립(1945.9~12, 이하 1기), 반공국가기구 완성(1946.1~5, 이하 2기), 미소공위 준비를 위한 국가기구 '현시화' 과정과 개혁 좌절(1946.5~1947.6, 이하 3기), 반공체제 강화와 '자유민주주의' 제도화(1947.7~1948.8, 이하 4기)로 분류된다. 여기에서는 3기와 4기에 집중하고자 한다.

미군정은 1946년 초까지 전술군·군정요원을 통해 중앙집권적 행정망·치안망을 구축했다. 중앙·지방 정부의 주요 직책을 장악하고 행정권을 집행하는 직접통치 방식을 띤 체계였다. 이에 따라 '조선인민공화국'과 인민위원회 조직을 지방 수준까지 해체할 수 있었다. 이후 1946년 초 미국 전술점령군과 군정부대가 직접 점령통치를 수행한 것에서 점차 통치기구의 '현지화', 즉 간접통치 체제로 전환했다. 즉 군정요원이 감독·고문 역할에 집중하면서 한국인 관료에게 행정권을 부분적으로 이양하는 과정

---

2 金命潤, 1967,『韓國財政의 構造』, 高麗大學校出版部, 133쪽. 전거는 IMF와 UN 자료이고, 한국은 1957~1963년 평균이다.

에 들어간 것이다.

점령통치의 현지화 과정은 미국인 전술군·군정요원 축소와 동시에 한국인 행정관료와 경찰력 증가를 수반했다. 1946년 4~10월 중앙행정부처의 과(課)가 증가(86개→117개)했다. 군정직원은 1945년 말~1947년 말에 2배 가까이 증가(7만 5천 명→15만 441명)했다. 경찰력도 1만 5천여 명(1945년 말)에서 2만 5천여 명(1946.6), 2만 7천여 명(1947년 초), 3만여 명(1948년 초)으로 2년 반 사이에 2배로 팽창했다. 결국 1947년 세출의 38%가 행정력·치안력 확충에 투입되었다. 조선경비대도 5천 명(1946년 말), 1만 2천 명(1947년 중반), 2만 3천 명(1948년 초), 이후 5만여 명 수준으로 급증했다.

미국의 점령통치 현지화는 미소공동위원회(이하 미소공위)를 앞둔 미·소 간 '합의 기반' 마련, '북한의 움직임'에 대응한다는 두 가지 목적을 수행하기 위한 것이었다.

첫째, 제1·2차 미소공위에서 논의해야 할 임시정부 수립을 위한 준비 작업이었다. '행정 현지화' 정책은 1946년 3월부터 이루어졌다. 미국 정부는 미소공위에 대비해 점령 당국에 "미소공위에서 임시정부 수립 방안이 마련되면, 임시정부 수립에 대비하여 행정적 임무와 기능을 한국인에 이양하기 위한 조치를 취할 것"을 지시했다. 제1차 미소공위 결렬 직후(1946.5.6) 미 국무성은 「대한정책」을 통해 "전국적 임시정부가 수립될 때까지 남한의 행정에 한국인의 참여를 확대하라"고 지시했다. 소련이 미국안을 받아들일 수 있도록 '합의 기반'을 마련한다는 의도였다.

둘째, 북한의 움직임이었다. 북조선임시인민위원회 수립(1946.2.9)을 계기로 소련은 정부 조직 작업을 본격화했다. 미소공위 합의를 예상하고 임시정부 주도권을 잡기 위한 경쟁의 일환이었다. 그러나 제2차 미소공위는 결렬되었고, 미군정의 '행정의 한인화(현지화)'는 단정 수립을 위한 행정 준비 작업으로 바뀌었다. 다만 선거에 의한 '행정의 한인화'가 이뤄지지 않은 가운데 초기에는 사실상 구식민지 관료 및 우익세력에게 행정 실권을 부여하게 되었다.

3기인 1946년 '10월 항쟁' 당시에는 미 전술군이 제한적으로 활용되었다. 반면 남한 단독정부 수립을 준비하던 4기에는 재정문제로 인해 20~30% 감축을 예정했던 다른 행정 · 관료 조직과 달리 군대와 경찰 병력 중심의 '치안 · 국방의 현지화' 작업이 강화되었다.[3]

1947년 9월 말 미국은 미군 조기 철수 방침을 결정하면서 한국군 창설을 구체화했다. 미 육군성이 10월에 맥아더와 하지에게 견해를 구했을 때, 하지는 6개 사단 안(10만 명), 맥아더는 지연 안(유엔 결정까지)을 제시했다. 1948년 2월 말 남한 단선 실시 결정, 선거일 확정(5.10)으로 미국 합동참모본부는 국방경비대 증강을 승인(3.10)했다. 미군정이 이미 강화에 착수한 조선경비대는 3월에 5만 명, 5월에 9개 연대에서 15개 연대로 확대된 후 육군 6만 5천여 명, 해안경비대 4천여 명(1949.3)에 이르렀다.[4] 경찰 병력도 1만 5천여 명(1945.11)에서 2만 3천여 명(1946.7), 3만여 명(1948.2), 3만 5천여 명(1948.6), 4만 5천여 명(1949.3)으로 점점 확대되었다.[5]

이에 따라 세출에서 '치안비 · 군사비' 비중도 급증했다. 미군정 세입 ·

---

3 이상의 내용은 박찬표, 2007, 『한국의 국가 형성과 민주주의 – 냉전 자유주의와 보수적 민주주의의 기원』, 후마니타스, 213~223쪽 참조.

4 Robert K. Sawyer, 1962, *Military Advisors in Korea; KMAG in Peace and War*, Washington D.C.: Office of the Chief of Military History, Dept. of the Army, pp.28~42

5 박찬표, 2007, 위의 책, 215, 307쪽.

출 통계는 ⓐ 미군정 자체 통계,[6] ⓑ 조선은행조사부 통계,[7] ⓒ 산업은행조사부 통계[8]가 있다. 이 통계들의 치안비·국방비 비중은 산출 방식의 차이와 운수부·전매국 통계를 포함하느냐 여부와 관련이 있다.

ⓐ와 ⓑ는 운수부·전매국 세출을 제외한 통계이다. ⓐ는 1946~1948회계연도 치안비·국방비 비중이 19.8%~33.5%(경무부 12.5~18.5%, 국방부 7.3~15.0%)였다. ⓑ는 관업사업비가 누락되어 한계가 있지만, 1947~1949회계연도(결산)에 34.1~49.7%(경무부 25.6~26.3%, 통위부 8.5~23.4%)였다. ⓒ는 운수부·전매국 세출을 포함한 예산액이다. 1946~1948회계연도에 20.2~25.7%(치안비 11.5~11.9%, 국방비 8.7~14.2%)였다. 조선회계처럼 높은 관업사업비 비중(33.8~39.5%)을 제외하면 치안비·군사비가 여전히 큰 비중을 점했다.

요컨대 미군정기 3년간 치안·군사의 '현지화' 과정에서 치안비·국방비가 폭증했다. 이때 치안비·국방비 비중은 예산액이지만 다른 통계와의 일관성상 관업비가 포함되는 ⓒ 기준 20% 전후에 달했다. 세출 구조상 치안비·국방비의 높은 비중은 일제강점기와의 연속성을 띤 것으로써 정부 수립 후 이 비중은 더욱 높아졌다.

---

6 United States Army Military Government in Korea, *South Korean Interim Government Activities*, no.26(1947.11.26), pp.137~138; no.34(1948.7~8), pp.170, 172. 세출은 운수부·전매국 세출을 제외한 것이고, 1948회계연도는 예산 기준이었다. 이하 Ⅳ부에서 사용된 원문은 기존 연구의 통계 수합치가 맞지 않는 경우가 있어서 다시 확인한 후 활용한 것이다.

7 조선은행조사부, 1949.9, 『경제연감』, Ⅰ-119, Ⅰ-129~131쪽. 운수부·전매국 통계는 제외, 1949회계연도는 일반회계 세출'예산'이며, 경무부 예산은 경무부 폐지로 내무부 예산 산입.

8 産業銀行調査部, 1955, 『韓國産業經濟十年史』, 359~360쪽.

2) 6·25전쟁 전후 폭증한 국방비

6·25전쟁 이후 병력의 '한국화'와 직결되어 세출 중 군사비 비중은 더욱 폭증했다. 정전협정 후 한국과 미국은 「한미상호방위조약」(1953.10.1)을 통해 육군 20개 사단(65만 5천 명), 해군 1만 5천 명, 공군 9천 명 등 총 67만 9천 명의 병력을 유지하는 데 합의했다. 이승만 대통령은 아이젠하워 미국 대통령에게 보낸 서한(1954.3)에서 국군의 규모를 35~40개 사단으로 증강할 것을 요구했다. 전쟁 재개를 우려한 미국은 이 요구를 거부했다. 대신 조약 당시의 병력을 기반으로 72만여 명 병력 규모를 유지하면서, 10개 예비사단 창설과 동시에 전투사단을 점차 줄여가기로 합의했다. 미국은 1953년 한국 정부의 '휴전반대운동'을 보며, 지나친 병력 증강이 다시 열전(熱戰)을 불러올 우려가 있다고 본 것이다.[9]

이후 미국은 소련이 1954~1956년 국제문제를 정치적으로 해결하는 데 초점을 맞추는 과정에서 동맹국 병력을 감축하고 핵무기 의존도를 높이는 방향으로 확정(1957.6)했다. 그해 8월 한국군 4개 사단을 해체하고 전술핵무기 배치로 대체하는 정책을 정했지만 이후 현지군의 단계적 감축 원칙은 철회되었다. 이는 1958년 후반 이후 미국이 제3세계의 군사쿠데타 경향을 불가피하다고 여겼기 때문이며, 핵 사용 의지가 있는 유럽과 달리 비유럽 지역에서는 미국의 핵 전력이 억제력을 발휘하기 어려웠기 때문이었다.[10]

미국의 대한국 정책은 한국의 국방비에 그대로 반영되어 1950년대

9 신용옥, 1998, 「국방비 분석으로 본 대충자금 및 미국 대한원조의 성격(1954~1960)」, 『韓國史學報』 3·4, 244~252쪽.

10 신용옥, 1998, 위의 글, 244 ~ 252쪽.

세출에서도 높은 국방비 비중이 계속 유지되었다. 1949년 일반재정 부문 세출에 대한 국방비 비중(A/B)은 26.3%였다. 국방비는 1949년 기준 1950년에 5.5배, 1953년에 136.1배로 급팽창했고,[11] 1952~1953년 세출 결산의 44.0~61.9%나 차지(치안비 제외)했다(〈표 14-1〉).

〈표 14-1〉 1950~1953년도 일반회계 세출(결산)(단위: 천만 환, %)

항목 \ 연도	1950		1951		1952		1953	
	금액	구성비	금액	구성비	금액	구성비	금액	구성비
일반행정	28	11.4	76	12.3	337	15.7	335	6.4
치안	16	6.7	63	10.3	125	5.8	510	9.7
국방	132	54.5	330	53.4	946	44.0	3,260	61.9
교육·사회	29	11.6	35	5.8	111	5.2	334	6.3
(교육)	12	4.8	16	2.6	47	2.2	138	2.6
산업경제	19	7.5	55	9.9	48	2.2	456	8.7
(산업경제대책)	6	2.4	50	9.1	16	0.7	274	5.2
지방재정	6	2.6	40	6.4	137	6.4	246	4.7
기타	14	5.8	19	3.1	446	20.6	127	2.5
(국채금)	2	1.0	10	1.6	357	16.4	287	0.6
합계	243	100.0	618	100.0	2,151	100.0	5,269	100.0

출처: 한국재정40년사편찬위원회 편, 1991, 『한국재정 40년사』 6, 한국개발연구원, 111~112쪽.

비고: ※ 전란수급비 및 국채금특별회계 포함

교육·사회: 교육문화비, 사회·노동·군경원호비

산업경제: 산업경제대책비, 공공사업비, 부흥비, 출자·투자

산업경제 대책: 1951년에는 농지매수대금 포함(276)

기타: 국채비, 기타 다른 회계 전입

1950~1952년의 통계는 100원=1환 기준으로 1953년 2월 이후 긴급통화조치(1953.2.15)에 따른 환산액. 원래 표는 1백만 환이나 〈표 14-7〉과의 통일을 위해 천만 환으로 변환

11 韓國銀行調査部, 1955, 『(4282年版)經濟年鑑』, 統計編, 92쪽.

〈표 14-2〉 6·25전쟁 이후(1953~1961년)의 일반재정 부문 세출 구조(결산)
(단위: 천만 환, %)

	1953		1954		1955		1957	
	금액	%	금액	%	금액	%	금액	%
국방비	3,261	53.7	5,992	42.1	10,638	37.8	11,246	32.1
일반경제	2,808	46.3	6,172	43.3	11,610	41.3	13,060	37.3
투융자	-	-	2,075	14.6	5,896	20.9	10,697	30.6
합계	6,068	100	14,239	100	28,144	100	35,003	100
	1958		1959		1960			
	금액	%	금액	%	금액	%		
국방비	12,732	31.0	13,920	34.8	14,707	35.0		
일반경제	15,069	36.7	17,024	42.5	16,905	40.2		
투융자	13,296	32.3	9,078	22.7	10,383	24.8		
합계	41,097	100	40,022	100	41,995	100		

출처: 한국재정40년사편찬위원회 편, 1991, 앞의 책 6, 148~157쪽.
비고: 금액은 원문의 1백만 환을 1천만 환으로 사사오입, 통일. 구성비는 원문 그대로 임. 1953회계연도는 1953.4~1956.3, 1954회계연도는 1954.4~1955.6(15개월), 1955회계연도는 1955.7~1956.12, 1957회계연도 이후는 1~12월.

국방비는 1954~1960년에도 일반회계 세출 결산의 31~42%나 되는, 전쟁 전을 상회하는 높은 수준을 계속 유지했다. 국방비의 대세출 비중(A/B)은 1957년(31%)에 감소했으나 1959년 이후 미국의 한국군에 대한 높아진 관심을 반영하여 1960년(35%)에 다시 상승했다(〈표 14-2〉). 국방비 규모는 휴전 이듬해인 1954년 이래 순수한 자력 재원(국세) 규모를 훨씬 초과했다. 국세 대비 국방비 규모(A/C)는 1954년(116%) 이후 비율이 낮아지기는 했지만, 1960년(60%)에도 압도적 비중을 점했다(〈표 14-3〉).[12]

12 신용옥, 1998, 앞의 글, 253~255쪽.

특히 국방비의 대세출 비중(A/B)은 1962년 선진국인 미국(47.8%)이나 영국(18.9%)은 물론, 군비경쟁을 하고 있었던 신생국 인도(14.6%)나 파키스탄(25.3%)에 비해서도 매우 높은 수준이었다.[13]

〈표 14-3〉 한국 정부의 방위비 부담액(1948~1960) (단위: 천만 환, %)

	1948	1949	1950	1951	1952	1953
방위비(A)	6	24	132	330	946	3,261
일반재정 세출(B)	30	91	243	618	2,151	6,068
국세(C)	5	14	43	392	966	2,057
대충자금(D)	-	-	13	-	307	796
국민총생산(10억 원)(E)	-	-	-	-	-	52.52
A/B	20.0	26.3	54.5	53.4	44.00	53.7
A/C	120.0	176.5	309.3	84.0	98.0	158.5
A/D	-	-	1,015.4	-	308.2	409.7
A/E	-	-	-	-	-	6.2
	1954	**1955**	**1957**	**1958**	**1959**	**1960**
방위비(A)	5,992	10,638	11,246	12,732	13,919	14,707
일반재정 세출(B)	14,239	28,144	35,003	41,097	40,022	41,995
국세(C)	5,143	10,938	11,590	14,349	21,598	24,964
대충자금(D)	4,470	15,054	22,451	24,580	18,910	16,763
국민총생산(10억 원)(E)	107.14	209.17	197.10	204.70	217.49	244.93
A/B	42.1	37.8	32.1	31.0	34.8	35.0
A/C	116.5	97.3	97.0	88.7	64.4	58.9

13 金命潤, 1967, 앞의 책, 133쪽.

A/D	134.0	70.7	50.1	51.8	73.6	87.7
A/E	5.6	5.1	5.7	6.2	6.4	6.0

출처: 한국재정40년사편찬위원회 편, 1991, 앞의 책 4, 132~133쪽.

비고: 1962년 제2차 「통화개혁」의 10환=1원의 비율에 따라 1987년까지 통계를 반영한 것으로, 본래 통계의 사사오입한 액수를 재확인할 수 없어 1천만 환으로 통일.

1954회계연도는 15개월분, 1955회계연도는 18개월분.

그런데 당시 군사비 총액은 일반재정 세출의 국방비에 그치는 것이 아니었다.

첫째, 1955~1960년 한미상호방위조약에 따른 미국의 직접 군사원조는 한미상호방위조약에 따른 승인액 총액(17억 3천 9백만 달러) 중 92%(15만 9천 8백만 달러)가 도입되었다. 환율 차이 때문에 직접 비교는 어렵지만, 1959~1961년 40%가 한국 정부 재정, 60%가 미국의 직접적 군사원조였다.[14]

둘째, 1954~1960년 대충자금의 26~44%가 국방비에 충당되었다. 1959년 한국군 추가 감축 논의 철회 및 지역방위 분담 요구에 따라 1960년에는 국방비의 대충자금 재원 비중이 36%로 축소되고 국내 재원이 64%로 전환되었다. 이 기간 GNP 대비 국방비 비중(A/E)은 5.6~6.4%였다. 1962년 GNP 대비 국방비 비중(A/E)은 미국(9.3%), 영국(6.6%), 인도(1.9%), 파키스탄(0.3%), 필리핀(1.4%), 태국(2.6%) 등과 비교할 때 한국은 미국 지원 없이 국방비를 충당하기 어려웠고, 점차 자체 재원으로 전환되어 갔으나 완전히 대체할 수는 없었다.[15]

14 신용옥, 1998, 앞의 글, 255~257쪽.

15 金命潤, 1967, 앞의 책, 133쪽; 신용옥, 1998, 위의 글, 257~275쪽.

이승만 정부는 전전 생산수준 복구를 위한 파괴시설 재건과 복구를 위하여 기간산업 건설을 위한 산업구조 정비강화를 시도했다. 소비산업(방직, 식품 등)에 대한 융자와 기간산업(비료, 시멘트, 판유리 등)의 신설 및 고도화를 위한 재정 투자·융자가 이루어졌다. 재정 투자·융자는 일반재정의 14.6%(1954)에서 20.9%(1955), 30.0%(1960)으로 높아졌다.[16]

그러나 이러한 산업정책 집행은 높은 국방비에 제한될 수밖에 없었다. 예컨대 1954~1955년 군사비 보전을 위한 재정 압박이 현저해 경제부흥사업에 지출된 대충자금 비중은 절반(50%)에 불과했다. 재정 투자는 농업 증산과 공공토목사업에 집중되었고, 공업화는 광공업 진흥을 위한 시설 투자보다 '삼백산업(제분·제당·면방직)'에 집중되었다. 이는 미국이 경제 부문에 대한 대충자금 사용 비율을 높인 반면, 국방비에서 국내 재원 비중을 늘리려 했던 점과 관련이 있다.[17]

요컨대 일제강점기에 높아졌던 치안비·군사비 비중은 해방 후에도 세출구조상 그대로 이어졌다. 미군정기 치안비·군사비는 일반재정 세출의 20% 전후에 달했다. 그 후 6·25전쟁을 전후해서 국방비가 폭증하여 1954~1960년에는 31~42%에 달했다. 이 규모도 실제 한국군 유지비에서 미국의 직접적 군사원조를 제외한 절반 정도에 불과했다. 산업정책은 대충자금의 규정을 받는 가운데 1950년대에는 제한적으로 이루어졌고, 국방비는 점차 자체 재원으로 대체되어 갔다. 국방비는 1961~1987년에

---

16 한국재정40년사편찬위원회 편, 1991, 앞의 책 6, 151~152쪽; 정진아, 2007, 「제1공화국기(1948~1960) 이승만정권의 경제정책론 연구: 국가 주도의 산업화정책과 경제개발계획을 중심으로」, 연세대 사학과 박사학위논문, 112~113쪽.

17 신용옥, 2002, 「1950년대 대충자금 및 미국 대한원조의 경제적 성격」, 『한국민족운동사연구』 31, 231~252쪽.

도 일반재정 세출 대비 20~30% 선, 국민총생산 대비 3.5~6.3%를 유지했다. 대충자금은 1972년을 끝으로 사라졌지만,[18] 경제개발에 따라 증가한 자체 세입 상당액이 대규모 한국군 유지에 활용된 것이다.

18 한국재정40년사편찬위원회 편, 1991, 앞의 책 4, 132~133쪽.

2. 세입: 담세력 한계에 따른 낮은 조세 비중

1) 미군정기: 낮은 조세 비중과 적자재정

〈표 14-4〉 미군정청 세입·세출 결산(단위: 백만 원)

연도	세입	세출	적자액
1945.10~1946.3	872	1,868	996
1946	(5,517)	13,365	7,848
1947	(3,000) (9,000?)	19,235	16,235 (10,235?)
1948(48.9월 말)	11,480	15,263	3,783
총계	20,870	49,732	28,862

출처: 朝鮮銀行調査部, 1949, 『經濟年鑑』, 8쪽, Ⅳ-130~131쪽.
비고: 결산 기준.
1947년 세입 결산에는 관업·관유재산수입이 빠져 있는 등 적자를 액면 그대로 볼 수는 없음(Ⅳ-130~131쪽). 미결산 세입액은 약 60억 원 정도로 추산(8쪽)

〈표 14-5〉 통화량 증감의 주요 원인(1945~1948년) (단위: 억 원)

		1945.10~12	1946	1947	1948
정부대상금-정부 조은예금(ⓐ)		-0.04	60	153	159
원조물자매상금(ⓑ)				-44	-42
조선은행 이외 금융기관 대출(ⓒ)		3	40	187	67
조선은행 대출(ⓓ)	민간	1	3	1	6
	정부대행기관	1	38	-33	17
기타 일체요인(ⓔ)		9	14	1	-7
통화량(합계)		13	154	265	200

출처: 韓國銀行調査部, 1955, 『(4282年版)經濟年鑑』, 通計編, 19쪽.
비고: 원문은 '1백만 환'이나 본래 통계가 1955년까지 다루고 있는 관계로 1952년 제1차 「통화개혁」 당시 100원=1환을 기준으로 당대 액수로 재표기함.

미군정기 중앙재정의 세입 구성도 조선회계와 유사했다. 조세수입, 관업수입(전매, 운수, 통신사업 등) 외에 조선은행의 차입금(일제하 공채에 해당) 등으로 이루어졌고, 실수입원으로 기능할 수 있는 세입원이 조세수입뿐이라는 점에서 그러했다.

미군정기 세입 구조의 특징은 크게 적자재정을 메우기 위한 차입금(조선은행권 발권), 높은 관업수입, 지세·소득세 증징 등으로 정리된다. 미군정기 중앙재정 세입 결산을 추산한 연구[19]에는 차입금과 몇 개 항목이 누락되어 있다. 세입 예산에 따라 구분하면, 1946~1948년 3개년 세입은 차입금(32.1%, 20.6%, 27.0%), 관업수입(58.2%, 56.9%, 56.3%), 조세수입(6.1%, 18.5%, 14.6%) 등으로 구분된다.[20] 여기에서는 확인되는 자료를 따라 차입금과 관업수입은 미군정기 전체를 통틀어서 보고, 조세수입은 시기별로 분류해서 정리하겠다.

첫째, 차입금 규모를 확인해 보자. 〈표 14-4〉는 조선은행조사부가 정리한 미군정청 세입·세출 결산이다. 여기에는 관업·관유재산수입이 누락되어 있어 재정적자를 액면 그대로 볼 수 없다. 그러나 〈표 14-4〉의 전거 자료에서 1947년 세입 결산의 미추산 부문(관업수입)을 계산해도, 미군정기 재정적자는 약 10억 원(1945), 80억 원(1946), 100억 원(1947), 37억 원(1948) 등으로 총 227억 원에 이르렀다. 미군정은 이러한 재정적자를 조선은행권 살포로 충당했다.[21]

19 미군정 자료를 기반으로 한 보정 세입출 결산액은 송병권, 1997, 「미군정기의 세제개편과 대중과세」, 『한국사학보』 2, 391~392쪽 참조.

20 産業銀行調查部, 1955, 『韓國産業經濟十年史』, 360쪽.

21 朝鮮銀行 調查部, 1949, 『經濟年鑑』, 8~9쪽.

〈표 14-6〉 미군정기의 세입 결산(백만 원, %)

	1945	1946	1947	1948
세입총액	872	5,532	15,364	11,480
조세수입(%)	43.0	22.9	19.5	24.0
소득세군(%)	12.9	10.7	8.9	8.2
수익세군(%)	4.1	3.4	2.2	0.9
재산세군(%)	0.8	0.1	0.2	0.1
소비세군(%)	19.5	8.2	8.1	14.8
유통세군(%)	5.7	0.5	-	-
관업수입(%)	57.0	77.4	80.5	72.3
전매수입(%)	46.1	54.8	47.1	47.2
제관업수입(%)	10.9	22.6	33.5	25.1
인지수입 · 잡수입(%)	-	-	-	3.7

출처: 송병권, 1996, 앞의 글, 402~403쪽.
비고: 위 결산액에서는 차입금 누락.
1948년 결산액에는 지세가 누락.

미군정기 세입의 특징은 다음과 같다.

첫째, 조선은행권 발권 의존도가 매우 높았다. 세입 부족분을 국채 · 공채 · 채권 · 증권 발행 없이 오로지 조선은행권을 차용하는 방식(조선은행 당좌대월 차입금)으로 보전한 것이다.[22] 〈표 14-5〉는 조선은행이 확인한 통화량 증감의 주요 원인이다. 1946~1948년 「정부대상금에서 정부 조선

22 産業銀行調査部, 1955, 『韓國産業經濟十年史』, 361쪽.

은행 예금을 제외한 액수」(ⓐ)가 대부분 차입금으로 사용되었다. 이 항목이 총통화량 증가액의 38.9%(1946), 57.7%(1947), 79.5%(1948) 등을 차지했다. 또한 1961년판 『물가총람』에 의거해도 미군정기 [총통화량 증가액 대비 ⓐ의 비중]은 8.0%(1946.3)~43.7%(1948.6)에 달했다.[23]

둘째, 최대 재원이지만 한계를 드러낸 관업수입은 미군정기 세입(예산)의 절반 이상(56.3%~58.2%)을 점했고, 차입금을 제외하면 더 컸다(57.0~80.5%). 1946~1948년 세입 구조에서 관업수입은 단일예산에서 경리되었기 때문이다. 그러나 전매수입은 전매를 제외한 운수(대개 철도), 체신, 기타 관업제수입과 관유재산수입을 포함한 제관업수입에 비해 결산액 기준 약 2~5배 비중이었다(〈표 14-6〉). 그것도 총수입일 뿐 순익이 아니었다. 따라서 증징에 한계가 있을 수밖에 없었다.[24]

셋째, 세입에서 점하는 조선은행 차입과 관업수입의 높은 비중에 비해, 조세수입 비중(10% 전후)은 매우 취약했다. 이 시기 조세 개정은 근본적 개혁보다 '응급적 · 말초적 수정', 즉 일제하 전시세제인 임시세를 폐지하고, 인플레이션에 따라 일부 조세의 과세표준과 세율 인상에 그쳤다. 결국 생산 확장 없는 조세 · 관업수입 증대는 물가고로 전가될 뿐이었다.[25]

미군정기 조세제도에도 일정한 변화가 있었다. 식민지 세제 적용 시기(1945.9~1946.7, 이하 1기), 간접세 중심 개정 및 지세 증징(1946.8~1947.1, 이하 2기), 소득세 개정 시기(제1차: 1947.6.21, 제2차: 1948.4.1, 이하 3기)로

---

23 金命潤, 1967, 『韓國財政의 構造』, 高麗大學校出版部, 43쪽. 전거는 韓國銀行調査部, 『物價總覽』, 1961年版, 8쪽.

24 金命潤, 1967, 위의 책, 47쪽.

25 朝鮮銀行 調査部, 1948, 『朝鮮經濟年報』, Ⅰ-270~272쪽; 産業銀行調査部, 1955, 앞의 책, 351쪽.

시기구분할 수 있다. 미군 진주 초기인 1기에 국세 징수와 예산이 준비되기 시작(1945.11)했는데, 세제 개정보다 세무행정 강화에 주력했다. 일제의 패망으로 와해된 징세기구가 정비되지 못했고, 세원 파악도 미비했기 때문이다. 전시특별세제 폐지를 위한 세제임시개혁안이 작성(1946.3)되어 간접세제 임시조치안이 발표(1946.4)되었고, 미군정청은 세무 관리들에게 15일간 세무교육을 실시(1946.5)했다.[26]

2기에 미군정 경제정책기관인 중앙경제위원회와 조선경제자문회의 연석회의는 조세 증징에 합의했다. 사탕(설탕)소비세 · 특별입장세 · 광고세 · 건축세 폐지 및 물품세 · 유흥음식세 · 입장세 · 특별행위세 · 골패세의 세율이 인하되고, 과세 범위가 축소(1946.8)되었다. 반면에 지세 과세표준인 임대가격을 인상(10배)하고, 임시소득세와 특별법인세를 폐지(1946.12)했다. 이후 소득세제 개정에서 소득세 · 상속세 면세점 및 세율 인상(1947.6), 주세율 대폭 증징(1947.11)이 이뤄졌다.[27] 이에 따라 1946~1948년 세입 결산(차입금 제외)에서 점하는 소비세 비중(8.2%→14.8%)이 증가했다. 특히 주세와 물품세 징수액은 각각 14.9배, 6.7배로 크게 증가했고, 세입 결산에서 차지하는 비중 역시 각각 1.0%에서 7.1%, 0.8%에서 2.7%로 크게 늘어났다.[28]

그러나 미군정기 세제를 추수했던 한국 정부의 1948회계연도 6개월간의 지세 수입은 전체 세입의 13.6%를 차지했다.[29] 그러므로 간접세 중심의 대중과세화로만 설명하기 어려우며, 이 시기는 지세를 비롯한 직접

---

26 송병권, 1996, 앞의 글, 413~433쪽.

27 金命潤, 1967, 앞의 책, 47~48쪽; 송병권, 1996, 위의 글, 416~417쪽.

28 송병권, 1996, 위의 글, 402~403쪽.

29 한국재정40년사편찬위원회 편, 1991, 앞의 책 4, 374~381쪽

세의 증징 시기이기도 한 것이다.

이와 관련하여 3기에 이루어진 두 차례의 소득세 개정(1947.6, 1948.4)은 뒤의 지방세제 개정에서 보듯이, 호별세 개정 흐름과 맞물린 것이었다. 제1차 소득세제 개정(1947.6)의 목적은 근로소득공제율 현실화와 세율 인상이었다. 근로소득공제율 현실화는 물가상승에 따른 명목소득 증가로 인한 근로소득자의 실질 부담 증가를 줄이기 위한 각종 인적 공제액 확대였다. 반면 생명보험 관련 공제와 기초공제는 폐지되었다.

다만 누구에 대한 증징인가가 문제로 남는다. 종래 연구에서는 제1차 소득세제 개정에서 미군정이 일제 말기에 비해서 면세점을 상향 조정했다고 보았다. 일제 말기인 1945년 3월 개정된 개인소득세제는 1947년 6월의 미군정청 제1차 소득세제 개정 이전까지 적용되었다. 500엔을 면세점으로 하여 최하 담세자 계층인 500엔 초과 1,000엔 이하 소득자는 세율 1.5%, 최고 담세자 계층으로 50만 엔 초과 소득자는 세율 54%로 하였다. 소득세율의 구분은 총 16구간으로 하였다.

반면 기존 연구에 따르면 미군정청이 활용하던 인플레이션 지수[소위 '구지수(舊指數)']가 1945년 8월(=100) 기준 1947년 6월 960, 즉 9.6배이다. 미군정기 제1차 소득세제 개정(1947.6)에서 면세점은 12,000원이고, 세율은 최하 담세자 계층인 12,000원 소득자는 3%, 최고 담세자 계층인 250만 원 초과 소득자는 90%이었다. 변화한 소득세율 구분 구간은 15구간으로 큰 차이가 없었다. 9.6배 인플레이션 기준 12,000원은 해방 직전 1,250엔이므로 세율 2.5%, 250만 원은 해방 직전 260,417엔이므로 세율 46%가 된다. 즉, 일제 말기 500엔은 1947년 6월 4,800원에 해당하므로 4,800~12,000원 소득자는 면세 대상이 되며, 면세점이 올라간 대신 최고 담세자 계층의 최고징을 낮추는 등 유산층 과세를 확대하면서 약

1.1~1.7배 인상이 기대되었다는 것이다.[30] 엄밀히는 최소액 과세대상자의 세율이 2.5%에서 3%로, 최다액 과세대상자의 세율이 46%에서 90%가 되었다면 최고 약 1.2~2배로 증가했다고 할 수 있다.

그런데 기존 연구에서 사용한 자료에서 인플레이션 구지수는 1947년 6월 당시 21.26배로 되어 있다.[31] 어째서 이런 차이가 발생했는지는 알 수 없으나, 이렇게 보면 면세점은 약간 상향된 것에 불과하며, 과세액은 최소 2~2.4배가 된다. 1947년 6월 기준 12,000원, 250만 원 소득자는 해방 직전 약 564엔, 117,592엔 소득자가 되어 본래 각각 1.5%, 38.0% 세율의 세금을 내야 했으나, 위에서 계산한 것처럼 3%와 90%로 세율이 증가했기 때문이었다. 다시 말해 미군정청은 1947년 6월 면세점은 거의 그대로 두어 대중과세 성격은 유지하면서, 일제 말기보다 초고소득자 과세를 훨씬 더 증징한 것이다.

제2차 소득세제 개정(1948.4)에서는 퇴직급여 공제를 현실화하고, 인적 공제 한도를 인상(5천 원→1만 원)했다. 또 비과세 대상 제외조항을 늘리고, 면세점을 12,000원(1947년 6월 기준)에서 25,000원으로 인상(2.1배)했다. 그러나 물가상승률(구지수 기준 1945년 8월 대비 38.69배, 1947년 6월 대비 1.82배)을 따라잡지 못하는 공제액·면세점 인상이었다. 또한 제1차 개정에 비해 최저세율은 인상하고(3%→10%), 최고세율은 인하하였다(90→70%).[32] 제1차 개정에 비해 계층 대비 세율을 역진적으로 변동시키고 대중과세적 성격을 더 강화한 것이다.

---

30 이상 송병권, 1996, 앞의 글, 417~420쪽.

31 「朝鮮所得稅令의 改正(法令第142號, 1947.6.21)」; 朝鮮銀行 調査部, 1949, 앞의 책, Ⅳ-324쪽.

32 朝鮮銀行 調査部, 1949, 위의 책, Ⅳ-324쪽; 송병권, 1996, 위의 글, 420~422쪽.

그렇다면 미군정기 세입 중 소득세의 비중은 어떠했을까?

세입 결산(차입금 제외)에서의 비중[8.0%(1948)~8.8%(1946)], 조세에서 소득세의 비중[33.3%(1948)~42.5%(1947)]을 보면 결코 적지 않았다.[33] 군정 장교로 복무했던 그란트 미드(Grant E. Meade)는 1951년 연구에서 미군정기 세입의 중요성을 관업수입(그중 전매수입), 조세 중 소득세, 그리고 지세·재산세 등으로 거론했다.[34] 물론 소득세 증징은 최저 3%~최고 90%라는, 평시에 거의 볼 수 없는 높은 세율을 통해 가능했다.[35]

즉 미군정기 세입 구조의 특징은 세 가지로 정리된다. 첫째, 만성적 적자재정은 예산상 20~32%에 달하는 차입금으로, 즉 조선은행권 발행고 중 [정부대상금-정부의 조선은행 예금고]에 해당하는 항목을 통해 메웠다. 둘째, 관업수입은 미군정기에도 최대 수입원이었으나, 인플레이션에 입각한 명목적 증가였을 뿐 증징에는 원천적 한계가 따랐다. 셋째, 조세는 세입의 10% 전후에 그쳤으며, 지세·소비세 증징 외에 소득세 증징은 소득의 3~90%라는 과다한 세율에 기반을 둔 것이었다.

33 송병권, 1996, 앞의 글, 402~403쪽.

34 그란트 미드 지음·안종철 옮김, 1993, 『주한미군정 연구』, 공동체, 184~186쪽. 이 책의 원서는 1951년 발간되었다.

35 金命潤, 1967, 앞의 책, 47쪽.

2) 조세구조의 퇴행과 주요 재원이 된 원조

〈표 14-7〉 정부 수립 후 일반회계·일반재정 부문 세입·세출 결산(단위: 천만 환, %)

	1948	1949	1950	1951	1952	1953
세입총액	31	91	249	653	2,212	6,683
조세(%)	19.3	15.9	17.4	60.6	44.2	31.4
전매익금(+관재수입)(%)	40.8	16.9	8.0	16.6	14.8	7.1
특별회계 · 잡수입(%)	7.9	7.6	7.8	16.8	21.7	8.9
국채 · 차입금(%)	32.0	59.5	61.4	0	0	40.7
외국원조(%)	0	0.1	5.3	0	13.9	11.9
	1954	**1955**	**1957**	**1958**	**1959**	**1960**
세입총액	14,920	32,378	42,459	47,710	45,540	48,456
조세(%)	34.8	34.1	27.6	30.7	48.5	51.5
전매익금(+관재수입)(%)	5.4	3.3	3.8	4.4	5.0	4.7
특별회계 · 잡수입(%)	3.3	5.7	2.8	3.1	2.0	5.0
국채 · 차입금(%)	26.5	10.3	12.8	10.3	3.0	4.2
외국원조(%)	30.0	46.5	52.9	51.5	41.5	34.6

출처: 한국재정40년사편찬위원회 편, 1991, 앞의 책 4, 63~64쪽.

〈표 14-8〉 정부 수립 후 조세 구성(1948~1960) (단위: 천만 환, %)

	1948	1949	1950	1951	1952	1953
총액	6.0	14.5	43.4	395	978	2,096
직접세(%)	47.9	41.4	60.1	57.8	59.8	56.8
간접세(%)	38.2	42.3	22.5	30.1	23.2	23.9
관세(%)	6.2	9.9	7.9	11.4	15.0	16.7

	1954	1955	1957	1958	1959	1960
총액	5,199	11,054	11,736	14,660	22,086	24,971
직접세(%)	46.1	44.7	48.9	50.5	29.6	25.6
간접세(%)	33.0	33.6	28.8	26.5	51.5	51.9
관세(%)	19.2	20.3	20.3	20.3	16.1	20.6

출처: 한국재정40년사편찬위원회 편, 1991, 앞의 책 4, 374~381쪽.

비고: 통계 원문은 1948~1958년 1백만 환, 1959~1960년 1백만 원 기준이나, 후술할 세출 부문과의 수치의 일관성을 위해 전자의 수치는 10으로 나누어 1천만 환으로 수합(1962년 제2차 「통화개혁」의 10환=1원의 비율에 따라 1987년까지 통계를 반영).

1948년은 뒤의 6개월만의 통계임.

직접세 · 간접세 · 관세의 합이 100%가 아닌 이유는 과년도수입과 인지수입이 포함되지 않았기 때문임.

1948~1960년의 세입 구조는 차입금과 대충자금 등 원조의 높은 비중, 조세 구성에서 지세(전쟁기 임시토지수득세)의 높은 비중과 간접세 증징 등 두 축으로 정리된다(〈표 14-7〉, 〈표 14-8〉).[36]

첫째, 세입에서 조세의 비중이 작았다. 이 가운데 경제난에 따른 세원 고갈과 세무행정 미비로 지세가 다시 주요 세목이 되었다. 1948년(6개월간) 주요 세목은 소득세(28.4%), 지세(13.6%), 주세(14.6%), 물품세(12.4%) 등이었다. 일제강점 말기 1942년의 미미한 지세 비중(3%)에 비춰볼 때, 특히 지세 비중이 급증하여 조세제도 발전 경로의 퇴행 현상이 일어난 것이다.

정부 수립 후 1년여가 지난 1949년 7월 정부는 독자적 조세제도 마련에 나서, 1950년 3월까지 16개 세법을 제정했다. 기본 방향은 인플레이션

36 아래의 내용은 정태헌, 2011, 앞의 글, 40 ~ 45쪽 참조.

억제와 물자난 타개를 위한 생산경제 활성화였다. 소득세·법인세에 대한 과세 특혜 및 사치품 세율 인상, 대중소비품 면세점 인상 등 소비세 징수에 집중했다. 6·25전쟁 직전인 1950년 4~5월에도 소비세와 과세가 쉬운 근로소득세 징수를 강화했다. 그럼에도 적자재정은 계속되었다. 1948~1949년 세입 중 조선은행 차입금 비중(32.0~49.5%), 전매익금·관재수입(40.8~16.9%)에 비해 조세수입 비중(19.3~15.9%)은 미미한 수준에 머무른 비정상적 세입구조였다.

퇴행적 조세구조는 6·25전쟁 발발을 계기로 소농층에 대한 과세 증징이 집중되면서 고착되었다. 「유엔군 경비지출에 관한 한미협정(1950.7)」에 따라 원화로 지출된 유엔군 대여금은 인플레이션을 악화시켰다. 「조세임시증징법」·「관세임시증징법」 제정(1950.12)으로 모든 세목에 대한 (임시)증징이 이루어졌다. 그러나 전쟁이 길어지자 상시적 증징 체제가 되었다. 「조세특례법」(1951.1)에 따라 납세의무자 신고가 아닌 정부의 과세표준액에 따라 부과하는 인정과세(법인세, 영업세, 주요 소비세)가 규정되었다.

6·25전쟁 시기 조세정책의 가장 큰 특징은 전시세제 일환으로 「임시토지수득세법」(1951.9.25)을 시행한 것이었다. 지세 등 농민에 대한 각종 조세 및 공과금을 통합해 현물 납부를 규정한 것이다. 이미 1950년 말 국회 승인을 받지 못한 채 시행된 「지세에 대한 임시조치령」(1950.12.1)에 의해 지세는 1950년에 비해 폭증(18.2배)했다. 임시토지수득세는 1951~1952년에 국세 대비 비율(21.4%→30.1%)이 급증하여 조세 중 최대 세목이 되었다. 영세소농층은 농지개혁 지가상환곡까지 합해 생산량의 40~45%를 현물로 납세해야 해서, 일제강점기 고율의 현물소작료나 다름없는 부담을 지게 되었다. 고인플레 때문에 화폐경제하에서 농민층

에게 모든 부담을 전가하는 전근대적 현물납부제가 강제된 것이다.

둘째, 계속 커지는 재정적자, 대충자금 등 높은 원조의존도 때문에 정부의 독자적 경제정책 수립은 어려웠다. 6·25전쟁 이전에도 세입에서 조선은행 차입금과 전매익금·관재수입 비중이 압도적이었다. 정전협정 이후에는 원조의존도가 더 높아졌다.

원조-대충자금으로 국방비를 충당하고 경제안정을 추진한다는 방침 아래 본격적 부흥정책은 계속 미뤄졌다. (원조/세입) 비율은 1953~1954년에 급증(11.9%→30.0%)했고, 1955~1958년에 절반(46.5~52.9%)이나 차지했다. 이 과정에서 과세행정은 소비세 특히 물품세를 증징하는 데 주력했다. 세목별로는 1953~1960년 물품세(직물세 포함)가 폭증(22.8배)하여 조세에서의 비중(11.9%→17.3%)도 급증했고 이미 1954년에 최대 세목(19.0%)이 되었다. 1953~1960년 직접세 중 주요 세목인 소득세(13.9%→8.6%), 법인세(4.0%→3.7%), 영업세(14.7%→4.0%), 임시토지수득세(22.4%→6.1%) 비중이 격감했다. 이에 따라 간접세 비중은 높아졌지만, 원조 유입·경제성장·인플레이션에 따른 자연증수에 따라 결과적으로 직접세가 일정 비율을 점할 수 있었다. 다만 1959~1960년의 높은 간접세 비중은 외환특별세가 간접세로 분류되었기 때문이다.

한국은 일제 말기 파탄적 전시체제를 겪으면서 물가가 폭등하고 평화산업이 몰락하여 재정구조 면에서 세원이 고갈된 상태에서 해방을 맞게 되었고, 세무행정력은 무너진 상태였다. 미군정 세무행정의 주력은 조세포착력이 약한 간접세에서 직접세로 치중했지만 조세수입은 총세입의 10%대에 불과했다. 세입의 절반은 관업수입이 차지했다. 그런 점에서 조선회계와 외형상 비슷했다. 그러나 재정적자를 조선은행권 발행으로 메우는 큰 차이도 동반되었다. 정부 수립 이후에도 조세 중 무차별적 대중과세인 소비세, 자산·자본 소득보다 급여에 집중된 소득세, 그리고 무엇보다도 지세의 중요성이 다시 강조되었다. 식민지 유산으로써 세원 고갈과 세무행정의 마비 현상에 따라 조세 구조가 퇴행하는 현상을 드러낸 것이다.

제15장

지방재정: 운영 파행과 제한된 지방자치

현대 한국 지방재정 연구를 보면 지방자치제 실시 여부를 기준으로 1945~1960년, 1961~1995년, 1995년 이후로 시기를 구분한다.[1] 미군정기 이후 1950년대까지 지방재정 제도에 제한적으로 조금씩 추가되었던 지방자치 요소는 5·16군사정변 이후 행정·입법 차원에서 제도적으로 차단되는 퇴행을 겪었다.

미군정기와 1950년대 기초지방단체 세출의 대부분은 사무비=인건비로 지출되어 일제강점기 읍·면 재정보다 사무비 지출이 높았다. 지방의회는 1946년 첫 선거가 이루어졌지만, 제2공화국이 들어서는 1960년까지 민선 지방단체장을 선출하지 못해 지방'자치'는 극히 제한적으로 운영되었다. 지방행정기구 비대화로 소요 비용은 확대된 반면, 중앙재정 의존도는 일제강점기보다 커지는 모순이 심화하였다. 미군정기에는 소요 비용 가운데 부족분을 호별세 증징으로 채웠다. 미군정기 지방재정 운영은 수치적 측면에서 보더라도 일제강점기보다 자치적 측면이 오히려 퇴행하는 현상이 나타났다. 이후 5·16군사정변으로 지방제도가 개악되면서 지방자치 실현은 1995년까지 기다려야 했다.

1 조경준, 1999(1990), 『(증보판) 한국지방재정사론』, 유풍출판사, 285~287쪽.

1. 미군정기: 중앙종속성과 대중과세의 연속성

미군정은 조선총독부의 지배정책을 지양하려 했고, 미국식 '자유민주주의'에 입각한 지방자치제도를 한국에 이식하려고 했다는 평가가 있다. 실제로 1946년 4월 말부터 지방분권 체제를 지향하기도 했다.[2] 그러나 지방'자치'의 내용은 채워진 것이 없었다. 여기에서는 미군정기 지방행정기구의 변화상을 지방행정과 지방자치로 나눠 살펴보자.

첫째, 지방행정기구는 일제강점기 지방행정제도가 그대로 이어져 극심한 중앙집권 체제하에서도 오히려 외형상 '비대화'한 모습을 보였다. 미군정 초기에 지방행정을 담당한 중앙행정처는 곧 폐지(1946.5.7)되었다. 동시에 교육재정 감독은 문교부로, 지방재정 및 국고보조금 감독은 재무부로 이전했다.[3] 그 외에 사회복지행정기구를 두고 도 노동조정위원회, 도 소방위원회, 시·읍·면 소방부, 도 공보과, 도 관재처, 도 인사처 등을 설치했다. 도 기구개혁(1946.1.23)에 따라 도의 지사관방 및 경찰부를 폐지하고 학무국, 노동국, 토목국 등을 신설하여 도 행정기구를 2처, 8국, 32과, 2위원회로 개편했다. 이러한 지방행정기구 비대화를 두고, 1960년대 초에 한국의 실정에 적합하지 않다는 지적도 있었다.[4]

1946년 3월 군정법령 제126호는 해방 이전 38도선 이남에 존재하던 도회, 하급 부회, 읍회, 면협의회, 군·도(島) 학교평의회 등을 해산했다. 도

---

2 Adjutant General's Office, *Summation of U.S. Army Military Government Activities in Korea*. No. 7 (Apr 1946), p.8.

3 「地方行政處의 廢止(軍政法令第74號, 1946.4.27 공포, 5.7 시행)」.

4 朴文玉, 1963, 『韓國政府論』, 博英社, 348쪽.

지사는 관할 내 지방의회의 자금, 기록, 재산 등을 지정한 군정관 또는 직원의 관리에 두게 하고 군정장관 지령이 있을 때까지 군정청 재산으로 보관·유지·보호하게 하였다.[5] 즉 미군정의 점령정책은 정치적·제도적으로 강력한 중앙통제를 실시하면서 도 행정기구의 비대화를 초래하였다. 다시 말해 미군정기의 "지방분권"에서는 "중앙의 출장소에서 주민의 이익과는 관련이 적은" "명사"나 "행세하는 엽관추종자"들이 주도하는 형국이 만들어진 것이다.[6]

둘째, 지방자치 상황을 보자. 미군정은 도·부·군·도(島)·읍·면 지방단체장과 지방의회 의원 선거를 계획(1946.11)했다. 그들이 관·공리의 임무와 직능으로 법령과 상급관청의 정책에 따라야 한다는 단서 조항에는 지방 법령 및 규칙의 제정, 개폐, 예산 의결, 결산 보고 및 승인, 지방재정 지출에 관련한 사항의 결정, 관·공리 전임·해임에 대한 의견 제출, 중앙정부에 의견 제출 등이 포함되어 있었다. 선거권은 지역 거주 만 25세 이상 남녀에게 부여되었다. 패전 이전의 일본처럼 25세 이상으로 정했지만, 남녀를 아우른 보통선거제가 처음으로 계획된 것이다.

그리고 "일정(日政)하 중앙 또는 지방회 의원으로 재임한 자, 칙임관 이상의 지위에 있던 자, 자기의 이익을 위하여 일본인과 협조하여 조선 인민에게 해를 끼친 자"에 대해 피선거권을 박탈했다.[7] 친일파 처리 문제를 둘러싼 당시의 비판적 분위기를 반영한 것이다.

그러나 이 법령을 두고 "민주적 지방단체를 발전시키기 위한 이념적

---

5 「地方會(軍政法令第60號, 1946.3.14. 공포, 3.24 시행)」.

6 朴文玉, 1963, 앞의 책, 350~351쪽.

7 「道及其他地方의 官公吏, 會議員의 選擧(軍政法令第126號, 1946.11.15.)」.

토대"라고 평가하는 것은[8] 일면적 진실일 뿐이다. 무엇보다 지방단체장 민선이 시행되지 않았다. 미군정청 정보장교였던 그란트 미드의 지적대로, 미군정은 오히려 극단적인 중앙집권화를 모색(1946.8.31)했다. 11월로 계획된 도지사, 시장, 기타 지방기관장 등의 선거 계획도[9] 곧 사문화되었다. 국무성 지시를 무시할 수 없던 미군정청이 보통선거'제도'만 도입했을 뿐이었기 때문이다. 실제로 군정법령 제135호(1947.3.15)는 과도입법의원에서 선거법 제정 이전까지 지방선거를 연기하며 모든 관리를 임명하도록 규정했다.[10] 정부 수립 후에도 민선은 이루어지지 않았다.

〈표 15-1〉 1946년 지방단체의 경상비 세입·세출 예산(단위: 천 원)

구분	세입			세출		
	현금	기타수입	계	인건비	기타세출	계
道	131,125	55,797	186,922	308,563	55,881	364,445
府	80,488	83,114	163,602	100,532	147,761	248,293
邑面	108,573	25,251	133,824	361,177	50,953	412,130
합계	320,186	164,162	484,348	770,272	254,595	1,024,867

출처: 朴文玉, 1963, 앞의 책, 352쪽.

또한 미군정은 지방행정을 국고보조금에 의지하도록 만들었다. 지방행정기구 확장과 인플레이션으로 인하여 지방단체 세출 및 중앙재정이

8 車軿權, 1984,『韓國地方財政研究』, 서울大學校出版部, 92~93쪽.

9 그란트 미드 지음, 1993, 앞의 책, 113~114쪽.

10 박찬표, 2007, 앞의 책, 220~221쪽.

부담하는 지방청비가 급팽창했다. 초기 행정학자 박문옥의 자료에 따르면(〈표 15-1〉), 도·부·읍·면 세출의 75.2%가 인건비였다(〈표 15-1〉). 일제강점 말기인 1941년 인건비에 해당하는 사무비(회의비) 비중이 9.4%, 특히 높았던 읍·면 재정 사무비가 1944년 59.1%였던 점을 감안하면 인건비 비중이 폭증한 것이다. 반면 해방 직후의 사회적·경제적 혼란 및 비신축적 지방세제로 인해 지방재정의 중앙의존도는 더욱 심화하였다.[11] 미드도 일제강점기 예산의 30%를 국고보조금에 의존하던 지방관서는 이전보다 중앙정부 보조금에 훨씬 더 의존하게 되었다고 지적했다.[12]

박문옥에 따르면 1946년 지방재정 경상비에서 지방단체 세입 부족은 전액 국고보조로 충당되었다. 예산상 국고보조는 도 91.2%, 시 54.9%, 읍·면 57.8%에 달해 일제강점기보다 오히려 중앙종속성이 훨씬 심해졌다. 즉 미군정기 지방재정은 예산 편성에 민의 반영 없이 중앙통제가 더욱 심해졌고, 중앙과 지방의 재원 분배상 조선총독부가 1940년부터 시행하던 지방분여제도(지방재정조정보급금)는 정지되었고, 지방공기업의 확장은 고려되지 않았으며, 지방단체의 세입 재원 자체가 고갈된 상태였다.[13]

이 당시 진행된 지방세제 개정도 중앙재정 세제 변화와 밀접하게 관련되어 있었다. 중앙재정 세제는 두 차례에 걸친 소득세제 개정으로 소득세의 절대액과 대조세 비중이 증가하면서 특히 임금소득자 중심으로 납세자가 하향 확대되었다.[14] 지방세의 주요 세목이 호별세였다는 점도 소득세 중심으로 변화한 중앙 세제와 비슷한 양상이었다.

---

11 車軿權, 1984, 앞의 책, 93~94쪽.

12 그란트 미드, 1993, 앞의 책, 184쪽.

13 朴文玉, 1963, 앞의 책, 351~353, 373쪽.

14 송병권, 1997, 앞의 글, 423~433쪽.

미군정기 지방세제는 네 차례(1946.10·1947.6·1948.4·1948.6) 개정되었다. 그러나 잡종세 정리, 호별세 공제 한도 인상과 세율 조정, 인두세 성격의 부세·읍세·면세 등의 폐지, 시·읍·면 차량세 신설 및 지세의 목적세화 등을 통해 약간의 변화를 가져온 정도에 불과했다.[15]

제1차 개정(1946.10.15. 군정법령 제109호)의 목적은 지방세 제도의 단순화, 세율 개정을 통한 수입 증가에 있었다. 당시 가장 큰 부담이었던 호별세 관련 개정의 요점은, 인플레이션을 고려하지 않고 식민지기 「도세시행규칙」의 '지수=부과개수'를 그대로 두되, 각 '지수'에 도세는 11원, 부·읍·면 세는 11원, 학교비는 30원을 곱하여 결국 지수에 52원을 곱한 금액을 전체 호별세로 부과한 것이다. 덧붙여 2백만 원 소득(1946년 133등급)부터는 50만 원 증가마다 부과지수 1만을 더하는 것으로 했다.

제2차 개정(1947.6.30. 군정법령 제146호)은 국세인 제1차 소득세제 개정과 비슷한 시기에 시행되었는데, 호별세 공제만 조정했다.

제3차 개정(1948.4.1. 군정법령 제187호) 역시 제2차 소득세제 개정과 비슷한 시점에 시행되었는데, 제3종 소득세 세율과 조화시키기 위해 호별세만 개정했다. 기존 133등급에서 38등급으로 바꾸었고, 지수(부과개수)도 개정했다.

제4차 개정(1948.6.21. 법령 제201호)은 세제 단순화와 세율 현실화를 목적으로 한 전면 개정이었다. 주요 항목만 살펴보면, 가옥세 부과 단위를 간소화하고, 부과 단위를 인상(1개당 1원 50전→7원)했다. 임야세 과세 방식을 전환(면적표준 과세→임야등급·지역등급에 의한 과세)했으며, 법령 제202호로 지세령을 개정해 시·읍·면에서 징수한 지세의 90%를 학교비

15 車轄權, 1984, 앞의 책, 95~97쪽.

에, 나머지는 중앙에 보류하게 했다.

기존 연구는 4차례에 걸친 미군정기 지방세제 개편은 비록 응급책이지만 '세율 현실화'를 통해 지방세 증가에 기여하였다고 보았다. 중앙 세출 중 지방행정비가 23.0%(1945)→10.0%(1946)→7.6%(1947)→5.9%(1948)로 줄었기 때문이다.[16] 그러나 회계연도 기준인 1945년 기간(1945.10~1946.3)이 5개월이었고, 인플레이션을 감안해도 1946·1947년 지방행정처 세출은 1945년보다 3배 증가하여 고정지출화하고 있었다.

지방세 부담은 결코 적지 않았다. 당시 언론에서 가장 부담 비중이 크다고 보도했던 호별세를 중심으로, 세제 개편에 따른 사회적 부담은 어떠했는지 살펴보자.

식민지 말기나 미군정기나 모두 호별세 액수는 자력(資力)에 따른 누진 과율에 따른 지수(=부과개수)에, 도·부·읍·면 세, 교육재정 부가세액을 곱하는 것이었다. 「도세시행규칙」 개정(1940)시 "호별세는 자력에 의해 등급을 두고 누진 과율에 의해 이를 부과"하며, "전 항의 과율은 지수로써 이를 정하고 자력 산정의 표준인 소득액 1,200엔에 대해 1개(箇)로 해야 한다"고 했다.[17] 미군정은 식민지기 경기도 도세부과규칙의 지수 기준을 거의 그대로 추수했다. 증세를 위해 2백만 원 이상의 고소득자 규정만 약간 바꾸었다.[18] 그리고 지수에 곱하는 호별세 과세액을 개정했다. 계

---

16 車轎權, 1984, 앞의 책, 96~97쪽. 그런데 이 전거는 산업은행 조사부, 1955, 앞의 책, 359~360쪽이라고 되어 있으나 해당 통계 수치와 맞지 않는다. 1948년 통계를 제외하면, 조선은행 조사부, 1949, 앞의 책, Ⅳ-130~131을 참조한 것으로 보인다.

17 「道稅施行規則中改正(朝鮮總督府令第74號, 1940.3.31)」, 『朝鮮總督府官報』 號外, 1940.3.31; 鄭泰憲, 2003, 「일제 말기 道歲入의 構成 변화와 植民地性(1936~1945)」, 『韓國史硏究』 123, 韓國史硏究會, 148~151쪽.

18 식민지기 종래 최고 등급(141등급)이었던 2백만 원 소득자를 133등급으로 내리고 지

산식은 아래와 같다.

■ 1941년 경성부 기준 호별세 산출 방법[19]

호별세액=소득별 지수(부과 개수)×[지수 1개에 대한 (경기)도 호별세 3엔 30전+경성부 호별세부가세 3엔 80전+제2부 특별경제(조선인 교육재정) 호별세 부가세 14엔 51전=21엔 61전]

■ 미군정기 제1차 개정(1946.10.15) 기준 호별세 산출 방법[20]

호별세액=소득별 지수(부과 개수)×(도세 11원+부·읍·면 세 11원+학교비 30원=52원)

그렇다면 납세자의 부담은 어떻게 바뀌었는가?

제1차 개정 직전인 1946년 9월 기준으로 신문들은 공제 후 연 2만 원 소득이 있는 세대주를 '대중생활자'로 규정했다. 연 2만 원 소득이 있는 세대주가 공제받지 않을 경우 납부해야 하는 호별세는 다음과 같았다.[21]

수는 똑같이 유지하되(25,700), 50만 원의 소득 증가마다 지수 1만을 더하는 방식으로 바꾸었다.

19 「京畿道道稅賦課規則左ノ通改正ス(朝鮮總督府京畿道令第8號, 1941.3.31)」, 『京畿道報』 號外, 1941.3.31; 京城府, 1941, 『(昭和十六年度)京城府歲入歲出予算書』.

20 「地方稅의 改定(법령 제109호, 1946.10.15)」, 『軍政廳 官報』, 1946.10.15.

21 「年收 2만 원에 3,000원-대중생활에 영향 주는 戶別稅 증세-」, 『자유신문』, 1946.9.5; 「道, 地方稅等大幅增稅, 最下級戶別稅「三千圓」以上일 듯」, 『공업신문』, 1946.9.5; 「道稅·地方稅增稅」, 『가정신문』, 1946.9.5; 「도, 지방세를 증세한다는 군정청의 발표」, 『한성일보』, 1946.9.5.

■ 3,094원=(연 2만 원 소득자 지수) 59.50×지수 1개당 52원

인플레이션을 반영한 세대주의 실질소득을 감안하면 부담은 3배 정도 더 낮았어야 했다. 미군정이 보수적으로 잡은 물가상승률[인플레이션 구지수(舊指數)]은 1945년 8월 대비 1946년 9월 약 9.3배였다.[22] 그렇다면 1946년 9월 기준 연 2만 원 소득의 세대주는 1945년 8월 연 2,150원 소득자와 실질소득이 동일하다고 할 수 있다. 2백만 원 이상 고소득자를 제외하면 미군정기 호별세 지수는 식민지기 경기도 호별세 지수를 그대로 가져다 썼다. 그렇다면 인플레이션을 감안한 1946년 9월 시점의 2만 원 소득자에 대한 호별세 세액은 다음과 같이 산정되어야 한다.

■ 1,083원=(연 2,150원 소득자 지수) 2.24×지수 1개에 대한 호별세 액수 52원×인플레이션 차이 9.3배

인플레이션을 고려하지 않은 법령 개정으로 '대중생활자'에게 약 3배가 못 되는 과도한 호별세를 내도록 규정한 것이다. 상기 계산 기준이 된 '구지수'가 물가상승률을 보수적으로 집계한 것임을 감안하면 부담은 더 컸을 것이다.

또한 1946년 9월 기준의 2만 원 소득자는 인플레이션 구지수 기준을 기계적으로 반영하면 제2·3차 개정 당시 월별 약 45,000원(1947.6), 약 82,000원(1948.4) 소득자와 동일했다고 할 수 있다. 이렇게 되면 지수는 2만 원 소득자의 59.50에 비해, 45,000원 소득자는 지수가 146.82이 되

22 조선은행 조사부, 1949, 『경제연감』, IV-318~331쪽.

고, 82,000원 소득자는 지수가 369가 되어서 각각 2~6배 높아지게 되는 것이다.[23] 이런 상황에서 인플레이션에도 불구하고 과거처럼 봉급을 받으면 그것대로 가계경제에 문제이고, 인플레이션을 반영하여 봉급을 받으면 그만큼 세금을 더 낼 수밖에 없었다. 따라서 이 시기 중앙세제에 대한 평가처럼[24] 물가상승을 고려하면 지방세제 개정도 인플레이션에 연동한 대중과세적 조세 증징으로 귀결되었다. 이후 제4차 개정에서는 호별세가 아닌 기타 지방세 증징이 두드러졌다. 호별세 증징이 한계에 이른 것이다.

미군정기 지방행정 · 지방자치 · 지방재정의 특징은 다음과 정리할 수 있다.

첫째, 지방행정은 중앙집권 강화와 지방행정기구 비대화가 동시에 이루어졌고, '도시적 경비'의 확충은커녕 사무비=인건비가 지방에 전가되었다.

둘째, 1946년 지방단체장 보통선거를 계획했지만, 이후 민선 단체장은 선출되지 않아 지방'자치'는 이뤄지지 못했다.

셋째, 행정기구 비대화에 따른 소요 비용 확대에 반해, 지방재정의 중앙재정 의존도는 일제강점기보다 오히려 심해졌고, 소득세 성격의 호별세가 대중과세로 증징되었다. 요컨대 지역사회 부담은 증가한 반면, 실질적 지방자치의 법적 · 재정적 토대는 미비했다.

---

23 「京畿道道稅賦課規則左ノ通改正ス(朝鮮總督府京畿道令第8號, 1941.3.31.)」; 地方稅의 改定(법령 제146호, 1947.6.30)」, 『軍政廳 官報』, 1947.6.30; 「戶別稅의 改定(법령 제187호, 1948.4.1)」, 『軍政廳 官報』, 1948.4.1 참조.

24 송병권, 1997, 앞의 글, 423~424쪽.

2. 정부 수립 후 지방자치 제한과 5·16군사정변 이후 형해화

정부 수립 직후 지방행정조직은 도·부·읍·면을 '자치'단체로 하고, 사무는 도지사·부윤·읍장·면장이 집행하게 한 미군정기 제도를 계승했다. 「지방행정에 관한 임시조치법」(1948.11.17)도 읍·면을 제외한 시·도·구·부·군·도(島)·서(署)의 행정구획에 국가기관을 두었지만, 지방 '자치'단체 행정조직에 대한 개편은 없었다. 정부 수립 후 「지방자치법」(1949.8.15)은 서울시를 서울특별시로, 부를 시로, 도(島)를 군으로 바꾸고, 도·서울특별시·시·읍·면을 자치행정구역으로 규정했다. 그러나 국가기관인 도지사와 서울특별시장이 '자치'단체의 집행기관을 겸하여 지방의회 권한이나 정치적 자유가 보장되지 않는 상황에서 중앙관료의 지배가 강화되었다.[25]

「지방행정기관직제」(1948.11.18)를 통해 도지사 밑에 비서실·내무국·학무국·사회국·농림국·상공국(혹은 산업국)·경찰국을 두고, 아래 24개 과를 설치했다. 1949년 「지방자치법」에서는 내무국·교육국·사회국·농림국·상공국·경찰국, 1950년 4월에는 4국(내무국·문교사회국·산업국·경찰국) 21과를 설치했다. 이후 1960년까지 도 행정기구에 별다른 변화는 없었다.

6·25전쟁 기간에는 지방행정의 일반 활동이 전면 통제되었지만, '책임'과 '의무'는 점차 증가했다. 즉 전쟁 시기에는 전력 증강[병무, 징용, 양정(糧政), 징세, 농촌대책, 구호 등], 정전협정 후에는 전재구호·복구(난민정착사

25 이하 내용은 車輧權, 1984, 앞의 책, 102~105쪽; 108~111쪽; 120~121쪽.

업 등의 공공구호대상자에 대한 항구적 구호사업, 전상자 및 전몰유가족에 대한 원호사업, 주택·공공시설의 복구사업 등) 영역을 책임진 것이다.

1951~1960년 국민총생산 대비 중앙정부 세출 비중(11.3%→19.9%)에 비해 지방정부 세출 비중(1.8%→6.2%) 추이가 가파르게 증가했다. 지방정부의 공공사업 운영 범주가 넓어졌기 때문이다. 각 지방단체의 특별회계 운영사업은 각각 달랐다. 도는 주로 중·고등학교 단위의 교육사업을 담당했다. 서울특별시는 수도, 운수, 택지조성, 토지구획정리, 주택자재생산, 시공관 및 전당포 등을, 기타 시는 수도, 소방, 운수, 병원, 주택, 토지개량, 시공관, 전당포 등을, 읍·면은 수도, 병원, 도선(渡船), 중기운영, 대여양곡관리, 주택관리, 축우관리 등을 담당했다.

그러나 수도·운수·주택사업을 제외하면 대부분 규모가 작고 행성관리 측면이 강했다. 또한 1957년 이래 지방단체의 특정 사업 부문이 일반행정 부문보다 빠르게 확대되었지만, 주로 서울특별시와 도 소관 특별회계 세출 증대였다. 그 외 시·읍·면 소관 특별회계 세출 증가율은 일반회계 증가율보다 낮았다.

그러면 1950년대 지방의회는 어떠했나. 지방의회는 1952년 최초로 선출되었고, 5·16군사정변 이전까지 3차례 구성되었다.[26] 지방의회가 그 기능을 제대로 발휘하려면 주민의 관심과 의사를 충실히 반영하는 의원이 선출되는 정치적 환경이 조성되어야 하고, 지방의회 및 행정기관의 의사가 중앙정부에 충분히 반영되어야 한다.

---

26 孫禎睦, 1992, 『韓國地方制度.自治史研究 下: 美軍政期 - 1961.5.16.』, 一志社, Ⅳ~Ⅵ장 참조.

그러나 당시에는 그렇지 못했다.[27] 1949년 7월 지방자치법이 제정되었지만, 선거는 시행되고 있지 않았다. 그러나 1952년 4월 25일 시·읍·면의회, 5월 10일 도의회 의원 선거가 실시되었다. 한국전쟁기인 1952년 이승만 정부의 정권 재창출을 위한 발췌 개헌 등 부산정치파동의 일환이었다.[28]

1960년 4월 혁명 이후 장면 정부 시기에 지방단체장이 최초로 민선으로 선출되었다. 그러나 서울특별시장 선거에서 보듯 비슷한 시기의 국회의원 선거와 달리 투표율도 낮았고, 재임 기간이 약 5개월에 불과하여 전문성도 발휘되지 못했다.[29]

즉 지방단체의 업무와 책임은 6·25전쟁을 전후해서 확대되었던 반면, 재정적 자치 활동영역은 오히려 축소되었다. 1951~1960년 지방단체 일반회계 세출 중 일반행정비(54.2%→26.5%)와 산업경제비(18.7%→4.3%) 비중 격감, 사회서비스비(5.2%→5.6%) 현상 유지에 반해, 공익사업비(4.2%→7.9%) 증가, 전충용(轉充用)제비(17.7%→55.8%) 등이 급증하는 추이를 보였다.

일반행정비 비중이 전시행정에서 평화행정으로 이행하는 과정에서 격감한 반면, 전재복구에 관련된 다른 사업비 비중이 증가한 것이다. 전충용제비(보조금, 지방분여세, 환부금, 교부금 등의 이전적 지출)를 통해 지방재정에 대한 중앙통제가 현저하게 강화되었다. 전충용제비 중 보조금(69.0%~80.7%)이 큰 비중을 차지했는데 이는 지방재정의 높은 국가의존도와 광역단체인 도의 위상 강화라는 두 측면을 보여준다.[30] 또 1960년

27 車騂權, 1984, 앞의 책, 181쪽.

28 손봉숙, 1985, 『한국지방자치 연구』, 삼영사, 28~33쪽; 서중석, 1999, 『조봉암과 1950년대(상)』, 역사비평사, 48~54쪽 참조.

29 孫禎睦, 1992, 앞의 책, 472~565쪽.

30 車騂權, 1984, 위의 책, 114~156쪽.

기초자치단체인 시·읍·면 세출에서 압도적 비중의 일반행정비(75.3%)에 반해, 주민복지 경비인 공익사업비·산업경제비·사회서비스비는 현격한 차이(21.6%)를 보였다.[31]

세입 역시 국고재원 비중이 압도적으로 높았다. 1951~1960년 지방단체 자체수입(지방세 포함) 비중은 감소(41.7%→28.4%)한 반면, 국고재원(환부금, 지방분여세, 보조금 등) 비중은 증가(58.3%→72.3%)했다.[32] 또한 광역단체 세입은 전체 지방자치단체 세입에서 압도적 비중(75.9%)을 차지한 반면, 하부 기초단체는 점차 그 비중이 떨어졌다. 중앙집권화 심화 경향을 반영한다.[33]

당시 지방의회 의원은 민선이었지만, 1960년까지 지방기관장은 임명직이었다. 일제강점기의 지방제도와 다른 것이 없었다. 특별시·도 재원이 늘어난 데 반해, 나머지 지방단체는 세입·세출에서 국고재원과 보조금 비율이 늘어났다. 이 시기 지방단체는 '자치'의 모습보다 전선국가(frontier state)의 말단 지방 단위까지의 중앙권력 침투를 매개하는 역할에 머물렀다. 그리고 5·16군사정변으로 제한적 수준의 지방'자치'나마 제거되었다.[34] 그 후 제도적·실질적 의미의 지방자치가 시행되기까지 30년 이상을 기다려야 했다.

---

31 孫鳳淑, 1985,『韓國地方自治硏究』, 三英社, 234~235쪽.

32 內務部, 1963,『地方自治團體決算槪要』, 350~359쪽; 車軿權, 1984, 앞의 책, 180~187쪽. 차병권의 분류를 참조하여 사용료·수수료, 지방세, 지방채, 재산수입, 이월금, 재산매각대, 과년도수입, 잡수입, 교부금, 기부금, 전입금 등은 자체수입으로 분류했다. 약간의 오식은 보정했다.

33 車軿權, 1984, 위의 책, 187~198쪽.

34 곽경상, 2014,「5·16 군정기 군사정부의 지방정책과 정치·행정구조 개편」,『역사와 현실』 92 참조.

결론

개항 이후 조선도 뒤늦게 제국주의 경쟁에 뛰어든 일본과 「조일수호조규」(1876)를 체결하면서 세계 자본주의 체제와 연결되었다. 재정 문제는 이른바 근대화를 위한 개혁의 핵심과제로 여겨졌으나 초기에는 여전히 18세기를 지나는 동안 관행화된 절약 관념에 갇혀 있었다. 이후에 차관 도입을 통한 재원 마련 정책이 시도되었으나 일본의 방해로 무산되기를 반복했고, 갑신정변 실패로 재정개혁 시도는 더욱 늦춰졌다. 갑오정권은 재정기구 일원화와 부세 금납화를 골자로 한 재정개혁을 시도했는데, 이를 위해 무엇보다 세입 증대가 중요했다. 세원 확보와 함께 차관 도입을 시도했다. 차관 도입은 독자적 본위화폐 도입을 위해서도 당시 관료들이 중시한 사안이었으나, 재정·금융 지배를 바탕으로 조선 침략을 완성하려던 일본의 방해로 실질적 성과를 거두지 못했다.

대한제국 재정개혁의 특징은 재원과 운영권을 내장원에 집중해 황실재정을 확대했다는 점이다. 내장원은 늘어난 세입으로 철도 부설, 광산 개발 등 산업시설에 투자하기도 했으나, 규모가 작고 일본 등 열강의 손에 이미 넘어간 터라 실효가 크지 않았다. 차관 도입도 이전과 달리 여러 국가와 교섭을 시도했고 프랑스, 러시아 등과의 차관 교섭은 성사 직전까지 갔지만 일본의 방해로 결국 무산되었다.

이후 통감부가 설치되고 재정고문인 메가타 다네타로(目賀田種太郎) 주도로 대한제국의 화폐 주권과 재정(국고)은 일본에 장악되었다. 이후 소비세 특히 주세와 연초세를 중심으로 세목을 신설해 주요 세원으로 삼았다. 그리고 최종적으로 통감부는 황실재정을 해체했다. 국유로 이관된 황실 소속의 광산, 토지 등은 이후 조선총독부 소유로 넘어갔다. 개항 이후 근대적 재정체계의 핵심으로 추진되었던 재정 일원화 조치가 일제에 의해 식민지 재정제도를 구축하는 기반으로 활용되는 역설을 맞으면서 강제병합에 이른 것이다.

일본은 강제병합 이후 한국 재정을 폐쇄하고 「조선총독부특별회계에 관한 건」에 따라 조선회계를 설치했다. 대한제국 및 통감부 재정을 계승한 조선총독부 재정은 독자성을 지닌 일반회계가 아닌, 일본 정부 일반회계에 종속된 특별회계로 운영되었다. 일본 「회계법」에 따라 매년 일본 정부가 조선회계의 세입·세출 예산을 조정하고 일본 제국의회에 제출하여 '협찬'을 받아야 했다. 그 외에 「조선사업공채법」을 통해 사업공채를 발행했고, 일본 일반회계로부터 보충금을 받아 조선에서의 조세·관업수입과 함께 조선회계 세입을 구성했다.

즉 조선회계는 일본 정부(와 제국의회)의 통제하에 운영되었다. 조선총독부의 재정정책 역시 기본적으로는 일본의 대륙침략 정책, 부차적으로 일본 내의 정치 상황이나 육군과 대장성 등 부처 간 갈등에도 영향을 받는 구조적 종속성을 안고 운영되었다.

조선회계 세출 양상은 1914년 재정독립 5개년계획, 제1차 세계대전 후 반동공황에 따른 일본 정부의 긴축정책 추진, 조선철도 12년 계획, 대공황 전후 일본의 긴축 강화 그리고 만주침략 이후 일본의 대륙침략 등 식민모국의 정치적·경제적 변화에 직접적인 영향을 받으면서 좌우되었다. 지출 분야별로 분류해 보면 타이완회계 세출은 산업진흥비(33%)가 치안·방위·특수행정비(13%)보다 큰 데 반해, 조선회계는 치안·방위·특수행정비(26%)가 산업진흥비(13%)를 압도했다. 일제가 대륙침략을 감행하는 교두보였던 조선의 지리적 특성상 세출의 군사적 성격이 그만큼 컸기 때문이다. 전시체제기에는 1937년 일본에 설치된 임시군사비특별회계로 조선회계에서 유출된 군사비가 조선회계 세출에서 큰 비중을 차지했다. 1944~1945년 임시군사비특별회계로의 전출금은 조선의 조세수입 전액과 비슷한 정도였다.

조선회계 세입은 조세, 관업(및 관유재산)수입, 공채(및 차입금), 보충금 등 크게 네 부분으로 구성되었다. 특히 조선 내 수입이자 근대 재정의 근간이었던 조세의 경우 제국주의의 필요에 따른 식민지 개발 양상과 통치 방식에 따라 수익세(지세 등) 중심체제에서 소비세(주세·연초세·관세 등) 중심체제로, 다시 소득세(개인·법인·이자 소득에 대한) 중심체제로 변화해 갔다. 물론 신설 또는 증징된 조세가 조선의 식산흥업에 사용된 것이 아니라 식민통치를 위해 유용되었다는 특징이 있다.

조세와 함께 조선 내에서 수취했던 세입으로 1920년대 중반 이후 조세보다 큰 비중을 차지했던 관업수입이 있다. 세입 총액에서 관업수입의 비중은 1920년대까지 20~25%였으나, 이후 40~50% 비중을 차지했다. 연초 중심의 전매수익과 철도수익이 대표적인 관업수입이었다. 전매의 경우 조선은 연초 외에 일정 규모를 갖춘 사업이 없어 수익성 좋은 사업(연초, 아편, 장뇌, 주류 등)이 많았던 타이완에 비해 세입에서의 비중이 낮았다. 관업수입의 대부분을 차지했던 철도수익은 철도 재정이 조선회계에 통합·운영되는 식민지 재정의 구조적 특징에 영향을 받았다. 특별회계로 분리되었던 일본철도회계와 달리 조선철도의 영업이익은 조선회계의 세입 보전, 특히 임시군사비특별회계 전출금으로 전용되었고 조선철도의 건설·개량을 위해 지출되지 못했다. 이는 결국 해방 후 철도 설비의 노후화, 철도 운영의 마비를 불러오는 요인으로 누적되었다.

식민지 지방재정의 특징을 제도·규모·세출·세입 면에서 개괄하면 다음과 같다.

제도 면에서는 1920년, 1931년을 지방제도 개정에 따른 분기점으로 하는 가운데, 법인화와 의결기구화 여부가 핵심이었다. 그러나 의결기구화된 지방의회 의장조차 임명제 지방행정관(지방단체장)이 맡아 의견 반영에는 제한이 많았다. 규모 면에서는 1912~1944년 증가율(96배)이 중앙재정 증가율(47배)보다 훨씬 높았다. 일본에서는 시 재정이 지방재정 규모의 급증을 선도했으나, 전시체제기 부 재정의 비중은 주춤했다. 세출 면에서도 일본 지방재정의 규모 증대를 선도한 도시 재정의 전기사업이 부재한 점이 특징이었다. 세입 면에서도 그와 관련된 세외수입보다 세수입의 비중이 컸던 특징을 보였다. 이러한 지방재정의 식민지 유산은 해방 후까지 연속되었다.

지방단체 단위별로 살펴보면, 도 재정은 1931~1935년을 분기점으로 구분된다. 세출에서 토목비·권업비·교육비[중등학교(1925년 이후), 실업학교]가 주요 지출 항목인 것은 변하지 않았다. 다만 궁민구제토목사업을 위한 예외적 결정으로 1931년 도채가 전년도에 비해 108.4배나 발행되면서 각각 사업의 30% 이상을 차지한 도로·치수 사업을 필두로 토목비 비중이 폭증했다. 이후 1936년부터 도채의 토목비·권업비 집중, 하위 행정 단위에 대한 교육비·권업비 집중에 따라 도 세출의 제도적 '수직계통화'가 이루어졌다.

세입 면에서 토지조사사업과 호구조사가 진행 중이었던 1910년대의 지방재정은 제도를 구축하는 과정이었다. 1919년 이후 1930년까지는 지세·호세 계통 중심 지방비부과금 구조가 이어졌으나, 지방채 발행이 극도로 제한되어 지방비(도 재정) 역시 크게 늘지 않았다. 1931년 궁민구제토목사업을 전후한 도채 폭증은 도 재정 변화의 분기점이었다. 전시체제기에는 도세로 궁민구제토목사업용 도채를 상환했지만, 팽창한 도 재정을 지탱하기는 무리여서 비공식적인 '임의 과세'인 기부금이 급증했다.

부 재정은 일본의 시 재정처럼 지방재정의 '전위'가 되어야 할 법했지만, 전혀 그렇지 못했다. 법적인 자체 재원(사용료·수수료)이 원천적으로 제한되었기 때문이다. 1910년대에는 일본인 거류민단 부채를 조선인이 함께 떠안았다. 1920년 이후 전시체제기 이전까지는 (상)수도만 공영으로 운영되었고 일본 시 재정 증폭의 핵심인 전기사업이 부영으로 운영되지 못했다(평양부만 제외). 전시체제기 들어서는 전방위적 증징 아래 그렇지 않아도 부족했던 법적 재원(사용료·수수료수입)이 아닌 부세 증징으로 부 세입을 채웠다. 고스란히 조선인, 그리고 그중 하위계층의 부담이 늘어났다. 취약한 도시 재정은 식민지 지방재정의 큰 특징이었다.

읍·면 재정의 경우 '3비(토목비·권업비·위생비)'의 비중은 다른 지방단체에 비해 미미했다. 1920~1930년대 '3비' 비중이 약간 증가했지만, 전시체제하 읍·면 행정의 강화와 이를 위한 '거물면장(大物面長)' 고용으로 세출 대비 사무비 비중이 다시 50%를 넘어섰다. 이것은 면부과금으로 보충했지만, 제한적 고유사무와 높은 세금으로 지역공동체에서 지도적 역할을 해야 할 대지주들의 '부재지주'화, 즉 도시로의 이동에 따라서 지방민은 과도한 부역과 세금 부담에 시달렸다. 식민지 농촌 재정의 '공공성' 담보는 요원했다.

조선에서 교육재정은 타이완·사할린·관동주와 달리 민족별로 분리·운영되었다. 1910년대 조선인 교육재정은 지방비보조금, 임시은사금이자, 향교재산수입 등이 중심이었다. 그에 반해 학교조합 재정은 일본인 거류민단 재정을 이관하여 안정적 수입원이 보장되었다. 1920년대 조선인 교육재정(학교비)은 3·1운동 이후 강화된 교육열에 따라 '1군 1교'에서 '3면 1교', '1면 1교'를 표방했지만 국고(조선총독부) 보조가 부족해 교육열을 온전히 반영할 수 없었다. 1936년 조선총독부 정무총감이 '초등교육 의무화'를 운운하는 와중에서도 조선인 교육비에 지출할 목적으로 발행한 부채는 부세로 상환되었고, 군·도(郡·島) 지역의 지방비보조금은 도세가 도 재정을 통해 보조금으로 되돌아오는 형태가 되었다. 반면 일본인 교육재정은 꾸준하게, 그리고 1930년대 후반 더 증액된 형태로 국고보조금을 받으면서 운영되었다.

그러나 이러한 식민지 유산은 정리되지 못한 채 해방 후 재정에서 계속 이어졌다. 예컨대 해방 후 중앙재정은 일제강점기와 마찬가지로 치안비·군사비 비중이 높았다. 미군정기 치안비·군사비는 일반재정(일반회계) 세출의 20% 전후, 1954~1960년 일반재정 세출 대비 31~42%에 달했다. 산업정책은 대충자금 규정에 구속되어 1950년대에는 제한적으로 이루어졌고, 방위비는 점차 자체 재원으로 대체되었다. 방위비는 1961~1987년에도 일반회계 세출 대비 20~30% 신, 국민총생산 대비 3.5~6.3%를 유지했다. 자체 세입 상당액이 대규모 한국군 유지에 활용된 것이다.

세입구조를 살펴보면, 일제 말기 파탄적 전시체제를 겪은 이후 물가가 폭등하고 평화산업이 몰락하였다. 세원이 고갈된 상태에서 맞게 된 해방 당시 세무행정력은 무너진 상태였다. 미군정은 조세 포착력이 약한 간접세에서 직접세로 전환했지만, 전체 세입 중 조세수입은 10%대로 추정되며 절반은 관업수입이 차지했으며 나머지는 조선은행권 발행(차입금)으로 충당했다. 정부 수립 이후에도 무차별적 대중과세인 소비세, 자산·자본 소득보다 급여에 집중된 소득세 외에 지세의 중요성이 다시 강조되었다. 식민지배의 유산인 세원 고갈과 세무행정의 미비를 드러내면서 조세 구조의 퇴행 현상을 드러낸 것이다.

해방 후 지방재정도 식민지기 지방재정의 한계를 그대로 드러냈다. 중앙집권화가 더 심화한 가운데 지방행정기구가 비대해졌다. 또한 미군정기와 1950년대의 기초지방단체 세출의 대부분은 사무비=인건비로 일제강점기 읍·면 재정보다 사무비 지출이 훨씬 높았다. 또한 지방자치 면에서 지방의회는 제2공화국이 들어서는 1960년까지 민선 지방기관장을 선출하지 못했다. 지방'자치'는 일제강점기의 그것에서 전혀 벗어나지 못했다. 여기에 더해 행정기구 비대화에 따른 소요 비용이 확대된 반면, 중앙재정 의존도는 오히려 일제강점기보다 심해졌다. 해방 직후 지방재정 운영의 '자치' 수준은 자체 재원 수치 면에서 일제강점기보다 오히려 크게 퇴행했다. 그리고 5·16군사정변으로 지방자치는 제도가 개정되는 1995년 이후까지 기다려야 했다.

끝으로 일제강점기 재정 연구의 향후 과제를 정리해 보고자 한다. 우선 본문에서 확인할 수 있듯이 관련 연구 자체가 절대적으로 부족한 상황이다. 1990년대에 잠시 활발히 연구가 이루어진 후 학계의 관심에서 멀어졌던 것은 재정정책을 포함한 경제사 자체가 매력을 잃었기 때문인지도 모르겠다. 이런 와중에 이전까지의 경제사 논의를 이른바 원시적 수탈론과 식민지근대화론의 대립이었던 것처럼 단순화시키는 상투적이고 피상적인 정리가 학계에서 횡행했다. 연구사에 대한 심각한 왜곡이고 몰지성을 드러내는 단면이기도 하다.

이와 같은 이분법적 단순화를 따라가면 일제강점기 경제사를 논할 때 제국주의 침략과 식민지 개발의 상관관계라는 중요한 역사적 실체가 연구의 장에서 사라진다. 식민지 경제를 논하면서도 개발을 언급하지 않은 채 반쪽짜리 분석에만 매진하거나, 역사적 실체인 제국주의 침략을 외면한 채 자본주의 일반론에 입각한 현상적 설명에만 몰두하는 경향이 경제사 논의의 전부였다면 방법론이나 문제의식 측면에서 경제사 논의가 매력을 잃을 만도 하다.

하지만 서론에서 언급했듯이 개발-수탈의 통일적 인식 틀로 식민지 경제, 식민지 개발을 바라보는 문제의식이 1980년대부터 이미 도출되어 있었다.[1] 단순화된 이분법적 연구사 정리를 넘어 이러한 문제의식을 기반으로 제국주의 침략의 역사 속에서 식민지 개발이 드러낸 본질을 비판적으로 분석해 들어가야 한다. 이는 2000년대 이후 일제시기를 다루는 논의 경향이 여러 가지 의미 있는 전망을 제시하면서도 '경제 문제'에 대해서는 유효한 분석과 입장을 내지 못하는 학계의 상황에 돌파구가 될 수 있을 것이다.[2] 그 근간으로써 재정정책 연구의 진전은 일제강점기 연구사의 총체적 문제 해결의 실마리가 되지 않을까 기대한다.

조선총독부 재정의 경우 세출 부문에 관한 종합적 분석이 필수적이다. 현재 연구는 기초적 통계 분석 수준에 머물러 있는 상황이다. 통계 수치로 나타나는 식민정책 변화의 배경과 원인, 그리고 그것이 야기한 결과까지 심층적 분석이 이뤄져야 한다. 최근 조선사업공채 발행 정책 분석을 통해 사업공채 발행으로 자금을 조달했던 철도 등의 교통망 및 사방사업 등의 인프라 개발의 특징과 양상이 밝혀졌으나 조세와 관업수입을 근간으로 했던 경상적 지출과 지방재정 보조 등의 변화상도 구체적으로 구명할 필요가 있다.

같은 맥락에서 조세 및 조선사업공채와 함께 세입의 주요 부문을 형

1 정태헌, 1987, 「최근의 식민지시대 사회구성체론에 대한 연구사적 검토」, 『역사비평』 1; 1994, 「일제하 경제사 인식의 정립을 위한 시론」, 『역사와 현실』 12; 정병욱, 2007, 「【기획서평】 식민지 경험의 재구성과 삶의 단위 - 『근대를 다시 읽는다』(윤해동 외, 2006, 역사비평사)를 읽고」, 『역사비평』 80.

2 정병욱, 2007, 위의 글; 문명기, 2019, 「제국주의 연구와 제국사를 잇는다는 것 - 駒込武, 『世界史のなかの臺灣植民地支配 - 臺南長老教中學校からの視座』(岩波書店, 2015)를 읽고 - 」, 『동방학지』 188.

성했던 보충금과 관업수입에 관해서도 면밀한 분석이 필요하다. 전매와 철도수입이 주를 이루었던 관업수입에 관한 분석도 특정 사업의 수익성 여부 등에만 초점을 맞춘 개별 연구로 진행된 것을 넘어 해당 관업사업의 수입이 조선총독부 재정 전체에 끼친 영향, 조선총독부와 일본의 의도를 시야에 두고 종합적으로 분석할 필요가 있다. 특히 조선총독부 재정은 일본 재정과 달리 철도 재정 등 관업수입을 특별회계로 분리하지 않고 모두 조선회계와 통합해서 관리했기 때문에, 관업수입이 식민지 재정 운영 전반에 절대적 영향을 끼쳤다.

보충금은 일제 식민지 가운데 조선에 대해서만 중지되지 않고 정액으로 유지되었던 세입으로 일본 정부가 재정정책을 긴축으로 전환할 때마다 삭감 압박이 있을 만큼 조선회계 예산 편성에서 주요 쟁점으로 부각하였다. 상환 의무가 없기 때문에 일본 정계에서 정치세력 간 갈등 과정에서 효율적 식민통치를 위한 보충금의 '정치적' 고려 없이 보충금 삭감 목소리만 크게 내는 경우도 많았다. 일본인 관리의 조선근무수당(가봉)에 대부분 지출된 보충금 용도의 성격까지 가미하여 일본 제국주의의 식민정책 전반의 구조를 정치적 측면에서 분석할 때 보충금은 빼놓을 수 없는 소재라고 할 수 있다.

한편 일제강점기 지방재정 연구의 공백이 큰 점을 지적해 두어야겠다. 특히 지방재정 운영의 전체상이나 중앙재정과 지방단체, 또는 각 지방단체 간의 수직적 또는 상호 연관성을 입체적으로 그려내기가 쉽지 않다. 조선왕조·대한제국은 부국강병, 통감부·조선총독부는 식민지화라는 각각의 목적을 명분으로 당시 지방재정 기반 위에서 중앙집권적 제도화를 지향했다는 공통점이 있다.

그런 한편, 지방재정은 지역사회의 특징을 반영한다. 따라서 중앙 단위의 지배 권력이 이민족으로 전환되는 과정에서 드러난 단절성은 물론, 식민지 행정기구와 전통적 요소가 결합되는 과정이 고찰되어야 한다. 예를 들면, 일제강점기 지방재정 운영에 큰 부분을 차지한 부역(夫役) 및 조선 후기 총액제적 재정 운영에서 중앙정부와 하부 행정단위의 연결고리 역할을 한 도(道)의 위상 변화가 지역사회 관점에서 이루어질 필요가 있다.

나아가 징세 단위인 호(戶)의 변화와 지역사회 변동의 관계를 분석할 필요가 있다. 조선 후기 주요 징세 단위는 토지와 호였다. 그런데 조선 후기 호적의 '호'는 농업경영의 기본 단위인 가족(家) 형태를 그대로 반영한 것이 아니었다. 국가의 징세와 통치를 위한 장부로 작성된, 의도적으로 편제된 '편호(編戶)'였기 때문이다.[3] 조선총독부는 이후 점차 세대와 인구의 실제 거주 여부를 확인하기 시작했다.[4]

또한 1920년대 이후 '지방의회' 유권자 자격을 지방세 납세액을 기준으로 설정했기 때문에 호구 변동 문제는 지방의회 유권자 숫자와 연동될 수밖에 없었다. 이 점에서 토지조사사업 외에 전통적 징세 단위였던 호구 변동을 주목할 필요가 있다.

끝으로 동시대의 식민지적 근대가 나타내는 변화로써 3·1운동 후 지방재정과 도시 인프라(수도, 전기, 가스 등)를 둘러싼 운동과의 관련성 문제에 대한 분석도 여전히 취약하다. 도시 인프라는 일본 시 재정과 조선 부재정의 법적 재원으로 '자치적 재원'의 근간이기도 했다. 1910~1920년

---

3 손병규, 2007, 『호적: 1606~1923: 호구기록으로 본 조선의 문화사』, 휴머니스트, 407~408쪽.

4 시호철, 2007, 「1890~1930년대 주민등록제도와 근대적 통치성의 형성」, 서울대 사회학과 박사학위논문, 230~231쪽.

대 일본에서는 일시적이었지만 '다이쇼 데모크라시'를 둘러싼 시대적 분위기 속에서 세외수입 증대와 도시 인프라 정비를 둘러싼 지방사회 내의 대립 관계가 짙어졌다. 이와 관련해 식민지 조선에서도 지방재정의 팽창 과정에서 도시 인프라를 중심으로 한 지역주민의 이합집산에 관한 연구가 보다 심화할 필요가 있다.

참고문헌

제1장

단행본

김태웅, 2012, 『한국 근대 지방재정 연구-지방재정의 개편과 지방행정의 변경』, 아카넷.

______, 2018, 『근대 재정개혁의 설계자 어윤중과 그의 시대』, 아카넷.

______, 2022, 『대한제국과 3·1운동-주권국가 건설운동을 중심으로』, 휴머니스트.

강만길 편, 1999, 『한국 자본주의의 역사: 빼앗긴 들에 서다』, 역사비평사.

논문

金順德, 1986, 「1876~1905년 關稅政策과 關稅의 운용」, 『한국사론』 15.

김윤희, 1995, 「대한제국기 皇室 財政運營과 그 성격-度支部 豫算外 支出과 內藏院 재정 운영을 중심으로」, 『한국사연구』 90.

김재호, 1997, 「甲午改革 이후 近代的 財政制度의 形成過程에 관한 研究」, 서울대학교 경제학과 박사학위논문.

金正起, 1976, 「朝鮮政府의 淸借款導入」, 『한국사론』 3.

문명기, 2008, 「財政史의 각도에서 다시 보는 〈朝淸商民水陸貿易章程〉(1882)」, 『역사문화연구』 30.

박은숙, 2005, 『갑신정변 연구』, 역사비평사.

손병규, 2018, 『19세기 지방재정 운영』, 경인문화사.

양진아, 2017, 「갑오·을미개혁기 유길준의 향회개설론」, 『한국사학보』 68.

吳斗煥, 1993, 「韓末 借款問題의 展開過程」, 『한국민족운동사연구』 8.

유바다, 2010, 「1883년 김옥균 차관교섭의 의미와 한계」, 『한국근현대사연구』 54.

이윤상, 1996, 「1894~1910년 재정 제도와 운영의 변화」, 서울대학교 국사학과 박사학위논문.
이항준, 2016, 「뽀꼬찔로프(Д. Д. Покотилов)의 한국 방문과 한국경제조사 - 한러 차관문제를 중심으로 -」, 『사림』 58.
______, 2021, 「대한제국기 내장원경 이용익의 활동 - 철도건설과 차관도입을 중심으로 -」, 『사림』 75.
全旌海, 2003, 「大韓帝國의 산업화 시책 연구 - 프랑스 차관 도입과 관련하여 -」, 건국대학교 사학과 박사학위논문.
최주희, 2019, 「조선 후기 王室 관련 연구 동향과 과제」, 『한국문화』 87.
한보람, 2019, 「고종대 전반기 시무개혁 세력 연구」, 서울대학교 국사학과 박사학위논문.
한승훈, 2022, 「청일전쟁기 조선 정부의 대영(對英) 외교교섭 연구: 고종과 흥선대원군 세력을 중심으로」, 『한국사학보』 86.
許東賢, 1996, 「1881年 朝士 魚允中의 日本 經濟政策 認識 - 『財政見聞』등을 중심으로 -」, 『한국사연구』 93.
홍준화, 2006, 「대한제국기 조선의 차관교섭과 국제관계」, 고려대학교 사학과 박사학위논문.
______, 2007, 「雲南 · 大韓신디케이트차관과 주변 열강의 개입(1901 ~ 1902)」, 『한국사학보』 28.

제2장

단행본

강만길 편, 1999, 『한국 자본주의의 역사: 빼앗긴 들에 서다』, 역사비평사.
정태헌, 1996, 『일제의 경제정책과 조선 사회 - 조세정책을 중심으로 -』, 역사비평사.
조명근, 2019, 『일제하 조선은행 연구 - 중앙은행 제도의 식민지적 변용』, 아연출판부.

논문

김재호, 1997, 「甲午改革 이후 近代的 財政制度의 形成 過程에 관한 硏究」, 서울대학교 경제학과 박사학위논문.
김혜정, 2005, 「러일전쟁 이후 일제의 顧問政治 실시와 목적 - 재정고문 目賀田種太郎을 중심으로-」, 『한국민족운동사연구』 44.
______, 2015, 「일제의 財政顧問部 조직과 운영(1905~1907)」, 『한국민족운동사연구』 83.
尹海東, 1997, 「'統監府設置期' 地方制度의 改定과 地方支配政策」, 『韓國文化』 20.
이윤상, 1996, 「1894~1910년 재정 제도와 운영의 변화」, 서울대학교 국사학과 박사학위 논문.

제3장

자료

『朝鮮總督府官報』
小田忠夫, 「朝鮮財政論(一)」, 『朝鮮行政』 九月號, 帝國地方行政學會, 1937.
林繁藏回顧錄編輯委員會 編, 『林繁藏回顧錄』, 1962.
水田直昌, 『落葉籠』, 五常写植印刷株式會社, 1980.

단행본

고려대학교 글로벌일본연구원 재조일본인 정보사전 편찬위원회, 2018, 『개화기·일제강점기(1876~1945) 재조일본인 정보사전』, 보고사.
金玉根, 1994, 『日帝下朝鮮財政史論攷』, 일조각.
민족문제연구소, 2017, 『일제식민통치기구사전 통감부·조선총독부 편』, 민족문제연구소.
전상숙, 2012, 『조선총독정치연구』, 지식산업사.
전성현, 2011, 『일제시기 조선 상업회의소 연구』, 선인.
______, 2021, 『식민도시와 철도: 시민도시 부산의 철도와 식민성, 근대성, 그리고 지역성』, 선인.
大藏省百年史編集室, 1969, 『大藏省百年史 (上)』.
李炯植, 2013, 『朝鮮總督府官僚の統治構想』, 吉川弘文館.
水田直昌 監修, 1974, 『總督府時代の財政』, 友邦協會.
日本國有鐵道, 1997, 『日本國有鐵道百年史 第5卷』, 成山堂書店.
秦郁彦, 2001, 『日本官僚制總合事典(1868~2000)』, 東京大學出版會.

______, 2002,『日本近現代人物履歴事典』, 東京大學出版會.

Uchida Jun, 2011, *Brokers of Empire : Japanese Settler Colonialis in Korea, 1876~1945* Harvard Univ. Council on East Asin (한승동 역, 2020,『제국의 브로커들: 일제강점기의 일본 정착민 식민주의 1876~1945』, 길).

논문

기유정, 2011,「식민지 조선의 일본인과 '지역 의식'의 정치효과-1920년대 조선재정에 대한 일본인 상업자들의 정책개입을 중심으로-」,『한국정치학회보』 45-4.

김종식, 2008,「1920년대 초 일본정치와 식민지 조선지배-정무총감 미즈노 렌타로의 활동을 중심으로」,『동북아역사논총』 22.

문명기, 2009,「대만·조선총독부의 초기 재정 비교연구-'식민제국' 일본의 식민지 통치역량과 관련하여」,『중국근현대사연구』 44.

______, 2012,「근대 일본 식민지 통치모델의 轉移와 그 의미-'臺灣모델'의 關東州·朝鮮에의 적용 시대와 변용」,『중국근현대사연구』 53.

______, 2015,「일제하 대만·조선총독부의 세출구조 비교분석」,『한국학논총』 44, 2015.

______, 2017,「대만총독부와 조선총독부 세입의 비교 분석-일반회계보충금과 공채를 중심으로」,『한국학논총』 48.

박우현, 2016,「대공황기(1930~1934) 조선총독부의 사설철도 정책 전환과 특성」,『역사와 현실』 101.

______, 2017,「1930년대 조선총독부의 사설철도 매수 추진과 특징」,『역사문제연구』 38.

______, 2019,「1920년대 조선사업공채 정책 변화와 재원조달의 부실화」,『한국사연구』 185.

______, 2019,「일제시기 법률사료의 성격과 경제사 연구의 심화」,『한국근현대사연구』 90.

______, 2020,「1910년대 조선사업공채 정책의 전개와 난맥상」,『한국근현대사연구』 93.

______, 2020,「일제시기 평원선 부설과 횡단철도의 주변화(1904~1941)」,『한국문화』 89.

______, 2023,「1911년「朝鮮事業公債法」제정과 식민지 교통망 구축의 향방-대만과의 비교를 중심으로」,『대동문화연구』 122.

禹明東, 1988,「日帝下 朝鮮財政의 構造와 性格」, 고려대학교 경제학과 박사학위논문.

이명학, 2017, 「일제시기 재정통계의 활용과 해석의 지형」, 『민족문화연구』 75.
이승엽, 2012, 「'문화정치' 초기 권력의 동학과 재조일본인 사회」, 『일본학』 35.
이형식, 「조슈파 데라우치 마사타케(寺內正毅)와 조선 통치」, 『역사와 담론』 91.
______, 2010, 「중간내각 시대(1922.6-1924.7)의 조선총독부」, 『동양사학연구』 113.
______, 2011, 「무단통치 초기(1910.10-1914.4)의 조선총독부-인사·관제개혁·예산을 중심으로-」, 『일본역사연구』 33.
______, 2014, 「1910년대 일본제국의회 중의원과 조선통치」, 『사총』 82.
전성현, 「일제강점기 東海線 3線고 지역」, 『석당논총』 69.
정태헌, 「식민지 재정기구를 통한 세출의 용도와 성격」, 『일본의 본질을 다시 묻는다』, 한길사, 1996.

제4장

단행본

金玉根, 1994, 『戰時下朝鮮財政史論攷』, 일조각.
정태헌, 1996, 『일제의 경제정책과 조선사회-조세정책을 중심으로』, 역사비평사.
橋谷弘, 1982, 「朝鮮鐵道の滿鐵への委託經營をめぐって-第一次戰前後の日帝植民地政策の一斷面」, 『朝鮮史研究会論文集』 19.
水田直昌 監修, 1974, 『總督府時代の財政』, 友邦協會.

논문

문명기, 2014, 「근대일본 식민지통치모델의 형성과 변용-'대만모델'의 관동주·조선으로 이식과 그 한계」, 『식민지라는 물음』, 소명출판.
______, 2015, 「일제하 대만·조선총독부의 세출구조 비교분석」, 『한국학논총』 44.
박우현, 2019, 「1920년대 조선사업공채 정책 변화와 재원조달의 부실화」, 『한국사연구』 185.
______, 2020, 「1910년대 조선사업공채 정책의 전개와 난맥상」, 『한국근현대사연구』 93.
______, 2023, 「1930년대 중반 조선사업공채 발행과 교통망 구축의 불균형」, 『한국사연

구』 201.

윤현명, 2021, 「중일전쟁기 일본 육해군의 임시군사비 전용 문제 분석 - 제국의회에서의 논의를 중심으로 -」, 『군사』 119.

정태헌, 1996, 「식민지 재정기구를 통한 세출의 용도와 성격」, 『일본의 본질을 다시 묻는다』, 한길사.

______, 2015, 「조선철도에 대한 滿鐵 위탁경영과 총독부 直營으로의 환원 과정 및 배경」, 『한국사학보』 60.

제5장

자료

『朝鮮總督府官報』『朝鮮總督府統計年報』

단행본

金玉根, 1994, 『戰時下朝鮮財政史論攷』, 일조각.

李炯植, 2013, 『朝鮮總督府官僚の統治構想』, 吉川弘文館.

林采成, 2017, 「植民地期朝鮮における煙草専売業の展開とその経済効果」, 『立教經濟學研究』 70-3.

논문

堀和生, 1983, 「조선에서의 식민지 재정의 전개 - 1910~30년대 초기에 걸쳐서 -」, 『식민지 시대 한국의 사회와 저항』, 백산서당.

김제정, 2018, 「1920년대 초반 조선총독부의 산업정책과 조선인 자본가」, 『도시인문학연구』 10-2.

남기현, 2019, 「일제하 토지소유권의 원시취득 연구」, 성균관대학교 사학과 박사학위논문.

문명기, 2015, 「타이완·조선총독부의 전매정책 비교연구 - 사회경제적 유산과 '국가'능력의 차이 -」, 『사림』 52.

박상현, 2016, 「식민주의와 동아시아 식민국가의 정치경제 - 통합 비교를 위한 시론」, 『사회와 역사』 111.
손낙구, 2015,「일제하 세무관서의 설치와 운영」, 건국대학교 사학과 박사학위논문.
송규진, 2001,『日帝下의 朝鮮貿易 研究』, 高麗大學校 民族文化研究院.
전성현, 2011,『일제시기 조선 상업회의소 연구』, 선인.
정태헌, 1996,『일제의 경제정책과 조선사회 - 조세정책을 중심으로』, 역사비평사.

제6장

자료

『京城日報』『東亞日報』『每日申報』『時代日報』『朝鮮總督府統計年報』『朝鮮鐵道狀況』

단행본

정재정, 1999,『일제침략과 한국철도(1892~1945)』, 서울대학교출판문화원.
정태헌, 1996,『일제의 경제정책과 조선사회 - 조세정책을 중심으로』, 역사비평사.
______, 2017,『한반도철도의 정치경제학 - 일제의 침략통로에서 동북아공동체의 평화철도로 -』, 선인.
高成鳳, 2006,『植民地の鐵道』, 日本經濟評論社.
橋谷弘, 1982,「朝鮮鐵道の滿鐵への委託經營をめぐって - 第一次戰前後の日帝植民地政策の一斷面」,『朝鮮史研究会論文集』19.
大藏省百年史編集室, 1969,『大藏省百年史 (上)』, 大藏財務協會.
李炯植, 2013,『朝鮮總督府官僚の統治構想』, 吉川弘文館.
林采成, 2005,『戰時經濟と鐵道運營: 「植民地」朝鮮から「分斷」韓國への歷史的經路を探る』, 東京大學出版會.
______, 2017,「植民地期朝鮮における煙草專売業の展開とその経済効果」,『立教經濟學研究』70-3.
鮮交會 編, 1986,『朝鮮交通史』.
이타가기 류타, 2014,「식민지 조선의 '술의 사회사' 시론」,『식민지라는 물음』, 소명출판.
日本國有鐵道, 1997,『日本國有鐵道百年史 第5卷』, 成山堂書店.

大藏省編, 1936,『明治大正財政史 第十一巻 國債(上)』, 財政經濟學會.

小林利一, 1928,『國有朝鮮鐵道經理事務の常識 前編 金錢會計之部』.

小田忠夫, 1938,「朝鮮財政論(九)」,『朝鮮行政』六月號, 帝國地方行政學會.

平井廣一, 1997,『日本植民地財政史研究』, ミネルヴァ書房.

논문

문명기, 2009,「대만·조선총독부의 초기 재정 비교연구-'식민제국' 일본의 식민지 통치역량과 관련하여」,『중국근현대사연구』44.

_____, 2015,「대만·조선총독부의 전매정책 비교연구-사회경제적 유산과 '국가'능력의 차이-」,『사림』52.

_____, 2015,「일제하 대만·조선총독부의 세출구조 비교분석」,『한국학논총』44.

_____, 2016,「일제하 대만·조선총독부 세입의 추이와 구조-조세수입과 조세부담을 중심으로-」,『사림』56.

_____, 2017,「대만총독부와 조선총독부 세입의 비교 분석-일반회계보충금과 공채를 중심으로」,『한국학논총』48.

박우현, 2019,「1920년대 조선사업공채 정책 변화와 재원조달의 부실화」,『한국사연구』185.

송규진, 2014,「함경선 부설과 길회선 종단항 결정이 지역경제에 끼친 영향-나진·웅기·청진을 중심으로」,『한국사학보』57.

이형식, 2011,「무단통치 초기(1910.10-1914.4)의 조선총독부-인사·관제개혁·예산을 중심으로-」,『일본역사연구』33.

임채성, 2010,「근대 철도 인프라스트럭처의 운영과 그 특징-한일비교의 시점에서-」,『경영사학』25-1.

정태헌,「조선철도에 대한 滿鐵 위탁경영과 총독부 直營으로의 환원 과정 및 배경」,『한국사학보』60

_____, 1996,「식민지 재정기구를 통한 세출의 용도와 성격」,『일본의 본질을 다시 묻는다』, 한길사.

정태헌·박우현,「일제시기 철도 재정의 식민지성-회계과목 분석과 순익 추산을 중심으로-」,『한국사학보』78.

제7장

자료

『京城日報』『東亞日報』『每日申報』『時代日報』『朝鮮總督府統計年報』『朝鮮鐵道狀況』

단행본

정재정, 1999, 『일제침략과 한국철도(1892~1945)』.

정태헌, 1996, 『일제의 경제정책과 조선사회 - 조세정책을 중심으로』, 역사비평사, 1996.

______, 2017, 『한반도철도의 정치경제학 - 일제의 침략통로에서 동북아공동체의 평화철도로 -』, 선인.

大藏省編, 1936, 『明治大正財政史 第十一卷 國債(上)』, 財政經濟學會.

小林利一, 1928, 『國有朝鮮鐵道經理事務の常識 前編 金錢會計之部』.

小田忠夫, 1938, 「朝鮮財政論(九)」, 『朝鮮行政』 六月號, 帝國地方行政學會.

水田直昌 · 土屋喬雄, 1962, 「總督府 財政 · 金融の基本概念」, 『財政金融政策から見た朝鮮統治とその終局』, 財團法人 友邦協會.

水田直昌 監修, 1974, 『總督府時代の財政』, 友邦協會.

논문

屈和生, 1983, 「조선에서의 식민지 재정의 전개 - 1910~30년대 초기에 걸쳐서 -」, 『식민지시대 한국의 사회와 저항』, 백산서당.

문명기, 2014a, 「대만총독부와 조선총독부 세입의 비교 분석 - 일반회계보충금과 공채를 중심으로」, 『한국학논총』 48.

______, 2014b, 「근대일본 식민지통치모델의 형성과 변용 - '대만모델'의 관동주 · 조선으로 이식과 그 한계」, 『식민지라는 물음』, 소명출판.

박우현, 2019, 「1920년대 조선사업공채 정책 변화와 재원조달의 부실화」, 『한국사연구』 185, 2019

______, 2020, 「1910년대 조선사업공채 정책의 전개와 난맥상」, 『한국근현대사연구』 93, 2020.

제8장

자료

宮田節子 編, 1989,『朝鮮軍概要史』, 不二出版, 1989.

大藏省大臣官房調查企課, 1979,『昭和財政史史談記錄 第四 外地財政金融史』, 大省大臣官房調查企課.

浜口雄幸傳刊行會 編, 1931,『浜口雄幸傳』, 浜口雄幸傳刊行會.

小林丑三, 1913『殖民地財政論』, 明治大出版部.

水田直昌 監修, 1974,『總督府時代の財政』, 友邦協會.

단행본

가토 요코, 김영숙 옮김, 2011,『만주사변에서 중일전쟁으로』, 어문학사.

金玉根, 1994,『日帝下朝鮮財政史論攷』, 일조각.

도베 료이치, 윤현명 · 이승혁 옮김, 2020,『역설의 군대 - 근대 일본군의 기이한 변용』, 소명출판.

신주백, 2021,『일본군의 한반도 침략과 일본의 제국 운영』, 동북아역사재단.

정병욱, 2004,『한국근대금융연구 - 조선식산은행과 식민지 경제』, 역사비평사.

정재정, 1999,『일제침략과 한국철도(1892~1945)』.

정태헌, 1996,『일제의 경제정책과 조선사회 - 조세정책을 중심으로 -』, 역사비평사.

大藏省百年史編集室, 1969,『大藏省百年史 (下)』, 大藏財務協會.

大前信也, 2015,『政治勢力としての陸軍 - 予算編成と二 · 二六事件』, 中央公論新社.

真壁昭夫 · 玉木伸介 · 平山賢一, 2005,『国債と金利をめぐる300年史―英国 · 米国 · 日本の国債管理政策』, 東洋経済新報社.

佐藤政則, 2016,『日本銀行と高橋是清―金融財政ガバナンスの研究序説』, 麗澤大学出版会.

河合和男, 1986,『朝鮮における産米増殖計画』, 未來社.

논문

김상규, 2022,「조선 주둔 일본군의 대외 침략과 군사동원」, 고려대학교 한국사학과 박사학위논문.

박상현, 2016, 「식민주의와 동아시아 식민국가의 정치경제-통합비교를 위한 시론」, 『사회와 역사』 111.
박우현, 2019, 「1920년대 조선사업공채 정책 변화와 재원조달의 부실화」, 『한국사연구』 185.
______, 2020, 「1910년대 조선사업공채 정책의 전개와 난맥상」, 『한국근현대사연구』 93.
______, 2022, 「대공황 초기 조선사업공채 정책과 궁민구제토목사업의 축소(1929~1931)」, 『역사문제연구』 49.
______, 2023, 「일제시기 조선사업공채 발행정책과 식민지 인프라 개발」, 고려대학교 한국사학과 박사학위논문.
이형식, 2019, 「조슈파 데라우치 마사타케(寺内正毅)와 조선통치」, 『역사와 담론』 91.
정태헌, 2015, 「조선철도에 대한 滿鐵 위탁경영과 총독부 直營으로의 환원 과정 및 배경」, 『한국사학보』 60.
橋谷弘,1982「朝鮮鉄道の満鉄への委託経営をめぐって--第一次大戦前後の日帝植民地政策の一断面」, 『朝鮮史研究会論文集』19.
北岡伸一, 1979, 「陸軍派閥対立(1931~1935)の再検討-対外・国防政策を中心として-」, 『年報 近代日本研究-1 昭和期の軍部』, 山川出版社.
杉山伸也, 2006, 「金解禁論争-井上準之助と世界經濟」, 『帝國日本の學知 第2卷 「帝國」の経済学』, 岩波書店.
李炯植, 2007, 「戰前期における中央朝鮮協會の軌跡-その設立から宇垣總督時代まで-」, 『朝鮮學報』204.

제9장

자료

『朝鮮總督府官報』『朝鮮總督府施政年報』『朝鮮總督府統計年報』『朝鮮地方財政要覽』『朝鮮行政』『地方財政概要』([일본] 内務省地方局)
内務局地方課, 1933, 『(昭和八年以降)邑面長關係綴』, CJA0003310(국가기록원 소장)
南朝鮮過渡政府, 1948, 『朝鮮統計年鑑』, 國都印刷局

윤치호, 박정신 · 이민원 옮김, 2016. 『(국역) 윤치호 영문일기』 7권, 국사편찬위원회

단행본

강동진, 1980, 『일제의 한국침략정책사』, 한길사.
김동명, 2018, 『지배와 협력』, 선인.
金玉根, 1994, 『日帝下朝鮮財政史論攷』, 一潮閣.
김태웅, 2012, 『한국근대 지방재정 연구: 지방재정의 개편과 지방행정의 변경』, 아카넷.
동선희, 2011, 『식민권력과 조선인 지역유력자』, 선인.
孫禎睦, 1992, 『韓國地方制度 · 自治史硏究(上): 甲午更張 - 日帝强占期』, 一志社.
염복규 외, 2017, 『일제강점기 경성부윤과 경성부회 연구』, 서울역사편찬원.
우명동, 2001, 『지방재정론』, 해남.
李樹健, 1984, 『韓國中世社會史硏究』, 一潮閣.
이재은, 2015, 『일제강점기 조선지방재정사 연구』, 한국지방세연구원.
이창세, 1965, 『한국재정의 근대화 과정』, 박영사.
전성현, 2021, 『식민지 도시와 철도』, 선인.
曺京準, 1990, 『韓國地方財政史論』, 裕豊出版社.
車軒權, 1984, 『韓國地方財政硏究』, 서울大學校出版部.
홍순권, 2010, 『근대도시와 지방권력』, 선인.

논문

姜再鎬, 2001, 『植民地朝鮮の地方制度』, 東京大學出版會.
김윤정, 2017, 「1930년대 함흥부회와 전주부회의 구성과 활동」, 『사림』 60.
金濟正, 2000, 「1930년대 초반 京城지역 전기사업 府營化 운동」, 『韓國史論』 43, 서울대 국사학과.
문명기, 2020, 「일제하 조선 지방세입의 구조와 추이, 1910~1936 - 대만과의 비교를 겸하여 -」, 『한국학논총』 54.
염복규, 2013, 「식민지시기 도시문제를 둘러싼 갈등과 '민족적 대립의 정치'」, 『역사와 현실』 88.
______, 2019, 「도시 지역에서 3 · 1운동의 전개와 특징」, 『민족문화연구』 84.

禹明東, 1987,「日帝下 朝鮮 財政의 構造와 性格」, 고려대 경제학과 박사학위논문.

이명학, 2017,「일제시기 재정통계의 활용과 해석의 지형」,『민족문화연구』75.

전성현, 2014,「일제시기 도평의회와 지역」,『한일민족문제연구』27.

______, 2019,「서평: 식민지 조선의 '지방의회'로 본 '정치참여'의 가능성과 한계 -(김동명 저,『지배와 협력』, 역사공간, 2018)-」,『한일관계사연구』63.

______, 2019,「일제강점기 '민의가 있는 바를 표현'하는 장소로서의 읍회와 그 한계: 김해읍의 '지방통치'와 김해읍회」,『지방사와 지방문화』22-2.

______, 2020,「일제강점기 '지방의회'의 '정치적인 것'과 한계 - 경남도회를 통한 식민지배와 지역정치의 마주침」,『역사연구』39.

鄭泰憲, 2003a,「道歲入 - 道稅의 구성 추이를 통해 본 植民地 道財政의 성격」,『韓國史學報』15.

______, 2003b,「일제말기 道歲入의 構成 변화와 植民地性(1936~1945)」,『韓國史研究』123.

______, 2006,「京城府 財政의 歲入構成과 시기별 特徵」,『韓國史學報』24.

주동빈, 2020,「평양부(협의)회의 동상이몽과 부영전기 '재사영화'」,『역사학보』248.

허영란, 2014,「일제시기 읍·면협의회와 지역정치」,『역사문제연구』31.

홍순권, 2010,「1920~1930년대 동래의 지방선거와 조선인 당선자들」,『한국근현대사연구』52.

金澤史男, 1995,「現代政策金融成立期の地方債累積と再編」,『經濟學論纂』36-4.

廉 馥圭, 2021,「韓国における植民地都市史研究の現況と展望」,『歷史評論』851.

제10장

자료

『朝鮮總督府官報』『朝鮮總督府施政年報』『朝鮮總督府統計年報』『朝鮮地方財政要覽』

『朝鮮地方行政』『朝鮮行政』『朝鮮公論』

『매일신보』

도(지방비) 예산서(경상남도, 1923; 1925; 경기도, 1942)

內務局地方課, 1933,『道行政ニ関スル綴』, CJA0003007(국가기록원 소장)
內部地方局, 1909,『地方費法關係法令要錄』
阿部薰 編, 1935,『朝鮮功勞者銘鑑』, 民衆時論社
朝鮮總督府內務部, 1911,『朝鮮地方制度改正ニ關スル意見』
민족문제연구소 편, 2000,『일제하 전시체제기 정책사료총서 제24권』, 한국학술정보(주)

단행본

金玉根, 1994,『日帝下朝鮮財政史論攷』, 一潮閣.
김태웅, 2012,『한국근대 지방재정 연구: 지방재정의 개편과 지방행정의 변경』, 아카넷.
曺京準, 1990,『韓國地方財政史論』, 裕豊出版社.
車軿權, 1984,『韓國地方財政研究』, 서울大學校出版部.
허영란, 2009,『일제시기 장시 연구』, 역사비평사.

논문

고태우, 2012,「1930년대 조선총독부의 궁민구제토목사업과 지역개발」,『역사와 현실』 86.
김대길, 1990,「1910년 平安道 順川地方의 市場稅反對運動」,『사학연구』 42.
______, 1991,「1910년 평안도지방의 市場稅 반대 운동」,『중앙사론』 7.
김태웅, 1991,「1894~1910년 지방세제의 시행과 일제의 조세수탈」,『한국사론』 26.
박우현, 2022,「대공황 초기 조선사업공채 정책과 궁민구제토목 사업의 축소(1929~1931)」,『역사문제연구』 49.
박윤재, 2009,「조선총독부의 지방 의료정책과 의료 소비」,『역사문제연구』 21.
박이택, 2002,「植民地期 赴役의 推移와 그 制度的 特質」,『경제사학』 33.
배민재, 2009,「1910년대 조선총독부 임시은사금사업의 운영방향과 그 실제」,『한국사론』 55.
서일수, 2010,「1930년대 전반 窮民救濟土木事業의 대도시 사례와 성격: 京城·釜山·平壤을 중심으로」, 중앙대 사학과 석사학위논문.
전성현, 2020,「일제강점기 '지방의회'의 '정치적인 것'과 한계-경남도회를 통한 식민지배와 지역정치의 마주침」,『역사연구』 39.

정준수, 2021, 「전시체제기 조선총독부의 〈朝鮮罹災救助基金令〉 제정과 기금의 제한적 적립·운용」, 고려대 한국사학과 석사학위논문.
鄭泰憲, 2003a, 「道歲入-道稅의 구성 추이를 통해 본 植民地 道財政의 성격」, 『韓國史學報』 15.
鄭泰憲, 2003b, 「일제말기 道歲入의 構成 변화와 植民地性(1936~1945)」, 『韓國史研究』 123, 韓國史研究會.
岡本真紀子, 2000, 「総督政治と政党政治-二大政党期の総督人事と総督府官制·予算」, 『朝鮮史研究会論文集』 38.
金澤史男, 2010, 「預金部地方資金形態における対植民地金融の展開」, 『近代日本地方財政史研究』, 日本經濟評論社.

제11장

자료

『朝鮮總督府官報』『朝鮮總督府施政年報』『朝鮮總督府統計年報』『朝鮮地方財政要覽』
『朝鮮』『朝鮮行政』『朝鮮公論』
『동아일보』, 『조선일보』
각부 예산서(경성부, 1924, 1929, 1930, 1936, 평양부 1927, 1929, 1935, 부산부 1926, 1927, 1928, 1931, 1934, 목포부 1934)
內務部 編, 1911, 『朝鮮地方制度改正ニ關スル意見』

단행본

姜再鎬, 2001, 『植民地朝鮮の地方制度』, 東京大學出版會.
金玉根, 1994, 『日帝下朝鮮財政史論攷』, 一潮閣,.
김태웅, 2012, 『한국근대 지방재정 연구: 지방재정의 개편과 지방행정의 변경』, 아카넷.
孫禎睦, 1992, 『韓國地方制度·自治史研究(上): 甲午更張-日帝强占期』, 一志社.
孫禎睦, 1996, 『日帝强占期 都市社會相研究』, 一志社, VI장.
曺京準, 1990, 『韓國地方財政史論』, 裕豊出版社.

車軒權, 1984, 『韓國地方財政硏究』, 서울大學校出版部.

홍순권, 2010, 『근대 도시와 지방 권력: 한말·일제하 부산의 도시 발전과 지방세력의 형성』, 선인.

논문

김경림, 1996, 「1920년대 電氣事業 府營化運動-平壤電氣 府營化를 중심으로-」, 『백산학보』 46.

김대래·김호범, 2006, 「부산일본거류민단 재정 연구(1907-1914)-부산부 재정의 성립과 관련하여」, 『지방정부연구』 10-2.

김승, 2013, 「1920년대 부산의 電氣府營 운동과 그 의미」, 『지역과 역사』 32.

김예주, 2020, 「식민지 시기 부산의 일본 기업인 사카타 분키치[坂田文吉]의 사회활동과 전기부영운동」, 『인문사회과학연구』 21-3

金濟正, 2000, 「1930년대 초반 京城지역 전기사업 府營化 운동」, 『韓國史論』 43, 서울대 국사학과.

김제정, 2007, 「일제 식민지기 경성부 교외 지역의 전차 문제와 지역 운동 : 1932~33년 전차 교외선 폐지 반대 운동을 중심으로」, 『서울학연구』 29.

김홍관, 1998, 「일제강점기 부산의 도시개발과 그 성격-도시계획, 항만개발을 중심으로-」, 『항도부산』 15.

김희진, 2020, 「1910~20년대 대구상업회의소 구성원의 연대와 갈등」, 『역사교육』 153

염복규, 2019, 「차별인가 한계인가?-식민지 시기 경성 하수도 정비의 '좌절'」, 『역사비평』 126.

오진석, 2006, 「한국근대 電力産業의 발전과 京城電氣」, 연세대 경제학과 박사학위논문.

______, 2009, 「1930년대 초 전력산업 公營化運動과 京城電氣」, 『사학연구』 94.

유다영, 2018, 「1930년대 중반 平壤府營電氣 요금 인하 시도와 총독부의 電力 統制 政策」, 명지대 사학과 석사학위논문.

이다솜, 2017, 「1926년 평양전기주식회사 전기요금 인하운동」, 성균관대 사학과 석사학위논문.

이명학, 2012a, 「총동원체제기(1940~1945년) 경성부 歲入構造의 변화와 府稅 확대」, 『역사문제연구』 28.

______, 2012b, 「총동원체제기(1940~1945년) 경성부의 세출 운영과 특성」, 『韓國史研究』 159.
이형식, 2018, 「'조선의 전기왕' 오구라 다케노스케(小倉武之助)와 조선사회」, 『동양사학연구』 145.
전성현, 2012, 「일제시기 지역철도 연구」, 『역사와 경계』 84.
______, 2016, 「일제시기 부산의 전차 운영을 둘러싼 지역 운동과 힘의 역학관계」, 『석당논총』 65.
鄭泰憲, 2006, 「京城府 財政의 歲入構成과 시기별 特徵」, 『韓國史學報』 24, 高麗史學會.
조명근, 2019a, 「1920~30년대 대구·함흥 지역의 전기 공영화 운동」, 『사총』 97.
______, 2019b, 「일제시기 대구부 도시 개발과 부(협의)회의 활동」, 『민족문화논총』 71-1.
주동빈, 2016, 「1920년대 경성부 상수도 생활용수 계량제 시행과정과 식민지'공공성'」, 『한국사연구』 173.
______, 2017, 「수돗물 분배의 정치경제학-1920년대 경성의 계층별 수돗물 사용량 변화와 수돗물 필수재 담론의 정치성-」, 『역사문제연구』 38.
______, 2020, 「평양부(협의)회의 동상이몽과 부영전기 '재사영화'」, 『역사학보』 248.
______, 2021, 「「平壤對岸市街計畫」의 중단(1919~1923)과 조선인 시가 우선 개발로의 귀결」, 『도시연구 : 역사·사회·문화』 28.
______, 2023, 「1927년 평양전기 부영화와 조선인 주도 부 예산정치로의 전환」, 『역사문제연구』 52
朱東彬, 2013, 「京城府의 상수도 생활용수 계량제 시행과 계층별 給水量 변화(1922~1928)」, 고려대 한국사학과 석사학위논문.

제12장

자료

『朝鮮總督府官報』『朝鮮總督府施政年報』『朝鮮總督府統計年報』『朝鮮地方財政要覽』
『面經費ニ関スル調査書』『朝鮮地方行政』『朝鮮行政』
松田金一郎, 1936, 『道府邑面税の賦課と徵收』, 財務研究會.

朝鮮總督府, 1919,『(大正七年度)面經費に関する調査』.

朝鮮總督府內務局 編, 1937,『朝鮮ニ於ケル地方稅制整理經過槪要』.

地方課, 1941,『(昭和一六年度)邑面長任免關係綴』, CJA0003773(국가기록원 소장).

公州憲兵隊本部·忠淸南道警察部,『酒幕談叢』第一, 三, 四卷, 1912, 1914, 1915년판(한국국회도서관 소장본).

南朝鮮過渡政府, 1948,『朝鮮統計年鑑』, 國都印刷局

신주백 편, 1993,『日帝下支配政策資料集』5, 고려서림

단행본

姜再鎬, 2001,『植民地朝鮮の地方制度』, 東京大學出版會.

金玉根, 1994,『日帝下朝鮮財政史論攷』, 一潮閣.

金翼漢, 1996,『植民地期朝鮮における地方支配体制の構築過程と農村社会変動』, 東京大學博士學位論文.

김태웅, 2012,『한국근대 지방재정 연구: 지방재정의 개편과 지방행정의 변경』, 아카넷.

孫禎睦, 1992,『韓國地方制度·自治史硏究(上): 甲午更張-日帝强占期』, 一志社.

윤해동, 2007,『지배와 자치』, 역사비평사.

최원규, 2019,『한말 일제초기 국유지 조사와 토지조사사업』, 혜안.

松本武祝, 1998,『植民地權力と朝鮮農民』, 社会評論社.

논문

구영희, 1986,「1920·30年代 日帝의 地方統治政策-地方自治制施行을 中心으로-」, 연세대 사학과 석사학위논문.

김익한, 1996a,「1910년대 일제의 지방 지배 정책-행정 구획 통폐합과 면제를 중심으로」,『사회와 역사』50.

______, 1996b,「1920년대 일제의 지방지배정책과 그 성격-면행정제도와 '모범부락' 정책을 중심으로-」,『한국사연구』93.

______, 1997,「1930년대 일제의 지방지배와 면 행정」,『韓國史論』37, 서울대 국사학과.

마쓰다 도시히코,「『주막담총(酒幕談叢)』을 통해 본 1910년대 조선의 사회상황과 민중」, 김동노 편,『일제 식민지 시기의 통치체제 형성』, 혜안.

朴魯保, 1991,「日本統治時代の朝鮮地方財政に関する考察」,『明治大学大学院紀要(政治経済学篇)』28.
______, 1992,「日本統治時代の邑面行財政に関する研究」,『明治大学大学院紀要(政治経済学篇)』29.
박이택, 2002,「植民地期 赴役의 推移와 그 制度的 特質」,『경제사학』33, 2002
小林拓矢,「일제하 도로 사업과 노동력 동원」,『한국사론』56.
염인호, 1983,「日帝下 地方統治에 관한 硏究-朝鮮面制의 형성과 운영을 중심으로」, 연세대 사학과 석사학위논문.
이명학, 2012,「총동원체제기(1940~1945) 경성부 歲入構造의 변화와 府稅 확대」,『역사문제연구』28.
정미성, 2004,「1930년대 전반기 面 행정 강화정책과 面民들의 대응」, 서울대 국사학과 석사학위논문, 2004
______, 2005,「1920년대 후반~1930년대 전반기 조선총독부의 면 재정 정비과정과 그 의미」,『역사와 현실』56.
한긍희, 2000,「일제하 전시체제기 지방행정강화정책-邑面行政을 중심으로-」,『國史館論叢』88.
홍순권, 1997,「일제초기의 면운영과 '조선면제'의 성립」,『역사와 현실』23.
樋口雄一, 2013,「戦時末期朝鮮邑面の機能と朝鮮人民衆の乖離について」, 松田利彦·陳姃湲 編,『地域社會から見る帝國日本と植民地』, 思文閣出版.

제13장

자료

『朝鮮總督府官報』『朝鮮總督府施政年報』『朝鮮總督府統計年報』『朝鮮地方財政要覽』

단행본

金玉根, 1994,『日帝下朝鮮財政史論攷』, 一潮閣.
오성철, 2000,『식민지 초등 교육의 형성』, 교육과학사.

이타가키 류타 지음, 홍종욱·이대화 옮김, 2015, 『한국 근대의 역사민족지-경북 상주의 식민지 경험-』, 혜안, 4장

논문

姜再鎬, 1997, 「植民地朝鮮における地方制度と初等教育」, 『群馬大学社会情報学部研究論集』 4.

김정인, 2006, 「일제강점기 향교의 변동 추이」, 『한국민족운동사연구』 47, 한국민족운동사학회.

裵民才, 2009, 「1910年代 朝鮮總督府 臨時恩賜金事業의 운영방향과 그 실제」, 『한국사론』 55.

송지영, 2005, 「일제시기 부산부의 학교비와 학교조합의 재정」, 『역사와 경계』 55, 경남사학회.

윤현상, 2015, 「일제시기 공립보통학교 재정 운영: 학교비 특별부과금을 중심으로」, 『한국사론』 61.

______, 2016, 「1920년대 총독부 교육재정 정책의 변화와 공립보통학교 설립열의 확산」, 『역사문제연구』 35.

______, 2018, 「일제 하 교육재정 국고보조금의 지급과 '국민교육'」, 『역사와 담론』 86.

______, 2019, 「1920년대 군산 지역 학교 설립 과정에서의 민족 간 협력과 갈등」, 『역사문제연구』 42.

______, 2022, 「일제하 초등교육재정의 구조와 변동」, 서울대 국사학과 박사학위논문.

정덕희, 2020, 「일제강점기 중앙교육재정의 민족별 배분 추이」, 『한국교육사학』 42-3.

정병욱, 2014, 「1922년 '제2차 조선교육령'과 현행 한국사 교과서」, 『역사비평』 109.

______, 2009, 「3·1운동과 학력주의의 제도화」, 박헌호·류준필 편, 『1919년 3월 1일에 묻다』, 성균관대학교출판부.

조미은, 2010, 「일제강점기 재조선 일본인 학교와 학교조합 연구」, 성균관대 사학과 박사학위논문.

______, 2012, 「일제시기 재조선 일본인 학교조합제도의 변천과 성격-〈학교조합령〉 제정과 개정 내용을 중심으로-」, 『사림』 41.

최병택, 2013, 「일제하 학교비 재정 운영의 성격: 호별할(戶別割)과 기부금 문제를 중심으로」, 『역사와 현실』 90.

제14장

자료

朝鮮銀行 調査部, 1948,『朝鮮經濟年報』.

朝鮮銀行 調査部, 1949,『經濟年鑑』.

産業銀行調査部, 1955,『韓國産業經濟十年史』.

韓國銀行調査部, 1955,『(4282年版)經濟年鑑』.

단행본

김기원, 1990,『미군정기의 경제구조』, 푸른산.

金命潤,『韓國財政의 構造』, 高麗大學校出版部.

박찬표, 2007,『한국의 국가 형성과 민주주의 - 냉전 자유주의와 보수적 민주주의의 기원』, 후마니타스.

孫鳳淑, 1985,『韓國地方自治硏究』, 三英社.

이대근, 1987,『한국전쟁과 1950년대 자본축적』, 까치.

한국재정40년사편찬위원회 편, 1990~1991,『한국재정 40년사』1~7, 한국개발연구원.

논문

김영규, 1992,「미군정의 금융통화정책」, 한국정신문화연구원 政治經濟硏究室 編,『美軍政時代의 經濟政策』, 한국정신문화연구원.

남황우, 1996,「한국전쟁과 정부간 재정관계」,『지방행정연구』10-4.

서주석, 2008,『한국의 국가체제 형성 과정 - 제1공화국 국가기구와 한국전쟁의 영향』, 한국학술정보(주).

송병권, 1997,「미군정기의 세제개편과 대중과세」,『한국사학보』2.

신용옥, 1998,「국방비 분석으로 본 대충자금 및 미국 대한원조의 성격(1954~1960)」,『韓國史學報』3·4.

______, 2002,「1950년대 대충자금 및 미국 대한원조의 경제적 성격」,『한국민족운동사연구』31.

신태곤, 1987,「미군정 재정 금융정책의 전개와 그 성격」,『부산상대논문집』54.

정진아, 2007, 「제1공화국기(1948~1960) 이승만정권의 경제정책론 연구: 국가 주도의 산업화정책과 경제개발계획을 중심으로」, 연세대 사학과 박사학위논문.
정태헌, 2011, 「한국의 근대 조세 100년사와 국가, 민주화, 조세 공평의 과제」, 『역사비평』 94.
崔洸, 1992, 「美軍政의 財政政策」, 한국정신문화연구원 政治經濟研究室 編, 『美軍政時代의 經濟政策』, 한국정신문화연구원.
Robert K. Sawyer, 1962, *Military Advisors in Korea: KMAG in Peace and War* Washington D.C.: Office of the Chief of Military History, Dept. of the Army.

제15장

자료

『朝鮮總督府官報』, 『京畿道報』
『軍政廳 官報』
『자유신문』, 『공업신문』, 『가정신문』, 『한성일보』
産業銀行調查部, 1955, 『韓國産業經濟十年史』
조선은행조사부, 1949, 『경제연감』
京城府, 1941, 『(昭和十六年度)京城府歲入歲出豫算書』
Adjutant General's Office, 1946. 4, *Summation of U.S. Army Military Government Activities in Korea*. No. 7.

단행본

그란트 미드 지음, 안종철 옮김, 1993, 『주한미군정 연구』, 공동체.
朴文玉, 1963, 『韓國政府論』, 博英社.
박찬표, 2007, 『한국의 국가 형성과 민주주의-냉전 자유주의와 보수적 민주주의의 기원』, 후마니타스.
서중석, 1999, 『조봉암과 1950년대(상)』, 역사비평사
손봉숙, 1985, 『한국지방자치 연구』, 삼영사
孫禎睦, 1992, 『韓國地方制度.自治史研究 下: 美軍政期 - 1961.5.16.』, 一志社.

조경준, 1999(1990), 『(증보판) 한국지방재정사론』, 유풍출판사.

車轩權, 1984, 『韓國地方財政研究』, 서울大學校出版部.

논문

곽경상, 2014, 「5·16 군정기 군사정부의 지방정책과 정치·행정구조 개편」, 『역사와 현실』 92.

정태헌, 2003, 「일제 말기 道歲入의 構成 변화와 식민지성(1936~1945)」, 『韓國史研究』 123.

찾아보기

2·26사건 107, 115, 251~253, 255

ㄱ

가쓰라 다로(桂太郎) 68, 229
가옥세 59, 66, 127, 180, 263, 300, 305, 311, 315, 316, 322, 323, 337, 339~344, 387, 388, 424, 433, 438, 439, 447, 491
가토 다카아키(加藤高明) 81, 237
가토 마사미(加藤正美) 185
간접세 456, 475, 476, 480, 481, 483, 507
개발-수탈 18, 19, 509
개인소득세 22, 99, 107, 127, 135, 137, 145, 146, 148, 149, 154, 162, 163, 166, 137, 341, 345, 423
거물면장 506
건설 · 개량비 184, 186~188, 196, 198~200, 203, 234, 245, 248
경성전기 274, 275
경성제국대학 74, 263, 277
고다마 히데오(兒玉秀雄) 185
고우치야마 라쿠조(河内山樂三) 80
고토 신페이(後藤新平) 90
공동욕장 420
공립보통학교비 269
공채발행권 72, 73
공채비 93, 94, 111, 112, 114~116, 157, 186, 192, 196, 198, 203, 222, 241, 255, 284, 286, 287
관세 77~79, 83, 120, 130~133, 137, 138, 142~144, 152, 480, 481, 504
관업수입 22, 23, 89~91, 100, 115, 138, 156, 157, 161, 170, 206, 216, 217, 236, 238, 251, 456, 473~475, 479, 483, 503, 504, 507, 509, 510
광무양전 121, 123
교부금 183, 224, 267, 288, 290, 291, 345, 384, 389, 392, 401, 404, 406, 498
교육비 19, 90, 264, 282, 284, 286, 295, 302, 307, 311, 313, 317, 318, 326, 330, 333~336, 346, 356, 357, 432, 434, 438, 446, 454, 505, 506
교육재정 23, 262, 269, 277, 282, 290, 336, 364, 430~432, 434, 441, 443, 446, 449, 453, 487, 492, 493, 506, 507
구사마 히데오(草間秀雄) 81
국고보조금 266, 267, 269, 290, 295, 298, 300, 306, 309, 313, 317, 324, 330, 336, 339, 344, 345~348, 361, 431, 432, 434, 441, 444, 446, 449~451, 453, 484, 487, 489, 490, 507
국방비 249, 456, 460, 464~470, 483
국채정리기금 89
국채정리기금특별회계 111, 187, 241, 242, 249
군부 73, 107, 206, 210, 211, 231, 245, 248, 250, 253

군사비 45, 93, 94, 99, 102, 107, 108, 109, 111, 112, 115, 198, 206, 213, 248, 249, 257, 380~382, 456, 460, 461, 463~465, 469, 470, 503, 507
궁민구제토목사업 9, 24, 242, 264, 266, 267, 286, 290, 294~296, 313, 320, 324~327, 329~332, 336, 420, 505
권업비 104, 264, 268, 284, 286, 295, 302, 307, 311, 313, 317~319, 325, 326, 330, 333~336, 346, 394, 396, 398, 405, 505, 506
그란트 미드(Grant E. Meade) 479, 489
기부금 267, 284, 288, 291, 295, 298, 299, 313, 333, 347, 348, 361, 382, 385, 392, 397, 399, 400, 404, 417, 423, 426, 432, 436, 440, 441, 447, 448, 450, 451, 453, 505
기채 36, 226, 288, 290, 291, 310, 325, 330, 372, 373, 412, 420, 450
기타노 겐죠(北野憲造) 251
기타수입 317, 339, 345, 347, 361, 385, 444, 452, 489
김옥균 35, 36
김해읍회 276
김홍집 39, 43

ㄴ

남만주철도주식회사(만철) 88, 170, 198, 211, 229, 362,
내부(內部) 59, 76, 297, 298
내장원 44, 45, 58, 59, 297, 300, 502

ㄷ

다나카 기이치(田中義一) 239
다카하시 고레키요(高橋是清) 107, 114, 251
대(對)소련 국방정책 246
대장성 64, 68, 72, 81, 107, 108, 110, 115, 184, 198, 210, 226, 228, 236~239, 242, 244, 248~252, 255, 256, 320, 324~327, 330, 348, 384, 503
대충자금 456, 468, 469~471, 481, 483, 507
대한제국 43, 44, 46, 47, 54, 58, 59, 64, 66, 133, 211, 502, 503
대한천일은행 46
데라우치 마사타케(寺內正毅) 68, 229
도 재정 23, 24, 264~268, 277, 278, 281, 282, 290, 294~296, 310, 320, 326, 328, 330~334, 336, 339, 345, 347, 425, 427, 434, 505, 507
도량형 43, 171, 179
도립의원 319, 348
도보조금 269, 290, 336, 423, 441, 444, 449, 450, 453, 434
도살장 366, 376, 410, 420
도세 264, 290, 294, 295, 315, 321~323, 330, 336~343, 347, 348, 404, 423, 493
도세부가세 267, 387, 423, 424
도세입 264, 266, 321, 333, 336, 338, 346
도요다 소에무(豊田副武) 253
도장세 295, 301, 305, 308, 311, 316, 322, 323, 337, 343
도지사 145~147, 270, 271, 310, 331, 332, 364, 489, 496
도축세 295, 299, 301, 305, 308, 311, 316, 322, 323, 337, 343
도평의회 270, 271, 273, 310, 311, 317, 319~321

독립세 267, 290, 295, 297~299, 362, 386, 424
동양척식주식회사 163, 326, 362

ㄹ

러일전쟁 43, 44, 48, 52, 71, 91, 111, 121, 210, 211, 221, 229

ㅁ

마쓰카타 마사요시(松方正義) 69
만주국 22, 88, 89, 142, 172, 245, 246
만주사변 88, 107, 242, 246, 253
메가타 다네타로(目賀田種太郎) 52, 502
면 이원 398, 399, 406, 418, 427
면교부금 268, 406
면부과금 268, 269, 271, 290, 392, 397, 404~407, 409, 410, 413~418, 506
면세점 127, 149, 151, 136, 166~168, 387, 388, 415, 476~478, 482
면장 54, 57, 272, 276, 397, 398, 403~407, 412, 413, 418, 420, 496, 506
면 재정 26, 268, 282, 283, 286, 287, 358, 366, 392, 393, 396, 403, 418, 420, 422, 425, 426, 486, 490, 506, 508
면협의회(+읍회) 144, 270~272, 275, 321, 392, 403, 413, 418, 420, 487
물품세 109, 158, 159, 476, 481, 483
미즈노 렌타로(水野鍊太郎) 81
미즈타 나오마사(水田直昌) 82, 83, 109, 203, 213

ㅂ

박문옥 490
박정양 38
법인소득세 135, 136, 145, 149, 152~154, 162, 163
법제국 303, 409
보충금 18, 19, 21, 23, 64, 66, 69, 118, 123, 170, 173, 206~216, 242, 249, 256, 503, 504, 510
보통면 267, 392, 398, 413, 418, 419
보통학교 105, 417, 432, 135~137, 444, 445, 448, 454
본위화폐 32, 34, 35, 42, 43, 48, 53, 502
부 재정 24, 268, 277, 282, 287, 291, 348, 350~352, 357, 363, 378, 389, 431, 452, 505
부(협의)회 25, 270, 350, 363
부가세 290, 301, 323, 337, 338, 340, 343, 360, 365, 386, 387, 415, 424, 493
부동산취득세 312, 316, 322~324, 343, 344, 388, 424
부세 금납화 40, 502
부역 26, 268, 273, 298, 304, 306, 308, 310, 321, 347, 348, 357, 360~362, 382, 383, 388, 401, 404, 410, 411, 416, 416, 417, 422, 452, 511
부영화 운동 274, 375, 378
부윤 264, 271, 272, 274, 353, 363, 364, 404, 407, 440, 496
부재지주 26, 392, 413, 417, 506
부협의회 264, 270~274, 364, 373
북조선임시인민위원회 462
블라디보스토크 246, 263

ㅅ

사립학교 299, 334, 435
사무비 26, 268, 269, 284~287, 306, 319, 326, 333, 346, 354, 358, 366, 367, 381, 392~396, 398~400, 427, 486, 490, 495, 506, 508
사방사업 235, 238~240, 243~245, 319, 347, 416, 509
사용료 24, 264, 267~269, 275, 288, 290, 291, 310, 313, 314, 321, 336, 345, 348, 351, 355, 357, 359, 361, 363, 364, 374~376, 378, 380, 382~386, 401, 410, 422, 430, 432, 436, 438, 441, 444, 447, 451, 451, 506
사회사업비 93, 94, 105, 284, 286, 326, 330, 333, 335, 346, 400
산미증식계획 97, 103, 104, 148, 160, 202, 237, 324
상속세 476
상수도 276, 358, 372, 376, 377, 385, 399, 420
설탕소비세 69, 89, 109, 138, 210
세수입 57, 99, 129, 131, 136, 158, 206, 288, 290, 291, 345, 505
세외수입 78, 83, 291, 317, 338, 348, 375, 377, 505, 512
세제조사위원회 147, 238, 263, 339
세키야 데이사부로(関屋貞三郞) 436
소금 79, 173, 179
소득세 109, 120, 127, 135, 144, 145, 149, 151, 152, 156, 157, 159, 162, 163, 238, 323, 343, 346, 364, 423, 424, 456, 473, 475~477, 479, 481~484, 490, 491, 495, 504, 507
소비세 109, 120, 127, 1335, 144, 145, 149, 151, 152, 156, 157, 159, 162, 163, 238, 323, 343, 346, 361, 423, 424, 456, 476, 475~477, 479, 481~484, 490, 491, 495, 504, 507
소학교 318, 436, 454
수산비 284, 286, 302, 307, 313, 317, 319, 326, 330, 333, 335, 346
수업료 348, 432, 437, 444, 448, 449
스즈키 시즈카(鈴木穆) 79, 80
시가지세 126, 301, 360, 411, 415, 438~440
시모오카 주지(下岡忠治) 82, 146, 237
시장세 24, 294, 295, 297~301, 305, 308, 311, 316, 322, 324, 346
시장세 반대투쟁 24, 294, 316
식민지 자본주의 17, 18, 22
식민지근대화론 508
식민지적 근대 20, 511
신당리 274
실업학교 395, 306, 307, 318, 334, 505

ㅇ

아라이 겐타로(荒井賢太郎) 76, 79
아리요시 주이치(有吉忠一) 81
아편 69, 173, 178, 179, 504
어윤중 34, 35, 38, 39, 41, 42
역둔토 45, 59, 78, 407
연초세 55~57, 59, 66, 120, 128~132, 137, 138, 152, 170, 180, 181, 407, 502, 504
연초전매제 55~57, 59, 66, 120, 128~132, 137, 138, 152, 170, 180, 181, 407, 502, 504
염세 54, 55, 180
영림창 100, 101, 172
영업세 130, 145, 146, 148~152, 159, 161,

238, 263, 316, 337, 339~341, 343, 360, 362, 387, 388, 413, 415, 424, 482, 483
예산결정권 64, 72, 73
오노 로쿠이치로(大野綠一郎) 251
오다 다다오(小田忠夫) 74, 263
와다 이치로(和田一郎) 81
외획 45
요코하마쇼킨(橫濱正金)은행 34
우가키 가즈시게(宇垣一成) 245, 331
위생비 268, 284, 286, 287, 302, 307, 311, 313, 317~319, 326, 333, 335, 336, 346, 382, 394, 396, 398, 405, 434, 506
위탁경영 88, 170, 198, 245
유길준 38
유흥음식세 109, 158, 159, 345, 346, 476
육군 72, 107, 160, 229, 231~233, 246, 248, 250, 251, 255, 463, 465, 503
육군성 232, 245~247, 463
윤치호 272
은결 55, 122
읍·면세 263, 269, 290, 291, 321, 392, 401, 418, 421~424, 426, 427
읍·면채 26, 392, 396, 399, 418~420, 422, 423, 426
읍 재정 38, 275
읍회 144, 270, 271, 275, 276, 321, 364, 392, 487
의결권 262, 271, 310, 364, 392
의결기구 262, 264, 270, 271, 275, 320, 364, 504
이노우에 가오루(井上馨) 39
이노우에 준노스케(井上準之助) 238, 240
이누카이 쓰요시(犬養毅) 114, 242
이마이다 기요노리(今井田清德) 379, 431
이용익 44~47
이입세 83, 125, 143~145, 157
이출세 125, 133
이토 히로부미(伊藤博文) 59, 69
인프라 22, 66, 91, 220, 225, 226, 229, 231, 232, 235, 239, 245, 252, 509, 511, 512
일본제일은행권 53
임시군사비특별회계 69, 95, 107~109, 203, 249, 256, 503, 504
임시소득세 109, 476
임시수입 118, 292, 338, 348
임시은사금 269, 288, 291, 295, 300, 306, 307, 309, 313, 317, 321, 336, 430, 432, 434, 435, 441, 506
임시이득세 98, 156
임시토지수득세 481~483
잉여금 113, 207, 216, 217, 249, 256, 257
잉여금 전출 249, 256, 257

ㅈ

자문기구 270, 271, 309, 310, 320, 364, 413
자본이자세 145, 148, 149, 151, 152, 156, 159, 162, 238
장뇌 69, 173, 178~180, 504
재무국 72, 76, 80, 82, 83
재산수입 269, 298, 313, 357, 401, 422, 430, 432, 436, 438, 441, 444
재정 일원화 35, 59, 502
재정고문부 52, 54, 55, 180
재정독립 88, 91, 123, 209, 211~213, 216, 503
재정시스템 38, 39, 119
전기사업 25, 268, 274, 351, 363, 372, 375, 377, 378, 380, 397, 505, 506
전매 90, 152, 174, 176, 177, 179, 182, 473
전매수입 138, 139, 173, 174, 176, 178, 179,

474, 475, 479
정무총감 72, 73, 80~83, 146, 237, 251, 275, 339, 378, 379, 407, 431, 448, 449, 454, 506
정촌(町村) 282
제1부 특별경제 269, 277, 279, 431, 446, 451~453
제1차 상하이 사변 242
제1차 지방세제정리 263, 324
제2공화국 486, 508
제2부 특별경제 269, 277, 279, 281, 286, 431, 446~450, 453, 493
제2차 조선인 초등교육 보급 확충계획 431
제2차 지방세제정리 263, 316, 339, 341, 345, 347, 365, 422~424
제3차 지방세제정리 425
제국의회 65, 66, 68, 69, 71, 72, 75, 81, 108, 189, 209~211, 214, 226, 228, 237, 243, 244, 250, 253, 606, 503
조선금융조합연합회 326
조선사업공채 22, 89, 114, 115, 186, 216, 222, 231, 234~236, 240, 241, 243~245, 248, 256, 324, 509
조선사업공채법 67, 73, 111, 199, 221, 224, 225~228, 231, 233, 241, 503
조선세제조사위원회 147, 238
조선식산은행 83, 326, 420
조선은행 326, 472, 474, 475, 479, 482, 483
조선은행권 53, 456, 473, 474, 479, 483, 507
조선인민공화국 461
조선철도 184, 187~189, 192, 196, 198, 199, 202, 203, 229, 236, 245~247, 362
조선철도 12년 계획 89, 101, 216, 237~239, 248, 253, 503
조선총독부특별회계(조선회계) 21, 66, 71~74, 87~90, 93~95, 99, 100, 104~107, 109~111, 112, 114~116, 118~121, 133, 137, 139, 143, 157, 170, 172~174, 178, 179, 181, 184~188, 192, 193, 196, 203, 206~210, 212~217, 222, 225, 228, 234, 236, 241, 245, 249, 250, 255, 256, 263, 277, 326, 404, 407, 456, 464, 473, 483, 503, 504, 510
조세 21, 337, 42, 75, 78, 83, 109, 112, 115, 116, 118, 127, 129, 136, 137, 147, 149, 152, 156, 157, 170, 206, 216, 236, 238, 239, 251, 256, 257, 295, 339, 340, 383, 387, 405, 439, 456, 472, 475, 476, 479~484, 495, 503, 504, 507, 509
주세 59, 66, 120, 182, 129, 137~139, 142, 148, 152, 157, 180, 407, 481, 504
중등학교 295, 317, 318, 334, 348, 505
중일전쟁 8, 83, 108, 109, 115, 116, 157, 203, 215, 255
지방단체 78, 83, 96, 263, 264, 277, 278, 281, 294, 327, 328, 336, 346, 357, 378, 380, 408, 423, 424, 426, 489, 490, 498, 499, 505, 510
지방비 23, 24, 90, 269, 286, 300, 301~303, 305~307, 315, 325, 404, 405, 434, 435, 505
지방비부과금 264, 295, 299~301, 304, 305, 310, 314, 316, 392, 404, 434, 505
지방의회 264, 270~273, 276, 486, 488, 496, 497, 499, 505, 508, 511
지방재정 26, 33, 38, 39, 57, 242, 262~264, 276~279, 281~286, 288, 289, 303, 325, 326, 352, 466, 486~488, 490, 505, 508~511
지방재정조정보급금 269, 282, 291, 340, 380, 384, 385, 392, 422, 426, 427, 490
지방채 19, 242, 269, 287, 290, 291, 298,

310, 326, 348, 378, 384, 386, 389, 398, 409, 417~418, 420, 427, 505
지세 26, 35, 120~123, 125~127, 129, 137, 138, 161, 269, 295, 308, 308, 314~315, 317, 323, 341~344, 387, 388, 404, 407, 408, 413, 415, 421~425, 427, 433, 343, 438~440, 473, 475, 476, 479~482, 504, 505
지세 개정 35
지세부가세 295, 298, 299, 301, 304~306, 308, 311, 314, 316, 322~324, 337, 340, 341, 344, 360, 362, 366, 387, 389, 422, 433, 440
지정면 262, 267, 392, 416, 418
집학적 소비수단 274, 380, 382, 389

ㅊ

차관 32, 34~36, 41~43, 46~49, 131, 501
차입금 43, 67, 77, 79, 111, 118, 185, 187, 188, 224, 226~228, 233, 240, 241, 328, 336, 412, 457, 473~476, 479~483, 504, 507
척무성(拓務省) 82, 214, 245
철도 21, 35, 42, 46, 65, 66, 88, 89, 91, 101, 116, 184, 186~189, 192, 196, 197, 200, 202, 203, 206, 208, 226, 228, 229, 231, 232, 234~237, 241, 243~246, 248, 251~257, 263, 475, 502, 504, 509, 510
철도작업비 186~189, 192, 199
치산치수 237
치안비 456, 460, 461, 463, 464, 466, 470, 507

ㅌ

탁지부 44, 45, 54, 55, 49, 72, 76~80
탁지아문 37, 40
태환권 42, 43, 77, 79
태환지폐 41
토지조사사업 70, 104, 121~123, 125, 126, 137, 305, 308, 357, 405, 407, 408, 433, 505, 511
통감부 54, 64~66, 79, 82, 171, 180, 185, 208, 503, 510

ㅍ

평양대안(對岸)시가계획 306, 362
평양부영전기 275, 378
포구세 297

ㅎ

하라 다카시(原敬) 80, 111, 234
하마구치 오사치(浜口雄幸) 114, 237, 239
하야시 시게조(林繁藏) 82
학교비 24, 144, 269, 277, 279, 281, 285, 286, 290, 294, 295, 426, 436, 438~441, 446~450, 454, 491, 493, 506
학교재정 26, 27, 430, 442~448, 450, 451, 453, 454
학교조합 24, 262, 269, 277, 281, 286, 290, 291, 294, 295, 354, 426, 460, 441, 444, 451, 453, 454, 506
학교평의회 487
한미상호방위조약 465, 469
향교재산 269, 430, 432, 435, 438

현품 268, 298, 304, 310, 321, 347, 348, 357, 360, 361, 410, 411, 416, 417, 452
호별세 315, 316, 337, 339~342, 344, 345, 347, 361, 365, 387, 422, 424, 426, 453, 477, 486, 491~495
호세 26, 55, 269, 295, 301, 305, 308, 311, 314~317, 322~324, 339, 341, 342, 392, 404, 413, 415, 417, 421~425, 427, 433, 434, 438, 439, 446, 447, 505
홍삼 41, 46, 78, 79, 173, 179
화폐발행권 53

동북아역사재단 일제침탈사 연구총서 16

조선총독부의 재정정책

초판 1쇄 인쇄 2023년 12월 15일
초판 1쇄 발행 2023년 12월 27일

지은이 정태헌, 박우현, 주동빈
펴낸이 이영호
펴낸곳 동북아역사재단

등 록 제312-2004-050호(2004년 10월 18일)
주 소 서울시 서대문구 통일로 81 NH농협생명빌딩
전 화 02-2012-6065
팩 스 02-2012-6186
홈페이지 www.nahf.or.kr
제작·인쇄 니케북스

ISBN 979-11-7161-049-5 94910
978-89-6187-669-8 (세트)